Duden

BASISWISSEN SCHULE

PHYSIK

5. BIS 10. KLASSE

6., aktualisierte Auflage

Dudenverlag
Berlin

Weitere Referate sind auf www.duden.de/Basiswissen-5-bis-10-Klasse zu finden

Herausgeber
Prof. Dr. habil. Lothar Meyer, Dr. Gerd-Dietrich Schmidt

Autoren
Prof. Detlef Hoche
Dr. Josef Küblbeck
Prof. Dr. habil. Lothar Meyer

Wiebke Salzmann (Referate)
Dr. Gerd-Dietrich Schmidt

Bibliografische Information der Deutschen Nationalbibliothek
Die Deutsche Nationalbibliothek verzeichnet diese Publikation in der Deutschen Nationalbiografie; detaillierte bibliografische Daten sind im Internet über http://dnb.dnb.de abrufbar.

Das Wort **Duden** ist für den Verlag Bibliographisches Institut GmbH als Marke geschützt.

Kein Teil dieses Werkes darf ohne schriftliche Einwilligung des Verlages in irgendeiner Form (Fotokopie, Mikrofilm oder ein anderes Verfahren), auch nicht für Zwecke der Unterrichtsgestaltung, reproduziert oder unter Verwendung elektronischer Systeme verarbeitet, vervielfältigt oder verbreitet werden.

Für die Inhalte der im Buch genannten Internetlinks, deren Verknüpfungen zu anderen Internetangeboten und Änderungen der Internetadresse übernimmt der Verlag keine Verantwortung und macht sich diese Inhalte nicht zu eigen.
Ein Anspruch auf Nennung besteht nicht.
Für die Nutzung des Internetportals www.duden.de gelten die Allgemeinen Geschäftsbedingungen (AGB) des Internetportals, die jederzeit unter dem entsprechenden Eintrag abgerufen werden können.

Alle Rechte vorbehalten. Nachdruck, auch auszugsweise, nicht gestattet.

© Duden 2017 D C
Bibliographisches Institut GmbH, Mecklenburgische Straße 53, 14197 Berlin

Redaktionelle Leitung Simone Bahrenberg
Redaktion David Harvie
Ilustrationen Christine Gebreyes, Gerlinde Keller, Sybille Storch
Herstellung Uwe Pahnke
Layout Britta Scharffenberg
Umschlaggestaltung Büroecco, Augsburg
Satz DZA Druckerei zu Altenburg GmbH, Altenburg
Grafiken Simone Felgentreu, Nina Geist, Claudia Kilian, Jens Prockat, Dieter Ruhmke, Wiebke Salzmann, Walther-Maria Scheid
Druck und Bindung mediaprint Solutions GmbH, 33100 Paderborn
Printed in Germany

ISBN 978-3-411-71466-7

PEFC zertifiziert
Dieses Produkt stammt aus nachhaltig bewirtschafteten Wäldern und kontrollierten Quellen.
www.pefc.de

Inhaltsverzeichnis

1	Die Physik – eine Naturwissenschaft	7
1.1	**Gegenstand und Teilgebiete der Physik**	**8**
1.1.1	Die Naturwissenschaft Physik.	8
1.1.2	Die Physik und die anderen Naturwissenschaften	12
1.1.3	Die Teilgebiete der Physik	15
1.1.4	Physik, Technik und Alltag	16
1.2	**Denk- und Arbeitsweisen in der Physik**	**18**
1.2.1	Begriffe und Größen in der Physik	18
1.2.2	Gesetze, Modelle und Theorien in der Physik	27
1.2.3	Erkenntniswege in der Physik	31
1.2.4	Tätigkeiten in der Physik	42
1.2.5	Lösen physikalischer Aufgaben	56

2	Mechanik	67
2.1	**Eigenschaften von Körpern und Stoffen**	**68**
2.1.1	Das Volumen von Körpern	68
2.1.2	Die Masse von Körpern	70
2.1.3	Die Dichte von Stoffen	72
2.1.4	Der Aufbau der Stoffe aus Teilchen	74	Überblick 77
2.2	**Bewegung von Körpern**	**78**
2.2.1	Mechanische Bewegungen	78
2.2.2	Die Geschwindigkeit von Körpern.	81
2.2.3	Die Beschleunigung von Körpern	83
2.2.4	Gleichförmige Bewegungen	84
2.2.5	Ungleichförmige Bewegungen	87
2.2.6	Die Überlagerung von Bewegungen	90	Überblick 94
2.3	**Kräfte und ihre Wirkungen**	**95**
2.3.1	Die Größe Kraft	95
2.3.2	Die newtonschen Gesetze	101
2.3.3	Die Gewichtskraft	102
2.3.4	Die Radialkraft	104
2.3.5	Reibung und Reibungskräfte.	105
2.3.6	Das Drehmoment	108
2.3.7	Schwerpunkt von Körpern und Standfestigkeit	109
2.3.8	Kraftumformende Einrichtungen	110
2.3.9	Der Auflagedruck	116
2.3.10	Gravitation	117	Überblick 122
2.4	**Mechanische Arbeit, Energie und Leistung**	**123**
2.4.1	Die mechanische Arbeit	123
2.4.2	Die mechanische Energie	126
2.4.3	Die mechanische Leistung	130
2.4.4	Der Wirkungsgrad	131	Überblick 132
2.5	**Mechanische Schwingungen und Wellen**	**133**
2.5.1	Mechanische Schwingungen	133
2.5.2	Mechanische Wellen.	139
2.5.3	Schall und Lärm	143	Überblick 149

4 Inhaltsverzeichnis

	2.6	**Mechanik der Flüssigkeiten und Gase**	**150**
	2.6.1	Der Druck in Flüssigkeiten und Gasen..................	150
	2.6.2	Auftrieb in ruhenden Flüssigkeiten und Gasen...........	158
Überblick 162	2.6.3	Strömende Flüssigkeiten und Gase....................	159

	3	**Wärmelehre**	**163**
	3.1	**Temperatur und Wärme**	**164**
	3.1.1	Die Temperatur von Körpern..........................	164
	3.1.2	Wärme und Energie..................................	167
	3.1.3	Die thermische Leistung von Wärmequellen............	171
	3.2	**Volumenänderung von Körpern bei Temperaturänderung**	**172**
	3.2.1	Volumenänderung von Körpern.......................	172
	3.2.2	Längenänderung von festen Körpern...................	174
	3.2.3	Zustandsänderung von Gasen........................	175
	3.3	**Aggregatzustandsänderungen**	**177**
	3.4	**Wärmeübertragung**	**182**
	3.5	**Hauptsätze der Wärmelehre und Wärmekraftmaschinen**	**187**
Überblick 193, 194	3.5.1	Hauptsätze der Wärmelehre..........................	187
	3.5.2	Wärmekraftmaschinen..............................	189

	4	**Elektrizitätslehre**	**195**
	4.1	**Der elektrische Stromkreis**	**196**
	4.1.1	Elektrische Ladungen................................	196
	4.1.2	Elektrische Stromkreise.............................	200
	4.2	**Der Gleichstromkreis**	**206**
	4.2.1	Die elektrische Stromstärke..........................	206
	4.2.2	Die elektrische Spannung............................	208
	4.2.3	Der elektrische Widerstand..........................	211
	4.2.4	Elektrische Energie und Arbeit........................	215
	4.2.5	Die elektrische Leistung.............................	218
Überblick 226	4.2.6	Gesetze im Gleichstromkreis.........................	220
	4.3	**Elektrische und magnetische Felder**	**227**
	4.3.1	Das elektrische Feld................................	227
	4.3.2	Das magnetische Feld...............................	233
Überblick 249	4.3.3	Die elektromagnetische Induktion.....................	240
	4.4	**Elektromagnetische Schwingungen und Wellen**	**250**
	4.4.1	Spannung und Stromstärke im Wechselstromkreis........	250
	4.4.2	Elektromagnetische Schwingungen....................	251
Überblick 262	4.4.3	Elektromagnetische Wellen..........................	254
	4.5	**Elektrische Leitungsvorgänge**	**263**
	4.5.1	Elektrische Leitung in festen Körpern..................	263
	4.5.2	Elektrische Leitung in Flüssigkeiten...................	264
	4.5.3	Elektrische Leitung in Gasen.........................	265
	4.5.4	Elektrische Leitung im Vakuum.......................	266
Überblick 274	4.5.5	Elektrische Leitung in Halbleitern.....................	268

	5	**Optik**	**275**
	5.1	**Lichtquellen und Lichtausbreitung**	**276**
	5.2	**Reflexion des Lichts**	**281**
	5.2.1	Reflexion an verschiedenen Oberflächen................	281
	5.2.2	Bildentstehung an Spiegeln..........................	284

5.3	**Brechung des Lichts**	**288**	
5.3.1	Brechungsgesetz und Totalreflexion	288	
5.3.2	Brechung des Lichts durch verschiedene Körper	292	
5.3.3	Bildentstehung durch Linsen	296	
5.4	**Optische Geräte**	**302**	Überblick 311
5.5	**Welleneigenschaften des Lichts**	**312**	
5.6	**Licht und Farben**	**318**	
5.6.1	Dispersion von Licht	318	
5.6.2	Spektren und Spektralanalyse	320	
5.6.3	Mischung von farbigem Licht und Körperfarben	322	Überblick 326

6	**Atom- und Kernphysik**	**327**	
6.1	**Aufbau von Atomen**	**328**	
6.2	**Kernumwandlungen und Radioaktivität**	**333**	
6.2.1	Arten von Kernumwandlungen	333	
6.2.2	Gesetz des Kernzerfalls und Kernreaktionen	336	
6.2.3	Radioaktive Strahlung	338	
6.3	**Anwendungen kernphysikalischer Erkenntnisse**	**346**	
6.4	**Grenzen der klassischen Physik**	**352**	Überblick 354

7	**Energie in Natur und Technik**	**355**	
7.1	**Energie, Energieträger und Energieformen**	**356**	
7.2	**Umwandlung und Übertragung von Energie**	**359**	
7.3	**Energie in der belebten und unbelebten Natur**	**363**	Überblick 371

A	**Anhang**	**372**
Referate		372
Register		380
Bildquellenverzeichnis		392

Die Physik – eine Naturwissenschaft

1

1.1 Gegenstand und Teilgebiete der Physik

1.1.1 Die Naturwissenschaft Physik

Wenn man die Umwelt aufmerksam betrachtet, kann man viele interessante Erscheinungen beobachten. Eine Reihe dieser Erscheinungen sind den Menschen schon lange bekannt. Sie gehören zur Natur, auch ohne den Menschen mit seinen Wissenschaften und der Technik.
Eine solche Naturerscheinung ist der Regenbogen. Wie entsteht ein Regenbogen? Warum hat ein Regenbogen immer dasselbe Farbband?

Das Feuer hat Menschen schon immer in seinen Bann gezogen und tut es auch heute noch. Woher aber kommen Licht und Wärme des Feuers? Warum geben unterschiedliche Brennstoffe verschieden viel Licht und Wärme ab? Wie kann ein Feuer entstehen, wie kann es effektiv gelöscht werden?

 Das Feuer hat für die Entwicklung der Menschen eine entscheidende Rolle gespielt. Mithilfe des Feuers konnten die Menschen erstmals Fleisch braten, Ton brennen und später Eisen herstellen.

Bei einem Eisberg sieht man nur die Spitze über dem Wasser. Etwa 90 % des Eisbergs befinden sich unter Wasser. Wie ist das zu erklären? Warum gehen diese riesigen Eisberge nicht unter?

▶ Deshalb ist Vorsicht bereits bei der Annäherung von Schiffen an Eisberge geboten, damit das Schiff nicht unter Wasser mit Eis zusammenstößt.
So wurde 1912 durch Kollision mit einem Eisberg das damals modernste Passagierschiff der Welt, die „Titanic", so schwer beschädigt, dass es sank und 1 495 Tote zu beklagen waren.

In einem Tal zwischen hohen Bergen kann man nach kurzer Zeit seinen Ruf als Echo hören. Wie kommt es zu einem Echo bzw. zu einem Mehrfachecho?

Durch *Beobachtungen* haben die Menschen *Regelmäßigkeiten in der Natur entdeckt,* z. B. den Wechsel von Tages- und Jahreszeiten, den Wechsel der Mondphasen sowie das Auftreten von Sonnen- und Mondfinsternissen. Mithilfe dieser Regelmäßigkeiten und der ermittelten Daten konnten die Menschen z. B. die Termine für Aussaat und Ernte besser bestimmen.
Die Menschen suchten aber auch nach *Zusammenhängen* zwischen den Erscheinungen, um *Erklärungen* zu finden und ihre *Voraussagen* sicherer zu machen. Und sie fanden Zusammenhänge und Erklärungen, auch wenn sich diese später häufig als nicht richtig erwiesen.

CLAUDIUS PTOLEMÄUS lebte von ca. 100 bis ca. 170. Er stellte das geozentrische Weltbild in seinem Werk „Syntaxis mathematike" (Mathematische Zusammenstellung), arabisch auch „Almagest" genannt, vor.

Aus den beobachteten Bewegungen der Himmelskörper, vor allem von Sonne, Mond und Sternen, leiteten die Menschen z. B. im Altertum die naheliegende Vermutung ab, dass sich die Erde im Zentrum der Welt befindet und sich alle Himmelskörper auf kreisförmigen Bahnen um die Erde bewegen.
Gelehrte aus dem antiken Griechenland entwickelten daraus ein ganzes Weltbild über die Bewegungen im Kosmos und auf der Erde.

CLAUDIUS PTOLEMÄUS fasste dieses **geozentrische Weltbild** in einem Buch zusammen. Dieses Weltbild war eine großartige Leistung der antiken Wissenschaft, denn man konnte die Bewegung von Sonne und Mond vorausberechnen. So blieb dieses Weltbild jahrhundertelang erhalten und war doch falsch.

Im Mittelalter konnten Gelehrte wie KOPERNIKUS (1473–1543), GALILEI (1564–1642), KEPLER (1571–1630) und NEWTON (1643–1727) auf der Grundlage von Beobachtungen und theoretischen Überlegungen ein wissenschaftliches Weltbild entwickeln, in dem die Sonne im Zentrum unseres Planetensystems steht – das **heliozentrische Weltbild**.

GALILEI war auch der erste Wissenschaftler, der **neue Denk- und Arbeitsweisen** in die Naturwissenschaften einführte. Er suchte nicht nur nach oberflächlichen Erklärungen, die dem Augenschein entsprechen, sondern fragte nach dem Wesentlichen in den Erscheinungen. Vor allem aber zeigte er, dass man zu neuen Erkenntnissen nicht allein durch theoretische Überlegungen kommt, sondern dass man seine Überlegungen mit **Experimenten** überprüfen muss.

Der italienische Naturwissenschaftler GALILEO GALILEI lebte von 1564 bis 1642.
Er war nicht nur ein berühmter Mathematiker, sondern beschäftigte sich auch mit verschiedenen physikalischen und astronomischen Problemen. So begründete GALILEI u. a. die klassische Mechanik, fand die Gesetze des freien Falls und entdeckte mit einem selbst gebauten Fernrohr vier Jupitermonde.
Er war einer der Mitbegründer des heliozentrischen Weltbilds.

Ein berühmter Experimentator war auch der Magdeburger Bürgermeister OTTO VON GUERICKE (1602–1686). Er konnte z. B. bei seinem Experiment mit den Magdeburger Halbkugeln (↗ Abb. unten) die Wirkungen des Luftdrucks nachweisen. Damit widerlegte er gleichzeitig eine lange herrschende Auffassung aus der Antike, dass es keinen luftleeren Raum – kein Vakuum – geben könne.

Durch viele Entdeckungen, Beobachtungen und Experimente entwickelte sich in den letzten Jahrhunderten die Physik als eigenständige Naturwissenschaft.

OTTO VON GUERICKE (1602–1686) war Bürgermeister und Experimentator. Er erfand u. a. die Luftpumpe, das Wasserbarometer und eine Elektrisiermaschine.

> Die **Physik** ist eine Naturwissenschaft. Sie beschäftigt sich mit den grundlegenden Erscheinungen und Gesetzen in unserer natürlichen Umwelt und ermöglicht die Erklärung und Voraussage vieler Erscheinungen in der Natur.

■ Sonnen- und Mondfinsternisse sind Naturerscheinungen, die von Menschen schon seit Jahrtausenden beobachtet werden. Lange Zeit war aber unklar, wie eine Finsternis zustande kommt. Erst nachdem man erkannt hatte, wie sich Mond und Erde um die Sonne bewegen, konnte man die Finsternisse erklären: Eine Sonnenfinsternis kommt zustande, wenn der Schatten des Monds auf die Erdoberfläche fällt. Eine Mondfinsternis ist zu beobachten, wenn sich der Mond im Erdschatten befindet.
Erst nach genauer Kenntnis der Bewegungsgesetze war es auch möglich, exakte Voraussagen zu machen. So können wir heute schon voraussagen, dass die nächste totale Sonnenfinsternis in Deutschland erst am 3. September 2081 zu beobachten sein wird.

▶ Das Wort „**Physik**" kommt vom griechischen Wort „physis" und heißt so viel wie „Natur".

1.1.2 Die Physik und die anderen Naturwissenschaften

Die Erscheinungen und Gesetze der *Physik* sind so *grundlegend,* dass sie sowohl in der belebten als auch in der unbelebten Natur auftreten und auch in den anderen Naturwissenschaften berücksichtigt werden. Somit ergeben sich viele Wechselbeziehungen zwischen der Physik und den anderen Naturwissenschaften.

> Die **Biologie** untersucht Erscheinungen des Lebens von Pflanzen, Tieren und Menschen, seiner Entstehung, seiner Gesetzmäßigkeiten, Erscheinungsformen und Entwicklung.

In der Biologie werden auch Aufbau und Wirkungsweise von menschlichen und tierischen Organen (z. B. Auge, Ohr) untersucht. Dabei werden u. a. physikalische Erkenntnisse angewendet, um die Wirkungsweise dieser Organe zu verstehen.

- Wale und Delfine verständigen und orientieren sich mithilfe des Schalls. Um das zu verstehen, werden physikalische Erkenntnisse aus der Akustik über die Ausbreitung und die Reflexion von Schall angewendet.

> Die **Chemie** untersucht Erscheinungen, die mit dem Aufbau, den Eigenschaften und der Umwandlung von Stoffen unserer Umwelt durch chemische Reaktionen verbunden sind.

Auch dabei werden physikalische Erkenntnisse genutzt, da sich die Physik ebenfalls mit Stoffen und ihren Eigenschaften beschäftigt.

1.1 Gegenstand und Teilgebiete der Physik

■ In chemischen Labors werden Stoffe auf ihre chemischen und physikalischen Eigenschaften untersucht. Außerdem versucht man, neue Stoffe mit gewünschten Eigenschaften herzustellen.

Die **Astronomie** untersucht Erscheinungen im Weltall, u. a. die Bewegung und Entwicklung von Planeten, Monden und Sternen.

Zu den Sternen zählt auch unsere Sonne, um die sich die Planeten unseres Planetensystems bewegen. Zum Verstehen von Erscheinungen im Weltall sind Erkenntnisse aus allen Gebieten der Physik notwendig.

■ In der Sonne werden gewaltige Energiemengen frei, die auch die Erde mit Licht und Wärme versorgen. Die Prozesse der Energiefreisetzung kann man mithilfe der Kernphysik verstehen.

▶ Die Leuchtkraft der Sonne, d. h. die abgestrahlte Energie je Sekunde, beträgt $3{,}8 \cdot 10^{23}$ kW.

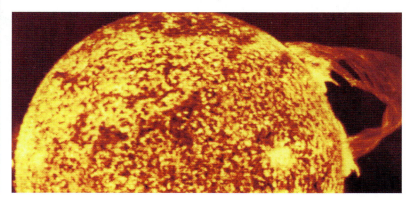

Die Physik selbst berücksichtigt in ihrer Entwicklung die Erkenntnisse, die in der Biologie, Chemie und Astronomie gewonnen werden. Auch mit dem naturwissenschaftlichen Bereich der Geografie, der physischen Geografie, gibt es Wechselbeziehungen zur Physik.

> Die **physische Geografie** untersucht die Wechselbeziehungen zwischen Lufthülle, Gesteinshülle, Wasserhülle und Lebewesen in der Nähe der Erdoberfläche sowie die Einflüsse der menschlichen Gesellschaft auf die Ausprägung der Landschaften.

Die einzelnen naturwissenschaftlichen Disziplinen untersuchen in der Regel nur Teilbereiche der Natur unter ganz bestimmten Gesichtspunkten. Unsere natürliche Umwelt ist aber ein einheitliches Ganzes. Um Erscheinungen der Natur richtig zu verstehen, müssen deshalb oft Erkenntnisse aus verschiedenen Naturwissenschaften herangezogen werden. Folglich wird in einer naturwissenschaftlichen Disziplin stets versucht, auch die Erkenntnisse anderer Naturwissenschaften zu berücksichtigen und anzuwenden.

In Grenzbereichen zwischen den verschiedenen Naturwissenschaften haben sich neue naturwissenschaftliche Disziplinen wie Biophysik, physikalische Chemie oder Astrophysik entwickelt. Diese Teildisziplinen versuchen ganz gezielte Fragen und Probleme in der einen Naturwissenschaft durch Anwendung von Erkenntnissen aus der anderen Naturwissenschaft zu lösen.

■ Besonders in der Medizintechnik werden Erkenntnisse aus allen Naturwissenschaften benötigt, um kranke Menschen zu heilen und Gesundheit zu erhalten.
Bei Ultraschalluntersuchungen (linke Abb.) wird von einem Sender Ultraschall ausgesendet, im Körper unterschiedlich reflektiert und von einem Empfänger wieder aufgenommen.
Bei der Entwicklung dieses Verfahrens mussten u. a. die biologischen Wirkungen von Ultraschall berücksichtigt werden.
Für spezielle Herzuntersuchungen nutzt man Herzkatheter.
Ein Herzkatheter ist ein dünner Schlauch aus Kunststoff, der durch eine Arterie bis zum Herzen vorgeschoben wird. Durch Einspritzen eines Kontrastmittels werden Verengungen in den Herzkranzgefäßen sichtbar.
Zur Entwicklung und Anwendung sind Erkenntnisse über physikalische, chemische und biologische Eigenschaften und Wirkungen von Katheter und Kontrastmittel notwendig.

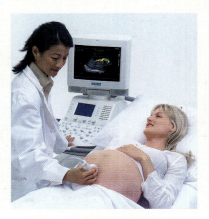
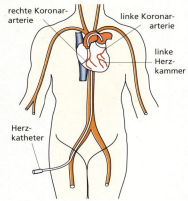

1.1.3 Die Teilgebiete der Physik

Traditionell wird die Physik in verschiedene Teilgebiete eingeteilt.

Teilgebiet	Untersuchungsgegenstand	Beispiel
Mechanik	Bewegung von Körpern, Kräfte und ihre Wirkungen, Auftrieb und Schwimmen, Fliegen, Entstehung und Eigenschaften von Schall	
Wärmelehre (Thermodynamik)	Temperatur von Körpern, Zufuhr und Abgabe von Wärme, Aggregatzustände und ihre Änderungen, Wärmeübertragung, Wärmekraftmaschinen	
Elektrizitätslehre (Elektrik)	Eigenschaften von elektrisch geladenen Körpern, Magnetismus, Wirkungen des elektrischen Stroms, Erzeugung und Umformung von Elektroenergie, elektrische Schaltungen und Bauelemente	
Optik	Ausbreitung des Lichts, Reflexion und Brechung, Bildentstehung an Spiegeln und Linsen, optische Geräte, Farben	
Atom- und Kernphysik	Aufbau von Atomen, Umwandlung von Atomkernen, Eigenschaften radioaktiver Strahlung, Kernenergie durch Kernspaltung oder Kernfusion	
Energie	Energieformen, Energieträger, Umwandlung und Übertragung von Energie, Entwertung von Energie, Energietechnik und Umwelt	

1.1.4 Physik, Technik und Alltag

Die Physik ist eine wichtige **Grundlage der Technik.** Dabei werden bewusst physikalische Erkenntnisse genutzt, um Geräte und Anlagen zu bauen, um Energie zweckmäßig zu verwenden, um unser Leben sicherer und angenehmer zu machen.

■ Die Kuppel des Deutschen Bundestags wurde so gebaut, dass das Tageslicht von 360 Spiegeln in den Plenarsaal gelenkt wird. Aber nicht nur dadurch wird elektrische Energie gespart, sondern auch durch die Verwendung von Halogenlampen zur künstlichen Beleuchtung.

Elektrische Energie wird aber auch für viele andere Zwecke genutzt. Physikalische Erkenntnisse der Elektrizitätslehre haben das ermöglicht und das Leben der Menschen wesentlich verändert.

> Die Physik ist eine wichtige Grundlage der Technik. In der Technik werden physikalische Gesetze vom Menschen genutzt.

Physikalische Erkenntnisse spielen auch in **unserem täglichen Leben** eine wichtige Rolle. Die bewusste Nutzung physikalischer Erkenntnisse erleichtert unser Leben und erhöht unsere Sicherheit. Unkenntnis oder Nichtbeachtung kann zu Unfällen oder Schäden führen.
Wenn man z. B. in einem anfahrenden oder bremsenden Bus steht, muss man sich festhalten, um nicht umzufallen.
Nach dem Baden sollte man die nasse Badebekleidung wechseln, weil man sich sonst leicht erkälten kann. An einem heißen Sommertag trägt man in der Regel leichte und helle Kleidung, um keinen Hitzschlag zu bekommen. Ein Autofahrer weiß, dass sein Bremsweg bei eisglatter Fahrbahn wesentlich größer ist als auf trockener Straße, und erhöht den Sicherheitsabstand. Lärm ist ein Stressfaktor und kann zu Gehörschäden führen. Deshalb sollte man sich mit geeigneten Maßnahmen vor Lärm schützen. Wenn man Schwierigkeiten beim Sehen hat, geht man zum Augenarzt bzw. Optiker und lässt sich eine Brille anfertigen.

In allen diesen Beispielen nutzen wir – bewusst oder unbewusst – physikalische Erkenntnisse.

> Die Physik ist eine wichtige Grundlage unseres täglichen Lebens. Die bewusste Nutzung physikalischer Gesetze erleichtert unser Leben und erhöht unsere Sicherheit. Unkenntnis oder Nichtbeachtung physikalischer Gesetze können zu Unfällen oder Schäden führen.

Bei technischen Anwendungen arbeiten häufig Naturwissenschaftler verschiedener Disziplinen zusammen. Oft ist die Natur selbst Vorbild für technische Lösungen.

Im Flugzeugbau wurden und werden viele technische Lösungen dem Vogelflug „abgeguckt".

Der Wulstbug eines Schiffes hat sein Vorbild bei einem Delfin.
Der Mensch ist heute mithilfe der Technik in der Lage, sein Leben nicht nur sicherer und angenehmer zu machen. Er kann auch große Veränderungen in seiner natürlichen Umwelt herbeiführen.
Diese gewaltigen Eingriffe in die Natur können die Lebensbedingungen von Pflanzen, Tieren und Menschen auf der Erde erheblich beeinflussen, ja sogar Lebensgrundlagen zerstören.
Deshalb ist es wichtig, dass bei der Lösung technischer Probleme und bei größeren Eingriffen in unsere natürliche Umwelt stets alle Naturwissenschaften zusammenwirken, um negative Auswirkungen auf die Lebensbedingungen von Pflanzen, Tieren und Menschen zu verhindern und unsere natürliche Umwelt zu erhalten.

1.2 Denk- und Arbeitsweisen in der Physik

1.2.1 Begriffe und Größen in der Physik

Begriffe in der Physik

Ein Ziel der Physik besteht darin, in der Natur Zusammenhänge und Gesetze zu erkennen und mithilfe der Gesetze Erscheinungen zu *erklären* oder *vorherzusagen,* die man in der lebenden oder nicht lebenden Natur beobachten kann. Diese Erkenntnisse werden genutzt, um technische Geräte und Anlagen zu bauen, Stoffe mit gewünschten Eigenschaften herzustellen und anzuwenden. Dazu werden Erscheinungen genau *beobachtet* und *experimentell untersucht.* Körper, Stoffe und Vorgänge in der Natur werden miteinander *verglichen,* um Gemeinsamkeiten, Unterschiede und Regelmäßigkeiten zu erkennen. Körper, Stoffe und Vorgänge mit gemeinsamen Eigenschaften werden gedanklich zu einer Klasse oder Gruppe zusammengefasst. Diese Gruppe von Objekten erhält in der Regel einen eigenen Namen. Die gedankliche Zuordnung einer Gruppe von Objekten zu einem Wort nennt man **Begriff**.

> Ein Begriff ist eine gedankliche Wiedergabe einer Klasse von Objekten (Körper, Stoffe, Vorgänge usw.) aufgrund ihrer gemeinsamen Merkmale.

▶ Die Definition eines Begriffs ist eine willkürliche Sache. Deshalb können Fachbegriffe in verschiedenen Naturwissenschaften auch unterschiedlich definiert werden.

Damit in den Naturwissenschaften auch alle unter einem Begriff dieselben Objekte mit gemeinsamen Merkmalen verstehen, werden Begriffe in den Naturwissenschaften eindeutig *definiert*. Beim **Definieren** wird ein Begriff durch die Festlegung wesentlicher, gemeinsamer Merkmale eindeutig bestimmt und von anderen Begriffen unterschieden. Häufig werden dazu ein Oberbegriff und artbildende Merkmale angegeben. Manchmal legt man einfach fest, was unter einem Begriff zu verstehen ist, wie z. B. beim Begriff „Geschwindigkeit". In einigen Fällen kann man einen Begriff definieren, indem man alle Objekte (Körper, Stoffe, Vorgänge) aufzählt, die zu diesem Begriff gehören. Dies ist z. B. beim Begriff „Teilchen" der Fall.

■ Wenn z. B. auf einen lichtundurchlässigen Körper Licht fällt, so gibt es hinter diesem Körper einen Bereich, in den kein Licht der Lichtquelle gelangt. Ein solcher Bereich wird als Schatten bezeichnet. Eine mögliche Definition für den Begriff Schatten lautet:
Schatten sind dunkle Gebiete, die sich hinter beleuchteten, undurchsichtigen Körpern bilden. Auf S. 19 sind einige weitere Beispiele genannt.

Teilchen sind Atome, Ionen und Moleküle. Ein Wassermolekül ist ein Beispiel für ein Teilchen.
Ein **chemisches Element** ist eine Atomart, deren Atome die gleiche Anzahl Protonen im Kern enthalten. Eisen ist ein Beispiel für ein chemisches Element.
Ein zweiseitiger **Hebel** ist ein drehbar gelagerter, starrer Körper, der eine Drehachse und zwei Kraftarme besitzt. Die Wippe ist ein Beispiel für einen zweiseitigen Hebel.
Die **Geschwindigkeit** gibt an, wie schnell sich ein Körper bewegt.

▶ Der Teilchenbegriff ist nicht immer eindeutig definiert. Manchmal zählt man auch Elementarteilchen wie Elektronen und Protonen zu den Teilchen.

▶ Auch der Begriff Geschwindigkeit wird mitunter anders definiert, z. B.: Die Geschwindigkeit gibt an, wie schnell oder wie langsam sich ein Körper bewegt.

Auch im Alltag benutzt man Begriffe, um sich zu verständigen. Alltagsbegriffe werden nicht exakt definiert, sondern auf der Grundlage von Erfahrungen im Umgang mit Objekten und Wörtern gebildet. Deshalb stimmen **Alltagsbegriffe** und naturwissenschaftliche **Fachbegriffe** häufig nicht bzw. nicht vollständig überein, obwohl dasselbe Wort verwendet wird.

■ Der Begriff **Arbeit** wird im Alltag für alle Tätigkeiten benutzt, bei denen man sich anstrengen und verausgaben muss.
Auch das Lernen in der Schule ist für den Schüler Arbeit. Tätigkeiten, mit denen man Geld verdienen kann, bezeichnet man ebenfalls als Arbeit. Was man im Alltag unter Arbeit versteht, ist von Mensch zu Mensch z. T. verschieden.

In der Mechanik ist der Begriff Arbeit exakt definiert: *Mechanische Arbeit wird verrichtet, wenn ein Körper durch eine Kraft bewegt oder verformt wird* (↗ S. 123). Deshalb darf man in der Physik den Begriff mechanische Arbeit nur für Vorgänge verwenden, bei denen Körper durch Kräfte bewegt oder verformt werden. Dazu zählen u. a. auch Tätigkeiten (z. B. das Dehnen eines Expanders), für die man im Alltag ebenfalls den Begriff Arbeit benutzt.

Ähnlich ist das z. B. beim Begriff **Leistung**. Darunter versteht man im Alltag häufig das Ergebnis einer Tätigkeit.
Eine sportliche Höchstleistung hat ein Sprinter vollbracht, der 100 m in 9,90 s läuft. Eine sehr gute schulische Leistung hat jemand vollbracht, wenn sein Leistungsdurchschnitt 1,0 beträgt.

▶ Ein typisches Beispiel dafür ist die Formulierung: Er hat eine hervorragende Leistung vollbracht.

In der Physik dagegen ist der Begriff eindeutig definiert: *Die mechanische Leistung gibt an, wie viel mechanische Arbeit in jeder Sekunde verrichtet wird.*

▶ In der Wissenschaft, so auch in der Physik, bedient man sich in der Regel der Fachsprache.

Fachbegriffe knüpfen oft an Alltagsbegriffe an, werden aber dann exakt definiert und schränken meist die Anwendbarkeit des Begriffs ein. Deshalb muss man bei der Anwendung von Begriffen stets beachten, ob es sich um naturwissenschaftliche Fachbegriffe oder um Alltagsbegriffe handelt. Manchmal wird ein Wort für verschiedene Begriffe benutzt.

- In der Physik versteht man unter **Feld** den *Zustand eines Raums um einen Körper, in dem auf andere Körper Kräfte wirken.* In der Biologie ist ein Feld eine Ackerfläche, auf der Kulturpflanzen angebaut werden.
  Eine **Welle** ist in der Physik *eine zeitlich und räumlich periodische Änderung einer physikalischen Größe.*
  In der Technik versteht man darunter einen Teil einer Maschine, mit dessen Hilfe Kräfte bzw. Drehmomente übertragen werden.

▶ Solche Wörter bezeichnet man als Synonyme.

Zum Teil werden für ein und denselben Begriff auch verschiedene Wörter benutzt.

- Man bezeichnet das Messgerät für die elektrische Stromstärke als Stromstärkemesser oder Amperemeter.
  Die Dauer einer vollen Schwingung wird als Schwingungsdauer oder als Periodendauer bezeichnet.

Größen in der Physik

Einen Teil naturwissenschaftlicher Fachbegriffe bezeichnet man als **Größen.** Dabei handelt es sich um Begriffe zur Beschreibung messbarer Eigenschaften von Objekten (Körper, Stoffe, Vorgänge usw.).

> Eine Größe beschreibt eine messbare Eigenschaft von Objekten.

Die **Bedeutung einer Größe** gibt an, welche Eigenschaft der Objekte beschrieben wird. Für ein konkretes Objekt kann der Ausprägungsgrad dieser Eigenschaft gemessen und angegeben werden. Man nennt diesen Ausprägungsgrad **Wert einer Größe.**

- Das **Volumen** gibt an, wie viel Raum ein Körper einnimmt.
  Die **Masse** gibt an, wie schwer und wie träge ein Körper ist.

Um den Wert einer Größe anzugeben, muss eine **Einheit** festgelegt sein. Der Wert der Größe ist dann das Produkt aus Zahlenwert und Einheit, wobei man den Malpunkt weglässt.

▶ Bei zusammengesetzten Einheiten kann man zwischen den Einheiten einen Malpunkt setzen, z. B. bei der Einheit Newtonmeter für die mechanische Arbeit: $N \cdot m$. Zulässig ist auch die Schreibweise Nm.

- $5 \, m^3$ bedeutet $5 \cdot 1 \, m^3$
  $10 \, l$ bedeutet $10 \cdot 1 \, l$

Für jede Größe ist ein **Formelzeichen** (manchmal auch mehrere) als Abkürzung festgelegt (↗ S. 22–25). Mithilfe von Formelzeichen kann man naturwissenschaftliche Gesetze schneller und einfacher in mathematischer Form formulieren und anwenden.

Größe	Temperatur	Dichte
Formelzeichen	ϑ oder T	ϱ
Bedeutung	Die Temperatur gibt an, wie warm oder wie kalt ein Körper ist.	Die Dichte gibt an, welche Masse ein Kubikzentimeter eines Stoffs hat.
Einheiten	1 Grad Celsius (1 °C) 1 Kelvin (1 K) 1 Grad Fahrenheit (1 °F)	1 Gramm je Kubikzentimeter $\left(1\,\frac{g}{cm^3}\right)$
Messgerät	Thermometer	Dichtemesser
Berechnung	–	$\varrho = \frac{m}{V}$

Es gibt zwei *Arten von Größen*. Einige Größen sind von der Richtung unabhängig. Die messbare Eigenschaft hat nur einen Betrag. Man nennt diese Größen **skalare Größen**.

- Temperatur, Masse und Dichte sind skalare Größen.

Andere Größen sind von der Richtung abhängig. Die messbare Eigenschaft hat neben dem Betrag auch eine Richtung. Solche Größen nennt man **gerichtete** oder **vektorielle Größen**. Man kennzeichnet sie mit einem Pfeil über dem Formelzeichen.

▶ Für eine Reihe von Anwendungen genügt es, auch bei vektoriellen Größen nur mit den Beträgen (z. B. $|\vec{F}|$ bzw. F) zu rechnen, z. B. wenn verschiedene vektorielle Größen dieselbe Richtung haben.

- Beispiele für vektorielle Größen sind die Geschwindigkeit $\vec{v}$ und die Kraft $\vec{F}$.

Bei der **Addition von Größen** muss man beachten, ob es sich um skalare oder vektorielle Größen handelt.
Bei skalaren Größen kann man die Beträge der Größen addieren.

- Eine Masse $m_1 = 100$ g Mehl und $m_2 = 50$ g Zucker werden zusammengeschüttet. Die Gesamtmasse des Gemischs beträgt:
$m = m_1 + m_2 = 150$ g

Bei der Addition vektorieller Größen sind die Richtungen der einzelnen Größen zu beachten.

- Ein Schlitten wird von zwei Kindern mit den beiden Kräften $F_1 = 100$ N und $F_2 = 100$ N in unterschiedlicher Richtung gezogen. Die resultierende Gesamtkraft ergibt sich aus einem maßstäblichen Kräfteparallelogramm.

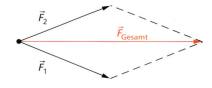

Wichtige Größen und Einheiten

Basiseinheiten des Internationalen Einheitensystems sind farbig hervorgehoben.

Größe	Formel-zeichen	Einheiten		Beziehungen zwischen den Einheiten	
Aktivität einer radioaktiven Substanz (Zerfallsrate) ($\nearrow$ S. 342)	A	Becquerel	Bq	1 Bq	$= 1\ s^{-1}$ $= 1$ Zerfall je Sekunde
Amplitude ($\nearrow$ S. 134)	y_{max}	Meter	m	s. Länge	
Äquivalentdosis ($\nearrow$ S. 343)	D_q	Sievert	Sv rem	1 Sv	$= 1\ J \cdot kg^{-1}$ $= 100$ rem
Arbeit mechanische ($\nearrow$ S. 123) elektrische ($\nearrow$ S. 216)	W	Joule Newtonmeter Wattsekunde Kilowattstunde	J Nm Ws kWh	1 J 1 kWh	$= 1\ kg \cdot m^2 \cdot s^{-2}$ $= 1$ Nm $= 1$ Ws $= 3{,}6 \cdot 10^6$ Ws
Atommasse, relative ($\nearrow$ S. 330)	A_r		1		
Auslenkung ($\nearrow$ S. 134)	y	Meter		s. Länge	
Beleuchtungsstärke ($\nearrow$ S. 308)	E	Lux	lx	1 lx	$= 1\ lm \cdot m^{-2}$
Beschleunigung ($\nearrow$ S. 83)	a, g	Meter je Quadratsekunde	$m \cdot s^{-2}$	$1\ m \cdot s^{-2}$	$= 1\ N \cdot kg^{-1}$
Brennweite ($\nearrow$ S. 295)	f	Meter	m	s. Länge	
Brechwert (Brechkraft) ($\nearrow$ S. 306)	D	Dioptrie	dpt	1 dpt	$= 1\ m^{-1}$
Dichte ($\nearrow$ S. 72)	ϱ	Kilogramm je Kubikmeter	$kg \cdot m^{-3}$	$1\ kg \cdot m^{-3}$	$= 10^{-3}\ g \cdot cm^{-3}$
Drehmoment (Kraftmoment) ($\nearrow$ S. 108)	M	Newtonmeter	Nm	1 Nm 1 Nm	$= 1\ kg \cdot m^2 \cdot s^{-2}$ $= 1$ J $= 1$ Ws
Drehzahl ($\nearrow$ S. 86)	n	je Sekunde	s^{-1}	$1\ s^{-1}$	$= 60\ min^{-1}$
Druck ($\nearrow$ S. 150)	p	Pascal Bar Atmosphäre Torr (Millimeter Quecksilbersäule) Meter Wassersäule	Pa bar at mmHg mWS	1 Pa 1 bar 1 at 1 Torr 1 mWS	$= 1\ N \cdot m^{-2}$ $= 10^5$ Pa $= 9{,}81 \cdot 10^4$ Pa $= 133{,}32$ Pa $= 9{,}81 \cdot 10^3$ Pa
Durchschlagsfestigkeit ($\nearrow$ S. 230)	E_d	Volt je Meter	$V \cdot m^{-1}$		

1.2 Denk- und Arbeitsweisen in der Physik

Größe	Symbol	Einheit		Umrechnung	
Energie (↗ S. 356)	E	Joule	J	1 J	$= 1\,kg \cdot m^2 \cdot s^{-2}$
		Newtonmeter	Nm		$= 1\,Nm$
		Wattsekunde	Ws		$= 1\,Ws$
		Steinkohleneinheit	SKE	1 kg SKE	$= 29{,}3\,MJ$
Energiedosis (↗ S. 342)	D	Gray	Gy	1 Gy	$= 1\,J \cdot kg^{-1}$
Fallbeschleunigung (Ortsfaktor) (↗ S. 88)	g	Meter je Quadratsekunde	$m \cdot s^{-2}$	$1\,m \cdot s^{-2}$	$= 1\,N \cdot kg^{-1}$
Feldstärke, elektrische (↗ S. 228)	E	Volt je Meter	$V \cdot m^{-1}$	$1\,V \cdot m^{-1}$	$= 1\,kg \cdot m \cdot s^{-3} \cdot A^{-1}$
					$= 1\,N \cdot C^{-1}$
Feldstärke, magnetische (↗ S. 235)	H	Ampere je Meter	$A \cdot m^{-1}$	$1\,A \cdot m^{-1}$	$= 1\,kg \cdot m \cdot s^{-3} \cdot V^{-1}$
					$= 1\,N \cdot Wb^{-1}$
Flächeninhalt (Fläche)	A	Quadratmeter	m^2	$1\,m^2$	$= 10^{-6}\,km^2$
					$= 10^2\,dm^2$
					$= 10^4\,cm^2$
					$= 10^6\,mm^2$
		Hektar	ha	1 ha	$= 10^4\,m^2$
		Ar	a	1 a	$= 10^2\,m^2$
Frequenz (↗ S. 134)	f	Hertz	Hz	1 Hz	$= 1\,s^{-1}$
Geschwindigkeit Ausbreitungsgeschwindigkeit (↗ S. 81, 140)	v c	Meter je Sekunde	$m \cdot s^{-1}$	$1\,m \cdot s^{-1}$	$= 3{,}6\,km \cdot h^{-1}$
		Kilometer je Stunde	$km \cdot h^{-1}$	$1\,km \cdot h^{-1}$	$= 0{,}28\,m \cdot s^{-1}$
		Knoten	kn	1 kn	$= 1\,sm \cdot h^{-1}$
					$= 1852\,m \cdot h^{-1}$
Halbwertszeit (↗ S. 336)	$T_{1/2}$	Sekunde	s	s. Zeit	
Heizwert (↗ S. 170)	H	Megajoule je Kilogramm	$MJ \cdot kg^{-1}$	$1\,MJ \cdot kg^{-1}$	$= 1000000\,J \cdot kg^{-1}$
Höhe	h	Meter	m	s. Länge	
Induktivität (↗ S. 242)	L	Henry	H	1 H	$= 1\,Wb \cdot A^{-1}$
					$= 1\,m^2 \cdot kg \cdot s^{-2} \cdot A^{-2}$
Kapazität, elektrische (↗ S. 232)	C	Farad	F	1 F	$= 1\,A \cdot s \cdot V^{-1}$
Kraft (↗ S. 95) Gewichtskraft Reibungskraft	F F_G F_R	Newton	N	1 N	$= 1\,kg \cdot m \cdot s^{-2}$
					$= 1\,J \cdot m^{-1}$
Ladung, elektrische (↗ S. 197)	Q	Coulomb	C	1 C	$= 1\,A \cdot s$
Länge	l	Meter	m		
		Seemeile	sm	1 sm	$= 1852\,m$
		Astronomische Einheit	AE	1 AE	$= 1{,}496 \cdot 10^{11}\,m$
		Lichtjahr	ly	1 ly	$= 9{,}461 \cdot 10^{15}\,m$
		Parsec	pc	1 pc	$= 3{,}086 \cdot 10^{16}\,m$
		Ångström	Å	1 Å	$= 10^{-10}\,m$

Längenausdehnungs-koeffizient (↗ S. 174)	α	je Kelvin	K^{-1}		
Lautstärke (Lautstärkepegel) (↗ S. 146)	L_N	Phon Dezibel (A)	phon dB(A)	1 phon (für 1000 Hz)	= 1 dB(A)
Leistung (↗ S. 130, 218)	P	Watt	W	1 W	$= 1\,J \cdot s^{-1}$ $= 1\,V \cdot A$ $= 1\,kg \cdot m^2 \cdot s^{-3}$ $= 1\,N \cdot m \cdot s^{-1}$
		Pferdestärke	PS	1 PS	= 736 W
Masse (↗ S. 70)	m	Kilogramm	kg		
		Tonne Zentner Pfund Karat Atomare Masseeinheit	t Ztr. Pfd. k u	1 t 1 Ztr. 1 Pfd. 1 k 1 u	$= 10^3\,kg$ $= 50\,kg$ $= 500\,g$ $= 2 \cdot 10^{-4}\,kg$ $= 1,66 \cdot 10^{-27}\,kg$
molare Masse	M	Kilogramm je Mol	$kg \cdot mol^{-1}$	$1\,kg \cdot mol^{-1} = 10^3\,g \cdot mol^{-1}$	
molares Volumen	V_m	Kubikmeter je Mol	$m^3 \cdot mol^{-1}$	$1\,m^3 \cdot mol^{-1} = 10^3\,l \cdot mol^{-1}$	
Schwingungsdauer (Periodendauer) (↗ S. 134)	T	Sekunde	s	s. Zeit	
Radius (↗ S. 85)	r	Meter	m	s. Länge	
Reibungszahl (↗ S. 107)	μ		1		
Spannung, elektrische (↗ S. 208)	U	Volt	V		
spezifischer elektrischer Widerstand (↗ S. 213)	ϱ	Ohm mal Quadrat-millimeter je Meter	$\frac{\Omega \cdot mm^2}{m}$	$1\,\frac{\Omega \cdot mm^2}{m}$	$= \frac{1}{1\,000\,000}\,\Omega \cdot m$
spezifische Wärme-kapazität (↗ S. 168)	c	Joule je Kilogramm und Kelvin	$\frac{J}{kg \cdot K}$	$1\,\frac{J}{kg \cdot K}$	$= 1\,\frac{W \cdot s}{kg \cdot K}$
Stoffmenge	n	Mol	mol		
Stoffmengen-konzentration	c_i	Mol je Liter	$mol \cdot l^{-1}$	$1\,mol \cdot l^{-1}$	$= 1\,mol \cdot dm^{-3}$
Stromstärke, elektrische (↗ S. 206)	I	Ampere	A		
Temperatur (↗ S. 164)	T	Kelvin	K		
	ϑ	Grad Celsius Grad Fahrenheit	°C °F	0 °C 32 °F 212 °F	= 273,15 K = 0 °C = 100 °C
		Grad Reaumur	°R	0 °R 80 °R	= 0 °C = 100 °C

1.2 Denk- und Arbeitsweisen in der Physik

Übersetzungs-verhältnis (↗ S. 246)	$ü, i$		1		
Volumen (↗ S. 68)	V	Kubikmeter	m^3	$1\ m^3$	$= 10^{-9}\ km^3$ $= 10^3\ dm^3$ $= 10^6\ cm^3$ $= 10^9\ mm^3$
		Liter	l	1 l	$= 10^{-3}\ m^3$ $= 1\ dm^3$
		Registertonne	RT	1 RT	$= 2{,}832\ m^3$
Wärme (↗ S. 167)	Q	Joule	J	1 J	$= 1\ Nm$ $= 1\ kg \cdot m^2 \cdot s^{-2}$ $= 1\ Ws$
		Kalorie	cal	1 cal	$= 4{,}19\ J$
Weg	s	Meter	m	s. Länge	
Wellenlänge (↗ S. 140)	λ	Meter	m	s. Länge	
Widerstand, ohmscher (↗ S. 211)	R	Ohm	Ω	$1\ \Omega$	$= 1\ V \cdot A^{-1}$
Widerstand, induktiver	X_L	Ohm	Ω	$1\ \Omega$	$= 1\ V \cdot A^{-1}$
Widerstand, kapazitiver	X_C	Ohm	Ω	$1\ \Omega$	$= 1\ V \cdot A^{-1}$
Winkel	$\alpha, \beta,$ $\gamma, \varphi,$ $\sigma, \ldots$	Radiant	rad	1 rad	$= \frac{180°}{\pi} \approx 57{,}296°$
		Grad	°	1°	$= \frac{\pi}{180}\ rad$ $\approx 0{,}01745\ rad$
Wirkungsgrad (↗ S. 131)	η		1 oder in %		
Zeit	t	Sekunde	s		
		Minute Stunde	min h	1 min 1 h	$= 60\ s$ $= 60\ min$ $= 3\,600\ s$
		Tag	d	1 d	$= 24\ h$ $= 1\,440\ min$ $= 86\,400\ s$
		Jahr	a	1 a	$= 365\ d$ oder 366 d

Vorsätze von Einheiten

Vorsatz	Bedeutung	Zeichen	Faktor, mit dem die Einheit multipliziert wird	Vorsatz	Bedeutung	Zeichen	Faktor, mit dem die Einheit multipliziert wird
Exa	Trillion	E	10^{18}	Dezi	Zehntel	d	$0{,}1 = 10^{-1}$
Peta	Billiarde	P	10^{15}	Zenti	Hundertstel	c	$0{,}01 = 10^{-2}$
Tera	Billion	T	$10^{12} = 1\,000\,000\,000\,000$	Milli	Tausendstel	m	$0{,}001 = 10^{-3}$
Giga	Milliarde	G	$10^{9} = 1\,000\,000\,000$	Mikro	Millionstel	m	$0{,}000\,001 = 10^{-6}$
Mega	Million	M	$10^{6} = 1\,000\,000$	Nano	Milliardstel	n	$0{,}000\,000\,001 = 10^{-9}$
Kilo	Tausend	k	$10^{3} = 1000$	Pico	Billionstel	p	$0{,}000\,000\,000\,001 = 10^{-12}$
Hekto	Hundert	h	$10^{2} = 100$	Femto	Billiardstel	f	10^{-15}
Deka	Zehn	da	$10^{1} = 10$	Atto	Trillionstel	a	10^{-18}

Wichtige Naturkonstanten

Einige Größen haben in der Natur einen festen Wert. Man nennt sie deshalb **Naturkonstanten.**

Konstante		Formelzeichen	Wert der Konstanten
absoluter Nullpunkt		T_0	$0\ \text{K} = -273{,}15\,°\text{C}$
Lichtgeschwindigkeit im Vakuum		c	$2{,}997\,924\,58 \cdot 10^{8}\ \text{m} \cdot \text{s}^{-1}$
molares Normvolumen		V_n	$22{,}414\ \text{l} \cdot \text{mol}^{-1}$
Normdruck		p_n	$101\,325\ \text{Pa} = 1{,}013\,25\ \text{bar}$
Normfallbeschleunigung		g_n	$9{,}806\,65\ \text{m} \cdot \text{s}^{-2}$
Normtemperatur		$T_n,\ \vartheta_n$	$T_n = 273{,}15\ \text{K} \qquad \vartheta_n = 0\,°\text{C}$
Gravitationskonstante		$G,\ \gamma$	$6{,}672\,59 \cdot 10^{-11}\ \text{m}^3 \cdot \text{kg}^{-1} \cdot \text{s}^{-2}$
elektrische Feldkonstante		ε_0	$8{,}854\,187 \cdot 10^{-12}\ \text{As} \cdot \text{V}^{-1} \cdot \text{m}^{-1}$
magnetische Feldkonstante		μ_0	$1{,}256\,637 \cdot 10^{-6}\ \text{Vs} \cdot \text{A}^{-1} \cdot \text{m}^{-1}$
Avogadrokonstante (Avogadrozahl)		$N_A,\ L$	$6{,}022\,136 \cdot 10^{23}\ \text{mol}^{-1}$
Faradaykonstante		F	$9{,}648\,53 \cdot 10^{4}\ \text{As} \cdot \text{mol}^{-1}$
Planckkonstante			
(plancksches Wirkungsquantum)		h	$6{,}626\,08 \cdot 10^{-34}\ \text{Js}$
allgemeine Gaskonstante		R	$8{,}3145\ \text{J} \cdot \text{K}^{-1} \cdot \text{mol}^{-1}$
Elektron	Ladung (Elementarladung)	e	$1{,}602\,177 \cdot 10^{-19}\ \text{C}$
	Ruhemasse	m_e	$9{,}109\,38 \cdot 10^{-31}\ \text{kg}$
	spezifische Ladung	$\dfrac{e}{m_e}$	$1{,}758\,820 \cdot 10^{11}\ \text{C} \cdot \text{kg}^{-1}$
Neutron	Ruhemasse	m_n	$1{,}674\,928 \cdot 10^{-27}\ \text{kg}$
Proton	Ruhemasse	m_p	$1{,}672\,623 \cdot 10^{-27}\ \text{kg}$

1.2.2 Gesetze, Modelle und Theorien in der Physik

In Erscheinungen der Natur kann man durch Beobachtungen und Experimente Zusammenhänge zwischen einzelnen Eigenschaften von Körpern, Stoffen oder Vorgängen erkennen.

■ So kann man für einen Kupferdraht durch Messungen feststellen, dass die elektrische Stromstärke im Kupferdraht umso größer ist, je größer die angelegte Spannung ist.
Genauere Untersuchungen an diesem Draht führen zu dem Ergebnis, dass in einem bestimmten Bereich $I \sim U$ gilt.

Wenn sich Zusammenhänge in der Natur unter bestimmten Bedingungen immer wieder einstellen und damit für eine ganze Gruppe oder Klasse von Objekten gelten, dann spricht man von gesetzmäßigen Zusammenhängen oder Gesetzen.

> **Gesetze** in den Naturwissenschaften sind allgemeine und wesentliche Zusammenhänge in der Natur, die unter bestimmten Bedingungen stets wirken.

▶ Gesetze bestehen in der Regel aus Bedingungs- und Gesetzesaussagen.

Die Bedingungen, unter denen ein Zusammenhang stets wirkt, nennt man **Gültigkeitsbedingungen.**

■ So haben Untersuchungen gezeigt, dass der oben beschriebene Zusammenhang $I \sim U$, der an einem konkreten Kupferkabel gefunden wurde, für alle metallischen Leiter gilt, wenn deren Temperatur konstant bleibt. Dies wird im *ohmschen Gesetz* beschrieben:
Für alle metallischen Leiter gilt unter der Bedingung einer konstanten Temperatur (ϑ = konstant): $I \sim U$
Dieses physikalische Gesetz gilt für alle metallischen Leiter unter der Bedingung ϑ = konstant.
„Metallischer Leiter" und „ϑ = konstant" sind die Bedingungsaussagen, „$I \sim U$" ist die Gesetzesaussage.

Nicht immer sind Gesetze so vollständig durch Bedingungs- und Gesetzesaussagen beschrieben. Zum Teil muss man die Bedingungsaussagen auch aus dem Zusammenhang erschließen bzw. sind die Gültigkeitsbedingungen noch nicht vollständig bekannt.

▶ Die Entscheidung, ob eine Aussage $\left(\text{z. B. } R = \frac{U}{I}\right)$ eine Gesetzesaussage oder die Definition einer Größe ist, kann oft nur innerhalb einer vollständigen Theorie getroffen werden.

■ So gilt z. B. für den Widerstand eines metallischen Leiters die Gleichung $R = \varrho \cdot \frac{l}{A}$. Die in Tafelwerken ausgewiesene Stoffkonstante ϱ ist aber für die meisten Stoffe temperaturabhängig und meist für 20 °C angegeben. Nutzt man diesen Wert, so gilt der berechnete Widerstand R exakt nur unter der Bedingung ϑ = 20 °C.

Da Gesetze stets für eine Klasse von Objekten gelten, werden zu ihrer Formulierung physikalische Fachbegriffe und Größen genutzt. Oft können physikalische Fachbegriffe erst im Zusammenhang mit erkannten Gesetzen exakt definiert werden.

▶ Das Wort „Qualität" kommt vom lateinischen Wort „qualitas" und bedeutet „Beschaffenheit", „Eigenschaft".

Physikalische Gesetze können unterschiedlich genau erkannt und in verschiedener Weise dargestellt werden.
Es gibt Gesetze, die lediglich beschreiben, unter welchen Bedingungen bestimmte Erscheinungen in der Natur auftreten. Diese Gesetze enthalten eine **qualitative** Gesetzesaussage, die mit Worten beschrieben wird.

■ **Induktionsgesetz:**

In einer Spule wird eine Spannung induziert, solange sich das von der Spule umfasste Magnetfeld ändert.

Es gibt Gesetze, die einen Zusammenhang zwischen Eigenschaften bzw. Größen in der *Tendenz* beschreiben. Sie enthalten eine **halbquantitative** Gesetzesaussage, die in der Regel auch mit Worten beschrieben wird.

■ **Volumenänderung bei Temperaturänderung:**

Für alle festen Körper und Flüssigkeiten gilt unter der Bedingung, dass sie sich ausdehnen können:
Je größer die Temperaturänderung eines Körpers ist, desto größer ist seine Volumenänderung.

▶ Das Wort „Quantität" kommt vom lateinischen Wort „quantitas" und bedeutet „Größe, Anzahl, Menge".

Es gibt Gesetze, die einen Zusammenhang zwischen Eigenschaften bzw. Größen mathematisch exakt beschreiben. Sie enthalten eine **quantitative** Gesetzesaussage, die sowohl mit Worten als auch mit mathematischen Mitteln (z. B. Proportionalität, Diagramm, Gleichung) beschrieben werden kann.

■ **Zusammenhang zwischen Masse und Volumen:**

mit Worten: Für alle Körper aus ein und demselben Stoff gilt:
Die Masse ist dem Volumen direkt proportional.

als Proportionalität: $m \sim V$

als Gleichung: $m = \varrho \cdot V$

als Diagramm:

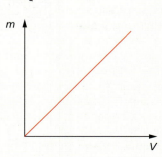

Physikalische Gesetze existieren unabhängig vom Willen und von den Wünschen des Menschen. Das Hebelgesetz der Physik z. B. wirkt in Natur und Technik, ob wir es wollen oder nicht. Der Mensch kann Gesetze nur erkennen und zu seinem Vorteil nutzen. So kann man im täglichen Leben z. B. das Hebelgesetz nutzen, um mit einem Flaschenöffner eine Flasche zu öffnen oder mit einer Brechstange eine Kiste anzuheben. Dazu muss man das Gesetz noch nicht einmal kennen.

Physikalische Gesetze kann man auch nutzen, um technische Geräte zu bauen. So wird das Induktionsgesetz in Wechselstromgeneratoren genutzt, um Wechselströme und Wechselspannungen zu erzeugen.

Der Mensch kann auch Schaden nehmen, wenn er das Wirken von physikalischen Gesetzen nicht beachtet. Das Wirken des Trägheitsgesetzes kann bei Autounfällen zu schwersten Verletzungen führen, wenn sich die Insassen nicht mit Sicherheitsgurten anschnallen oder wenn schwere Gegenstände lose auf der hinteren Ablage liegen.

Zum Teil treten auch Schäden für den Menschen und seine Umwelt auf, weil ein gesetzmäßiger Zusammenhang oder die Gültigkeitsbedingungen noch nicht genau erkannt sind.

Deshalb ist es Ziel der Physik, Gesetze in der Natur immer genauer zu erkennen und zum Wohl des Menschen und seiner Umwelt zu nutzen.

Zum Erklären und Voraussagen werden in der Physik nicht nur Gesetze, sondern auch Modelle genutzt.

> Ein **Modell** ist eine Vereinfachung der Wirklichkeit. In wichtigen Eigenschaften stimmt das Modell mit der Wirklichkeit überein, in anderen nicht.

Deshalb kann man mit *einem* Modell eine Reihe von Erscheinungen erklären und voraussagen, andere wiederum nicht. Für letztere Erscheinungen muss man ein anderes Modell benutzen. Ein Modell ist nur innerhalb bestimmter Grenzen gültig und sinnvoll anwendbar.

Modelle können sowohl **materiell** (gegenständlich) als auch **ideell** (gedanklich) sein.

▶ Ein Modell ist weder richtig noch falsch, sondern nur für die Erklärung und Voraussage von bestimmten Erscheinungen geeignet und zweckmäßig oder nicht geeignet und unzweckmäßig.

- Materielle Modelle sind z. B. die Modelle von Motoren (↗ Abb. rechts), Generatoren, Transformatoren, Pumpen sowie sonstigen Geräten und Anlagen. Besonders gut lässt sich mit ihnen die Wirkungsweise von Geräten und Anlagen demonstrieren.

- Ideelle Modelle sind z. B. das Modell Feldlinienbild (↗ Abb. rechts), das Modell Massepunkt oder das Teilchenmodell. Beschrieben werden sie meist durch ein System von Aussagen oder durch zeichnerische Darstellungen.

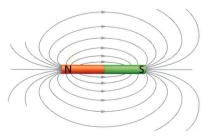

Mit materiellen Modellen kann man auch experimentieren. Mit solchen Modellexperimenten kann man innerhalb der Gültigkeitsgrenzen des jeweiligen Modells Erklärungen bestätigen und Voraussagen treffen.

- **Das Teilchenmodell beinhaltet folgende Aussagen:**
  1. Alle Stoffe bestehen aus Teilchen.
  2. Die Teilchen befinden sich in ständiger Bewegung.
  3. Zwischen den Teilchen wirken Kräfte.

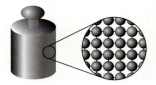

Ein solches ideelles Modell kann auch materiell umgesetzt werden. So kann man sich das Teilchenmodell z. B. als kleine Kugeln vorstellen, die durch Federn miteinander verbunden sind.
Noch stärker vereinfacht lässt es sich durch kleine Teilchen (Murmeln, Erbsen, Reiskörner) darstellen. Dabei bleiben die Kräfte zwischen den Teilchen und die Bewegung der Teilchen unberücksichtigt.

- Mit dem Teilchenmodell lässt sich z. B. folgende Erscheinung erklären:
  Mischt man 50 ml Alkohol und 50 ml Wasser, so erhält man nicht 100 ml, sondern nur 96 ml Flüssigkeitsgemisch. Der Grund liegt in der unterschiedlichen Größe der Alkohol- und Wasserteilchen.

- In einem Modellexperiment mit Erbsen und Reiskörnern kann man das bestätigen.
  Mischt man die Erbsen und die Reiskörner, so ist das Volumen des Gemischs kleiner als die Summe der beiden Ausgangsvolumen. Der Grund liegt in der unterschiedlichen Größe der Teilchen.

▶ Ein Teil der Reiskörner füllt die Lücken zwischen den Erbsen aus.

Für einen bestimmten Teilbereich der Physik gibt es verschiedene Gesetze sowie unterschiedliche Modelle und Aussagen.

> Ein System von Gesetzen, Modellen und Aussagen über einen Teilbereich der Physik bezeichnet man als **physikalische Theorie**.

- Ein Beispiel für eine physikalische Theorie ist die newtonsche Mechanik, in der das Verhalten von Körpern unter dem Einfluss von Kräften erfasst wird.

1.2.3 Erkenntniswege in der Physik

Das Erkennen physikalischer Gesetze

Das Erkennen und Anwenden von Gesetzen in Naturwissenschaft und Technik ist ein äußerst komplexer und in der Regel langwieriger Prozess. Wichtige Naturgesetze und deren Gültigkeitsbedingungen sind in langen, wechselvollen historischen Prozessen entdeckt worden. Diese Prozesse waren oft von Irrtümern und Irrwegen begleitet.
Auch heute ist das Erkennen von Naturgesetzen trotz modernster Experimentier- und Computertechnik ein komplizierter Prozess, bei dem meistens ganze Gruppen von Wissenschaftlern in aller Welt zusammenarbeiten.
Unabhängig vom komplizierten, wechselvollen Weg mit Irrtümern und Irrwegen gibt es immer wieder bestimmte Etappen, die in der Wissenschaft durchschritten werden müssen, um neue Gesetze in der Natur zu erkennen. An einem Beispiel aus der Geschichte der Physik soll das vereinfacht dargestellt werden.

Weg der Erkenntnis neuer Gesetze in der Natur	Ein Beispiel aus der Physik
1. In der Natur gibt es interessante, z. T. auffällige Erscheinungen, die beobachtet werden. Diese Erscheinungen veranlassen zur genauen **Beobachtung.** Durch **Vergleichen** wird versucht, Gemeinsamkeiten, Unterschiede und Regelmäßigkeiten in den Erscheinungen zu erkennen. Erscheinungen werden **klassifiziert,** d. h., Körper, Stoffe und Vorgänge mit gemeinsamen Eigenschaften werden zusammengefasst und **beschrieben.**	In der Natur kann man beobachten, – dass sich Balken biegen, wenn sie belastet werden, – dass sich Seile und Drähte verlängern, wenn man an ihnen zieht, – dass sich Bäume im Wind verformen. Genaue Beobachtungen zeigen, dass sich Körper immer dann verformen, wenn auf sie eine Kraft wirkt. Dabei gibt es Körper, die nach Wegfall der Kraft wieder ihre ursprüngliche Form annehmen, und solche, die auch nach Wegfall der Kraft verformt bleiben.
Begriffe werden **definiert** und Größen eingeführt.	Zur Unterscheidung werden die Begriffe **elastische** und **plastische Verformung** verwendet.
Im Ergebnis dieser Etappe können Vermutungen aufgestellt werden, – welche Zusammenhänge in den Erscheinungen wirken und – unter welchen Bedingungen diese auftreten.	Aufgrund genauer Beobachtungen kann die Vermutung aufgestellt werden, – dass die Verformung bzw. Verlängerung eines Körpers umso größer ist, je größer die einwirkende Kraft ist, – dass dieser Zusammenhang bei allen elastisch verformten Körpern gilt.
Es werden Fragen gestellt, die es genauer zu untersuchen gilt.	Welcher Zusammenhang existiert zwischen der Verformung bzw. Verlängerung eines elastischen Körpers und der einwirkenden Kraft?

2. Um die Vermutungen zu prüfen und die Fragen zu beantworten, werden die Erscheinungen noch genauer untersucht. Dazu führt man in der Regel **Experimente** an einer Reihe von einzelnen Objekten durch, um die vermuteten Zusammenhänge exakt zu erfassen und die Wirkungsbedingungen besser zu erkennen. Vorher werden **experimentelle Fragen** gestellt. Es werden Messwerte aufgenommen und mit mathematischen Mitteln ausgewertet (grafisch oder rechnerisch).

Häufig wird versucht, den Zusammenhang zwischen den Größen bzw. Eigenschaften von Objekten mit mathematischen Mitteln, z. B. als Diagramm, als Proportionalität oder als Gleichung, zu beschreiben. Dazu werden die Messwertereihen rechnerisch ausgewertet und die Diagramme interpretiert.

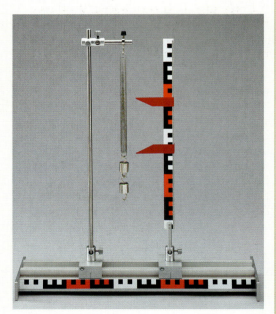

Der Zusammenhang, der zunächst nur an einzelnen Objekten gefunden wurde, wird auf eine ganze Klasse von Objekten **verallgemeinert**. Dabei ist man häufig zunächst auf Vermutungen in Bezug auf die Gültigkeitsbedingungen des Zusammenhangs angewiesen.

In Experimenten an verschiedenen Federn aus unterschiedlichsten Materialien wird folgende **experimentelle Frage** untersucht: Welcher Zusammenhang existiert zwischen der Verlängerung s einer elastischen Feder und der an ihr angreifenden Kraft F?

Feder 1 als Beispiel

F in N	s in cm	$\frac{F}{s}$ in $\frac{N}{cm}$
0	0	–
1	0,8	1,25
2	1,7	1,18
3	2,4	1,25
4	3,3	1,21
5	4,1	1,22
6	4,7	1,28

Analoge Messwertereihen werden für weitere Federn aufgenommen und können grafisch dargestellt werden.

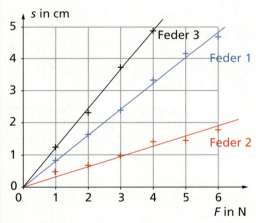

Aus den Messwertereihen und aus den Diagrammen kann man erkennen:

$s \sim F$ oder

$\frac{F}{s}$ = konstant   oder

$F = D \cdot s$

Das so vermutlich existierende Gesetz muss vor allem hinsichtlich seiner Gültigkeitsbedingungen weiter überprüft werden. Manchmal erscheint es im Zusammenhang mit dem Erkennen neuer Gesetze sinnvoll, auch neue Begriffe zu **definieren** bzw. **Größen** einzuführen.

Häufig nutzt man beim Aufstellen bzw. Überprüfen von Vermutungen auch **Modelle** (↗ S. 29). Modelle sind zwar Vereinfachungen der Wirklichkeit, sie stimmen aber in wichtigen Eigenschaften mit dem Original überein, in anderen nicht.

Man verallgemeinert den Zusammenhang zu folgendem **Gesetz**:

> Für alle elastisch verformten Körper gilt unter Bedingung nicht zu großer Kräfte:
>
> $F = D \cdot s$

Man hat festgestellt, dass bei zu großen Kräften zunächst elastisch verformte Körper dann plastisch verformt werden und das Gesetz nicht mehr gilt.

Der Faktor D im gefundenen Gesetz erhält den Namen „Federkonstante" und wird als neue **Größe** eingeführt. Die Federkonstante ist ein Maß für die Härte einer Feder.

3. Das gefundene Gesetz muss **überprüft** werden. Vor allem muss überprüft werden, ob die vorgenommene Verallgemeinerung des Zusammenhangs tatsächlich für die beschriebene Klasse von Objekten gilt.

Mithilfe des Gesetzes werden neue Erscheinungen bzw. Erkenntnisse vorausgesagt und in Experimenten bzw. in der Praxis überprüft.

Das entdeckte Gesetz wird zur **Erklärung** von Erscheinungen der Natur genutzt. Es können mit dem Gesetz Größen berechnet werden, die man in der Praxis überprüfen kann.

Unter Nutzung des Gesetzes kann man technische Geräte konstruieren, z. B. Federkraftmesser.

Jede erfolgreiche Anwendung eines Gesetzes in der Praxis ist ein Beleg für die Gültigkeit des gefundenen Gesetzes unter den gegebenen Bedingungen.

Mithilfe des gefundenen Gesetzes wird vorausgesagt, dass auch für die Verlängerung eines Gummibandes $s \sim F$ gilt.
In Experimente kann man jedoch folgende Messwerte aufnehmen und grafisch darstellen:

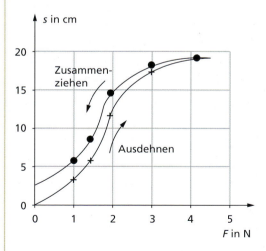

Für ein Gummiband gilt das oben gefundene Gesetz nicht. Das Gummiband wird auch nicht vollständig elastisch verformt. Die Gültigkeit des gefundenen Gesetzes muss also für Gummibänder ausgeschlossen werden.

Manchmal führt die Anwendung eines Gesetzes zur Erkenntnis, dass das Gesetz nicht in allen Fällen so wirkt, wie es vorausgesagt wird. Dann müssen die Gültigkeitsbedingungen eingeschränkt oder der Zusammenhang und die Bedingungen noch weiter untersucht werden.

Mithilfe des erkannten Gesetzes kann z. B. ein *Federkraftmesser* konstruiert werden. Seine Wirkungsweise beruht auf diesem Gesetz. Bei der Nutzung des Federkraftmessers ist jedoch zu beachten, dass er nicht überdehnt wird, da die Feder sonst plastisch verformt wird und das zugrunde liegende Gesetz dann nicht mehr gilt.
Das Gesetz wird ebenfalls bei Stoßdämpfern in Kraftfahrzeugen oder bei Puffern an Eisenbahnwaggons genutzt.
Auch bei vielen anderen elastischen Verformungen von Körpern kann das Gesetz angewendet werden.

Das im Beispiel dargestellte Gesetz wurde 1675 von dem englischen Wissenschaftler ROBERT HOOKE (1635–1703) entdeckt und wird nach ihm hookesches Gesetz genannt.

Das Anwenden physikalischer Gesetze

Ein wichtiges Ziel der Physik ist das Anwenden physikalischer Gesetze zum Lösen von Aufgaben und Problemen, z. B. zum Erklären und Voraussagen von Erscheinungen, zum Berechnen von Größen, zum Konstruieren technischer Geräte. Auch beim Anwenden physikalischer Gesetze gibt es immer wieder bestimmte Schritte, die durchlaufen werden müssen.

Weg der Anwendung von physikalischen Gesetzen	**Ein Beispiel aus der Technik**

1. Zunächst geht es darum, den Sachverhalt der Aufgabe genau zu erfassen. Man muss sich den Sachverhalt in der Aufgabe gut vorstellen können. Dabei kann eine anschauliche Skizze helfen.

Aufgabe: An einen Kranhaken wird eine Last der Masse 850 kg angehängt und angehoben. Um welche Länge wird das Seil des Krans gedehnt, wenn seine „Federkonstante" 3 200 N/cm beträgt?

Analyse:

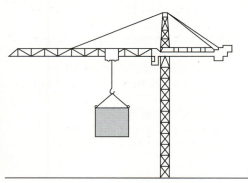

2. Der Sachverhalt der Aufgabe wird aus physikalischer Sicht vereinfacht. Unwesentliches wird weggelassen. Wesentliche Seiten werden mit Fachbegriffen beschrieben.	Das Seil eines Kranes ist in einem bestimmten Bereich ein elastischer Körper. Das bedeutet, dass das Seil bei Einwirkung einer Kraft verlängert wird und sich bei Wegfall dieser Kraft wieder zusammenzieht. Die einwirkende Kraft ist die Gewichtskraft der angehängten Last.
Zum Sachverhalt der Aufgabe kann eine vereinfachte, schematisierte Skizze angefertigt werden.	Das Kranseil könnte man sich vereinfacht als Feder vorstellen. 
Gesuchte und gegebene Größen und Fakten werden zusammengestellt.	Gesucht: s Gegeben: $m = 850$ kg $D = 3\,200\,\frac{N}{cm}$
3. Wesentliche Seiten des Sachverhalts der Aufgabe werden mit physikalischen Gesetzen beschrieben. Dazu muss man gesetzmäßig wirkende Zusammenhänge und Bedingungen für das Wirken bekannter physikalischer Gesetze im Sachverhalt erkennen.	**Lösung:** Unter der Bedingung, dass sich das Kranseil ausschließlich elastisch verformt, gilt das hookesche Gesetz: $F = D \cdot s$ Die angreifende Kraft ist die Gewichtskraft der angehängten Last, die aus deren Masse berechnet werden kann. Es gilt: $F_G = m \cdot g$
4. Die physikalischen Gesetze werden angewendet um die Aufgabe zu lösen, z. B. eine gesuchte Größe zu berechnen, eine Erscheinung zu erklären oder vorauszusagen. Dazu kann man verschiedene Mittel und Verfahren nutzen, z. B. – das inhaltlich-logische Schließen, – Verfahren und Regeln der Gleichungslehre, – grafische Mittel, – geometrische Konstruktionen, – experimentelle Mittel.	Mit $g \approx 10\,\frac{N}{kg}$ ist $F_G = 8\,500$ N. $F = D \cdot s \quad \vert :D$ $s = \frac{F}{D}$ $s = \frac{8\,500\,N \cdot cm}{3\,200\,N}$ $s = 2{,}66$ cm **Ergebnis:** Unter der Bedingung, dass sich ein Kranseil elastisch verformt, wird es beim Anhängen und gleichförmigem Heben einer Last von 850 kg um 27 mm gedehnt.

Die induktive Methode

Die induktive Methode ist dadurch gekennzeichnet, dass man von bisherigen Erfahrungen, Beobachtungen und begründeten Überlegungen ausgeht und dann mithilfe teils umfangreicher experimenteller Untersuchungen und Verallgemeinerungen zu neuen Gesetzen gelangt.
Das grundsätzliche Herangehen ist in der Übersicht rechts dargestellt.

■ Es soll untersucht werden, wovon die Kraft abhängt, mit der man einen Körper mit konstanter Geschwindigkeit auf einer Kreisbahn hält.
Aus Beobachtungen und Erfahrungen ist bekannt:
– Je größer die Masse eines Balls ist, den man auf einer Kreisbahn herumschleudern will, desto größer ist die erforderliche Kraft.
– je schneller man den Ball herumschleudert, desto mehr Kraft muss man aufwenden.
– Je enger eine Kurve ist, die man durchfahren will, desto mehr muss man die Geschwindigkeit verringern.
Aus diesen und weiteren Erfahrungen kann man ableiten: Die Kraft F, die einen Körper auf eine Kreisbahn zwingt, hängt von der Masse m des Körpers, von seiner Geschwindigkeit v und von seinem Bahnradius r ab.
Im nächsten Schritt plant und realisiert man Experimente, mit denen man die vermuteten Zusammenhänge genauer untersuchen kann. Eine mögliche Experimentanordnung ist unten angegeben.
Dabei ist zu beachten: Wenn man den Zusammenhang zwischen zwei Größen untersucht, müssen alle anderen Größen und Bedingungen konstant gehalten werden. Wird die Kraft F in Abhängigkeit von der Masse m untersucht, dann müssen Bahnradius r und Geschwindigkeit v immer gleich groß sein.
Man erhält damit Messreihen für zwei Größen. Ist der Zusammenhang zwischen diesen beiden Größen nicht sofort erkennbar, so stellt man die Wertepaare in einem Diagramm dar oder wendet mathematische Methoden an, um die Art des Zusammenhangs zu erfassen (↗ Übersicht S. 37 oben).
In unserem Beispiel findet man folgende Zusammenhänge:
– $F \sim m$ bei konstantem v und r
– $F \sim \frac{1}{r}$ bei konstantem v und m
– $F \sim v^2$ bei konstantem m und r

Da der Proportionalitätsfaktor 1 ist, erhält man die Gleichung $F = m \cdot \frac{v^2}{r}$.

Einige typische Diagramme und die möglichen mathematischen Zusammenhänge.
Beachte: Aus einem Diagramm kann man nur eine Vermutung ableiten.

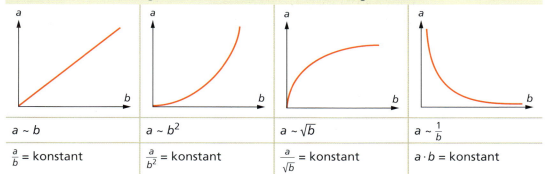

Die deduktive Methode

Bei der deduktiven Methode geht man von bekannten Zusammenhängen und Gesetzen und deren Gültigkeitsbedingungen aus (↗ Übersicht rechts). Unter Nutzung mathematischer Verfahren leitet man daraus ein neues Gesetz ab.
Wir betrachten als Beispiel wiederum die Kraft, die man benötigt, um einen Körper auf einer Kreisbahn zu halten.
Die auf S. 36 genannte Formel $F = m \cdot \frac{v^2}{r}$ kann man auch mit der

deduktiven Methode herleiten. Dabei gehen wir davon aus, dass die Bewegungsgesetze für gleichförmige und gleichmäßig beschleunigte Bewegungen sowie das newtonsche Grundgesetz bekannt sind.
Die Kreisbewegung wird in zwei voneinander unabhängige Bewegungen zerlegt: eine Bewegung mit konstanter Geschwindigkeit tangential zur Kreisbahn und eine Bewegung mit konstanter Beschleunigung in Richtung des Mittelpunkts der Kreisbahn.
Beide Teilbewegungen sind in der Abbildung rechts rot eingezeichnet.
Das Dreieck ABC ist nach dem Satz des THALES rechtwinklig. Dann gilt nach dem Höhensatz:

$$\overline{AP} \cdot \overline{PB} = (\overline{PC})^2$$

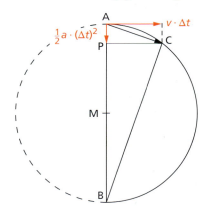

Setzt man die in der Abbildung auf S. 37 unten genannten physikalischen Größen ein, so erhält man:

$$\tfrac{1}{2}a \cdot (\Delta t)^2 \cdot \left(2r - \tfrac{1}{2}a \cdot (\Delta t)^2\right) = (v \cdot \Delta t)^2$$

Die Umformung ergibt:

$$r \cdot a \cdot (\Delta t)^2 - \tfrac{1}{4}a^2 \cdot (\Delta t)^4 = v^2 \cdot (\Delta t)^2 \qquad r \cdot a - \tfrac{1}{4}a^2 \cdot (\Delta t)^2 = v^2$$

Lässt man Δt immer kleiner werden, dann kann bei $\Delta t \longrightarrow 0$ der Term $\tfrac{1}{4}a^2 \cdot (\Delta t)^2$ vernachlässigt werden und es gilt:

$$r \cdot a = v^2 \qquad \text{oder} \qquad a = \frac{v^2}{r}$$

Setzt man diese Beschleunigung a in das newtonsche Grundgesetz $F = m \cdot a$ ein, so erhält man:

$$F = m \cdot \frac{v^2}{r}$$

Wir haben auf diese Weise aus bekannten Gesetzen durch mathematische Überlegungen ein neues Gesetz hergeleitet. Es ist allerdings nicht selbstverständlich, dass das newtonsche Grundgesetz auch für Kreisbewegungen gilt. Das muss experimentell geprüft werden.

Die experimentelle oder galileische Methode

Ein weiteres typisches Herangehen an das Finden von Gesetzen wurde von GALILEO GALILEI in die Wissenschaft eingeführt.
G. GALILEI verband theoretische Überlegungen und experimentelle Untersuchungen eng miteinander und entwickelte eine Methode, die heute als **experimentelle** oder **galileische Methode** bezeichnet wird.
Auf der Grundlage bisheriger Erkenntnisse, aber auch durch Beobachtungen oder Experimente, kann man begründete Vermutungen ableiten. In der Physik spricht man von einer **Hypothese**. Durch Experimente wird der Wahrheitswert einer Hypothese bestätigt oder widerlegt.

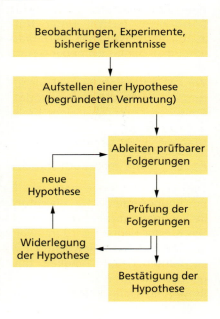

▶ Beachte: Im Unterschied zur Bestätigung einer Hypothese ist zur Widerlegung einer Hypothese ein einziges Experiment ausreichend.

- Eine solche Hypothese ist z. B.: Bei einer gleichmäßig beschleunigten Bewegung wächst der Weg mit dem Quadrat der Zeit.
Untersucht man experimentell für verschiedene gleichmäßig beschleunigte Bewegungen den Zusammenhang zwischen Weg s und Zeit t, dann zeigt sich: Bei einer beliebigen gleichmäßig beschleunigten Bewegung ist der Quotient $\frac{s}{t^2}$ immer konstant. Es gilt also $s \sim t^2$.

Die Hypothese ist damit als richtig bestätigt.

Die Modellmethode

Modelle (↗ S. 29) können genutzt werden, um zu neuen Erkenntnissen zu gelangen. Grundlage der Modellmethode sind Analogien und Analogieschlüsse.
In einer Übersicht lässt sich die Modellmethode so darstellen:

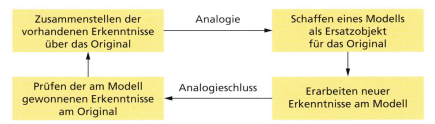

- Betrachten wir als Beispiel ein magnetisches Feld. Experimente zeigen:
  - Körper aus Eisen, Nickel und Cobalt werden von einem Magneten angezogen.
  - Zwischen Magneten wirken anziehende oder abstoßende Kräfte.
  - Eisenfeilspäne richten sich in einem Magnetfeld in charakteristischer Weise aus.

  Diese Erkenntnisse führen schließlich zu einem Modell, dass in der Physik **Feldlinienbild** genannt wird.

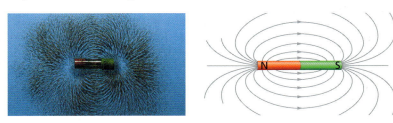

Im Modell Feldlinienbild kann man z. B. ermitteln, wie sich eine Magnetnadel in diesem Feld ausrichtet oder in welche Richtung eine Kraft auf einen stromdurchflossenen Leiter wirkt.
Diese Voraussagen können experimentell für das betreffende Feld (Original) geprüft werden.

Heuristische Methoden

In Physik und Technik werden neben den beschriebenen Methoden auch **heuristische Methoden** angewendet. Abgeleitet ist dieser Begriff vom griechischen „heuriskein" = finden, entdecken. Dabei spielen neben Erkenntnissen und Erfahrungen auch Intuition und Zufall eine Rolle. Solche heuristischen Methoden lassen sich kaum in eindeutigen Schritten erfassen. Typische Herangehensweisen sind z. B.
- das Problemlösen mit Versuch und Irrtum (trial and error),
- die intuitive Formulierung von Zusammenhängen,
- das Ausprobieren von begründeten Varianten.

Modellbildung mit einem Computer

Häufig braucht man für technische Anwendungen quantitative Voraussagen. Wenn man die geeigneten physikalischen Gesetze anwendet, stößt man oft auf mathematische Gleichungen, die nicht so ohne weiteres aufzulösen sind. So können in einer Gleichung Größen auftreten, die gegenseitig voneinander abhängen.

Betrachtet man z. B. den Fall eines Körpers in Luft, dann hängt die Geschwindigkeit des Körpers zu einem bestimmten Zeitpunkt von der Beschleunigung ab, die er vorher hatte. Die Beschleunigung wiederum hängt aber von der momentanen Geschwindigkeit ab, weil der bewegungshemmende Luftwiderstand mit zunehmender Geschwindigkeit größer wird.

Solche komplexen Zusammenhänge zwischen physikalischen Größen können wir im Allgemeinen mit den Mitteln der Schulmathematik nicht auflösen.

Die moderne Rechentechnik ermöglicht es aber, auch solche komplexen Zusammenhänge zu bearbeiten. Dazu verwendet man **Modellbildungssysteme**.

Das Grundprinzip besteht darin, dass man alle für den jeweiligen Fall wichtigen Größen eingibt, der Computer in kleinen Zeitschritten Zwischenlösungen berechnet und diese zu einer Gesamtlösung zusammenfügt.

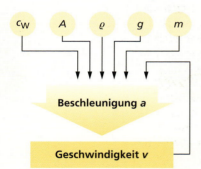

Für den Fall eines Körper in Luft muss man zunächst zusammenstellen, von welchen Größen die Beschleunigung a des Körpers abhängt.

Auf einen solchen Körper wirken Erdanziehungskraft (Gewichtskraft F_G) und Luftwiderstandskraft F_W. Die jeweilige Beschleunigung hängt von der beschleunigenden Kraft ab:

$$a = \frac{F}{m} = \frac{F_G - F_W}{m}$$

Für die Gewichtskraft gilt $F_G = m \cdot g$, für die Luftwiderstandskraft:

$$F_W = \tfrac{1}{2} c_W \cdot A \cdot \varrho \cdot v^2$$

Für die Beschleunigung ergibt sich daraus die Formel:

$$a = g - \frac{1}{2m} \cdot c_W \cdot A \cdot \varrho \cdot v^2$$

Die Beschleunigung ist demzufolge von folgenden Größen abhängig:
- Fallbeschleunigung g
- Masse m des fallenden Körpers
- Luftwiderstandszahl c_W, eine von Form und Oberflächenbeschaffenheit des Körpers abhängige Zahl
- Querschnittsfläche A des Körpers
- Dichte ϱ der Luft
- Geschwindigkeit v

Die Beschleunigung bewirkt eine zeitliche Veränderung der Geschwindigkeit v des Körpers. Umgekehrt hängt die Beschleunigung rückgekoppelt wieder von der Geschwindigkeit ab. Diese Zusammenhänge sind in der Skizze dargestellt.

In einem nächsten Schritt gibt man die oben genannte Formel für die Beschleunigung ein. Den Rest übernimmt der Computer. Er berechnet Zeitschritt für Zeitschritt die Geschwindigkeit, ermittelt daraus die Beschleunigung, daraus wiederum die Geschwindigkeit usw.
Die Rechenweise des Computers können wir nachvollziehen. Er rechnet in vielen kleinen Zeitschritten, indem er während des Zeitintervalls Δt annimmt, dass die Beschleunigung konstant sei:

$$a = g - \frac{1}{2m} \cdot c_W \cdot A \cdot \varrho \cdot v^2 \qquad v_{neu} = v + a \cdot \Delta t \qquad t_{neu} = t + \Delta t$$

Diese Schritte werden viele hundertmal wiederholt.
Wir beginnen zur Zeit $t = 0$ mit der Geschwindigkeit $v = 0$ und können die Rechnung des Computers in einer Tabelle darstellen. Dabei müssen wir kleine Zeitschritte Δt wählen, weil sonst die Näherung, dass während dieser Zeit die Beschleunigung konstant sei, zu ungenau wäre.
Für $\Delta t = 0{,}01$ s, $c_W = 0{,}45$, $A = 1$ m², $\varrho = 1{,}25$ kg/m³ und $m = 1$ kg sieht der Anfang der Tabelle unter Berücksichtigung sinnvoller Genauigkeit so aus, wie es unten links dargestellt ist.
Die Abhängigkeit der Geschwindigkeit von der Zeit wird dann z. B. in einem Diagramm erfasst (Abb. unten rechts).
Daraus ist erkennbar: Ohne Luftwiderstand ($c_W = 0$) nimmt die Geschwindigkeit eines fallenden Körpers proportional zur Zeit zu (rot eingezeichnete Gerade).
Mit Luftwiderstand nimmt die Geschwindigkeit am Anfang ähnlich wie ohne Luftwiderstand zu, da sich dieser wegen der geringen Geschwindigkeit kaum auswirkt. Dann nimmt sie nicht mehr so stark zu, bis sie endlich konstant bleibt. Das ist dann der Fall, wenn die Luftwiderstandskraft genauso groß wie die Gewichtskraft ist. Die Resultierende der beiden Kräfte ist dann null. Damit ist auch die Beschleunigung null.
Mit solchen Modellbildungssystemen kann man die Frage „Was wäre, wenn?" untersuchen. Dabei ist aber ein zentrales Problem der Modellbildung zu beachten: Der Mensch kann beliebige mathematische Modelle aufstellen. Ihre Bedeutung ergibt sich erst, wenn man mit ihnen Voraussagen machen kann, die mit der Beobachtung der realen Vorgänge übereinstimmen.
In der Technik hat man früher Experimente an Originalen (↗ Foto oben) oder an maßstäblichen Modellen durchgeführt. So wurde z. B. der Luftwiderstand eines Autos an einem Modell im Maßstab 1:20 in einem Windkanal bestimmt und dann geschlossen, wie groß er am realen Auto sein wird. Heute werden die Berechnungen zum überwiegenden Teil mit Computermodellen durchgeführt.

t in s	a in $\frac{m}{s^2}$	v in $\frac{m}{s}$
0	9,8	0
0,01	9,81	0,10
0,02	9,81	0,20
0,03	9,80	0,29
0,04	9,79	0,39
0,05	9,74	0,49

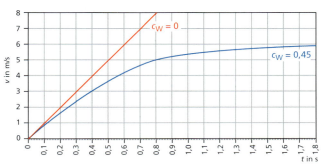

1.2.4 Tätigkeiten in der Physik

Vor allem im Zusammenhang mit dem Erkennen und Anwenden physikalischer Gesetze, mit dem Definieren von Begriffen und dem Arbeiten mit Größen gibt es eine Reihe von wichtigen Tätigkeiten, die immer wieder durchgeführt werden.

Beschreiben

> Beim Beschreiben wird mit sprachlichen Mitteln zusammenhängend und geordnet dargestellt, wie ein Gegenstand oder eine Erscheinung in der Natur beschaffen ist, z.B. welche Eigenschaften ein Körper besitzt, wie ein Vorgang abläuft, wie ein technisches Gerät aufgebaut ist. Dabei werden in der Regel äußerlich wahrnehmbare Eigenschaften der Erscheinung dargestellt.

Im Zusammenhang mit der Erklärung einer Erscheinung beschränkt man sich bei der Beschreibung häufig auf die Darstellung wesentlicher äußerlich wahrnehmbarer Seiten der Erscheinung.

■ *Beschreibe den Ablauf des Experiments!*
Das Glas wird randvoll mit Wasser gefüllt. Anschließend wird eine Karteikarte so aufgelegt, dass keine Luft zwischen Wasser und Karteikarte gelangt.
Dann dreht man das Glas vorsichtig um und hält dabei die Karte fest. Beim Loslassen fällt die Karte nicht herunter.

Erklären

> Beim Erklären wird zusammenhängend und geordnet dargestellt, *warum* eine Erscheinung in der Natur so und nicht anders auftritt. Dabei wird die Erscheinung auf das Wirken von Gesetzen zurückgeführt, indem man darstellt, dass die Wirkungsbedingungen bestimmter Gesetze in der Erscheinung vorliegen. Diese Wirkungsbedingungen sind wesentliche Seiten in der Erscheinung.

Auch Modelle können zum Erklären herangezogen werden.

■ Wenn ein lichtundurchlässiger Gegenstand in das Licht einer Glühlampe gehalten wird, erhält man einen scharf begrenzten Schatten. Bringt man den Gegenstand in das Licht einer langen Leuchtstofflampe, so sieht man einen unscharfen Schatten.

Für die Lichtausbreitung gilt das Gesetz, dass sich Licht von einer Lichtquelle *nach allen Seiten geradlinig ausbreitet.* Zur Veranschaulichung der Lichtausbreitung können Lichtstrahlen als Modell für den Weg des Lichts genutzt werden.
Bei einer fast punktförmigen Lichtquelle breitet sich Licht nur von einem Punkt geradlinig nach allen Seiten aus. Diese Lichtausbreitung

wird durch den undurchsichtigen Körper behindert. Das Schattengebiet wird durch die Randstrahlen scharf begrenzt.

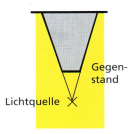

▶ Gehe beim Erklären folgendermaßen vor:
– Beschreiben wesentlicher Seiten der Erscheinung,
– Nennen von Gesetzen und Modellen, die der Erscheinung zugrunde liegen,
– Zurückführen der Erscheinung auf Gesetze oder Modelle.

Bei zwei Lichtquellen oder einer ausgedehnten Lichtquelle breitet sich das Licht von *jedem* Punkt der Lichtquelle nach allen Seiten geradlinig aus. So erzeugt jeder Punkt der Lichtquelle einen scharfen Schatten des Körpers. Die verschiedenen Schattengebiete überlagern sich jedoch, sodass der Schatten insgesamt unscharf wird.

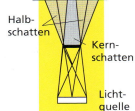

Beschreiben des Aufbaus und Erklären der Wirkungsweise technischer Geräte

Die Wirkungsweise technischer Geräte lässt sich auf das Wirken physikalischer Gesetze, deren Wirkungsbedingungen im Aufbau realisiert sind, zurückführen.

▶ Gehe folgendermaßen vor:
– Nennen des Verwendungszwecks des Geräts,
– Beschreiben der für das Wirken der Gesetze wesentlichen Teile des Geräts,
– Zurückführen der Wirkungsweise auf Gesetze.

■ Bei vielen technischen Geräten (z. B. Bügeleisen, Heizkissen, Kühlschrank) darf sich die Temperatur nur innerhalb bestimmter Grenzen verändern. Für diese Temperaturreglung werden Bimetallschalter benutzt.
Beschreibe den Aufbau und erkläre die Wirkungsweise eines **Bimetallschalters!**
Ein Bimetallschalter dient dem Öffnen und Schließen eines elektrischen Stromkreises beim Über- bzw. Unterschreiten einer bestimmten Temperatur. Wesentlicher Teil dieses Schalters ist ein Bimetallstreifen. Er besteht aus zwei verschiedenen Metallen, die fest miteinander verschweißt, verklebt oder vernietet sind.

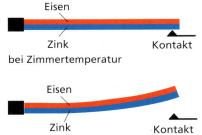

Ändert sich die Temperatur, so ändert sich auch die Länge des Bimetallstreifens, denn für alle festen Körper gilt das Gesetz:
Wenn sich die Temperatur des Körpers ändert, so ändert sich auch seine Länge.
Die beiden Metalle des Bimetallstreifens (z. B. Eisen und Zink) dehnen sich bei gleicher Temperaturänderung unterschiedlich stark aus. Da beide Metallstreifen fest miteinander verbunden sind, biegt sich der Bimetallstreifen bei Temperaturänderung und öffnet bzw. schließt einen elektrischen Kontakt.

Voraussagen

Beim Voraussagen wird auf der Grundlage von Gesetzen und Modellen unter Berücksichtigung entsprechender Bedingungen eine Folgerung in Bezug auf eine Erscheinung abgeleitet und zusammenhängend dargestellt.

▶ Gehe beim Voraussagen folgendermaßen vor:
– Beschreiben wesentlicher Seiten der Erscheinung,
– Nennen von Gesetzen und Modellen, die der Erscheinung zugrunde liegen,
– Ableiten von Folgerungen für die Erscheinung.

▶ Voraussagen werden in der Praxis (durch Experimente) überprüft.

■ Ein Mädchen steht auf einem Skateboard und wirft einen schweren Medizinball so weg, wie es skizziert ist.
Sage voraus, was passieren wird!
Zunächst steht das Mädchen mit dem Medizinball auf dem Skateboard. Beide befinden sich in Ruhe. Dann wirft das Mädchen den Medizinball nach hinten weg. Dazu muss das Mädchen eine Kraft in Bewegungsrichtung des Medizinballs aufwenden.
Nach dem *Wechselwirkungsgesetz* muss es zu *jeder Kraft eine gleich große und entgegengesetzt gerichtete Gegenkraft* geben, wenn Körper aufeinander einwirken. Deshalb wirkt eine Kraft entgegen der Bewegungsrichtung des Medizinballs. Diese Kraft führt nach dem newtonschen Grundgesetz zu einer Beschleunigung des Mädchens mit dem Skateboard. Das Mädchen bewegt sich nach dem Abwurf des Medizinballs mit dem Skateboard in entgegengesetzter Richtung weg.

Eine wissenschaftliche Voraussage beruht immer auf der Grundlage von Gesetzen und Modellen und hat nichts mit Spekulationen zu tun. Der Wahrheitswert einer Voraussage oder Prognose kann trotzdem unterschiedlich sein.
Wird z. B. die Voraussage auf der Grundlage eines bekannten und vielfach bestätigten Gesetzes getroffen, so ist die Voraussage mit hoher Wahrscheinlichkeit wahr. Sind alle zugrunde liegenden Gesetze sehr komplex und nicht alle Wirkungsbedingungen bekannt, so kann die Voraussage auch unsicher sein. Das ist nicht selten bei Wettervorhersagen der Fall.

Vergleichen

> Beim Vergleichen werden Gemeinsamkeiten und Unterschiede von zwei oder mehreren Vergleichsobjekten (z. B. Körper, Stoffe, Vorgänge) ermittelt und dargestellt.

Da ein Vergleich in der Regel einen Zweck verfolgt, kann man aus den zusammengestellten Fakten meist eine Schlussfolgerung ableiten.

■ *Vergleiche den Aufbau des menschlichen Auges mit dem eines Fotoapparats!*

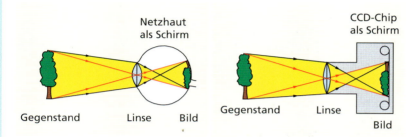

Mit Auge und Fotoapparat werden Bilder von Gegenständen erzeugt. Der *Aufbau* weist Gemeinsamkeiten und Unterschiede auf.

Gemeinsamkeiten:
Prinzipiell besitzen Auge und Fotoapparat als optische Systeme eine Linse und einen Schirm. Mit der Linse werden jeweils reelle Bilder auf dem Schirm erzeugt.
Unterschiede:
Die Unterschiede bestehen
– in der Zusammensetzung der Linsen bzw. des Linsensystems und
– in der Art des Schirms (Netzhaut, CCD-Chip).
Auge und Fotoapparat besitzen aus optischer Sicht einen analogen physikalischen Aufbau.

▶ Gehe beim Vergleichen folgendermaßen vor:
– Wählen geeigneter Kriterien für den Vergleich,
– Nennen von Gemeinsamkeiten und Unterschieden,
– Ableiten von Schlussfolgerungen.

Vergleichen bedeutet immer das Herausarbeiten von Gemeinsamkeiten oder Unterschieden bezüglich bestimmter Aspekte. Beim oben genannten Beispiel des Vergleichs von Auge und Fotoapparat wird der Aufbau miteinander verglichen. Mögliche andere Aspekte sind der Vergleich der Wirkungsweise oder der Vergleich bestimmter Eigenschaften.

■ *Vergleiche die elektrische Leitfähigkeit verschiedener Metalle miteinander!*
Die *Gemeinsamkeit* besteht darin, dass alle Metalle den elektrischen Strom relativ gut leiten.
Die Unterschiede bestehen darin, dass z. B. Silber, Kupfer, Gold oder Aluminium den elektrischen Strom sehr gut leiten, die Leitfähigkeit von Eisen, Blei, Konstantan oder Quecksilber dagegen deutlich geringer ist.

Klassifizieren

> Beim Klassifizieren werden verschiedene Objekte aufgrund gemeinsamer und unterschiedlicher Merkmale in Klassen eingeteilt. Alle Objekte, die bestimmte gemeinsame Merkmale besitzen, werden zu einer Klasse zusammengefasst. Dazu ist ein Vergleich der Objekte notwendig. Die Klassen werden benannt und es entstehen Begriffssysteme.

▶ Gehe beim Klassifizieren folgendermaßen vor:
– Untersuchen und Vergleichen der Eigenschaften von Objekten,
– Zusammenfassen der Objekte mit gemeinsamen Eigenschaften,
– Bezeichnen der Gruppen bzw. Klassen von Objekten.

■ *Klassifiziere die verschiedenen Stoffe hinsichtlich ihrer elektrischen Leitfähigkeit!*
Untersucht man experimentell verschiedene Stoffe danach, wie gut sie den elektrischen Strom leiten, so kann man gute und schlechte elektrische Leiter unterscheiden.
Man kann deshalb die Stoffe in zwei große Gruppen einteilen und als „elektrische Leiter" bzw. „elektrische Nichtleiter" (Isolatoren) bezeichnen.

Elektrische Leiter	Elektrische Nichtleiter
Metalle leuchtende Gase wässrige Lösungen von Säuren, Basen und Salzen	Keramik Kunststoffe Glas Gummi nicht leuchtende Gase

Definieren

> Beim Definieren wird ein Begriff durch die Festlegung wesentlicher, gemeinsamer Merkmale eindeutig bestimmt und von anderen Begriffen unterschieden.

▶ Beim Definieren kann man häufig folgendermaßen vorgehen:
– Nennen des Oberbegriffs,
– Nennen artbildender Merkmale.

■ *Definiere den Begriff „mechanische Schwingung"!*
Eine mechanische Schwingung ist eine zeitlich periodische Bewegung eines Körpers um eine Ruhelage.
Oberbegriff: Bewegung
artbildende Merkmale: – zeitlich periodisch
                              – um eine Ruhelage

Das Definieren von Begriffen kann z. B. auch durch Aufzählen erfolgen. Um den Begriff „elektrische Bauelemente" zu definieren, kann man aufzählen, welche Bauelemente man dazu zählt.

■ *Elektrische Bauelemente* sind elektrische Quellen, Widerstände, Glühlampen, Schalter, Spulen, Kondensatoren, Dioden und Transistoren.
Manchmal unterscheidet man auch zwischen elektrischen und elektronischen Bauelementen.

Erläutern

> Beim Erläutern wird versucht, einem anderen Menschen einen naturwissenschaftlichen Sachverhalt (z. B. Vorgänge, Gesetze, Begriffe, Arbeitsweisen) verständlich, anschaulich, begreifbar zu machen.

▶ Beim Erläutern kann man folgendermaßen vorgehen:
– Darstellen des Sachverhalts (z. B. des Gesetzes),
– Nennen von Beispielen,
– Darstellen, wie allgemeine Sachverhalte (z. B. Gesetze) in den Beispielen wirken.

■ Für alle Körper, die mit einer konstanten Kraft beschleunigt werden, gilt das unten stehende Diagramm.

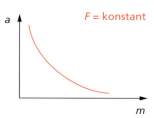

Erläutere den gesetzmäßigen Zusammenhang zwischen der Beschleunigung eines Körpers und seiner Masse an einem praktischen Beispiel!
Das Diagramm zeigt, dass bei einer konstanten Kraft die Beschleunigung eines Körpers umso größer ist, je kleiner seine Masse ist. Das ist z. B. beim Anfahren eines beladenen und eines unbeladenen Lkw mit gleicher Antriebskraft festzustellen. Da die Masse des unbeladenen Lkw kleiner ist als die des beladenen Lkw, ist die Beschleunigung des unbeladenen Lkw größer als die des beladenen Lkw. Der unbeladene Lkw kann z. B. an einer Kreuzung schneller anfahren.

Begründen

> Beim Begründen wird ein Nachweis geführt, dass eine Aussage richtig oder zweckmäßig ist. Dazu müssen Argumente, z. B. Beobachtungen, Gesetze, Eigenschaften von Körpern und Stoffen, angeführt werden.

■ *Begründe, warum man einen Pkw, der defekte Bremsen hat, nicht mit einem Seil abschleppen darf!*
Beim Abschleppen eines Pkw mit defekten Bremsen durch einen anderen Pkw muss die Bremskraft dieses abschleppenden Pkw auf das defekte Fahrzeug übertragen werden, sonst würde der defekte Pkw beim Anhalten aufgrund des Trägheitsgesetzes weiterrollen. Ein Seil kann diese Kraft nicht übertragen. Dafür ist eine Abschleppstange oder ein spezielles Abschleppfahrzeug notwendig.

▶ Beim Begründen kann man folgendermaßen vorgehen:
– Darstellen eines Sachverhalts, einer Maßnahme, einer Vorschrift u. Ä.,
– Nennen naturwissenschaftlicher Argumente.

Im Unterschied zum Erklären (↗ S. 42) werden stets Aussagen begründet. Während beim Erklären immer auf Gesetze oder Modelle zurückgegriffen wird, können Begründungen objektiv oder subjektiv sein.

Interpretieren

> Beim Interpretieren wird einer verbalen Aussage, einem Zeichensystem (z. B. einer mathematischen Gleichung oder Proportionalität) oder einer grafischen Darstellung (z. B. einem Diagramm) eine auf die Natur bezogene inhaltliche Bedeutung gegeben.

Insbesondere beim **Interpretieren von Gleichungen und Diagrammen** wird den Zeichen und Symbolen sowie den dargestellten Sachverhalten eine physikalische Bedeutung zugeordnet.
In der Physik ist es häufig erforderlich, eine gegebene Gleichung zu interpretieren. Dabei geht es darum, die in der Gleichung enthaltenen Zusammenhänge zu erfassen und eventuell auch Folgerungen daraus abzuleiten.

▶ Gehe beim Intepretieren einer Gleichung folgendermaßen vor:
– Nennen der physikalischen Größen und Bedingungen für die Gültigkeit,
– Ableiten von Zusammenhängen aus der mathematischen Struktur,
– Ableiten praktischer Folgerungen.

■ *Interpretiere die Gleichung $W = F \cdot s$ zur Berechnung der mechanischen Arbeit!*
Die Gleichung $W = F \cdot s$ beschreibt Zusammenhänge zwischen der mechanischen Arbeit W, der wirkenden Kraft F und dem zurückgelegten Weg s. Die Gleichung gilt unter der Bedingung, dass die Kraft konstant ist und in Richtung des Wegs wirkt.
Unter der Bedingung, dass die Kraft konstant ist, gilt:
$W \sim s$, d. h., je größer der Weg ist, desto größer ist die verrichtete mechanische Arbeit. Dies tritt z. B. auf, wenn man mit einer Einkaufstasche statt in den 2. Stock in den 5. Stock eine Treppe hochsteigt.
Unter der Bedingung, dass der Weg konstant ist, gilt:
$W \sim F$, d. h., je größer die Kraft ist, desto größer ist die Arbeit. Dies tritt z. B. auf, wenn man statt mit einer mit zwei Einkaufstaschen in den 2. Stock eine Treppe hochsteigt.

Physikalische Zusammenhänge werden häufig in Form von Diagrammen dargestellt. Beim Interpretieren von Diagrammen kommt es vor allem darauf an, den Zusammenhang zwischen den beiden auf den Achsen aufgetragenen Größen zu erfassen.

■ In einem Experiment wurde die *I-U*-Kennlinie einer Glühlampe aufgenommen.

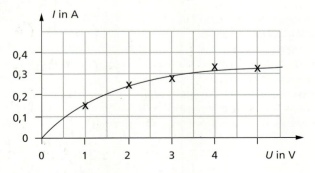

Interpretiere dieses Diagramm!

Die Kennlinie der Glühlampe stellt den Zusammenhang zwischen der elektrischen Stromstärke I und der Spannung U dar. Mit größerer Spannung steigt die Stromstärke durch die Glühlampe, jedoch liegt *keine* direkte Proportionalität vor. Die Spannung steigt stärker als die Stromstärke. Daraus kann man ableiten, dass der Widerstand der Lampe mit steigender Spannung größer wird. Das hängt damit zusammen, dass mit steigender Stromstärke auch die Temperatur des Glühfadens steigt. Das hat folgende Konsequenz: Im Moment des Einschaltens hat der Glühfaden Zimmertemperatur. Sein Widerstand ist klein. Damit ist beim Einschalten einer Glühlampe die Stromstärke wesentlich größer als im Betriebszustand. Das ist eine Ursache dafür, dass Glühlampen meist beim Einschalten kaputtgehen.

▶ Gehe beim Interpretieren eines Diagramms folgendermaßen vor:
– Nennen der physikalischen Größen, die auf den Achsen abgetragen sind,
– Beschreiben des Zusammenhangs unter Beachtung der Bedingungen,
– Ableiten praktischer Folgerungen.

Beobachten

Beim Beobachten werden gezielt Erscheinungen in der Natur mit Sinnesorganen wahrgenommen, um deren Eigenschaften, Merkmale, räumliche Beziehungen oder zeitliche Abfolgen sowie Veränderungen in den Erscheinungen zu erkennen. Zum Teil werden auch technische Geräte (z. B. Fernrohr, Mikroskop) als Hilfsmittel für die Beobachtung genutzt.

▶ Das Beobachten ist in der Regel mit dem Beschreiben des Beobachteten verbunden.

■ *Beobachte den Ablauf einer Sonnenfinsternis!*

Die Fotografie zeigt das, was man beobachten kann. Die Beobachtung kann man mit Worten beschreiben, z. B. in folgender Weise:
Bei einer Sonnenfinsternis fällt der Schatten des Monds auf die Erdoberfläche. Der Mond befindet sich dabei zwischen Sonne und Erde.
Je nach der Stellung des Monds sieht man nur noch einen Teil der Sonne, oder er verdeckt sie ganz. Wegen der Bewegung des Monds und der Erde ändert sich die Form des sichtbaren Teils der Sonne ständig. Der gesamte Vorgang dauert mehrere Stunden.

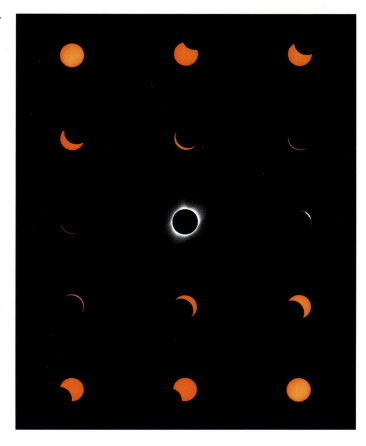

Beim Beobachten kann man zwischen **unmittelbaren** und **mittelbaren** sowie **direkten** und **indirekten** Beobachtungen unterscheiden.

Unmittelbare Beobachtung	Mittelbare Beobachtung
Beobachtung nur mithilfe der Sinnesorgane des Menschen	Beobachtung mit Hilfsmitteln wie Lupe, Mikroskop, Fernrohr, Messgeräten

Direkte Beobachtung	Indirekte Beobachtung
Der Mensch nimmt Eigenschaften mit oder ohne Hilfsmittel direkt wahr.	Der Mensch nimmt Eigenschaften nur über spezielle Verfahren, z. B. Nachweisreaktionen, wahr.

Messen

> Beim Messen wird der Wert einer Größe, d. h. der Ausprägungsgrad einer Eigenschaft, mithilfe eines Messgeräts dadurch bestimmt, dass die zu messende Größe mit einer festgelegten Einheit verglichen wird.

Dazu wird in der Regel eine Messvorschrift festgelegt.

■ *Miss das Volumen einer Flüssigkeit mit einem Messzylinder!*

Messvorschrift für die Volumenmessung mit Messzylindern:
1. Schätze das Volumen des Körpers! Wähle einen geeigneten Messzylinder aus!
2. Fülle die Flüssigkeit in den Messzylinder, stelle ihn auf eine waagerechte Unterlage!
3. Bringe deine Augen in Höhe der Flüssigkeitsoberfläche! Lies den Stand an der tiefsten Stelle der Oberfläche ab!

Werden z. B. 8 ml Flüssigkeit gemessen, bedeutet das, dass der Wert der Größe Volumen das Achtfache der Einheit 1 ml, also 8 · 1 ml, beträgt.

Messgeräte haben einen bestimmten **Messbereich** und eine bestimmte **Messgenauigkeit**. Die Messgenauigkeit gibt an, mit welchem **Messfehler** der Messwert behaftet ist. Messwerte sind stets nur Näherungswerte für den wahren Wert der Größe.
Um Messfehler möglichst gering zu halten, nimmt man häufig eine ganze Reihe von Messwerten – eine **Messwertereihe** – auf und bildet den Mittelwert der Größe.
Dadurch können zufällige Schwankungen der Messwerte um den wahren Wert der Größe berücksichtigt werden.

▶ Hinweise zu Messfehlern sind auf S. 63 ff. gegeben.

■ In einem Experiment zur Bestimmung der Fallbeschleunigung mit einem Fadenpendel soll die Zeit für jeweils 10 Schwingungen bestimmt werden.

t für 10 Schwingungen

Dazu werden fünf Messungen durchgeführt und der Mittelwert gebildet: $\bar{t} = 1{,}62$ s.

▶ Den Mittelwert berechnet man, indem man alle Messwerte addiert und durch die Anzahl der Messungen dividiert.

Messung Nr.	t für 10 Schwingungen
1	16,4 s
2	16,1 s
3	16,2 s
4	16,0 s
5	16,3 s

Experimentieren

Das Experimentieren ist eine sehr komplexe Tätigkeit, die in verschiedenen Etappen beim Erkennen und Anwenden von Naturgesetzen auftritt. Das Ziel eines Experiments besteht darin, eine Frage an die Natur zu beantworten. Dazu wird eine Erscheinung der Natur unter ausgewählten, konkreten, kontrollierten und veränderbaren Bedingungen beobachtet und ausgewertet. Die Bedingungen und damit das gesamte Experiment müssen wiederholbar sein.

> Beim Experimentieren wird eine Erscheinung der Natur unter ausgewählten, kontrollierten, wiederholbaren und veränderbaren Bedingungen beobachtet und ausgewertet.

Mit Experimenten werden z. B. Zusammenhänge zwischen Größen untersucht. Das dient dem Erkennen von Naturgesetzen. Andererseits können bei Experimenten Gesetze angewendet werden, um z. B. den Wert von Größen (Konstanten) zu bestimmen.

Ablauf eines Experiments	Ein Beispiel aus der Physik

Ablauf eines Experiments

1. Vorbereiten des Experiments
Zunächst ist zu überlegen,
- welche Größen zu messen sind,
- welche Größen verändert und welche konstant gehalten werden,
- welche Gesetze angewendet werden können.

Dann ist eine Experimentieranordnung zu entwerfen, mit der die gewünschten Größen gemessen und Beobachtungen gemacht werden können. Dabei sind auch die zu nutzenden Geräte und Hilfsmittel festzulegen.
In der Planungsphase ist auch zu überlegen, wie das Experiment ausgewertet werden soll, da das mitunter Einfluss auf die Experimentieranordnung und die Messgeräte hat. Mögliche Fehlerquellen sollten schon in der Planungsphase bedacht werden, weil dies Einfluss auf die Durchführung und Auswertung hat.

Ein Beispiel aus der Physik

Untersuche experimentell Unterschiede zwischen der Leerlaufspannung und der Klemmenspannung von elektrischen Quellen!

Zu messende Größen:
- Leerlaufspannung U_L
- Klemmenspannung U_K

Es werden Leerlaufspannung und Klemmenspannung für verschiedene elektrische Quellen gemessen und miteinander verglichen. Als Bauelement wird ein ohmscher Widerstand verwendet.

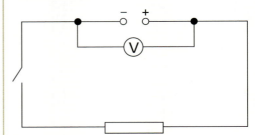

2. Durchführen des Experiments
Die Experimentieranordnung ist nach der Planung aufzubauen.
Die gewünschten Messwerte und Beobachtungen werden registriert und protokolliert. Dazu werden häufig Messwertetabellen angefertigt.

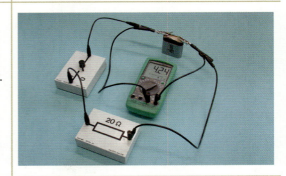

3. Auswerten des Experiments
Die protokollierten Messwerte und Beobachtungen werden ausgewertet. Dazu werden häufig Diagramme angefertigt und Berechnungen durchgeführt.
In Bezug auf die experimentelle Frage wird ein Ergebnis formuliert.
Häufig werden Fehlerbetrachtungen zur Genauigkeit der Messungen und Beobachtungen durchgeführt.
Das experimentelle Ergebnis wird unter Berücksichtigung der Fehlerbetrachtungen bewertet.

Elektrische Quelle	U_L in V	U_K in V
Monozelle	1,5	1,3
Flachbatterie	4,5	4,0
Stromversorgungsgerät	8,0	7,5

Bei allen im Experiment untersuchten elektrischen Quellen ist die Klemmenspannung kleiner als die Leerlaufspannung:

$U_K < U_L$

Protokoll des Experiments

| Name: Tobias Musterschüler | Klasse: 7a | Datum: 15. 11. ... |

Aufgabe:
Welcher Zusammenhang besteht zwischen der Verlängerung s einer Feder und der an ihr angreifenden Kraft F?

Vorbereitung:	**Experimentieranordnung**

Größe 1: Kraft F
Größe 2: Verlängerung s

Messgerät 1: Federkraftmesser
Messgerät 2: Lineal

Weitere Geräte und Hilfsmittel:
– eine Schraubenfeder
– verschiedene Hakenkörper
– Stativmaterial

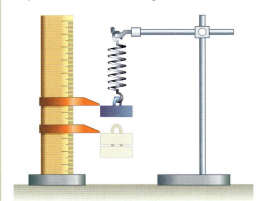

Durchführung und Auswertung:

Messwertetabelle:

F in N	s in cm	$\frac{F}{s}$ in $\frac{N}{cm}$
0	0	–
1	0,8	1,25
2	1,7	1,18
3	2,4	1,25
4	3,3	1,21
5	4,1	1,22
6	4,7	1,28

Aus der Messwertereihe und aus dem Diagramm kann man für die Feder erkennen:

$s \sim F$ oder $\frac{F}{s}$ = konstant

Diagramm:

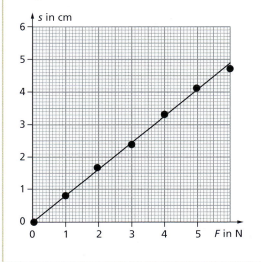

Ergebnis:
Zwischen der Verlängerung der Feder s und der an ihr angreifenden Kraft F besteht ein direkt proportionaler Zusammenhang.

1 Die Physik – eine Naturwissenschaft

Auswertung von Messreihen mit dem Computer

▶ Genutzt werden kann ein Tabellenkalkulationsprogramm, z. B. das Programm **MS Excel**.

Für zwei verschiedene Federn und ein Gummiband wird die Verlängerung in Abhängigkeit von der wirkenden Kraft untersucht. Die Messwerte sind in der folgenden Messwertetabelle erfasst:

F in N	0	0,5	1,0	1,5	2,0	2,5
s_1 in cm	0	0,9	1,7	2,4	3,1	4,1
s_2 in cm	0	0,35	0,75	1,15	1,55	1,95
s_3 in cm	0	0	0,25	0,5	0,75	0,8

Gilt für die beiden Federn und für das Gummiband das hookesche Gesetz $F = D \cdot s$? Um zu erkennen, ob das hookesche Gesetz gilt, gibt es zwei Möglichkeiten:
a) Es wird der Quotient aus der wirkenden Kraft und der Verlängerung der Feder bzw. des Gummibands gebildet. Ist dieser Quotient konstant, so gilt das hookesche Gesetz.
b) Es wird ein Dehnungsdiagramm gezeichnet. Ist der Graph eine Gerade, die durch den Koordinatenursprung verläuft, so gilt das hookesche Gesetz.
Beide Möglichkeiten kannst du mit einem Computer in einem **Tabellenkalkulationsprogramm** realisieren.

Darstellen der Messwerte in einer Tabelle und Berechnen der jeweiligen Federkonstanten

▶ Der Quotient aus der **Kraft F** und der **Dehnung s** ist die **Federkonstante D**:

$$D = \frac{F}{s}$$

Bei einer elastischen Feder ist die Federkonstante D immer gleich groß.

1. Öffne das Tabellenkalkulationsprogramm.
2. Trage in die erste Zeile den Kopf der Tabelle ein.
    Der Tabellenkopf kann farbig, die Schrift fett gestaltet werden. Dazu musst du die jeweiligen Zellen markieren und im Menü „Format" die entsprechenden Einstellungen vornehmen.
3. Speichere die Daten, z. B. unter dem Dateinamen „Feder 1".
4. Gib die Messwerte für die Kraft und die Dehnung ein.
5. Wenn du die Berechnung vornehmen willst, kannst du so vorgehen:
    – Markiere das Feld C3.
    – Klicke im Menü auf das Gleichheitszeichen und gib die Rechenoperation A3/B3 ein. Drücke „Enter".
    – Wiederhole das für die Felder C4 bis C7.

Als Ergebnis erhältst du eine Tabelle, so wie sie rechts dargestellt ist.
Analog erhältst du die entsprechenden Tabellen für Feder 2 und für das Gummiband.

	A	B	C
1	Kraft F in N	Dehnung s in cm	Federkonstante D in N/cm
2	0	0	0
3	0,5	0,9	0,56
4	1,0	1,7	0,59
5	1,5	2,4	0,63
6	2,0	3,1	0,65
7	2,5	4,1	0,61

1.2 Denk- und Arbeitsweisen in der Physik

Darstellen der Messwerte in einem Diagramm

Die Messwerte können auch in einem Diagramm dargestellt werden, wenn man ein Tabellenkalkulationsprogramm nutzt. Dabei kann man den Graphen für eine oder auch für mehrere Messreihen in einem Diagramm darstellen. Dabei ist folgendes Herangehen zweckmäßig:

▶ Beachte: Programme zum Erstellen von Diagrammen gibt es in unterschiedlichen Varianten.

1. Trage die Messwerte so in die Tabelle ein, wie es rechts dargestellt ist. Der Tabellenkopf kann farbig oder fett gestaltet werden.
2. Markiere alle Messwerte (Felder A2 bis D7).

	A	B	C	D
1	Kraft F in N	Dehnung Feder 1 in cm	Dehnung Feder 2 in cm	Dehnung Gummi in cm
2	0	0	0	0
3	0,5	0,9	0,35	0
4	1,0	1,7	0,75	0,25
5	1,5	2,4	1,15	0,5
6	2,0	3,1	1,55	0,75
7	2,5	4,1	1,95	0,8

3. Rufe den Diagrammassistenten durch Klicken auf das entsprechende Symbol in der Menüleiste auf. Wähle „Punkt (X,Y)" und dort das Diagramm „Punkte mit interpolierten Linien". Drücke auf „Weiter".
4. Kannst du dem Diagramm eine Überschrift geben (Diagrammtitel) und die beiden Achsen beschriften. Drücke dann auf „Weiter".

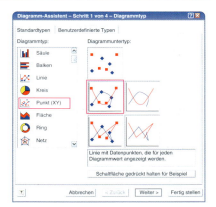

▶ Der Diagrammassistent hat das Symbol:

Man erhält dann ein Diagramm, so wie es unten dargestellt ist. Die Farben der Graphen und der Flächen können beliebig verändert werden.
Aus dem Diagramm ist erkennbar:
- Beide Federn genügen näherungsweise dem hookeschen Gesetz: Dehnung s und Kraft F sind zueinander proportional.
- Feder 1 ist weicher als Feder 2, da sie bei einer bestimmten Kraft stärker gedehnt wird.
- Für das Gummiband gilt das hookesche Gesetz nicht.

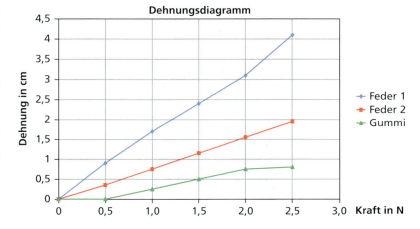

1.2.5 Lösen physikalischer Aufgaben

Viele Gesetze in der Physik werden mithilfe von mathematischen Mitteln (Proportionalität, Gleichung, Diagramm, ↗ S. 28) beschrieben. Deshalb können auch viele physikalische Aufgaben unter Nutzung mathematischer Mittel gelöst werden. Das prinzipielle Vorgehen beim Lösen verschiedener physikalisch-mathematischer Aufgaben ist gleich und entspricht dem Vorgehen beim Anwenden physikalischer Gesetze (↗ S. 34). Lediglich in der Phase, in der mit mathematischen Mitteln das Ergebnis ermittelt wird, unterscheidet sich das Vorgehen.

Lösen physikalischer Aufgaben durch inhaltlich-logisches Schließen

Beim Lösen physikalischer Aufgaben durch inhaltlich-logisches Schließen werden die Eigenschaften proportionaler Zusammenhänge zwischen physikalischen Größen zum Berechnen genutzt. Häufig müssen auch noch die Werte physikalischer Größen unter Nutzung der physikalischen Bedeutung der Größe interpretiert werden.

■ Eine Gruppe von Wanderern trifft sich um 9.00 Uhr zu einer Wanderung. Um 12.00 Uhr hat man in einer 10 km entfernten Raststätte Mittagessen bestellt.
Können die Wanderer rechtzeitig zum Mittagessen an der Raststätte sein, wenn sie mit einer Geschwindigkeit von 4 km/h wandern?

▶ Das Erste und Wichtigste bei der Lösung jeder physikalischen Aufgaabe ist die physikalische Analyse des Sachverhalts.

Analyse:
Die Wanderer werden physikalisch als Körper betrachtet, der sich mit einer konstanten Geschwindigkeit von 4 km/h bewegt. Um die Frage zu beantworten, kann der Weg ermittelt werden, den der Körper von 9.00 Uhr bis 12.00 Uhr, also in 3 Stunden, zurücklegt.

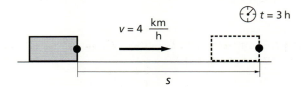

Gesucht: s
Gegeben: $t = 3\,\text{h}$
          $v = 4\,\text{km/h}$

Lösung:
Eine Geschwindigkeit von 4 km/h bedeutet, dass der Körper in jeder Stunde einen Weg von 4 km zurücklegt. In 3 Stunden kann die Gruppe einen Weg von

$$s = 3 \cdot 4 \text{ km}$$
$$s = 12 \text{ km}$$

zurücklegen, denn $s \sim t$.

Ergebnis:
Die Wanderer können rechtzeitig zum Mittagessen die Raststätte erreichen, denn mit einer Geschwindigkeit von 4 km/h können sie in den zur Verfügung stehenden 3 Stunden einen Weg von 12 km zurücklegen.
Da die Raststätte nur 10 km entfernt ist, erreichen sie die Wanderer auf jeden Fall noch vor 12.00 Uhr.

▶ Um solche Aufgaben zu lösen, sollte man sich folgende Fragen überlegen:
1. Wie kann man den Wert einer physikalischen Größe interpretieren?
2. Was für ein Zusammenhang besteht zwischen jeweils zwei Größen im Sachverhalt der Aufgabe?
3. Was folgt aus der Art des Zusammenhangs für die eine Größe, wenn von der anderen Größe Vielfache oder Teile gebildet werden?
4. Auf das Wievielfache bzw. den wievielten Teil ändert sich der Wert einer Größe?
5. Was folgt daraus für die andere Größe?

Lösen physikalischer Aufgaben durch Nutzung von Verfahren und Regeln der Gleichungslehre

Beim Lösen solcher Aufgaben werden physikalische Gesetzesaussagen in Form von Gleichungen genutzt und Verfahren und Regeln der Gleichungslehre angewendet. Dies betrifft insbesondere Verfahren zum Lösen von Gleichungssystemen und zum Umformen von Gleichungen.

■ Ein Artist springt aus 2,0 m Höhe auf ein Schleuderbrett.
Welche Geschwindigkeit hat er beim Auftreffen auf das Schleuderbrett?

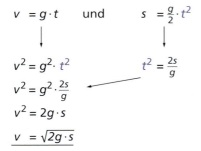

Analyse:
Der Sprung aus 2,0 m Höhe wird als freier Fall betrachtet. Deshalb kann die Geschwindigkeit mithilfe der Gesetze des freien Falls berechnet werden.

Gesucht: v
Gegeben: $h = 2{,}0$ m
$g = 9{,}81 \text{ m} \cdot \text{s}^{-2}$

Lösung:
Es werden das Weg-Zeit-Gesetz und das Geschwindigkeit-Zeit-Gesetz des freien Falls angewendet:

$$v = g \cdot t \quad \text{und} \quad s = \frac{g}{2} \cdot t^2$$

$$v^2 = g^2 \cdot t^2 \qquad t^2 = \frac{2s}{g}$$
$$v^2 = g^2 \cdot \frac{2s}{g}$$
$$v^2 = 2g \cdot s$$
$$\underline{v = \sqrt{2g \cdot s}}$$

1 Die Physik – eine Naturwissenschaft

▶ Um solche Aufgaben zu lösen, sollte man folgendermaßen vorgehen:
- Notiere die geltenden Gesetze als Größengleichungen!
- Löse bei mehreren Größengleichungen das Gleichungssystem durch die Substitutions- oder Additionsmethode!
- Forme die Größengleichung dann nach der gesuchten Größe um!
- Setze die Werte für die gegebenen Größen ein und berechne die gesuchte Größe! Rechne, wenn notwendig, Einheiten um! Beachte die Regeln für das Rechnen mit Näherungswerten!

$$v = \sqrt{2 \cdot 9,81 \tfrac{m}{s^2} \cdot 2,0 \text{ m}}$$

$$v = \sqrt{39,2 \tfrac{m^2}{s^2}}$$

$$\underline{v = 6,3 \tfrac{m}{s}}$$

Die gerade betrachtete Aufgabe ist ein Beispiel dafür, dass es für die Lösung einer Aufgabe manchmal völlig unterschiedliche Wege gibt. Die genannte Aufgabe lässt sich auch mit einem energetischen Ansatz lösen, so wie das nachfolgend dargestellt ist.

■ Ein Artist springt aus 2,0 m Höhe auf ein Schleuderbrett.
Welche Geschwindigkeit hat er beim Auftreffen auf das Schleuderbrett?

Analyse:
Es wird davon ausgegangen, dass der Artist in 2,0 m Höhe eine bestimmte potenzielle Energie hat. Beim Herabspringen wird diese potenzielle Energie vollständig in kinetische Energie umgewandelt.

Gesucht: v
Gegeben: $h = 2,0$ m
           $g = 9,81$ m $\cdot$ s^{-2}

Lösung:
Es ergibt sich der folgende energetische Ansatz:
Die ursprüngliche potenzielle Energie ist genauso groß wie die kinetische Energie beim Auftreffen auf das Schleuderbrett.

$$E_{pot} = E_{kin}$$

$$m \cdot g \cdot h = \tfrac{1}{2} m \cdot v^2 \qquad | \cdot \tfrac{2}{m}$$

$$2\,g \cdot h = v^2$$

$$v = \sqrt{2g \cdot h}$$

$$v = \sqrt{2 \cdot 9,81 \tfrac{m}{s^2} \cdot 2,0 \text{ m}}$$

$$\underline{v = 6,3 \tfrac{m}{s}}$$

Ergebnis:
Der Artist trifft mit einer Geschwindigkeit von 6,3 m $\cdot$ s^{-1} auf das Schleuderbrett auf.
Bei der Analyse von Aufgaben sollte man stets prüfen, ob es verschiedene Lösungswege gibt, und den rationellsten wählen.

Lösen physikalischer Aufgaben mithilfe grafischer Mittel

Beim Lösen solcher Aufgaben werden physikalische Zusammenhänge in **Diagrammen** dargestellt und diese Diagramme unter physikalischen Gesichtspunkten ausgewertet.

■ Bei Überholvorgängen ist wichtig, dass der Kraftfahrer den Weg, den er beim Überholen zurücklegt, richtig einschätzt.
Ein roter und ein blauer Pkw fahren zunächst mit 80 km/h. Ab 10 m Abstand beschleunigt der hinten fahrende rote Pkw mit $1,2 \; m \cdot s^{-2}$ und überholt den blauen Pkw, bis er 10 m vor diesem wieder einbiegt.
Nach welchem Weg hat der rote den blauen Pkw eingeholt? Welchen Weg hat der rote Pkw beim Überholen insgesamt zurückgelegt?

Analyse:
Die Pkws werden vereinfacht als Massepunkte dargestellt. Die Länge der Fahrzeuge wird dabei zunächst nicht berücksichtigt. Außerdem wird angenommen, dass der blaue Pkw sich gleichförmig geradlinig und der rote Pkw sich gleichmäßig beschleunigt geradlinig bewegen.
Der blaue Pkw hat zu Beginn des Überholvorgangs einen Vorsprung von 10 m, der als Anfangsweg s_0 betrachtet wird. Zum Zeitpunkt t_1 hat der rote Pkw den blauen Pkw eingeholt und den Weg s_1 zurückgelegt. Der gesamte Überholvorgang ist zum Zeitpunkt t_2 abgeschlossen.

▶ Bei dieser Aufgabe muss der Sachverhalt stark vereinfacht werden, um zu einer Lösung zu kommen.

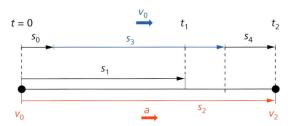

Der rote Pkw legt während des gesamten Überholvorgangs den Weg s_2 zurück. Der blaue Pkw legt in dieser Zeit den Weg s_3 zurück. Der rote Pkw muss außerdem noch einen Vorsprung von $s_4 = 10$ m herausfahren, um den Überholvorgang zu beenden. Damit ergibt sich für die Wege:

$$s_2 = s_0 + s_3 + s_4$$

Gesucht: s_1
s_2
Gegeben: $s_0 = 10$ m
$s_4 = 10$ m
$v_0 = 80 \; \frac{km}{h} = 22,2 \; \frac{m}{s}$
$a = 1,2 \; \frac{m}{s^2}$

▶ Beim Nutzen grafischer Mittel zum Lösen von Aufgaben sollte man folgendermaßen vorgehen:
– Stelle physikalische Zusammenhänge zwischen Größen in einem **Diagramm** dar!
– Lies aus dem Diagramm wichtige Wertepaare ab!
– Interpretiere den Kurvenverlauf des Diagramms!

Lösung:
Für die **grafische Lösung** wird die Bewegung der Fahrzeuge in einem s-t-Diagramm dargestellt.
Für den blauen Pkw gilt das Weg-Zeit-Gesetz:

$$s = v_0 \cdot t + s_0$$

Für den roten Pkw gilt das Weg-Zeit-Gesetz:

$$s = \frac{a}{2} t^2 + v_0 \cdot t$$

Für das Zeichnen des Diagramms ist es günstig, die Wege der Pkws nach einzelnen Zeiten zu berechnen, die Punkte darzustellen und zu verbinden.

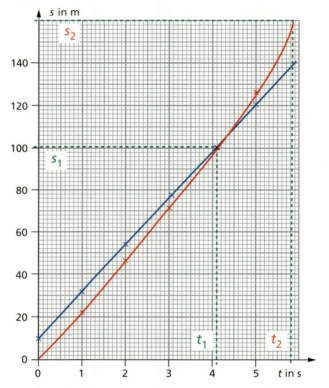

▶ Beachte, dass in Diagrammen auch die Fläche unter einer Kurve oder der Anstieg der Kurve eine physikalische Bedeutung haben können!

Der Schnittpunkt beider Kurven ist der Punkt, an dem der rote Pkw den blauen eingeholt hat. Bei diesem Punkt befinden sich beide Fahrzeuge zum selben Zeitpunkt nebeneinander. Aus dem Diagramm kann man ablesen:

$t_1 \approx 4{,}1$ s $\qquad s_1 \approx 100$ m

Der Überholvorgang ist dann beendet, wenn der Abstand beider Kurven 10 m beträgt. Man kann aus dem Diagramm dafür ablesen:

$t_2 \approx 5{,}8$ s $\qquad s_2 \approx 150$ m

Ergebnis:
Nach 100 m Weg hat der rote Pkw den blauen Pkw eingeholt und nach 150 m überholt.

Lösen physikalischer Aufgaben durch geometrische Konstruktionen

Zum Lösen solcher Aufgaben werden die physikalischen Sachverhalte in maßstäblichen Zeichnungen dargestellt. Aus diesen können dann durch geometrische Konstruktionen Schlussfolgerungen gezogen werden.

▶ Um solche Aufgaben zu lösen, gehe folgendermaßen vor:
– Lege einen geeigneten Maßstab für die Größe fest!
– Rechne die physikalischen Größen in Längen um!
– Stelle den Sachverhalt grafisch dar! Beachte dabei die Richtungen vektorieller Größen!
– Bestimme aus der Konstruktion physikalische Größen oder ziehe Schlussfolgerungen!

■ Bei einem Surfer wirkt senkrecht auf das Segel der Wind und führt zu einer gleichförmigen Bewegung mit der Geschwindigkeit von 5,0 $\frac{m}{s}$. Der Wind weht von West nach Ost. Gleichzeitig gibt es eine Wasserströmung nach Südost mit einer Strömungsgeschwindigkeit von 2,0 $\frac{m}{s}$.
Mit welcher Geschwindigkeit bewegt sich der Surfer?
In welche Richtung bewegt er sich?

Analyse:
Die Bewegung des Surfers ergibt sich aus der Überlagerung der gleichförmigen Bewegungen aufgrund des Windes und der Wasserströmung.
Mithilfe eines maßstäblichen Parallelogramms können der Betrag der Gesamtgeschwindigkeit und die Richtung der Bewegung ermittelt werden.

Gesucht: $\vec{v}$
Gegeben: $v_1 = 5{,}0 \; \frac{m}{s}$
$v_2 = 2{,}0 \; \frac{m}{s}$
$\alpha = 45°$

Lösung:
Für die maßstäbliche Zeichnung wird vereinbart:

$1 \; \frac{m}{s} \; \widehat{=} \; 1 \; cm$

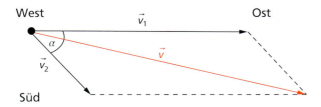

Der Pfeil für die Gesamtgeschwindigkeit ist 6,5 cm lang. Die Gesamtgeschwindigkeit beträgt also ca. 6,5 $\frac{m}{s}$.
Die Richtung der Bewegung entspricht der Richtung des roten Pfeils.

Ergebnis:
Der Surfer bewegt sich mit 6,5 $\frac{m}{s}$ in Richtung Ostsüdost (OSO).

▶ Prinzipiell sollte man sein Vorgehen wie bei jedem Experiment wählen (↗ S. 52 ff.).
– Gehe bei der Analyse des Sachverhalts auch hier von physikalischen Gesetzen aus.
– Bestimme die zu messenden Größen!
– Berechne mit den experimentellen Werten die gesuchte Größe!

Lösen physikalischer Aufgaben mit experimentellen Mitteln

In einer Reihe von Fällen ist es erforderlich, den Wert von Größen experimentell zu ermitteln.

■ Bestimme experimentell die Fallbeschleunigung!

Vorbereitung:
Mithilfe des Weg-Zeit-Gesetzes der gleichmäßig beschleunigten Bewegung kann der Wert für die Fallbeschleunigung experimentell bestimmt werden:

$$s = \frac{g}{2} t^2 \qquad | \cdot \frac{2}{t^2}$$

$$g = \frac{2s}{t^2}$$

Weg und Zeit für den freien Fall eines Körpers müssen gemessen werden, um anschließend die Fallbeschleunigung berechnen zu können. Um einen möglichst genauen Wert für g zu erhalten, sollte die zu messende Fallzeit nicht zu klein sein. Deshalb ist ein möglichst großer Fallweg zu wählen. Die Fallzeit wird mehrmals gemessen und anschließend ein Mittelwert berechnet. Die Auslösung des freien Falls erfolgt mit einem Magnetschalter, die Zeitmessung mit einer elektronischen Uhr.

Durchführung:
Der Fallweg beträgt $s = 0{,}95$ m.

Messung Nr.	Zeit t in s
1	0,43
2	0,42
3	0,46
4	0,44
5	0,45
6	0,42
7	0,44
8	0,43
9	0,46
10	0,45

Auswertung:
Aus der Messreihe kann folgender Mittelwert berechnet werden:

$$\bar{t} = \frac{4{,}4 \text{ s}}{10} = 0{,}44 \text{ s}$$

Für die Fallbeschleunigung erhält man damit:

$$g = \frac{2 \cdot 0{,}95 \text{ m}}{(0{,}44)^2 \cdot \text{s}^2}$$

$$g = 9{,}8 \frac{\text{m}}{\text{s}^2}$$

Der experimentell ermittelte Wert stimmt gut mit dem Tabellenwert (9,81 m/s²) überein.

▶ Zur Abschätzung der Genauigkeit von Messungen führt man eine **Fehlerbetrachtung** durch (↗ S. 63 ff.).

Messabweichungen bei physikalischen Messungen

Jede Messung einer physikalischen Größe ist aus den verschiedensten Gründen mit Fehlern behaftet. Der **Messwert** x_i einer physikalischen Größe weicht vom tatsächlichen Wert der Größe, dem wahren Wert x, mehr oder weniger stark ab.
Um möglichst genaue Messungen durchführen zu können bzw. um die Genauigkeit bereits durchgeführter Messungen einschätzen zu können, muss man die Ursachen für Messfehler, die Größen solcher Fehler und ihre Auswirkungen auf die Genauigkeit des Ergebnisses kennen. Darüber hinaus muss man wissen, wie man in der Formulierung des Ergebnisses die Genauigkeit kenntlich macht.

▶ Die Abweichung eines Messwerts vom wahren Wert wird **Messabweichung** oder **Messfehler** genannt.

> Jede Messung ist mit Fehlern behaftet. Die Messwerte x_i weichen vom wahren Wert x der betreffenden Größe ab.

In der folgenden Übersicht sind Fehlerursachen und Beispiele genannt.

Fehlerursache	Beispiele
Experimentier-anordnung	– unzureichende Isolierung bei kalorimetrischen Messungen und damit unkontrollierter Wärmeaustausch mit der Umgebung – Verwendung einer stromrichtigen statt einer spannungsrichtigen Schaltung oder umgekehrt bei der Messung von Spannung und Stromstärke – Vernachlässigung der Widerstände von Zuleitungen bei elektrischen Schaltungen – unzureichende Kompensation der Reibung bei der Untersuchung von Bewegungsabläufen in der Mechanik – Verzögerungen beim Auslösen von Abläufen, die durch die Experimentieranordnung bedingt sind
Messgeräte, Messmittel	– Jedes Messgerät hat nur einen bestimmten Messbereich und eine bestimmte Genauigkeitsklasse bzw. Fertigungstoleranz. – Messmittel wie Wägestücke, Hakenkörper, Widerstände haben ebenfalls Fertigungstoleranzen.
Experimentator	– Ablesefehler bei Messgeräten – Auslösefehler bei Zeitmessungen (Reaktionszeit des Menschen) – Fehler durch eine nicht exakte Handhabung von Messgeräten (z. B. ungenaues Anlegen eines Lineals) – Fehler durch Verwendung unzweckmäßiger Messgeräte (z. B. kleine Wassermenge in großem Messzylinder, Thermometer mit 1°-Teilung bei der Messung kleiner Temperaturunterschiede) – Fehler durch Ablesen an falschen Bezugspunkten (z. B. wird statt des Schwerpunkts eines Körpers seine Unter- oder Oberkante als Bezugspunkt für Entfernungsmessungen gewählt)
Umgebung	– Nichtbeachtung der Temperatur oder von Temperaturschwankungen – Nichtbeachtung des Drucks oder von Druckschwankungen – Schwankungen der Netzspannung, Erschütterungen

Messgerät	Maximaler systematischer Fehler
Thermometer 1°-Teilung $\frac{1}{10}$°-Teilung	± 1 K ± 0,1 K
Lineal, Winkelmesser, Messuhren, Uhren, Präzisionswaagen	± 1 % (meist vernachlässigbar)
Brennweite von Linsen, Gitterkonstante eines optischen Gitters	± 1 % (meist vernachlässigbar)
Federkraftmesser	meist Genauigkeitsklasse 2,0 (2,0 %)
Spannungsmesser, Stromstärkemesser	aufgedruckte Genauigkeitsklasse

Je nach ihrem Charakter unterscheidet man zwischen groben, systematischen und zufälligen Fehlern.

▶ Grobe Fehler werden bei Fehlerbetrachtungen nicht berücksichtigt.

Grobe Fehler sind Fehler, die aufgrund eines falschen Aufbaus, ungeeigneter Messgeräte, falschen Ablesens, defekter Messgeräte oder Unachtsamkeit auftreten. Bei sorgfältiger und planmäßiger Arbeit sind grobe Fehler grundsätzlich vermeidbar.

Systematische Fehler sind Fehler, die vor allem durch die Experimentieranordnung oder durch die Messgeräte verursacht werden, aber auch vom Experimentator selbst hervorgerufen werden können. Sie sind teilweise erfassbar (z. B. Gerätefehler), teilweise aber nicht.
Die Fehler von Messgeräten werden über die Genauigkeiten oder die Toleranz erfasst. So bedeutet z. B. bei einem Spannungsmesser die **Genauigkeitsklasse** 2,5 bei einem Messbereich von 10 V: Der maximale systematische Fehler beträgt bei allen Messungen in diesem Messbereich 2,5 % vom Messbereichsendwert, also 2,5 % von 10 V und damit ± 0,25 V. Entsprechend lassen sich auch für andere Messgeräte die maximalen systematischen Fehler angeben (s. Übersicht oben).

▶ Zufällige Fehler haben statistischen Charakter. Bei mehrfacher Messung streuen sie um einen **Mittelwert.**

Zufällige Fehler sind Fehler, die vor allem durch den Experimentator und durch Umwelteinflüsse zustande kommen. Dazu gehören z. B. Ablesefehler bei Messgeräten, Ablesefehler bei Zeitmessungen, ungenaues Einstellen der Schärfe eines Bilds in der Optik u. Ä.
Solche zufälligen Fehler lassen sich teilweise abschätzen, aber nie vollständig erfassen. Für einige dieser Fehler sind in der Übersicht unten Werte angegeben.

Art des zufälligen Fehlers	Größe des zufälligen Fehlers
Ungenaues Ablesen bei Messgeräten mit analoger Anzeige (Skalen)	Hälfte des kleinsten Skalenwertes (z. B. bei einem Lineal mit mm-Teilung: ± 0,5 mm, bei einem Thermometer mit $\frac{1}{2}$°-Teilung: ± 0,25 K)
Ungenauigkeit bei Messgeräten mit digitaler Anzeige (Ziffern)	Abweichung um 1 von der letzten Ziffer (z. B. bei einem elektronischen Thermometer mit der Anzeige 22,8 °C: ± 0,1 K)
Auslösefehler bei handgestoppter Zeit	± 0,25 s (Mittelwert)

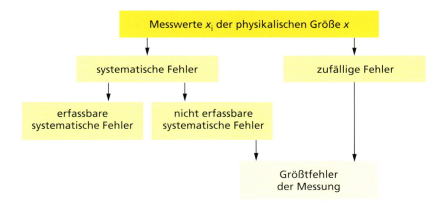

Die Summe aller nicht erfassbaren systematischen und zufälligen Fehler ergibt den Größtfehler der Messung.

Die Angabe des Fehlers erfolgt in Form eines Fehlerintervalls.

■ Bei einer Spannungsmessung erhält man einen Messwert von 21 V. Aufgrund der Genauigkeitsklasse des Messgeräts beträgt der Fehler ± 1,25 V. Er wird dann so angegeben:

$U = 21\,V \pm 1{,}25\,V$ oder $U = (21 \pm 1{,}25)\,V$

▶ Das bedeutet: Der wahre Wert der Spannung liegt zwischen 19,75 V und 22,25 V.

Sind zwei Größen mit Fehlern behaftet und werden diese beiden Größen miteinander verknüpft, so hat auch eine daraus berechnete dritte Größe einen Fehler. Der Fehler der einzelnen Größen pflanzt sich fort.

■ An einem Bauelement werden Spannung und Stromstärke gemessen. Dabei erhält man folgende Werte:

$U = 15\,V \pm 0{,}8\,V$

$I = 0{,}32\,A \pm 0{,}02\,A$

Wie groß ist dann der Fehler, den man für den elektrischen Widerstand des Bauelements erhält?

Lösung:
Für den elektrischen Widerstand gilt $R = \frac{U}{I}$. Den größtmöglichen Wert für R erhält man unter Berücksichtigung der Fehler von U und I, wenn man für U den maximalen Wert ($U = 15\,V + 0{,}8\,V = 15{,}8\,V$) und für I den minimalen Wert ($I = 0{,}32\,A - 0{,}02\,A = 0{,}30\,A$) wählt:

$R_{max} = \frac{15{,}8\,V}{0{,}30\,A} = 53\,\Omega$

Den kleinstmöglichen Wert erhält man mit $U = 15\,V - 0{,}8\,V = 14{,}2\,V$ und $I = 0{,}32\,A + 0{,}02\,A = 0{,}30\,A$:

$R_{min} = \frac{14{,}2\,V}{0{,}34\,A} = 42\,\Omega$

▶ Das Fehlerintervall kann man auch so schreiben: $42\,\Omega \leq R \leq 53\,\Omega$

Das bedeutet: Der wahre Wert des Widerstands liegt zwischen 42 Ω und 53 Ω. Mit $U = 15\,V$ und $I = 0{,}32\,A$ erhält man $R = 47\,\Omega$.

Messfehler und grafische Darstellungen

Häufig werden Messreihen grafisch dargestellt, wobei auch hier die Messfehler zu berücksichtigen sind. Nachfolgend ist als Beispiel ein Weg-Zeit-Diagramm betrachtet.

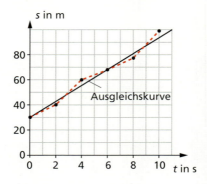
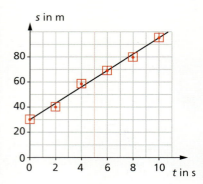

Da alle Messwerte fehlerbehaftet sind, ist es nicht sinnvoll, die einzelnen Punkte miteinander zu verbinden. Vielmehr wird eine **Ausgleichskurve** gezeichnet (linkes Bild). Der Verlauf der Ausgleichskurve ergibt sich aus den jeweiligen Bedingungen. Ist nur eine Größe fehlerbehaftet, so kann man in jedem Punkt den Größtfehler des Wegs in Form eines **Fehlerbalkens** markieren. Sind beide Größen fehlerbehaftet, so ergeben sich **Fehlerkästchen**. Die Ausgleichskurve verläuft dann durch die Fehlerkästchen hindurch (↗ Bild rechts).

Fehlerbetrachtungen vor und nach Messungen

▶ Die Genauigkeit von Messungen kann nur vor oder während des Messens beeinflusst werden. Hinterher kann man nur noch die Größe der Messfehler ermitteln, aber nicht beeinflussen. Dazu müssen die zufälligen und nicht erfassbaren systematischen Fehler abgeschätzt und eine Fehlerrechnung durchgeführt werden.

Fehlerbetrachtungen vor der Messung haben das Ziel zu erkennen, welche Messfehler auftreten können und wie man sie minimieren kann. Zu entscheiden sind u. a.:
– Welches Messverfahren wähle ich?
– Wodurch können Messfehler verursacht werden?
– Gibt es Möglichkeiten, Fehler zu korrigieren, zu kompensieren oder zu minimieren?
– Welche Größen müssen besonders genau gemessen werden, weil ihr Fehler den Fehler des Gesamtergebnisses besonders stark beeinflusst.
– Ist es sinnvoll, eine Probemessung oder eine Kontrollmessung durchzuführen?
– Wie können zufällige Fehler von Größen durch mehrfache Messungen und deren statistische Auswertung ermittelt und später in der Fehlerrechnung berücksichtigt werden?
– Ist es sinnvoll und möglich, systematische Fehler durch die Wahl genauer Messgeräte zu verkleinern?
– Wie kann man systematische Fehler erfassen und beim Ergebnis der Messungen durch Korrektur berücksichtigen?

Fehlerbetrachtungen nach der Messung ermöglichen eine Fehlerabschätzung und die Angabe des Messergebnisses mit Fehlerintervall.

Mechanik | 2

2.1 Eigenschaften von Körpern und Stoffen

2.1.1 Das Volumen von Körpern

Die Größe Volumen

> Das Volumen gibt an, wie viel Raum ein Körper einnimmt.
> Formelzeichen: V
> Einheiten: ein Kubikmeter (1 m^3)
>   ein Liter (1 l)

▶ Der Rauminhalt von Schiffen wird in Bruttoregistertonnen (BRT) angegeben. Eine Registertonne ist gleich 2,832 m³.

Teile der Einheit 1 m³ sind ein Kubikdezimeter (1 dm³), ein Kubikzentimeter (1 cm³) und ein Kubikmillimeter (1 mm³):

$$1 \text{ m}^3 = 1\,000 \text{ dm}^3 = 1\,000\,000 \text{ cm}^3 = 1\,000\,000\,000 \text{ mm}^3$$

$$1 \text{ dm}^3 = 1\,000 \text{ cm}^3 = 1\,000\,000 \text{ mm}^3$$

$$1 \text{ cm}^3 = 1\,000 \text{ mm}^3$$

Vielfache und Teile der Einheit 1 l sind ein Hektoliter (1 hl) und ein Milliliter (1 ml):

$$1 \text{ hl} = 100 \text{ l}$$

$$1 \text{ l} = 1\,000 \text{ ml}$$

▶ Das Volumen von Erdöl wird häufig in der Einheit Barrel angegeben.
1 Barrel = 158,758 l

Zwischen den Einheiten gelten folgende **Beziehungen:**

$$1 \text{ m}^3 = 1\,000 \text{ l}$$

$$1 \text{ dm}^3 = 1 \text{ l}$$

$$1 \text{ cm}^3 = 1 \text{ ml}$$

Volumen von Körpern in Natur und Technik	
Ameise	ca. 2,0 mm³
Wassertropfen	≈ 0,3 ml
Tischtennisball	25,0 cm³
Streichholzschachtel	28,0 cm³
Mauerziegel	2,2 dm³
Ball von 20 cm Durchmesser	4,2 dm³
Sperrmüllcontainer	6,0 m³
Klassenzimmer	≈ 250,0 m³
große Tasse	0,25 l
Limonadenflasche	0,75 l
Wassereimer	10 l
Tank eines Pkw	45 l … 60 l
Tankwagen	200 000 l
Öltanker	bis 500 000 m³
Cheopspyramide in Ägypten	2 500 000 m³
Mond der Erde	$2{,}1991 \cdot 10^{19}$ m³
Erde	$1{,}0832 \cdot 10^{21}$ m³

2.1 Eigenschaften von Körpern und Stoffen

Messen des Volumens

M ↗ S. 50

Das Volumen von strömenden Flüssigkeiten und Gasen wird mit **Durchflusszählern** (Wasseruhr, Gasuhr, Abb. links) gemessen. Das Volumen von pulverförmigen festen Körpern (z. B. Mehl, Zucker) und von ruhenden Flüssigkeiten wird mit **Messzylindern** (Abb. rechts) gemessen.

Das Volumen unregelmäßig geformter fester Körper kann mithilfe von Messzylindern bestimmt werden. Dabei kann man zwei unterschiedliche Methoden anwenden.

Differenzmethode	Überlaufmethode
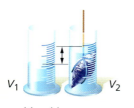	
$V_{Körper} = V_2 - V_1$	$V_{Körper} = V$

▶ Achte darauf, dass der Körper vollständig eingetaucht ist. Das gilt für beide Messmethoden.

Vorgehen beim Messen des Volumens mit einem Messzylinder

1. Schätze das Volumen des Körpers. Wähle einen geeigneten Messzylinder aus.
2. Fülle die Flüssigkeit in den Messzylinder. Stelle ihn auf eine waagerechte Unterlage.
3. Lies den Stand an der tiefsten Stelle der Oberfläche ab. Schaue dabei waagerecht auf die Oberfläche.

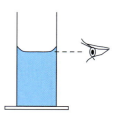

Berechnen des Volumens

Das Volumen regelmäßig geformter fester Körper kann berechnet werden. Besonders einfach ist das für Quader und Würfel.

Unter der Bedingung, dass ein Körper die Form eines Quaders besitzt, gilt für das Volumen des Körpers:

$V = a \cdot b \cdot c$ a Länge
               b Breite
               c Höhe

▶ Für einen Würfel vereinfacht sich die Gleichung zu:
$V = a \cdot a \cdot a = a^3$

2.1.1 Die Masse von Körpern

Die Größe Masse

▶ Die Einheit 1 kg ist eine Basiseinheit des **Internationalen Einheitensystems**.

> Die Masse gibt an, wie schwer und wie träge ein Körper ist.
> Formelzeichen: m
> Einheit: ein Kilogramm   (1 kg)

▶ Im Alltag gebräuchlich sind auch folgende Einheiten:
1 Pfund = 500 g
1 Zentner = 50 kg

Vielfache und Teile der Einheit 1 kg sind eine Tonne (1 t), ein Gramm (1 g) und ein Milligramm (1 mg):

   1 t = 1 000 kg = 1 000 000 g = 1 000 000 000 mg

   1 kg = 1 000 g = 1 000 000 mg

   1 g = 1 000 mg

Masse von Körpern in Natur und Technik	
Haar	ca. 0,1 mg
Wassertropfen	0,3 g
1 Liter Luft	1,29 g
1 Cent	2,3 g
Normalbrief	ca. 10 g
1 Tafel Schokolade	100 g
1 Liter Wasser	1 kg
Gehirn eines Menschen	1,4 kg
Mauerziegel	3,5 kg
Pkw	ca. 1 000 kg
Lkw	bis 40 t
Lokomotive	ca. 100 t
Blauwal	bis 150 t
Großraumflugzeug (Jumbojet)	ca. 320 t

Die Masse als Eigenschaft eines Körpers ist unabhängig davon, wo sich dieser befindet. Sie ist an jedem beliebigen Ort gleich groß.

M ↗ S. 50

Messen der Masse

Die Masse von Körpern wird mithilfe von **Waagen** gemessen. Bei vielen Waagen (z. B. Balkenwaage, Laborwaage, Tafelwaage) wird die Masse des Körpers mit der Masse von Wägestücken verglichen. Bei Schnellwaagen und elektronischen Waagen kann die Masse unmittelbar abgelesen werden.

Balkenwaage

Einschalenwaage

Küchenwaage

Elektronische Waage

Vorgehen beim Messen der Masse mit einer Balkenwaage

1. Schätze die Masse des zu wägenden Körpers! Wähle eine geeignete Waage und einen Wägesatz aus!
2. Prüfe die Nulllage der Waage!
3. Lege den Körper auf die eine und Wägestücke auf die andere Waagschale! Nimm so lange Veränderungen vor, bis die Waage wieder im Gleichgewicht ist!
4. Addiere die Masse der Wägestücke! Die Summe ist gleich der Masse des Körpers.

Verschiedene Wägesätze ermöglichen die Bestimmung der Masse mithilfe von Balkenwaagen.

Hat man z. B. Wägestücke von 1 g, 2 × 2 g, 5 g und 10 g, so lassen sich mit ihnen in Grammschritten Massen von 1 g bis 20 g zusammensetzen.

▶ Ein Wägesatz ist so aufgebaut, dass man mit ihm alle möglichen Massen bis zu einer Höchstmasse zusammenstellen kann.

2.1.1 Die Dichte von Stoffen

Die Größe Dichte

> ▶ In der Chemie wird die **Dichte** von Gasen meist in Gramm je Liter angegeben.
> Es gilt:
> $1 \frac{g}{l} = 1 \frac{kg}{m^3}$

Die Dichte gibt an, welche Masse jeder Kubikzentimeter (cm^3) Volumen eines Stoffs hat.

Formelzeichen: ϱ (griechischer Buchstabe, sprich rho)

Einheiten: ein Gramm je Kubikzentimeter $\left(1 \frac{g}{cm^3}\right)$

ein Kilogramm je Kubikmeter $\left(1 \frac{kg}{m^3}\right)$

Ein Stoff hat eine Dichte von $1 \frac{g}{cm^3}$, wenn jeder Kubikzentimeter dieses Stoffs eine Masse von 1 g besitzt.

> ▶ Die Dichte weiterer Stoffe findet man in Tabellen- und Tafelwerken.

Für die Einheiten gilt:

$$1 \frac{g}{cm^3} = 1 \frac{kg}{dm^3} \quad = 1\,000 \frac{kg}{m^3}$$

$$1 \frac{kg}{m^3} = 0,001 \frac{kg}{dm^3} = 0,001 \frac{g}{cm^3}$$

> Jeder Stoff hat bei einer bestimmten Temperatur und einem bestimmten Druck eine bestimmte Dichte.

Mit Veränderung der Temperatur verändert sich bei den meisten Stoffen das Volumen und damit auch ihre Dichte. In der nachfolgenden Tabelle sind die Dichten einiger Stoffe angegeben.

Dichte einiger Stoffe (bei 20 °C und 1013 mbar)

Feste Stoffe		Flüssigkeiten		Gase	
Stoff	ϱ in $\frac{g}{cm^3}$	Stoff	ϱ in $\frac{g}{cm^3}$	Stoff	ϱ in $\frac{kg}{m^3}$
Aluminium	2,70	Aceton	0,7 g	Ammoniak	0,77
Beton	1,8–2,4	Benzin	0,70–0,74	Chlor	3,21
Blei	11,4	Dieselkraftstoff	0,84	Erdgas	0,73–0,83
Eis (bei 0 °C)	0,92	Erdöl	0,70–0,90	Helium	0,18
Fensterglas	2,4–2,6	Heizöl	0,86	Kohlenstoffdioxid	1,98
Gold	19,3	Methanol	0,79	Kohlenstoff-	
Kupfer	8,96	Meerwasser	1,02	monooxid	1,25
Papier	0,6–1,3	Olivenöl	0,91	Luft	1,29
Stahl	7,80	Quecksilber	13,53	Ozon	2,14
Silber	10,5	Salzsäure 40 %	1,20	Sauerstoff	1,43
Styropor	0,03	Schwefelsäure 50 %	1,40	Stickstoff	1,25
Titan	4,5	Spiritus	0,83	Wasserdampf	0,61
Uran	18,9	Transformatorenöl	0,90	Wasserstoff	0,09
Zink	7,14	Tetrachlorkohlenstoff	1,60		
Zinn	7,30	Wasser (rein)	1,00		

2.1 Eigenschaften von Körpern und Stoffen

Messen der Dichte

Die Dichte von Flüssigkeiten kann mithilfe von **Dichtemessern** (Aräometern) gemessen werden.
Je größer die Eintauchtiefe ist, desto kleiner ist die Dichte der Flüssigkeit.
An einer Skala kann man die Dichte direkt ablesen.

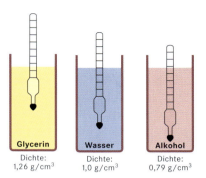

Glycerin — Dichte: 1,26 g/cm³
Wasser — Dichte: 1,0 g/cm³
Alkohol — Dichte: 0,79 g/cm³

▶ Mithilfe eines Aräometers kann man z. B. den Ladezustand einer Autobatterie messen.
Es gilt:
Vollgeladen:
$\varrho > 1{,}26 \frac{g}{cm^3}$
Entladen:
$\varrho < 1{,}15 \frac{g}{cm^3}$

Berechnen der Dichte

Die Dichte kann berechnet werden mit der Gleichung:

$\varrho = \frac{m}{V}$ m Masse des Körpers

V Volumen des Körpers

Besteht der Körper aus *einem* Stoff, so ist die ermittelte Dichte die Dichte dieses Stoffes. Die Dichte kennzeichnet den Stoff, aus dem dieser Körper besteht.
Besteht ein Körper aus *mehreren* Stoffen, so ist die berechnete Dichte die Dichte dieses *Stoffgemischs*. Es ist die **mittlere Dichte** des Körpers.

■ 5 Liter Benzin haben eine Masse von 3,5 kg.
Wie groß ist die Dichte von Benzin? Vergleiche sie mit der Dichte von Wasser!

Analyse:
Die Dichte kann mithilfe der Gleichung $\varrho = \frac{m}{V}$ berechnet werden.
Um die Dichte in $\frac{g}{cm^3}$ anzugeben, müssen die Einheiten umgerechnet werden.

Gesucht: ϱ
Gegeben: $m = 3{,}5$ kg $= 3\,500$ g
               $V = 5$ l $\;\;\;\; = 5\,000$ cm³

Lösung:

$\varrho = \frac{m}{V}$

$\varrho = \frac{3\,500 \text{ g}}{5\,000 \text{ cm}^3}$

$\varrho = 0{,}7 \frac{g}{cm^3}$

▶ Für die Umrechnung der Einheiten gilt:
1 kg = 1 000 g
1 l = 1 000 cm³

M ↗ S. 57 f.

Ergebnis:
Die Dichte von Benzin beträgt $0{,}7 \frac{g}{cm^3}$. Die Dichte von Wasser beträgt demgegenüber $1{,}0 \frac{g}{cm^3}$. Die Dichte von Benzin ist also wesentlich kleiner als die von Wasser. Daraus ergibt sich: Ein bestimmtes Volumen Benzin ist leichter als das gleiche Volumen Wasser.

2.1.1 Der Aufbau der Stoffe aus Teilchen

Das Teilchenmodell

M ↗ S. 30

Alle Stoffe sind aus sehr kleinen Teilchen aufgebaut, den **Atomen** (↗ S. 328) und **Molekülen**. Den Aufbau aller Stoffe kann man vereinfacht und anschaulich mit dem **Teilchenmodell** beschreiben.

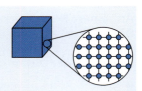

1. Alle Stoffe bestehen aus Teilchen.
2. Die Teilchen befinden sich in ständiger Bewegung.
3. Zwischen den Teilchen wirken anziehende bzw. abstoßende Kräfte.

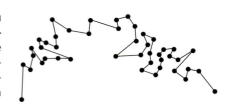

Ein Beleg für den Teilchenaufbau der Stoffe ist die **brownsche Bewegung**. Der schottische Biologe ROBERT BROWN (1773–1858) beobachtete 1827 unter dem Mikroskop eine unruhige Bewegung von Blütenstaubkörnchen in Wasser.
Diese Bewegung konnte 1905 von ALBERT EINSTEIN (1879–1955) mit dem Teilchenaufbau der Stoffe erklärt werden: Die Moleküle der Flüssigkeit befinden sich in ständiger Bewegung, stoßen dabei die viel größeren Staubkörnchen an und bewegen diese unregelmäßig hin und her.

▶ Diffusion tritt nicht nur bei Flüssigkeiten und Gasen, sondern auch bei festen Körpern auf.

Die Diffusion

Gibt man Zucker in heißen Tee, so schmeckt nach einiger Zeit der gesamte Tee süß.

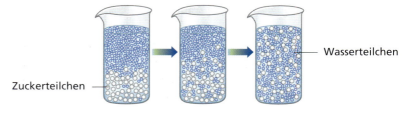

Zuckerteilchen — Wasserteilchen

Dieses selbstständige Durchmischen von Stoffen kommt zustande, weil sich die Teilchen aller Stoffe bewegen.
Das selbstständige Durchmischen von Teilchen verschiedener Stoffe wird als Diffusion bezeichnet.

Der Aufbau der Stoffe in verschiedenen Aggregatzuständen

Stoffe können in unterschiedlichen **Aggregatzuständen** (fest, flüssig, gasförmig) vorliegen. Der Aggregatzustand kennzeichnet das äußere Form- und Volumenverhalten eines Körpers (↗ S. 75). Neben dem gemeinsamen Teilchenaufbau unterscheiden sich feste Körper, Flüssigkeiten und Gase in ihrem Form- und Volumenverhalten (↗ S. 75).

2.1 Eigenschaften von Körpern und Stoffen

	Feste Körper	**Flüssigkeiten**	**Gase**
Aufbau	Feste Körper bestehen aus Teilchen, die eng beieinanderliegen und einen bestimmten Platz haben. 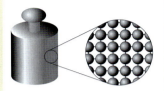 Die Teilchen schwingen um ihren Platz hin und her. Zwischen den Teilchen wirken starke anziehende bzw. abstoßende Kräfte.	Flüssigkeiten bestehen aus Teilchen, die keinen bestimmten Platz haben, sondern gegeneinander verschiebbar sind. 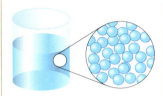 Die Teilchen führen unregelmäßige Bewegungen aus. Zwischen den Teilchen wirken Kräfte, die kleiner als bei festen Körpern sind.	Gase bestehen aus Teilchen, die sich beliebig im Raum bewegen. 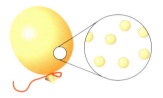 Die Teilchen bewegen sich frei im Raum. Zwischen den Teilchen wirken nur geringe Kräfte.
Form	Feste Körper haben eine bestimmte Form. 	Flüssigkeiten passen sich der Form des Gefäßes an, in dem sie sich befinden. 	Gase passen sich der Form des Gefäßes an, in dem sie sich befinden. 
Volumen	Feste Körper haben ein bestimmtes Volumen. Sie lassen sich nicht zusammendrücken. 	Flüssigkeiten haben ein bestimmtes Volumen. Sie lassen sich nicht zusammendrücken. 	Gase nehmen den gesamten Raum ein, der ihnen zur Verfügung steht. Sie lassen sich zusammendrücken und haben ein veränderliches Volumen. 

Kohäsion und Adhäsion

Zwischen den Teilchen von Stoffen wirken anziehende bzw. abstoßende Kräfte.

▶ Besonders groß sind die Adhäsionskräfte bei Klebstoffen.

Kohäsion	Adhäsion
Zwischen den Teilchen *eines* Stoffes wirken Kräfte. Diese Erscheinung wird als **Kohäsion** bezeichnet.	Zwischen den Teilchen *verschiedener* Stoffe wirken Kräfte. Diese Erscheinung wird als **Adhäsion** bezeichnet.
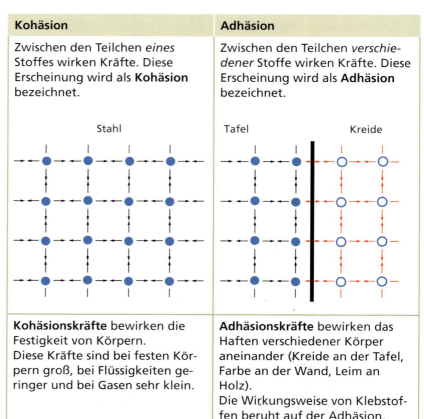	
Kohäsionskräfte bewirken die Festigkeit von Körpern. Diese Kräfte sind bei festen Körpern groß, bei Flüssigkeiten geringer und bei Gasen sehr klein.	**Adhäsionskräfte** bewirken das Haften verschiedener Körper aneinander (Kreide an der Tafel, Farbe an der Wand, Leim an Holz). Die Wirkungsweise von Klebstoffen beruht auf der Adhäsion.

Kapillarität

▶ Die Randkrümmung tritt auch bei Messzylindern auf und muss beim Ablesen beachtet werden (↗ S. 69).

Wird Wasser in ein Gefäß gefüllt, so kann man beobachten, dass es an der Gefäßwand etwas höher steigt. Ursache dafür sind die Adhäsionskräfte zwischen den Teilchen des Wassers und des Glases. Sie bewirken eine Randkrümmung.
Bei sehr engen Röhren (Kapillaren) steigt das Wasser aufgrund der Adhäsionskräfte höher als in breiten Röhren.
Das Aufsteigen von Flüssigkeiten in engen Röhren wird als **Kapillarität** bezeichnet.

▶ Die Kapillarität spielt für den Flüssigkeitstransport in Pflanzen eine wichtige Rolle.

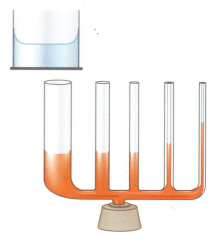

Eigenschaften von Körpern und Stoffen

- Jeder Körper nimmt ein bestimmtes **Volumen** ein und hat eine bestimmte **Masse**.

> Das Volumen V
> eines Körpers gibt an, welchen Raum er einnimmt.
> Es wird meist in Kubikzentimetern (cm^3) oder in Litern (l) gemessen.

> Die Masse m
> eines Körpers gibt an, wie schwer oder träge er ist.
> Sie wird meist in Gramm (g) oder Kilogramm (kg) gemessen.

Das **Volumen** kann durch Berechnung oder Messung mit einem **Messzylinder** bestimmt werden.

Die **Masse** kann durch Wägung mit einer **Waage** bestimmt werden.

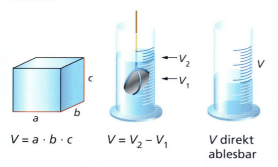

$V = a \cdot b \cdot c$ $V = V_2 - V_1$ V direkt ablesbar

- Jeder Körper besteht aus einem oder mehreren Stoffen. Jeder Stoff hat eine bestimmte **Dichte**.

> Die Dichte ϱ gibt an, welche Masse jeder Kubikzentimeter Volumen eines Stoffs hat.

Die Dichte ϱ ergibt sich als Quotient von Masse m und Volumen V.

$$\varrho = \frac{m}{V}$$

Die Einheiten der Dichte sind:

$$1\,\frac{g}{cm^3} = 1\,\frac{kg}{dm^3} = 1\,000\,\frac{kg}{m^3}$$

- Der Aufbau von Stoffen kann mit dem **Teilchenmodell** beschrieben werden.
1. Alle Stoffe bestehen aus Teilchen.
2. Die Teilchen befinden sich in ständiger Bewegung.
3. Zwischen den Teilchen wirken Kräfte.

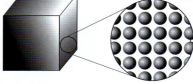

Mithilfe des Teilchenmodells kann der Aufbau von festen Körpern, Flüssigkeiten und Gasen sowie ihr Form- und Volumenverhalten beschrieben werden.

2.2 Bewegung von Körpern

2.1.1 Mechanische Bewegungen

Ruhe und Bewegung

▶ Die Relativität der Bewegung war einer der Gründe für den jahrhundertelangen Streit um die Frage, ob die Erde oder die Sonne Zentrum unseres Planetensystems ist (**geozentrisches Weltbild, heliozentrisches Weltbild**).

In der Mechanik ist eine Bewegung eine Orts- oder Lageänderung eines Körpers gegenüber einem anderen Körper, dem Bewegungskörper, oder dem Bezugssystem. Ruhe und Bewegung sind somit relativ.
Ein **Bezugssystem** ist ein Bezugskörper und ein damit verbundenes Koordinatensystem.

> Ein Körper ist in Bewegung, wenn er seine Lage gegenüber einem Bezugskörper oder Bezugssystem verändert.
> Er ist in Ruhe, wenn er seine Lage gegenüber einem Bezugskörper oder Bezugssystem nicht ändert.

Häufig wird in der Physik die Erdoberfläche als Bezugskörper gewählt, ohne das besonders hervorzuheben.

▶ Die Wahl eines Bezugskörpers ist beliebig. Aus Gründen der Zweckmäßigkeit wird meist die Erdoberfläche gewählt.

■ Eine Person, die in einem fahrenden Zug sitzt, ist gegenüber dem einen Bezugskörper (dem Zug) in Ruhe und gleichzeitig gegenüber anderen Bezugskörpern (z. B. Häusern an der Bahnstrecke) in Bewegung.

M ↗ S. 29

Das Modell Massepunkt

Zur Beschreibung der Bewegung von Körpern in der Physik benutzt man häufig das Modell **Massepunkt,** manchmal auch **Punktmasse** genannt. Dabei stellt man sich vor, dass die gesamte Masse des Körpers in einem Punkt (dem Massepunkt) vereinigt ist und sich dieser Punkt bewegt. Von Form und Volumen des Körpers wird dabei abgesehen.
Häufig benutzt man den Massenmittelpunkt eines Körpers – auch Schwerpunkt genannt – zur Darstellung des Massepunktes.

■ Ein Auto ist ein realer Körper. Wie sich Autos bewegen, kann man z. B. an den Spuren von Scheinwerfern oder Rücklichtern beobachten (Bild links). In der Physik erfolgt die Beschreibung mit dem Modell **Massepunkt** (Bild rechts).

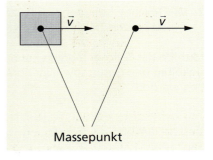

Massepunkt

2.2 Bewegung von Körpern

Formen und Arten von Bewegungen

Körper bewegen sich entlang einer **Bahn** mit unterschiedlichen Geschwindigkeiten.
Bewegungen können nach der **Form ihrer Bahn (Bahnform)** und nach der **Art der Bewegung (Bewegungsart)** unterschieden werden.

M ↗ S. 46

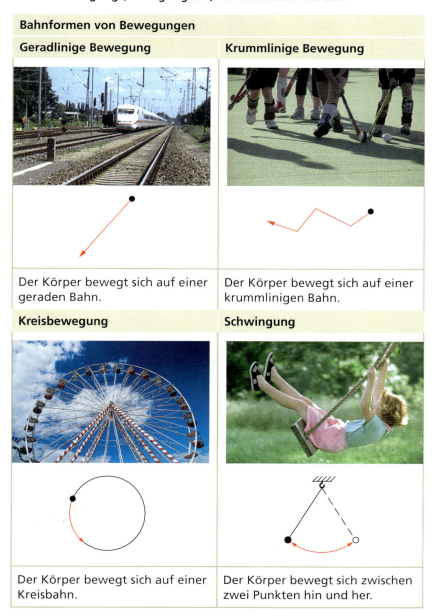

Bahnformen von Bewegungen	
Geradlinige Bewegung	**Krummlinige Bewegung**
Der Körper bewegt sich auf einer geraden Bahn.	Der Körper bewegt sich auf einer krummlinigen Bahn.
Kreisbewegung	**Schwingung**
Der Körper bewegt sich auf einer Kreisbahn.	Der Körper bewegt sich zwischen zwei Punkten hin und her.

▶ Bei einer **Schwingung** kann sich der Körper auf einer kreisförmigen Bahn bewegen. Es kann aber auch eine geradlinige oder krummlinige Bewegung sein.

Von der Kreisbewegung zu unterscheiden ist die **Drehbewegung.** Beim Riesenrad führt jede Gondel eine Kreisbewegung aus. Das Riesenrad als Ganzes führt eine Drehbewegung aus.

Arten von Bewegungen

Gleichförmige Bewegung	Ungleichförmige Bewegung (beschleunigte oder verzögerte Bewegung)

Der Körper bewegt sich mit einer konstanten Geschwindigkeit, d. h., Betrag und Richtung der Geschwindigkeit sind konstant.	Der Körper bewegt sich mit veränderlicher Geschwindigkeit, d. h., Betrag oder Richtung der Geschwindigkeit oder beides sind nicht konstant.
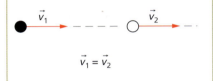	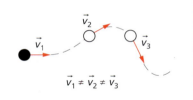

Der historisch eingeführte Begriff **gleichförmige Kreisbewegung** meint eine Bewegung eines Körpers auf einer Kreisbahn mit konstantem Betrag der Geschwindigkeit. Die Geschwindigkeit ändert jedoch ständig ihre Richtung. Die gleichförmige Kreisbewegung ist somit eine beschleunigte Bewegung.

Nach dem Betrag der Beschleunigung können die ungleichförmigen Bewegungen noch einmal in **gleichmäßig beschleunigte** ($\vec{a}$ = konstant) und ungleichmäßig beschleunigte ($\vec{a} \neq$ konstant) Bewegungen unterteilt werden.

Ungleichförmige Bewegungen

Gleichmäßig beschleunigte Bewegung	Ungleichmäßig beschleunigte Bewegung
Die Geschwindigkeitsänderung je Zeiteinheit und damit die Beschleunigung sind konstant.	Die Geschwindigkeitsänderung je Zeiteinheit und damit die Beschleunigung sind nicht konstant.
■ freier Fall eines Wasserspringers	■ Bewegung eines Autos beim Anfahren

2.1.2 Die Geschwindigkeit von Körpern

Die Größe Geschwindigkeit

> Die Geschwindigkeit gibt an, wie schnell oder wie langsam sich ein Körper bewegt.
> Formelzeichen: v
> Einheiten: ein Meter je Sekunde $\left(1\,\frac{m}{s}\right)$
>
> ein Kilometer je Stunde $\left(1\,\frac{km}{h}\right)$

Ein Körper hat eine Geschwindigkeit von $1\,\frac{m}{s}$, wenn er in jeder Sekunde einen Weg von 1 m zurücklegt.
Für die Einheiten gilt:

$$1\,\frac{m}{s} = 3{,}6\,\frac{km}{h} \qquad 1\,\frac{km}{h} = \frac{1}{3{,}6}\,\frac{m}{s} = 0{,}28\,\frac{m}{s}$$

In der Schifffahrt wird die Einheit ein Knoten (1 kn) genutzt:

$$1\,\text{kn} = \frac{1\,\text{Seemeile}}{1\,\text{Stunde}} = \frac{1852\,m}{1\,h} \approx 1{,}85\,\frac{km}{h}$$

Die Geschwindigkeit ist eine **gerichtete (vektorielle) Größe**. Sie hat in jedem Punkt der Bewegung des Körpers einen bestimmten Betrag und eine bestimmte Richtung.

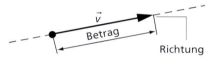

▶ Die Geschwindigkeit von Flugzeugen wird manchmal in Mach angegeben.
1 Mach bedeutet: Das Flugzeug fliegt mit Schallgeschwindigkeit, d. h. mit etwa 1 200 km/h. Benannt ist diese Einheit nach dem österreichischen Physiker ERNST MACH (1838–1916).

Geschwindigkeiten in Natur und Technik		
Fußgänger	1,4 m/s	5 km/h
Schwimmen (50-m-Weltrekord)	2,3 m/s	8,3 km/h
Radfahrer	4,2 m/s	15 km/h
Regentropfen	bis 10 m/s	bis 36 km/h
Gepard	bis 33 m/s	bis 120 km/h
Windstärke 12	35 m/s	126 km/h
Auto (Richtgeschwindigkeit auf der Autobahn)	36 m/s	130 km/h
höchste in Deutschland gemessene Windgeschwindigkeit	73 m/s	263 km/h
schnellster Zug (TGV, Frankreich)	143 m/s	515 km/h
Passagierflugzeug	250 m/s	900 km/h
Schall in Luft	340 m/s	1220 km/h
höchste mit einem Auto erreichte Geschwindigkeit	341 m/s	1130 km/h
Satellit um die Erde	8 000 m/s	28 800 km/h
Licht in Luft	300 Mio. m/s	1 080 Mio. km/h

▶ Die größte Geschwindigkeit ist die Lichtgeschwindigkeit im Vakuum. Ihr genauer Wert beträgt 299 792 km/s.

▶ Die Geschwindigkeit von Fahrzeugen kann auch mithilfe von Lasermessgeräten (Laserpistolen) oder Radargeräten ermittelt werden.

Messen und Berechnen der Geschwindigkeit

Die Geschwindigkeit eines Körpers kann mit einem Tachometer oder elektronischen Geschwindigkeitsmesser gemessen werden.
Ein Tachometer zeigt die **Augenblicksgeschwindigkeit** oder **Momentangeschwindigkeit** eines sich bewegenden Körpers an.

> Die Geschwindigkeit eines Körpers kann berechnet werden mit der Gleichung:
>
> $v = \frac{s}{t}$ bzw. $v = \frac{\Delta s}{\Delta t}$ s zurückgelegter Weg
> t benötigte Zeit

Bei einer **gleichförmigen** Bewegung (v = konstant) gilt die berechnete Geschwindigkeit für jeden Ort der Bewegung.
Bei einer **ungleichförmigen** Bewegung ($v \neq$ konstant) kann mit der obigen Gleichung nur eine mittlere Geschwindigkeit $\bar{v}$, auch **Durchschnittsgeschwindigkeit** genannt, berechnet werden.

M ↗ S. 57 f.

■ Ein Zug benötigt für die 284 km lange Strecke zwischen Berlin und Erfurt 3 Stunden und 41 Minuten.
Wie groß ist die Geschwindigkeit des Zugs?

Analyse:
Aus Weg und Zeit kann mit $v = s/t$ die Geschwindigkeit berechnet werden. Da nur Gesamtweg und Gesamtzeit bekannt sind, ergibt sich eine Durchschnittsgeschwindigkeit.

Gesucht: $\bar{v}$
Gegeben: s = 284 km
             t = 3 h 41 min = 3,68 h

Lösung:

$\bar{v} = \frac{s}{t}$

$\bar{v} = \frac{284 \text{ km}}{3{,}68 \text{ h}}$

$\bar{v} = 77$ km/h

▶ Um als Ergebnis die Geschwindigkeit in m/s oder km/h zu erhalten, muss man vor der Berechnung Weg und Zeit in die betreffenden Einheiten umrechnen.

Ergebnis:
Die Durchschnittsgeschwindigkeit des Zugs beträgt 77 km/h. Über die Augenblicksgeschwindigkeit des Zugs zu einem bestimmten Zeitpunkt oder über seine Höchstgeschwindigkeit kann keine Aussage gemacht werden.

2.1.3 Die Beschleunigung von Körpern

Die Größe Beschleunigung

Ändern sich bei einem Körper der Betrag der Geschwindigkeit, ihre Richtung oder beides, so spricht man von beschleunigter Bewegung. Dabei tritt eine Beschleunigung auf.

> Die Beschleunigung gibt an, wie schnell sich die Geschwindigkeit eines Körpers ändert.
> Formelzeichen: a
> Einheit: ein Meter je Quadratsekunde $\left(1\,\frac{m}{s^2}\right)$

▶ Verringert sich die Geschwindigkeit eines Körpers, so spricht man manchmal auch von negativer Beschleunigung oder von Verzögerung.

Ein Körper hat eine Beschleunigung von $1\,\frac{m}{s^2}$, wenn sich seine Geschwindigkeit in jeder Sekunde um $1\,\frac{m}{s}$ ändert.

Die Beschleunigung ist wie die Geschwindigkeit eine **gerichtete (vektorielle) Größe**. Sie hat in jedem Punkt einen bestimmten Betrag und eine bestimmte Richtung.

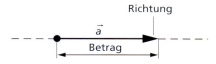

Beschleunigungen in Natur und Technik

anfahrender Güterzug	0,1 m/s²
anfahrendes Auto	≈ 2 m/s²
100-m-Läufer nach dem Start	≈ 3 m/s²
bremsendes Auto	≈ 7 m/s²
fallender Stein	≈ 10 m/s²
startende Rakete	≈ 100 m/s²

▶ Besonders groß ist die Beschleunigung beim Abschlag von Bällen. Bei Tischtennisbällen werden Beschleunigungen von 10 000 m/s² erreicht.

Messen und Berechnen der Beschleunigung

Die Beschleunigung eines Körpers kann mit **Beschleunigungsmessern** gemessen werden, die die **Augenblicksbeschleunigung** anzeigen.

> Die Beschleunigung eines Körpers kann berechnet werden mit der Gleichung:
> $a = \frac{v}{t}$ bzw. $a = \frac{\Delta v}{\Delta t}$
> Δv Änderung der Geschwindigkeit
> Δt Zeitintervall

Bei einer **gleichmäßig beschleunigten** Bewegung (a = konstant) gilt die berechnete Beschleunigung für jeden Ort der Bewegung.

Bei einer **ungleichmäßig beschleunigten** Bewegung ($a \neq$ konstant) kann mit der obigen Gleichung nur eine *mittlere* Beschleunigung oder Durchschnittsbeschleunigung $\bar{a}$ berechnet werden.

M ↗ S. 57 f.

■ Ein Pkw benötigt 9,8 s, um aus dem Stand eine Geschwindigkeit von 100 km/h zu erreichen.
Wie groß ist seine Beschleunigung?

Analyse:
Die durchschnittliche Beschleunigung des Pkw kann nach der Gleichung $\bar{a} = \Delta v/\Delta t$ berechnet werden.
Es ist zweckmäßig, die Geschwindigkeit in m/s umzurechnen.

Gesucht: $\bar{a}$
Gegeben: $\Delta v = 100\ \frac{km}{h}$

$$\Delta v = \frac{100\,000\ m}{3\,600\ s} = \frac{100\ m}{3{,}6\ s} = 28\ \frac{m}{s}$$

$$\Delta t = 9{,}8\ s$$

Lösung:

$$\bar{a} = \frac{\Delta v}{\Delta t}$$

$$\bar{a} = \frac{28\ m}{9{,}8\ s \cdot s}$$

$$\bar{a} = 2{,}9\ \frac{m}{s^2}$$

Ergebnis:
Die durchschnittliche Beschleunigung des Pkw beträgt 2,9 m/s².

▶ Die größten Beschleunigungen (Verzögerungen) bei Fahrzeugen treten bei Unfällen auf. Dabei können kurzzeitig Werte bis zu 550 m/s² erreicht werden.

2.1.4 Gleichförmige Bewegungen

Die gleichförmige geradlinige Bewegung

Eine gleichförmige geradlinige Bewegung eines Körpers liegt vor, wenn Betrag und Richtung seiner Geschwindigkeit ständig gleich sind.

■ Beispiele für solche gleichförmigen geradlinigen Bewegungen sind ein mit konstanter Geschwindigkeit fahrendes Fahrzeug auf gerader Strecke, eine stehende Person auf einer Rolltreppe, ein mit konstanter Geschwindigkeit geradlinig fliegendes Flugzeug.

Eine gleichförmige geradlinige Bewegung lässt sich folgendermaßen charakterisieren:

In gleichen Zeiten werden gleiche Wege zurückgelegt. Der zurückgelegte Weg ist der verflossenen Zeit proportional.	$s \sim t$ $s = v \cdot t$
Der Quotient aus Weg und Zeit ist konstant. Er ist gleich dem Betrag der Geschwindigkeit.	$\frac{s}{t} = v =$ konstant
Im Weg-Zeit-Diagramm (s-t-Diagramm) ergibt sich eine Gerade, die durch den Ursprung des Koordinatensystems verläuft. Je größer die Geschwindigkeit ist, desto größer ist der Anstieg der Geraden.	$v_1 < v_2$
Im Geschwindigkeit-Zeit-Diagramm (v-t-Diagramm) ergibt sich eine Gerade, die parallel zur t-Achse des Koordinatensystems verläuft. Je größer die Geschwindigkeit ist, desto höher liegt die Gerade.	$v_1 < v_2$
Die Beschleunigung längs der Bahn ist null. Im Beschleunigung-Zeit-Diagramm (a-t-Diagramm) ergibt sich eine Gerade, die mit der t-Achse zusammenfällt.	$a = 0$

Die gleichförmige Kreisbewegung

Eine gleichförmige Kreisbewegung liegt vor, wenn sich ein Körper ständig mit dem gleichen Betrag der Geschwindigkeit auf einer kreisförmigen Bahn bewegt.
Die Richtung der Geschwindigkeit ändert sich ständig. Jede gleichförmige Kreisbewegung ist deshalb eine beschleunigte Bewegung.

- Gondel eines Riesenrads oder eines Karussells, Pedale eines Fahrrads, Erde um die Sonne (näherungsweise).

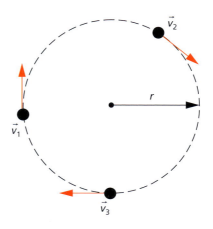

▶ Jeder Punkt eines gleichmäßig um eine Achse rotierenden Körpers führt eine gleichförmige Kreisbewegung aus.

▶ Je größer die Drehzahl n ist, umso kleiner ist die Umlaufzeit T. Es gilt: $n = \frac{1}{T}$

Für die gleichförmige Kreisbewegung gilt wie für jede andere gleichförmige Bewegung $v = \frac{s}{t}$.
Ersetzt man den Weg s durch den Umfang des Kreises ($s = 2\pi \cdot r$) und die Zeit t durch die Umlaufzeit T oder die Drehzahl n, so erhält man:

Für eine gleichförmige Kreisbewegung (v = konstant) gilt:

$v = \frac{s}{t}$ $v = \frac{2\pi \cdot r}{T}$ $v = 2\pi \cdot r \cdot n$

s Weg
t Zeit
r Radius der Kreisbahn
T Zeit für einen Umlauf (Umlaufzeit)
n Drehzahl

▶ Ein **Satellit,** der sich ständig über einem bestimmten Punkt der Erdoberfläche befindet, wird als geostationärer Satellit bezeichnet. Ein solcher Satellit befindet sich immer über dem Äquator.

M ↗ S. 57 f.

■ Ein geostationärer Nachrichtensatellit befindet sich ca. 36 000 km über der Erdoberfläche.
Wie groß ist seine Geschwindigkeit auf der Kreisbahn?

Analyse:
Der Bahnradius des Satelliten ergibt sich aus der Entfernung über der Erdoberfläche und dem Erdradius. Wenn er sich ständig über einem bestimmten Punkt der Erdoberfläche befindet, muss seine Umlaufzeit gleich der Umlaufzeit der Erde um ihre Achse sein, also 24 h betragen.

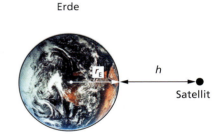

Gesucht: v
Gegeben: h = 36 000 km r_E = 6 371 km $r = h + r_E$
T = 24 h

Lösung:
$v = \frac{2\pi \cdot r}{T}$

$v = \frac{2\pi \cdot 42\,371 \text{ km}}{24 \text{ h}}$

v = 11 000 km/h

Ergebnis:
Ein geostationärer Nachrichtensatellit bewegt sich auf seiner Bahn mit etwa 11 000 km/h oder etwa 3,1 km/s.

▶ Die Geschwindigkeit eines geostationären Satelliten ist kleiner als die eines Satelliten in Erdnähe. Ein solcher Satellit bewegt sich mit etwa 7,9 km/s (erste kosmische Geschwindigkeit).

Eine gleichförmige Kreisbewegung darf nicht mit einer gleichförmigen Drehbewegung verwechselt werden. Bei einer Kreisbewegung kann der betreffende Körper als Massepunkt (↗ S. 78) betrachtet werden, bei einer Drehbewegung nicht. Die Bewegung eines Satelliten um die Erde ist eine Kreisbewegung. Die Rotation der Erde um ihre Achse ist eine Drehbewegung.

2.1.5 Ungleichförmige Bewegungen

Die gleichmäßig beschleunigte Bewegung

Eine gleichmäßig beschleunigte Bewegung liegt vor, wenn sich bei einem Körper die Geschwindigkeit in jeweils gleichen Zeiten in gleichem Maße ändert, wenn also der Betrag seiner Beschleunigung konstant ist. Befindet sich der Körper zu Beginn der Bewegung in Ruhe, so gilt:

M ↗ S. 46

Der zurückgelegte Weg ändert sich mit dem Quadrat der Zeit.	$s \sim t^2$ Das Weg-Zeit-Gesetz lautet: $s = \frac{a}{2} \cdot t^2$
Der Quotient aus dem Weg und dem Quadrat der Zeit ist konstant.	$\frac{s}{t^2} = \text{konstant} = \frac{a}{2}$
Der Quotient aus Geschwindigkeit und Zeit ist konstant. Er ist gleich der Beschleunigung.	$\frac{v}{t} = a = \text{konstant}$ Das Geschwindigkeit-Zeit-Gesetz lautet: $v = a \cdot t$
Im Weg-Zeit-Diagramm (s-t-Diagramm) ergibt sich eine parabelförmige Kurve, die durch den Ursprung des Koordinatensystems verläuft. Je größer die Beschleunigung, desto steiler verläuft die Kurve.	$a_1 < a_2$
Im Geschwindigkeit-Zeit-Diagramm (v-t-Diagramm) ergibt sich eine Gerade, die durch den Ursprung des Koordinatensystems verläuft. Je größer die Beschleunigung, desto größer der Anstieg der Geraden.	$a_1 < a_2$
Im Beschleunigung-Zeit-Diagramm (a-t-Diagramm) ergibt sich eine Gerade, die parallel zur t-Achse verläuft. Je größer die Beschleunigung, desto höher liegt die Gerade.	$a_1 < a_2$

▶ Die Gesetze gelten auch für krummlinige Bewegungen, wenn die Beschleunigung längs der Bahn konstant ist.

M ↗ S. 38

▶ Hinweise zum Interpretieren von Diagrammen sind auf ↗ S. 48 zu finden.

2 Mechanik

M ↗ S. 57 f.

■ Ein anfahrendes Auto erreicht in 8,0 s eine Geschwindigkeit von 72 km/h.
Welchen Weg legt es während dieser Zeit zurück?

Analyse:
Unter der Annahme einer gleichmäßig beschleunigten Bewegung können das Weg-Zeit-Gesetz und das Geschwindigkeit-Zeit-Gesetz für diese Bewegung angewendet werden.

▶ Es ist sinnvoll, die Einheiten so umzurechnen, dass gleiche Zeiteinheiten vorhanden sind.

Gesucht: s
Gegeben: $t = 8{,}0$ s
$\ v = 72$ km/h $= \frac{72}{3{,}6}$ m/s $= 20$ m/s

Lösung:

▶ Wenn es möglich ist, sollte zunächst eine allgemeine Lösung entwickelt werden, ehe die Werte eingesetzt werden und gerechnet wird.

$$s = \frac{a}{2}\, t^2 \qquad\qquad\qquad v = a \cdot t$$

$$a = \frac{v}{t}$$

$$s = \frac{v}{2t} \cdot t^2$$

$$s = \frac{v \cdot t}{2}$$

$$s = \frac{20\,\frac{m}{s} \cdot 8{,}0\ s}{2}$$

$$\underline{s = 80\ \text{m}}$$

Ergebnis:
Das Auto legt beim Anfahren innerhalb von 8,0 s einen Weg von 80 m zurück.

Der freie Fall

M ↗ S. 40, 41

Der freie Fall eines Körpers ist eine gleichmäßig beschleunigte geradlinige Bewegung.
Die Beschleunigung, mit der ein frei fallender Körper fällt, wird als **Fallbeschleunigung** g bezeichnet. Da die Fallbeschleunigung vom Ort abhängig ist, nennt man sie auch **Ortsfaktor.**

▶ Für Überschlagsrechnungen sollte man stets mit $g \approx 10\,\frac{m}{s^2}$ rechnen.

Unter der Bedingung, dass der Luftwiderstand vernachlässigt werden kann, gilt für die mittlere Fallbeschleunigung an der Erdoberfläche:

$$g = 9{,}806\,65\,\tfrac{m}{s^2} \approx 9{,}81\,\tfrac{m}{s^2}$$

Häufig wird mit dem Näherungswert $g \approx 10\,\frac{m}{s^2}$ gearbeitet.

Beachte: Die genannten Werte sind mittlere Werte für die Erdoberfläche. An den Polen ist die Fallbeschleunigung mit $g = 9{,}83\,\frac{m}{s^2}$ etwas größer, am Äquator mit $g = 9{,}78\,\frac{m}{s^2}$ etwas kleiner. Das hängt mit der Form der Erde zusammen.

2.2 Bewegung von Körpern

Die Fallbeschleunigung ist ortsabhängig. Nachfolgend sind einige Werte angegeben.

Ort	Fallbeschleunigung
am Äquator der Erdoberfläche	$9,780 \, \frac{m}{s^2}$
an den Polen der Erdoberfläche	$9,832 \, \frac{m}{s^2}$
10 km über der Erdoberfläche	$9,78 \, \frac{m}{s^2}$
50 km über der Erdoberfläche	$9,66 \, \frac{m}{s^2}$
100 km über der Erdoberfläche	$9,51 \, \frac{m}{s^2}$
an der Mondoberfläche	$1,62 \, \frac{m}{s^2}$
an der Marsoberfläche	$3,71 \, \frac{m}{s^2}$
an der Oberfläche der Sonne	$274 \, \frac{m}{s^2}$

Der **Ortsfaktor** gibt an, wie groß die Gewichtskraft eines Körpers je Kilogramm Masse infolge der Gravitation an dem jeweiligen Ort ist. Er wird in der Einheit Newton je Kilogramm (N/kg) angegeben.

> Der Ortsfaktor beträgt an der Erdoberfläche $g = 9,81 \, \frac{N}{kg}$.

▶ Für die Einheiten gilt:
$$1 \, \frac{N}{kg} = \frac{1 \, m}{s^2}$$
Mit $1 \, N = 1 \, \frac{kg \cdot m}{s^2}$ ergibt sich aus $1 \, \frac{N}{kg}$ die Einheit $1 \, \frac{m}{s^2}$.

Die Gesetze für den freien Fall gelten im Vakuum. Sie können für den freien Fall in Luft angewendet werden, wenn der Luftwiderstand vernachlässigbar klein ist.

Beachte: Der Fall eines Steins kann als freier Fall betrachtet werden. Für das Schweben eines Fallschirms sind die Gesetze des freien Falls nicht anwendbar.

Für den freien Fall gelten folgende Gesetze:

Weg-Zeit-Gesetz	$s = \frac{g}{2} t^2$	s	Weg
Geschwindigkeit-Zeit-Gesetz	$v = g \cdot t$	t	Zeit
Geschwindigkeit-Weg-Gesetz	$v = \sqrt{2g \cdot s}$	g	Fallbeschleunigung
		v	Geschwindigkeit

■ *Welche Geschwindigkeit erreicht ein Schüler, der sich von einem 5-m-Turm ins Wasser fallen lässt?*

M ↗ S.57 f.

Analyse:
Die Bewegung des Schülers kann als freier Fall angesehen werden. Damit sind die Gesetze des freien Falls anwendbar.

▶ Regentropfen, auch wenn sie aus großer Höhe fallen, erreichen aufgrund des Luftwiderstands nur eine Geschwindigkeit von maximal 35 km/h. Die Gesetze des freien Falls sind auf sie nicht anwendbar.

Gesucht: v
Gegeben: $s = 5\text{ m}$
$g = 9{,}81\ \frac{\text{m}}{\text{s}^2}$

Lösung:

$v = \sqrt{2g \cdot s}$

$v = \sqrt{2 \cdot 9{,}81\ \frac{\text{m}}{\text{s}^2} \cdot 5\text{ m}}$

$v = 9{,}9\ \frac{\text{m}}{\text{s}}$

Ergebnis:
Der Schüler trifft mit einer Geschwindigkeit von 9,9 m/s oder ca. 36 km/h auf dem Wasser auf.

▶ Statt von Überlagerung spricht man manchmal auch von **Superposition**.

2.1.6 Die Überlagerung von Bewegungen

Ein Körper kann eine Bewegung ausführen, die durch eine Überlagerung von mehreren anderen Bewegungen (Teilbewegungen) zustande kommt.
So resultiert die Bewegung eines Flugzeugs aus der Bewegung des eigenen Antriebs und der Bewegung des Windes. Die Bewegung eines Hochspringers resultiert aus der Absprungbewegung schräg nach oben und dem freien Fall.

Die beiden Teilbewegungen, die sich zu einer resultierenden Bewegung überlagern, können gleichförmige oder gleichmäßig beschleunigte Bewegungen sein.
Für die Überlagerung von beliebigen Bewegungen gilt immer das **Unabhängigkeitsprinzip**.

> Führt ein Körper gleichzeitig mehrere Teilbewegungen aus, so überlagern sich diese Teilbewegungen unabhängig voneinander zu einer resultierenden Gesamtbewegung.

Die resultierende Geschwindigkeit kann berechnet oder zeichnerisch ermittelt werden.

Überlagerung zweier gleichförmiger Bewegungen

Die Teilbewegungen können in gleicher, in entgegengesetzter oder in beliebiger anderer Richtung zueinander erfolgen.

gleiche Richtung

Eine Person läuft in Fahrtrichtung in einem fahrenden Zug.

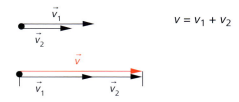

$v = v_1 + v_2$

entgegengesetzte Richtung

Eine Person läuft entgegen der Fahrtrichtung in einem fahrenden Zug.

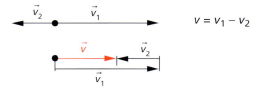

$v = v_1 - v_2$

▶ Wenn die Geschwindigkeiten bei den Teilbewegungen gleich groß sind, dann ist die resultierende Geschwindigkeit null.

im rechten Winkel zueinander

Ein Boot fährt senkrecht zur Richtung der Strömung über einen Fluss.

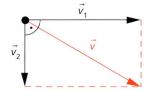

$v = \sqrt{v_1^2 + v_2^2}$

in einem beliebigen anderen Winkel α zueinander

Ein Flugzeug fliegt unter einem beliebigen Winkel α zur Windrichtung.

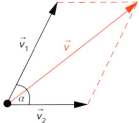

$v = \sqrt{v_1^2 + v_2^2 + 2 v_1 \cdot v_2 \cdot \cos \alpha}$

Überlagerung von gleichförmiger und gleichmäßig beschleunigter Bewegung (Würfe)

Die Teilbewegungen können in gleicher, in entgegengesetzter oder in anderer Richtung zueinander erfolgen. v_0 und v_F sind die Geschwindigkeiten der Teilbewegungen, v ist die resultierende Geschwindigkeit.

gleiche Richtung

Ein Ball wird senkrecht nach unten geworfen (**senkrechter Wurf** nach unten). Es überlagern sich eine gleichförmige Bewegung nach unten und der freie Fall.	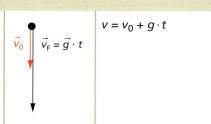	$v = v_0 + g \cdot t$

entgegengesetzte Richtung

Ein Ball wird senkrecht nach oben geworfen (**senkrechter Wurf** nach oben). Es überlagern sich eine gleichförmige Bewegung nach oben und der freie Fall.	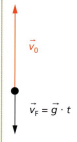	$v = v_0 - g \cdot t$

im rechten Winkel zueinander

Ein Ball wird in waagerechter Richtung abgeworfen (**waagerechter Wurf**). Es überlagern sich eine gleichförmige Bewegung in waagerechter Richtung und der freie Fall.	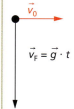	$v = \sqrt{v_0^2 + (g \cdot t)^2}$

in einem beliebigen anderen Winkel α zueinander

Ein Ball wird unter einem beliebigen Winkel a ≠ 0° und a ≠ 90° abgeworfen (**schräger Wurf**). Es überlagern sich eine gleichförmige Bewegung in Abwurfrichtung und der freie Fall.	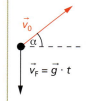	

▶ Berechnungen sind beim schrägen Wurf mit einem hohen mathematischen Aufwand verbunden.

2.2 Bewegung von Körpern

Bei einem **schrägen** Wurf überlagern sich eine gleichförmige Bewegung und der freie Fall, wobei der Winkel α zwischen den beiden Teilbewegungen zwischen 0° und 90° liegt. Bei der Überlagerung der Teilbewegungen kommen typische **Wurfparabeln** zustande.
Die Wurfweite ist abhängig
– von der Abwurfgeschwindigkeit v_0,
– vom Abwurfwinkel α.

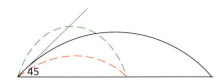

▶ Eine bestimmte Wurfweite kann man bei einem kleineren oder größeren Abwurfwinkel erreichen. So ist die Wurfweite bei $\alpha = 60°$ genauso groß wie bei $\alpha = 30°$. Allgemein wird die gleiche Wurfweite bei Winkeln $\alpha = 45° \pm x$ erreicht. x ist dabei ein Winkel zwischen 0° und 45°.

Die größte Wurfweite wird bei einem Abwurfwinkel von 45° erreicht. Berücksichtigt man den Luftwiderstand, so ergibt sich als Bahnkurve eine **ballistische Kurve**.
Die Wurfweite ist bei einer ballistischen Kurve geringer als beim schrägen Wurf, bei dem man den Luftwiderstand vernachlässigt.

■ Ein Flugzeug fliegt mit 250 km/h. Dabei weht ein Seitenwind mit 50 km/h.
Wie groß ist die resultierende Geschwindigkeit des Flugzeugs gegenüber dem Erdboden?

M ↗ S. 57 f.

Analyse:
Es handelt sich um die Überlagerung von zwei gleichförmigen Bewegungen, deren Richtungen senkrecht zueinander verlaufen. Die Lösung kann zeichnerisch oder rechnerisch erfolgen.

▶ Unter Ballistik versteht man die Lehre über die Flugbahnen von Geschossen.

Gesucht: v
Gegeben: $v_1 = 250$ km/h
             $v_2 = 50$ km/h

Lösung:

$$v = \sqrt{v_1^2 + v_2^2}$$

$$v = \sqrt{(250 \text{ km/h})^2 + (50 \text{ km/h})^2}$$

$$v = 255 \text{ km/h}$$

M ↗ S. 61

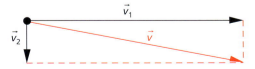

▶ Für die zeichnerische Lösung muss man für die Geschwindigkeit einen Maßstab vereinbaren, z. B.:
$50 \frac{\text{km}}{\text{h}} \triangleq 1$ cm

Ergebnis:
Die resultierende Geschwindigkeit des Flugzeuges beträgt 255 km/h.

Überblick

- Ein Körper befindet sich in Bewegung, wenn er seine Lage gegenüber einem Bezugssystem (z. B. der Erdoberfläche) ändert. Bewegungen können in unterschiedlicher Art und auf verschiedenen Bahnen erfolgen.

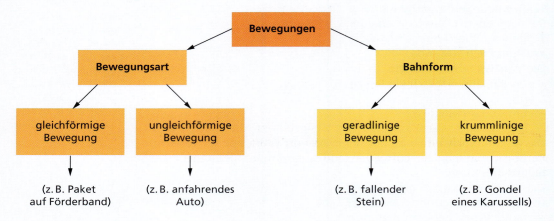

Die Geschwindigkeit gibt an, wie schnell oder langsam sich ein Körper bewegt.

$v = \frac{s}{t}$ $v = \frac{\Delta s}{\Delta t}$

Die Beschleunigung gibt an, wie schnell sich die Geschwindigkeit eines Körpers ändert.

$a = \frac{v}{t}$ $a = \frac{\Delta v}{\Delta t}$

Gleichförmige Bewegungen (v = konstant)

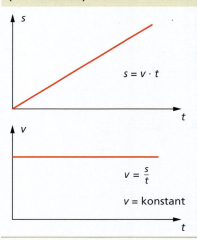

$s = v \cdot t$

$v = \frac{s}{t}$

v = konstant

Gleichmäßige beschleunigte Bewegungen (a = konstant)

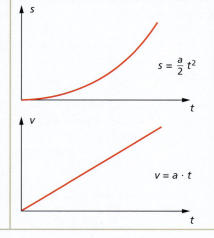

$s = \frac{a}{2} t^2$

$v = a \cdot t$

2.3 Kräfte und ihre Wirkungen

2.1.1 Die Größe Kraft

Kennzeichnung, Wirkungen und Arten von Kräften

> Die Kraft gibt an, wie stark zwei Körper aufeinander einwirken.
>
> Formelzeichen: F
> Einheit: ein Newton   (1 N)

▶ Benannt ist die Einheit der Kraft nach dem berühmten englischen Physiker **ISAAC NEWTON** (1643–1727).

Ein Newton ist die Kraft, die einem Körper mit der Masse 1 kg eine Beschleunigung von 1 m/s² erteilt. Es ist etwa die Kraft, mit der ein Körper der Masse 100 g auf eine ruhende Unterlage drückt oder an einer Aufhängung zieht.

M ↗ S.46

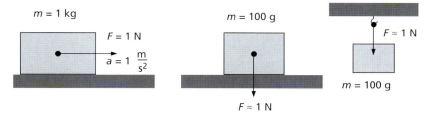

Vielfache der Einheit 1 N sind ein Kilonewton (1 kN) und ein Meganewton (1 MN):

1 kN   = 1 000 N
1 MN   = 1 000 kN = 1 000 000 N

Kräfte wirken immer zwischen zwei oder mehreren Körpern. Die Einwirkungen der Körper aufeinander sind dabei wechselseitig.

> Die Kraft ist eine **Wechselwirkungsgröße**. Kräfte sind nur an ihren Wirkungen erkennbar.

Die Kraft ist eine **gerichtete (vektorielle) Größe**. Sie wird mithilfe von Pfeilen dargestellt.

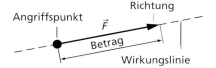

▶ Der Buchstabe F ohne Pfeil bedeutet, dass nur der Betrag der Kraft angegeben wird.

Die Wirkung einer Kraft ist abhängig
– vom Betrag der Kraft,
– von der Richtung der Kraft,
– vom Angriffspunkt der Kraft.
Kräfte können die Bewegung eines Körpers, die Form eines Körpers oder beides ändern. Je größer der Betrag einer Kraft ist, desto größer ist auch ihre Wirkung.

▶ Durch Kräfte kann ein Körper auch zerstört werden.

Wirkungen von Kräften

Bewegungsänderung von Körpern	Formänderung von Körpern

Ein Volleyballer wirkt mit seiner Hand auf den Ball ein. Dadurch wird der Ball in Bewegung gesetzt, abgebremst oder in eine andere Richtung gelenkt.	Der Expander wird durch Muskelkräfte verformt. Die Verformung ist umso stärker, je größer die einwirkende Kraft ist.

Die Verformungen von Körpern können **plastisch** oder **elastisch** sein.
Eine **plastische Verformung** liegt vor, wenn der Körper nach der Krafteinwirkung nicht von allein wieder seine ursprüngliche Form annimmt. Dies ist z. B. nach einem Autounfall beim Auto der Fall.
Eine **elastische Verformung** liegt vor, wenn der Körper beim Wegfall der Kraft von allein wieder seine ursprüngliche Form annimmt. Dies ist z. B. bei einem Impander oder einem Ast der Fall.

Kräfte in Natur und Technik	
Gewichtskräfte	
eine 10-Cent-Münze	0,04 N
1 Tafel Schokolade	1 N
1 Liter Wasser	10 N
Mensch	500 N … 800 N
Pkw	≈ 10 000 N
Zugkräfte und Schubkräfte	
Pferd	400 N … 750 N
Pkw	5 000 N
Lokomotive	200 000 N
Hubkräfte	
Gewichtheben	1 000 N … 2 500 N
Eisenbahndrehkran	bis 2 500 000 N
Auftriebskräfte	
Ball (d = 30 cm) im Wasser	139 N
Schiff (Wasserverdrängung 20 t)	196 000 N
Luftwiderstandskraft	
Pkw bei 100 km/h	≈ 210 N

Arten von Kräften

M ↗ S. 46

Arten von Kräften

Magnetische Kraft	Elektrische Kraft	Gravitationskraft

Ein Elektromagnet zieht Körper aus Eisen an. Zwischen Magnet und Eisenkörper wirken **magnetische Kräfte**.	Ein Kamm wird durch Reibung elektrisch geladen. Zwischen Kamm und Styroporkugeln wirken **elektrische Kräfte**.	Zwischen der Erde und einem Erdsatelliten wirken aufgrund der Massen anziehende Kräfte, die **Gravitationskräfte**.
Gewichtskraft	**Reibungskraft**	**Zugkraft**

Jeder Körper wird von der Erde angezogen und übt auf seine Unterlage eine Kraft aus, die man **Gewichtskraft** nennt: $F_G = m \cdot g$.	Beim Fahren mit dem Fahrrad wirken immer auch Kräfte, die die Bewegung hemmen. Sie heißen **Reibungskräfte**.	Waggons werden durch eine Lokomotive in Bewegung gesetzt. Dabei wirken auf die Waggons **Zugkräfte**.
Auftriebskraft	**Druckkraft**	**Schubkraft**

Auf Körper in Flüssigkeiten und Gasen wirkt entgegengesetzt zur Gewichtskraft eine volumenabhängige **Auftriebskraft**.	Durch den Luftdruck im Reifen wirkt auf seine Innenfläche eine Kraft, die ihn „in Form hält" und die man **Druckkraft** nennt.	Beim Start einer Rakete werden Verbrennungsgase sehr schnell ausgestoßen. Auf die Rakete wirkt eine **Schubkraft**.

M ↗ S. 50

▶ Das Gesetz ist nach dem englischen Naturwissenschaftler **ROBERT HOOKE** (1635–1703) benannt.

Messen von Kräften

Zur Messung von Kräften nutzt man Federn, die elastisch verformt werden. Für solche Federn gilt das **hookesche Gesetz:**

> Unter der Bedingung, dass eine Feder elastisch verformt wird, gilt:
>
> $F \sim s$ oder $\frac{F}{s}$ = konstant   oder $F = D \cdot s$
>
> F angreifende Kraft
> s Verlängerung der Feder
> D Federkonstante

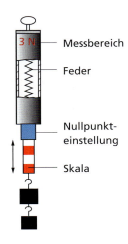

Messbereich
Feder
Nullpunkteinstellung
Skala

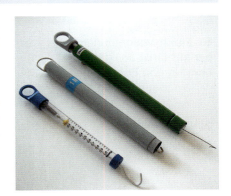

Kräfte werden mit Federkraftmessern gemessen. Dabei wird die Eigenschaft von elastischen Federn genutzt, sich bei Einwirkung einer Kraft auszudehnen.
Der Messbereich eines Federkraftmessers hängt von der Art der Feder (Härte der Feder) ab. Er ist umso größer, je härter die betreffende Feder ist.

▶ Beim Einstellen des Nullpunkts muss der Federkraftmesser senkrecht gehalten werden.

Vorgehen beim Messen von Kräften

1. Wähle einen geeigneten Federkraftmesser aus! Beachte dabei den Messbereich!
2. Stelle den Nullpunkt ein!
3. Lass die Kraft einwirken und lies an der Skala den Betrag der Kraft ab!

■ Der Messbereich eines Federkraftmessers wird weitgehend durch die Federkonstante bestimmt.
Erläutere, wie man die Federkonstante einer Feder ermitteln kann!
Zur Bestimmung der Federkonstanten einer Feder kann man das hookesche Gesetz nutzen. Aus $F = D \cdot s$ erhält man durch Umstellen:

$$D = \frac{F}{s}$$

Um D zu ermitteln, hängt man an die Feder einen Körper mit der Gewichtskraft F und misst die Auslenkung s. Aus F und s kann D berechnet werden.

▶ Ein Massestück mit m = 100 g hat eine Gewichtskraft von etwa 1 N.

Wird z. B. an eine Feder ein Massestück (m = 100 g) gehängt und dehnt sich dabei die Feder um 5 cm, so erhält man für die Federkonstante:

$$D = \frac{1\ N}{5\ cm}$$

$$D = 0{,}2\ \frac{N}{cm}$$

2.3 Kräfte und ihre Wirkungen

Zusammensetzung von Kräften

Wenn auf einen Körper zwei Kräfte wirken, so setzen sich diese zu einer resultierenden Kraft F zusammen. Diese kann zeichnerisch (Kräfteparallelogramm) oder rechnerisch ermittelt werden.

Zwei Kräfte wirken in gleicher Richtung.	$\vec{F_1}$ $\vec{F_2}$ $\vec{F}$ $\vec{F_1}$ $\vec{F_2}$	$F = F_1 + F_2$
Zwei Kräfte wirken in entgegengesetzter Richtung.	$\vec{F_2}$ $\vec{F_1}$ $\vec{F}$ $\vec{F_2}$ $\vec{F_1}$	$F = F_1 - F_2$
Zwei Kräfte wirken im rechten Winkel zueinander.	$\vec{F_2}$ $\vec{F}$ $\vec{F_1}$	$F = \sqrt{F_1^2 + F_2^2}$
Zwei Kräfte wirken in beliebiger Richtung zueinander.	$\vec{F_2}$ $\vec{F}$ α $\vec{F_1}$	$F = $ $\sqrt{F_1^2 + F_2^2 + 2 F_1 \cdot F_2 \cdot \cos\alpha}$

▶ Sind die beiden Kräfte F_1 und F_2 gleich groß, so ist die resultierende Kraft null.

■ Auf das Segel eines Surfbretts wirkt der Wind mit einer Kraft von 500 N. Zugleich wirkt senkrecht dazu durch eine Strömung eine Kraft von 200 N auf das Surfbrett.
Wie groß ist die resultierende Kraft?

Analyse:
Auf den Körper wirken zwei Kräfte senkrecht zueinander. Die resultierende Kraft kann zeichnerisch oder rechnerisch ermittelt werden.

Gesucht: F
Gegeben: F_1 = 500 N
                   F_2 = 200 N

Für die zeichnerische Lösung muss ein Maßstab vereinbart werden, z.B. 100 N $\cong$ 1 cm.

▶ Wirken mehr als zwei Kräfte auf einen Körper, so kann man die resultierende Kraft schrittweise ermitteln, indem man zunächst zwei Kräfte zusammensetzt, dann die resultierende Kraft mit der nächsten Kraft zusammensetzt usw.

M ↗ S. 57 f.

Lösung:
Als rechnerische Lösung der Aufgabe erhält man:

$$F = \sqrt{F_1^2 + F_2^2}$$

$$F = \sqrt{(500 \text{ N})^2 + (200 \text{ N})^2}$$

$$F = \sqrt{290\,000 \text{ N}^2}$$

$$\underline{F = 539 \text{ N}}$$

M ↗ S. 61

Als zeichnerische Lösung der Aufgabe erhält man:

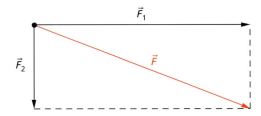

Die Länge des Pfeils beträgt 5,4 cm. Damit ergibt sich für die Kraft $F = 540$ N.

Ergebnis:
Die resultierende Kraft auf das Surfbrett beträgt 540 N.

Zerlegung von Kräften

▶ Die Kenntnis der Beträge der Teilkräfte ist wichtig, weil man z. B. bei Aufhängungen wissen muss, wie groß diese Kräfte sind und wie man demzufolge die Aufhängung wählen muss.

Eine Kraft F kann in Teilkräfte (Komponenten) F_1 und F_2 zerlegt werden, wenn die Richtungen der Komponenten bekannt sind.

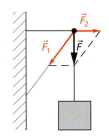 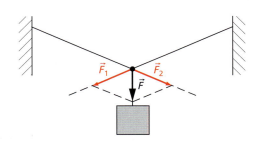

▶ Die Teilkräfte kann man auch berechnen:
$F_H = F_G \cdot \sin \alpha$
$F_N = F_G \cdot \cos \alpha$

Eine Zerlegung von Kräften kann auch an der geneigten Ebene erfolgen. Die Gewichtskraft $\vec{F}_G$ kann in die **Hangabtriebskraft** $\vec{F}_H$ parallel zur geneigten Ebene und in die **Normalkraft** $\vec{F}_N$ senkrecht zur geneigten Ebene zerlegt werden.

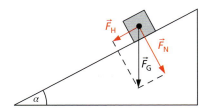

2.1.1 Die newtonschen Gesetze

Die newtonschen Gesetze beinhalten grundlegende Zusammenhänge zwischen Kräften, Geschwindigkeiten und Beschleunigungen.

 M ↗ S. 27

1. newtonsches Gesetz (Trägheitsgesetz)

Ein Körper bleibt in Ruhe oder in gleichförmiger geradliniger Bewegung, solange die Summe der auf ihn wirkenden Kräfte null ist.

$\vec{v}$ = konstant bei $\vec{F} = \vec{0}$

▶ Diese grundlegenden Gesetze der Mechanik wurden von dem englischen Naturforscher ISAAC NEWTON (1643–1727) gefunden.

2. newtonsches Gesetz (newtonsches Grundgesetz)

Zwischen Kraft, Masse und Beschleunigung gilt folgender Zusammenhang.

$\vec{F} = m \cdot \vec{a}$

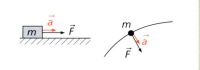

3. newtonsches Gesetz (Wechselwirkungsgesetz)

Wirken zwei Körper aufeinander ein, so wirkt auf jeden der Körper eine Kraft. Die Kräfte sind gleich groß und entgegengesetzt gerichtet.

$\vec{F}_1 = -\vec{F}_2$

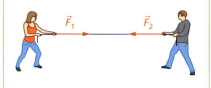

▶ Das Minuszeichen bei einer Kraft bedeutet „entgegengesetzte Richtung".

■ Die Motoren eines ICE können eine maximale Antriebskraft von 270 kN aufbringen. Die Masse des ICE beträgt 500 t.
Wie groß kann die Beschleunigung des ICE beim Anfahren maximal sein?

Analyse:
Der Zusammenhang zwischen Kraft, Masse und Beschleunigung ist im newtonschen Grundgesetz dargestellt. Die Anwendung dieses Gesetzes ermöglicht bei gegebener Kraft und Masse die Berechnung der Beschleunigung.
Dabei wird angenommen, dass die Antriebskraft während der Phase der Beschleunigung konstant ist. Damit ist auch die Beschleunigung während dieser Phase konstant.

M ↗ S. 57 f.

Gesucht: a
Gegeben: F = 270 kN = 270 000 N
                m = 500 t = 500 000 kg

▶ Für die Einheit 1 N gilt:
$1\,N = 1\,\frac{kg \cdot m}{s^2}$

Damit ist:
$1\,\frac{N}{kg} = 1\,\frac{kg \cdot m}{kg \cdot s^2}$
$= 1\,\frac{m}{s^2}$

Lösung:

$F = m \cdot a \qquad |\,:m$

$\frac{F}{m} = a \quad$ oder

$a = \frac{F}{m}$

$a = \frac{270\,000\,N}{500\,000\,kg}$

$a = 0{,}54\,\frac{N}{kg} = 0{,}54\,\frac{m}{s^2}$

Ergebnis:
Die maximale Beschleunigung eines ICE beträgt etwa 0,5 m/s².

2.1.2 Die Gewichtskraft

Verschiedene Körper werden von der Erde unterschiedlich stark angezogen.
Dadurch wirken die Körper mit einer bestimmten Kraft auf eine Unterlage oder ziehen an einer Aufhängung.

M ↗ S. 46

> Die Gewichtskraft F_G gibt an, mit welcher Kraft ein Körper auf eine ruhende, waagerechte Unterlage drückt oder an einer Aufhängung zieht.

▶ An der Erdoberfläche hat ein Körper von 1 kg Masse eine Gewichtskraft von etwa 10 N.
Auf der Mondoberfläche beträgt die Gewichtskraft desselben Körpers etwa 1,6 N.

Die Gewichtskraft, die auf einen Körper wirkt, hängt ab
– von seiner Masse und
– von dem Ort, an dem er sich befindet.
Mit Vergrößerung der Höhe über der Erdoberfläche nimmt die Gewichtskraft ab.

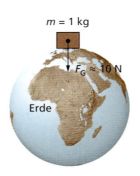
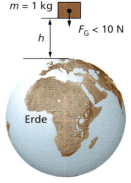

2.3 Kräfte und ihre Wirkungen

Die Gewichtskraft eines Körpers kann berechnet werden mit der Gleichung:

$F_G = m \cdot g$ F_G Gewichtskraft

                 m Masse

                 g Ortsfaktor (Fallbeschleunigung)

M ↗ S. 46

Auf der Erdoberfläche beträgt der Ortsfaktor (die Fallbeschleunigung) im Mittel $g = 9{,}81 \frac{N}{kg}$ (↗ S. 89).

In vielen Fällen reicht es aus, mit dem gerundeten Wert $g \approx 10 \frac{N}{kg}$ zu rechnen.

▶ Der Ortsfaktor beträgt in 10 km Höhe $9{,}78 \frac{N}{kg}$, in 100 km Höhe $9{,}51 \frac{N}{kg}$. Auf der Mondoberfläche hat er einen Wert von $1{,}62 \frac{N}{kg}$, auf der Oberfläche des Mars von $3{,}71 \frac{N}{kg}$.

■ *Wie groß ist die Gewichtskraft der 85 kg schweren Ausrüstung eines Astronauten auf der Erde und auf dem Mond? Vergleiche die Werte!*

Analyse:
Die Gewichtskraft kann aus der Masse und dem jeweiligen Ortsfaktor berechnet werden.

Gesucht: $F_{G,E}, F_{G,M}$
Gegeben: $m \quad = 85 \text{ kg}$

                   $g_E \quad = 9{,}81 \frac{N}{kg}$

                   $g_M \quad = 1{,}62 \frac{N}{kg}$

Lösung:

                   $F_G \quad = m \cdot g$

                   $F_{G,E} = 85 \text{ kg} \cdot 9{,}81 \frac{N}{kg}$

                   $\underline{F_{G,E} = 834 \text{ N}}$

                   $F_{G,M} = 85 \text{ kg} \cdot 1{,}62 \frac{N}{kg}$

                   $\underline{F_{G,M} = 138 \text{ N}}$

M ↗ S. 57 f.

Vergleich:

                   $F_{G,E} : F_{G,M} = 834 \text{ N} : 138 \text{ N}$

                   $F_{G,E} : F_{G,M} \approx 6$

▶ Erstmals haben 1969 amerikanische Astronauten den Mond betreten. Aufgrund der geringen Gewichtskraft auf dem Mond konnten sie dort mit ihrer schweren Ausrüstung große Sprünge machen.

Ergebnis:
Die 85 kg schwere Ausrüstung eines Astronauten hat auf der Erde eine Gewichtskraft von etwa 830 N und auf dem Mond von etwa 140 N. Auf der Erde ist die Gewichtskraft etwa 6-mal so groß wie auf dem Mond.

▶ In der Umgangssprache und in der Technik wird häufig von „Gewicht" gesprochen. Damit ist manchmal eine Masse und manchmal eine Gewichtskraft gemeint. Erkennbar ist das an der Einheit.

In der Physik muss man sorgfältig zwischen der Masse eines Körpers und seiner Gewichtskraft unterscheiden.

Masse m	Gewichtskraft F_G
Die Masse ist eine Eigenschaft eines Körpers. Sie ist nur von diesem Körper abhängig.	Die Gewichtskraft kennzeichnet die Wechselwirkung zwischen zwei Körpern. Sie ist von beiden Körpern abhängig.
Die Masse eines Körpers ist überall gleich groß.	Die Gewichtskraft eines Körpers ist abhängig vom Ort, an dem sich der Körper befindet.
Einheit der Masse ist ein Kilogramm (1 kg).	Einheit der Gewichtskraft ist ein Newton (1 N).
Messgerät für die Masse ist die Waage.	Messgerät für die Gewichtskraft ist der Federkraftmesser.

M ↗ S. 45

Schwerelosigkeit (Gewichtslosigkeit)

Körper in einer Raumstation, die die Erde umkreisen, sind **schwerelos** oder **gewichtslos**. Die Summe der auf die Körper wirkenden Kräfte ist null. Bei einer solchen Bewegung wirkt auf einen Körper die Gewichtskraft F_G in Richtung Erdmittelpunkt und eine gleich große, entgegengesetzt gerichtete Kraft F_Z aufgrund der Kreisbewegung **(Zentrifugalkraft** oder **Fliehkraft)**. Die Summe beider Kräfte ist null.

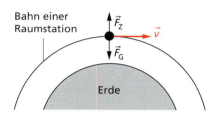

▶ Die Fliehkraft kann nach derselben Formel berechnet werden wie die Radialkraft.

2.1.3 Die Radialkraft

Damit sich ein Körper auf der Kreisbahn bewegt, muss auf ihn eine Kraft in Richtung des Zentrums der Kreisbewegung wirken. Diese Kraft wird als **Radialkraft** bezeichnet.

> Die Radialkraft $\vec{F}_r$ gibt an, mit welcher Kraft ein Körper auf einer Kreisbahn gehalten wird.

▶ Satelliten, der Mond oder die Erde bewegen sich näherungsweise auf Kreisbahnen. Auch auf solche Körper wirken Radialkräfte.

Manchmal findet man für diese Kraft auch die Bezeichnungen **Zentripetalkraft** oder **Zentralkraft.**

■ Bei einem Karussell wird die Radialkraft durch die Aufhängung aufgebracht. Die Radialkraft für einen Satelliten, der sich um die Erde bewegt, ist die Kraft, mit der ihn die Erde aufgrund der Gravitation (↗ S. 117) anzieht.

Zu der Radialkraft $\vec{F}_r$ gibt es eine Gegenkraft $\vec{F}_{geg}$, die im gegebenen Beispiel an der Hand zu spüren ist. Nach dem Wechselwirkungsgesetz (↗ S. 101) ist diese Kraft genauso groß wie die Radialkraft, aber entgegengesetzt gerichtet.

Bei einer gleichförmigen Kreisbewegung gilt für die Radialkraft:

$F_r = m \cdot \dfrac{v^2}{r}$

$F_r = m \cdot \dfrac{4\pi^2 \cdot r}{T^2}$

$F_r = m \cdot 4\pi^2 \cdot r \cdot n^2$

F_r Radialkraft
m Masse des Körpers
v Geschwindigkeit des Körpers
r Radius der Kreisbahn
T Umlaufzeit
n Drehzahl

▶ Für den Zusammenhang zwischen Umlaufzeit T und Drehzahl n gilt:
$T = \dfrac{1}{n}$
oder $n = \dfrac{1}{T}$

M ↗ S. 36

M ↗ S. 37

2.1.4 Reibung und Reibungskräfte

Wenn Körper aufeinander haften, gleiten oder rollen, tritt **Reibung** auf. Zwischen den Körpern wirken Kräfte, die die Bewegung hemmen. Diese Kräfte werden als **Reibungskräfte** bezeichnet. Reibungskräfte sind immer so gerichtet, dass sie der Bewegung entgegenwirken und diese hemmen oder verhindern.
Die wesentliche Ursache für das Auftreten von Reibungskräften liegt in der Oberflächenbeschaffenheit der Körper begründet, die sich berühren. Diese Oberflächen sind mehr oder weniger rau. Liegen die Körper aufeinander oder bewegen sie sich gegenüber, so „verhaken" sich die Unebenheiten der Flächen. Es tritt **Reibung** auf.

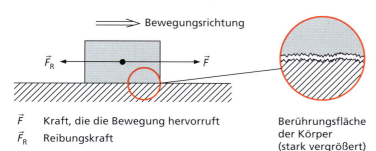

$\vec{F}$ Kraft, die die Bewegung hervorruft
$\vec{F}_R$ Reibungskraft

Berührungsfläche der Körper (stark vergrößert)

▶ Je rauer die Berührungsflächen sind, desto größer ist die Reibungskraft.

Je nach der Art der Bewegung der Körper aufeinander unterscheidet man zwischen **Haftreibung**, **Gleitreibung** und **Rollreibung**.

▶ Ohne Haftreibung könnte sich weder ein Mensch noch ein Straßen- oder Schienenfahrzeug fortbewegen.

Haftreibung

liegt vor, wenn ein Körper auf einem anderen haftet.
Beispiel: Es wird an einer Kiste gezogen, ohne dass sich diese schon bewegt.

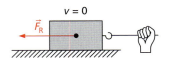

Die Haftreibung hängt ab
- von der Beschaffenheit der Berührungsflächen, die aufeinander liegen,
- von der Kraft, mit der die Körper aufeinander wirken.

▶ Eine besondere Art von Reibung tritt auf, wenn sich ein Körper relativ zu einer Flüssigkeit oder einem Gas bewegt. Man spricht in diesem Fall vom Strömungswiderstand (↗ S. 161).

Gleitreibung

liegt vor, wenn ein Körper auf einem anderen gleitet.
Beispiel: Eine Kiste wird über den Fußboden gezogen.

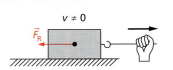

Die Gleitreibungskraft hängt ab
- von der Beschaffenheit der Berührungsflächen, die aufeinander gleiten,
- von der Kraft, mit der die Körper aufeinander wirken.

Rollreibung

liegt vor, wenn ein Körper auf einem anderen rollt.
Beispiel: Ein Koffer mit Rollen wird gezogen.

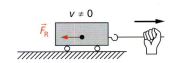

Die Rollreibungskraft hängt ab
- von der Beschaffenheit der Berührungsflächen, die aufeinander rollen,
- von der Kraft, mit der die Körper aufeinander wirken.

Die Kraft, mit der die Körper aufeinander wirken, ist meistens die Gewichtskraft. Ausschlaggebend für die Größe der Reibungskraft ist immer diejenige Kraft, die senkrecht auf die Unterlage wirkt **(Normalkraft** oder **Anpresskraft** F_N).

▶ Den Betrag der Normalkraft kann man bei einer geneigten Ebene durch Kräftezerlegung (↗ S. 100) bestimmen. Die Normalkraft F_N ist eine Komponente der Gewichtskraft F_G.

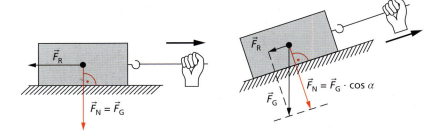

2.3 Kräfte und ihre Wirkungen

Die Reibungskraft kann berechnet werden mit der Gleichung:

$$F_R = \mu \cdot F_N$$

F_R Reibungskraft

μ Reibungszahl

F_N Normalkraft

▶ Der Betrag der Reibungskraft ist unabhängig von der Größe der Berührungsflächen.

Je größer die Normalkraft F_N ist, desto größer ist bei ansonsten gleichen Bedingungen die Reibungskraft.
Darüber hinaus gilt bei gleichen Bedingungen:

Haftreibungskraft > Gleitreibungskraft > Rollreibungskraft

Reibungszahlen in Natur und Technik

Stoffe	Haftreibungs-zahl	Gleitreibungs-zahl	Rollreibungs-zahl
Holz auf Holz	0,6	0,5	–
Reifen auf Asphalt			
trocken	0,8	0,5	0,01
nass	0,5	0,3	–
Stahl auf Stahl	0,15	0,10	0,002
Stahl auf Eis	0,03	0,01	–

Reibungskräfte sind teils erwünscht, teils unerwünscht.

Die Reibungskraft kann **vergrößert** werden durch
– Vergrößerung der Kraft, mit der die Körper aufeinandergepresst werden,
– Aufrauung der Oberfläche.

Die Reibungskraft kann **verkleinert** werden durch
– Verkleinerung der Kraft, mit der die Körper aufeinandergepresst werden,
– Glättung der Oberflächen,
– Schmiermittel (Fett, Öl, Wasser).

▶ Wasser auf Straßen wirkt für Fahrzeuge als Schmiermittel. Bei Aquaplaning („Schwimmen" auf einem Wasserfilm) wird die Reibungskraft so klein, dass ein Fahrzeug nicht mehr lenkbar ist.

■ Ein Pkw mit einer Gesamtmasse von 1100 kg fährt auf einer trockenen, ebenen Asphaltstraße. Der Fahrer muss plötzlich abbremsen. *Wie groß ist die maximale Bremskraft?*

Analyse:
Eine maximale Bremskraft wird erzielt, wenn Haftreibung vorliegt. Die entsprechende Reibungszahl kann der Tabelle entnommen werden. Unter der Voraussetzung, dass das Auto auf einer horizontalen Straße fährt, ist die Normalkraft gleich der Gewichtskraft. Diese ergibt sich aus der Masse.

M ↗ S. 57 f.

▶ Ein Körper der Masse 1 kg drückt mit einer Gewichtskraft von 9,81 N ≈ 10 N auf eine waagerechte Unterlage.

Gesucht: F_R
Gegeben: $m = 1100$ kg ⟶ $F_G = F_N = 11000$ N

Lösung:

$$F_R = \mu \cdot F_N$$

$$F_R = 0{,}8 \cdot 11000 \text{ N}$$

$$\underline{F_R = 8800 \text{ N}}$$

Ergebnis:
Die maximale Bremskraft des Pkw beträgt etwa 8 800 N.

2.1.5 Das Drehmoment

Die Wirkung einer Kraft auf einen drehbar gelagerten Körper wird durch das Drehmoment beschrieben.

M ↗ S. 46

> Das Drehmoment gibt an, wie stark eine Kraft auf einen drehbar gelagerten Körper wirkt.
>
> Formelzeichen: M
> Einheit: ein Newtonmeter (1 Nm)

▶ Beim Anziehen der Radmutter eines Pkw wird ein Drehmoment von 90 Nm empfohlen. Gemessen werden kann ein Drehmoment mit einem **Drehmomentenschlüssel**.

Entscheidend für die Wirkung einer Kraft auf einen drehbar gelagerten Körper sind
– der Betrag der Kraft,
– die Richtung der Kraft und
– der Abstand der Wirkungslinie der Kraft von der Drehachse.

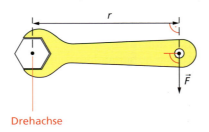
Drehachse

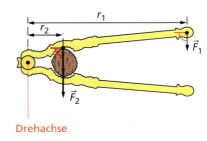
Drehachse

M ↗ S. 46

Unter der Bedingung, dass die Kraft senkrecht am Hebel angreift, gilt:

$M = r \cdot F$ M Drehmoment
    r Abstand der Wirkungslinie der Kraft von der Drehachse
    F wirkende Kraft

2.1.6 Schwerpunkt von Körpern und Standfestigkeit

Ausgedehnte Körper verhalten sich in Bezug auf Ruhe und Bewegung so, als ob die Gewichtskraft des Körpers an einem Punkt angreift. Diesen Punkt nennt man **Massenmittelpunkt** oder **Schwerpunkt** des Körpers.

Bei regelmäßig geformten Körpern aus einem Stoff liegt der Schwerpunkt S des Körpers in der Körpermitte.

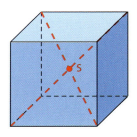
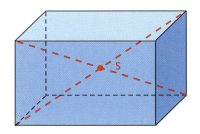

Bei unregelmäßig geformten flächenhaften Körpern kann man den Schwerpunkt S experimentell ermitteln, indem man den Körper an verschiedenen Punkten A, B, … aufhängt und jeweils das Lot markiert.

Der Schwerpunkt S befindet sich in dem Punkt, in dem sich die Lote schneiden.

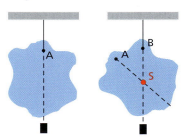

▶ Je nach der Form des Körpers kann sein Schwerpunkt innerhalb oder auch außerhalb des Körpers liegen.

M ↗ S. 51 ff.

Ein Körper kann sich in einem **stabilen**, einem **labilen** oder einem **indifferenten Gleichgewicht** befinden.

a) stabil   b) labil   c) indifferent

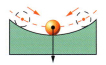
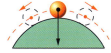
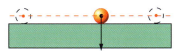

■ So befindet sich z. B. eine Schaukel in der Ruhelage oder ein Auto, das in einer Mulde steht, in einem stabilen Gleichgewicht.
Ein Mensch im Handstand oder ein Radfahrer befinden sich in einem labilen Gleichgewicht.
Ein auf einer ebenen Fläche liegender Ball oder ein auf einer solchen Fläche stehendes Auto sind im indifferenten Gleichgewicht.

▶ Von Bedeutung ist die Standfestigkeit z. B. für Gebäude, Türme, Masten, Krane, Regale. Bei allen diesen Beispielen muss ein stabiles Gleichgewicht gewährleistet sein.

Entscheidend für die Standfestigkeit eines Körpers ist die Lage seines Schwerpunkts bezüglich der Auflagefläche.

Standfestigkeit eines Körpers

Die am Schwerpunkt S angreifende Gewichtskraft verläuft durch die Auflagefläche.	Die am Schwerpunkt S angreifende Gewichtskraft verläuft genau durch den Rand der Auflagefläche.	Die am Schwerpunkt S angreifende Gewichtskraft verläuft nicht durch die Auflagefläche.
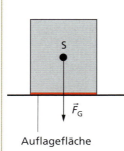 Auflagefläche	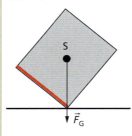	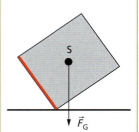
Der Körper befindet sich im **stabilen** Gleichgewicht.	Der Körper befindet sich im **labilen** Gleichgewicht.	Der Körper befindet sich **nicht** im Gleichgewicht.
Wenn er geringfügig gekippt und losgelassen wird, fällt er wieder in eine stabile Lage.	Wenn er geringfügig gekippt wird, kommt er entweder in eine stabile Lage auf der Auflagefläche oder er kippt um.	Wenn nicht zusätzlich Kräfte wirken, kippt der Körper um.

▶ Auch hydraulische und pneumatische Anlagen (↗ S. 157) sind kraftumformende Einrichtungen.

2.1.7 Kraftumformende Einrichtungen

Alle einfachen Anlagen, mit deren Hilfe man den Betrag oder die Richtung von Kräften oder beides verändern kann, werden als **kraftumformende Einrichtungen** bezeichnet.

Zu den kraftumformenden Einrichtungen gehören die verschiedenen Arten von Hebeln, Rollen und Flaschenzügen sowie geneigte Ebenen.

Bei den Hebeln unterscheidet man zwischen einseitigen und zweiseitigen Hebeln.

Hebel

Für einseitige und zweiseitige Hebel gelten die gleichen Gesetze.

Einseitige Hebel

Die Drehachse liegt auf einer Seite, verschiedene Kräfte greifen von der Drehachse aus gesehen auf der gleichen Seite an. F_1 und F_2 sind die wirkenden Kräfte, r_1 und r_2 die entsprechenden Kraftarme.

▶ Beispiele für einseitige Hebel sind Nussknacker, Pinzetten oder Schraubenschlüssel.

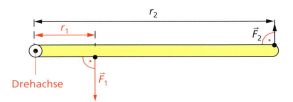

▶ Die Kraftarme werden manchmal auch mit den Formelzeichen l_1 und l_2 bezeichnet.

Befindet sich der einseitige Hebel im Gleichgewicht, so gilt:

$F_1 \cdot r_1 = F_2 \cdot r_2$

Zweiseitige Hebel

Die Drehachse liegt so, dass Kräfte von der Drehachse aus gesehen auf verschiedenen Seiten angreifen.

▶ Beispiele für zweiseitige Hebel sind Scheren, Zangen, Balkenwaagen (↗ S. 71) oder Wippen.

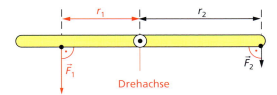

Befindet sich der zweiseitige Hebel im Gleichgewicht, so gilt ebenfalls:

$F_1 \cdot r_1 = F_2 \cdot r_2$

Für beliebige Hebel gilt das **Hebelgesetz:**

Für alle Hebel im Gleichgewicht gilt unter der Bedingung, dass die Kraft senkrecht zum Kraftarm angreift:

$F \sim \frac{1}{r}$ oder $\frac{F_1}{F_2} = \frac{r_2}{r_1}$ oder $F_1 \cdot r_1 = F_2 \cdot r_2$

F Kraft

r Länge des zugehörigen Kraftarms

Das Hebelgesetz kann auch mit der Größe Drehmoment (↗ S. 108) formuliert werden.
Dabei wird zwischen dem linksdrehenden Drehmoment M_L und dem rechtsdrehenden Drehmoment M_R unterschieden.

▶ Die Kraftarme werden manchmal auch mit den Formelzeichen l_1 und l_2 bezeichnet.

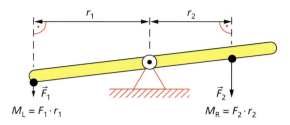

$M_L = F_1 \cdot r_1 \qquad M_R = F_2 \cdot r_2$

Ein Hebel ist im Gleichgewicht, wenn das linksdrehende Drehmoment gleich dem rechtsdrehenden Drehmoment ist.

$M_L = M_R$

■ Marie und Martin wollen mit einer Wippe schaukeln. Marie wiegt 41 kg und Martin 49 kg. Die Wippe hat eine Gesamtlänge von 4,0 m. Die Drehachse befindet sich in der Mitte.
Wo müsste Martin sitzen, damit beide gut schaukeln können, wenn sich Marie an das Ende der einen Seite setzt?

M ↗ S. 57 f.

Analyse:
Damit man gut schaukeln kann, muss sich die Wippe näherungsweise im Gleichgewicht befinden. Damit ist für die Lösung der Aufgabe das Hebelgesetz anwendbar. Da die Massen der beiden unterschiedlich sind, haben sie auch unterschiedliche Gewichtskräfte. Damit müssen im Gleichgewicht auch die Kraftarme unterschiedlich lang sein.

Die Skizze zeigt den Sachverhalt vereinfacht:

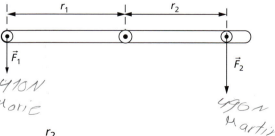

▶ Ein Körper der Masse 1 kg hat näherungsweise eine Gewichtskraft von 10 N.

Gesucht: r_2
Gegeben: $r_1 = 2{,}0$ m
$m_1 = 41$ kg ⟶ $F_1 = 410$ N
$m_2 = 49$ kg ⟶ $F_2 = 490$ N

Lösung:

$$F_1 \cdot r_1 = F_2 \cdot r_2 \quad | : F_2$$

$$r_2 = \frac{F_1 \cdot r_1}{F_2}$$

$$r_2 = \frac{410 \text{ N} \cdot 2{,}0 \text{ m}}{490 \text{ N}}$$

$$r_2 = 1{,}7 \text{ m}$$

Ergebnis:
Damit Marie und Martin gut schaukeln können, muss sich Martin etwa 1,7 m von der Drehachse entfernt setzen, wenn Marie am Ende der anderen Seite sitzt.

Geneigte Ebenen

Geneigte Ebenen werden bei Schrägaufzügen, Rolltreppen oder Transportbändern genutzt. Auch jede ansteigende oder abfallende Straße ist eine geneigte Ebene.
Auf einen Körper, der sich auf einer geneigten Ebene befindet, wirkt die Gewichtskraft. Diese kann in zwei Komponenten zerlegt werden: eine Komponente senkrecht zur geneigten Ebene (**Normalkraft** F_N) und eine Komponente in Richtung der geneigten Ebene (**Hangabtriebskraft** F_H). Die Beträge der Normalkraft und der Hangabtriebskraft hängen ab von der Gewichtskraft des Körpers und der Neigung α der geneigten Ebene.

▶ Hinweise zur Zerlegung einer Kraft in zwei Teilkräfte (Komponenten) sind auf ↗ S. 100 gegeben.

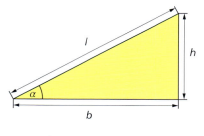 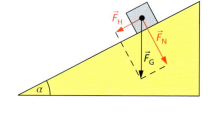

l	Länge	F_G	Gewichtskraft
h	Höhe	F_N	Normalkraft
b	Basis	F_H	Hangabtriebskraft

Für die geneigte Ebene gelten folgende Gleichungen:

$$\frac{F_H}{F_G} = \frac{h}{l} \qquad \frac{F_N}{F_G} = \frac{b}{l} \qquad \frac{F_H}{F_N} = \frac{h}{b}$$

Es gilt auch: $\quad F_H = F_G \cdot \sin \alpha \qquad F_N = F_G \cdot \cos \alpha$

▶ Bei Straßen wird das Verhältnis $h:b$ als Steigung oder Gefälle bezeichnet und in Prozent angegeben. 10 % Steigung bedeutet: Auf 100 m beträgt der Höhenunterschied 10 m. Die Neigung beträgt dann $\alpha = 5{,}7°$.

Eingeschlossen sind die Spezialfälle $\alpha = 0°$ und $\alpha = 90°$.
Bei $\alpha = 0°$ ist die Normalkraft gleich der Gewichtskraft, die Hangabtriebskraft ist null.

Rollen

Um die Richtung einer Kraft zu ändern oder den Betrag der aufzubringenden Kraft zu verringern (z.B. bei Kranen oder Spannvorrichtungen für Fahrdrähte), verwendet man eine oder mehrere Rollen mit Seilen. Dabei wird zwischen **festen Rollen, losen Rollen** und **Flaschenzügen** unterschieden.

▶ Häufig nutzt man auch eine Kombination aus fester und loser Rolle. Mithilfe der festen Rolle wird die Richtung der Kraft verändert, mithilfe der losen Rolle der Betrag der aufzuwendenden Kraft verringert.

▶ **Flaschenzüge** gibt es in sehr unterschiedlichen Bauweisen.

Feste Rolle	Lose Rolle	Flaschenzug
Bei einer **festen Rolle** ist die Zugkraft F_Z genauso groß wie die Gewichtskraft F_L der Last. Man kann aber die Kraft in eine andere Richtung umlenken (Umlenkrolle). Zugweg s_Z und Lastweg s_L sind gleich groß.	Bei einer **losen Rolle** verteilt sich die Gewichtskraft der Last auf zwei Seile. Auf jedes Seil wirkt nur die halbe Gewichtskraft. Der Zugweg s_Z ist doppelt so groß wie der Lastweg s_L.	Bei einem **Flaschenzug** verteilt sich die Gewichtskraft der Last auf die Anzahl der tragenden Seile, im gezeichneten Fall auf vier Seile. Die Zugkraft F_Z beträgt ein Viertel der Gewichtskraft F_L der Last. Der Zugweg s_Z ist viermal so groß wie der Lastweg s_L.
$F_Z = F_L \quad s_Z = s_L$	$F_Z = \frac{1}{2} F_L \quad s_Z = 2 s_L$	$F_Z = \frac{1}{4} F_L \quad s_Z = 4 s_L$

Die Zusammenhänge für die Kräfte gelten exakt nur unter der Bedingung, dass die Masse der Seile und Rollen sowie die Reibung vernachlässigt werden können.
Die Rollen bei einem Flaschenzug können sehr unterschiedlich angeordnet sein. Entscheidend ist immer die Anzahl der Seile, auf die sich die Last verteilt (Anzahl der tragenden Seile).

> Beträgt die Anzahl der tragenden Seile bei einem Flaschenzug n, so gilt:
>
> $F_Z = \frac{1}{n} F_L \qquad s_Z = n \cdot s_L$

Die Goldene Regel der Mechanik

Hebel, Rollen und geneigte Ebenen sind kraftumformende Einrichtungen. Mit ihnen können Betrag, Richtung oder Angriffspunkt der aufzuwendenden Kraft verändert, jedoch keine mechanische Arbeit gespart werden. Für alle kraftumformenden Einrichtungen gilt die **Goldene Regel der Mechanik.**

> Für alle kraftumformenden Einrichtungen gilt unter der Bedingung, dass die Reibung vernachlässigt werden kann:
>
> $F \sim \frac{1}{s}$ oder $\frac{F_1}{F_2} = \frac{s_2}{s_1}$ oder $F_1 \cdot s_1 = F_2 \cdot s_2$ oder $W_1 = W_2$

▶ Da bei allen technischen Anordnungen Reibung auftritt, gilt die Goldene Regel der Mechanik dort nur näherungsweise.
Die aufzuwendende Arbeit ist wegen der Reibung immer größer als die nutzbringende Arbeit.

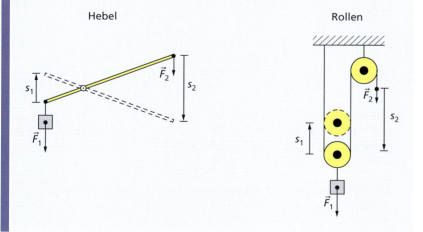

▶ **GALILEO GALILEI** hat nicht nur wichtige Gesetze der Mechanik entdeckt. Er war auch ein bedeutender Astronom sowie Konstrukteur mathematischer und physikalischer Instrumente.

Die **Goldene Regel der Mechanik** wurde vor ca. 400 Jahren von dem italienischen Naturwissenschaftler GALILEO GALILEI (1564–1642) wie folgt formuliert:

> Was man an Kraft spart, muss man an Weg zusetzen.

2.1.1 Der Auflagedruck

Die Größe Auflagedruck

Wirken feste Körper auf Flächen ein, so üben sie auf diese einen Druck aus, der als **Auflagedruck** bezeichnet wird.

> Der Auflagedruck gibt an, mit welcher Kraft ein Körper senkrecht auf eine Fläche von 1 m² wirkt.
>
> Formelzeichen: p
> Einheit: ein Pascal (1 Pa)

▶ Benannt ist die Einheit des Drucks nach dem französischen Physiker und Mathematiker **BLAISE PASCAL** (1623–1662).

Für die Einheit 1 Pa gilt:

$$1\ \text{Pa} = 1\ \frac{\text{N}}{\text{m}^2} = 0{,}0001\ \frac{\text{N}}{\text{cm}^2}$$

Vielfache der Einheit 1 Pa sind ein Kilopascal (1 kPa) und ein Megapascal (1 MPa):

1 kPa = 1 000 Pa

1 MPa = 1 000 kPa = 1 000 000 Pa

▶ Informationen zum Druck in Flüssigkeiten und in Gasen sind ↗ S. 152 ff. zu finden.

Berechnen des Auflagedrucks

> Unter der Bedingung, dass die Kraft senkrecht auf die Fläche wirkt, kann der Auflagedruck mit folgender Gleichung berechnet werden:
>
> $p = \dfrac{F}{A}$
>
> F wirkende Kraft
> A Fläche, auf die die Kraft wirkt

Der Auflagedruck ist umso größer,
– je größer die wirkende Kraft F ist,
– je kleiner die Fläche A ist, auf die die Kraft wirkt.

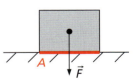

Eine Frau (50 kg) tritt mit einem „Pfennigabsatz" ($A = 4\ \text{cm}^2$) einer anderen Person auf den großen Zeh.
Wie groß ist der Auflagedruck? Vergleiche ihn mit dem Auflagedruck, den ein 1-kg-Massestück auf eine waagerechte Unterlage ausübt ($p \approx 3{,}5$ kPa).

Analyse:
Es wird angenommen, dass die Frau mit ihrer gesamten Gewichtskraft auf den einen „Pfennigabsatz" wirkt und dass Kraft und Fläche zueinander senkrecht sind. Dann kann die Gleichung $p = F/A$ angewendet werden. Um die Einheit Pascal zu erhalten, muss die Fläche in Quadratmeter umgewandelt werden.

M ↗ S. 57 f.

Gesucht: p
Gegeben: $m = 50 \text{ kg} \longrightarrow F = 500 \text{ N}$
$A = 4 \text{ cm}^2 = 0{,}0004 \text{ m}^2$
$p_\text{v} = 3{,}5 \text{ kPa}$

Lösung:

$$p = \frac{F}{A}$$

$$p = \frac{500 \text{ N}}{0{,}0004 \text{ m}^2}$$

$$p = 1\,250\,000 \text{ Pa} = 1\,250 \text{ kPa}$$

Ein Vergleich der beiden Drücke ergibt:

$$\frac{p}{p_\text{v}} = \frac{1\,250 \text{ kPa}}{3{,}5 \text{ kPa}} = 357$$

Ergebnis:
Die Frau mit „Pfennigabsatz" übt einen Auflagedruck von 1,25 MPa aus. Das ist das 357-Fache des Drucks, den ein 1-kg-Massestück aus-übt.

▶ Um die Einheit 1 Pa zu erhalten, müssen die Kraft in N und die Fläche in Quadratmeter in die Gleichung eingesetzt werden. Genutzt werden kann auch die folgende Beziehung:
$1\,\frac{\text{N}}{\text{cm}^2} = 10 \text{ kPa}$

▶ Sehr hohe Drücke kann man erzeugen, wenn man die Fläche, auf die die Kraft wirkt, sehr klein wählt (Nadel, Schneide eines Messers).

2.1.2 Gravitation

Gravitationskräfte

Alle Körper ziehen sich aufgrund ihrer Masse gegenseitig an. Diese Er-scheinung wird als Massenanziehung oder **Gravitation** bezeichnet. Die anziehenden Kräfte nennt man **Gravitationskräfte**.

Auf einen Körper der Masse m wirkt auf der Erdoberfläche die Gewichtskraft F_G. Die Gewichts-kraft ist somit die Gravitations-kraft, die von der Erde auf den Körper ausgeübt wird.
Zugleich übt der Körper auf den die Erde eine Gravitationskraft aus. Diese Kraft F_Gegen hat nach dem Wechselwirkungsgesetz (↗ S. 101) den gleichen Betrag wie F_G, aber die entgegengesetzte Richtung.
Gravitationskräfte wirken nicht nur zwischen der Erde und auf ihr befindlichen Körpern, sondern zwischen beliebigen Körpern, die eine Masse besitzen. Häufig sind aber diese Gravitationskräfte so klein, dass sie vernachlässigbar sind. Auch zwischen der Erde und dem Mond oder zwischen der Erde und der Sonne wirken Gravitationskräfte.

▶ Wenn deine Gewichtskraft z. B. 520 N beträgt, dann bedeutet das: Du wirst von der Erde mit 520 N angezogen. Zugleich ziehst du die Erde mit 520 N an.

▶ Diese Kräfte bewirken z. B. Ebbe und Flut.

▶ Die Radialkraft wird manchmal auch als Zentralkraft bezeichnet, da sie in Richtung Zentrum der Bewegung wirkt.

■ Die Erde bewegt sich auf einer fast kreisförmigen Bahn um die Sonne. Damit sich die Erde auf einer solchen Bahn bewegt, muss eine Radialkraft (↗ S. 104) wirken.
Diese Radialkraft F_r ist die Gravitationskraft F, die die Sonne auf die Erde ausübt.

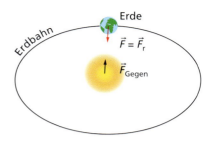

M ↗ S. 27

Zwei Körper ziehen sich wechselseitig mit jeweils der gleichen Kraft an. Der Betrag der Kraft kann nach dem **Gravitationsgesetz** berechnet werden. Das Gravitationsgesetz lautet:

▶ Die Gravitationskonstante ist eine grundlegende **Naturkonstante**. Für sie wird manchmal auch das Formelzeichen γ verwendet.

Die Gravitationskraft zwischen zwei Körpern kann man mit folgender Gleichung berechnen:

$$F = G \cdot \frac{m_1 \cdot m_2}{r^2}$$

F Gravitationskraft
G Gravitationskonstante
     ($G = 6{,}673 \cdot 10^{-11} \ m^3 \cdot kg^{-1} \cdot s^{-2}$)

m_1, m_2 Massen der Körper

r Abstand der Massenmittelpunkte

M ↗ S. 48

Die Gravitationskraft ist umso größer,
– je größer die Massen der Körper sind und
– je kleiner der Abstand der Massenmittelpunkte beider Körper ist.

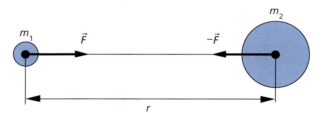

■ *Wie groß ist die Gravitationskraft zwischen der Sonne und der Erde?*

Analyse:
Die Berechnung kann mithilfe des Gravitationsgesetzes erfolgen. Die zur Berechnung erforderlichen Werte können Tabellenwerken entnommen werden.

M ↗ S. 57 f.

Gesucht: F
Gegeben: $G = 6{,}673 \cdot 10^{-11} \ m^3 \cdot kg^{-1} \cdot s^{-2}$
             $m_E = 5{,}97 \cdot 10^{24} \ kg$
             $m_S = 1{,}99 \cdot 10^{30} \ kg$
             $r = 1{,}496 \cdot 10^{11} \ m$

2.3 Kräfte und ihre Wirkungen

Lösung:

$$F = G \cdot \frac{m_E \cdot m_S}{r^2}$$

$$F = \frac{6{,}673 \text{ m}^3 \cdot 5{,}97 \cdot 10^{24} \text{ kg} \cdot 1{,}99 \cdot 10^{30} \text{ kg}}{10^{11} \text{ kg} \cdot \text{s}^2 \cdot (1{,}496 \cdot 10^{11} \text{ m})^2}$$

$$F = \frac{6{,}673 \cdot 5{,}97 \cdot 1{,}99}{(1{,}496)^2} \cdot \frac{10^{24} \cdot 10^{30}}{10^{11} \cdot (10^{11})^2} \cdot \frac{\text{m}^3 \cdot \text{kg} \cdot \text{kg}}{\text{kg} \cdot \text{s}^2 \cdot \text{m}^2}$$

$$F = 35{,}4 \cdot \frac{10^{54}}{10^{33}} \cdot \frac{\text{kg} \cdot \text{m}}{\text{s}^2}$$

$$\underline{F = 3{,}54 \cdot 10^{22} \text{ N}}$$

▶ Solche komplizierten Gleichungen überblickt man besser, wenn man nach Zahlenwerten, Zehnerpotenzen und Einheiten ordnet.

▶ Für die Einheiten gilt:
$1 \frac{\text{kg} \cdot \text{m}}{\text{s}^2} = 1 \text{ N}$

Ergebnis:
Die Gravitationskraft zwischen der Sonne und der Erde beträgt $3{,}54 \cdot 10^{22}$ N.

Bewegungen unter dem Einfluss von Gravitationskräften

Auf Monde, Planeten, Satelliten und andere Himmelskörper wirken Gravitationskräfte. Dadurch wird ihre Bahnform bestimmt.
Für Bewegungen um einen Zentralkörper, z. B. die Erde, gelten folgende Beziehungen:
Ist die Gravitationskraft größer als die **Zentrifugalkraft (Fliehkraft),** so fällt ein waagerecht abgeworfener Körper auf die Erde (1). Er bewegt sich auf einer Wurfparabel.
Ist die Gravitationskraft gleich der Zentrifugalkraft, so bewegt sich ein waagerecht abgeworfener Körper gerade auf einer Kreisbahn um die Erde (2).
Ist die Gravitationskraft kleiner als die Zentrifugalkraft, so bewegt sich ein Körper von der Erde weg (3). Die Bahnformen können elliptisch oder parabelförmig sein.
Wie groß die Zentrifugalkräfte sind, ist abhängig von der Geschwindigkeit der Körper. Auch die Bahnform der Körper hängt von ihrer Geschwindigkeit ab.

▶ Die Bewegung von Himmelskörpern wird durch die **keplerschen Gesetze** beschrieben.

▶ Informationen zur Zentrifugalkraft sind auf ↗ S. 104 zu finden.

Um bestimmte Bahnen zu erreichen, müssen die Körper entsprechende **kosmische Geschwindigkeiten** besitzen.
Für die Erde beträgt die erste kosmische Geschwindigkeit (minimale Kreisbahngeschwindigkeit) 7,9 km/s. Die zweite kosmische Geschwindigkeit (Fluchtgeschwindigkeit) beträgt 11,2 km/s. Diese Geschwindigkeit muss ein Raumflugkörper mindestens haben, wenn er den Anziehungsbereich der Erde verlassen soll.

▶ Damit ein Satellit eine stabile Erdumlaufbahn erreicht, ist eine Geschwindigkeit von 7,9 km/s erforderlich.

▶ Der Begriff Impuls ist abgeleitet vom lateinischen *impellere* = anstoßen.

Der Impuls von Körpern

Die Geschwindigkeit eines Körpers drückt viel über seinen Bewegungszustand aus, aber nicht alles. Will man den Bewegungszustand ändern, dann ist eine Kraft erforderlich, die von der Masse des Körpers abhängt. Auch bei Einbeziehung möglicher Wirkungen von bewegten Körpern spielen Geschwindigkeit und Masse des Körpers eine Rolle.

- So ist z. B. bei einem Crashtest die Verformung eines Pkw umso größer, je größer seine ursprüngliche Geschwindigkeit und seine Gesamtmasse sind. Fährt ein schwerer Lkw mit einer bestimmten Geschwindigkeit auf einen stehenden Pkw auf, so ist die Wirkung größer als beim Auffahren eines leichten Pkw.

Zur physikalischen Beschreibung solcher Zusammenhänge nutzt man in der Physik die Größe **Impuls**.

> Die physikalische Größe Impuls beschreibt die Wucht, die ein Körper besitzt.
>
> Formelzeichen: p
> Einheit: ein Kilogramm mal Meter je Sekunde
> $\left(1\ \frac{kg \cdot m}{s}\right)$

Der Impuls eines Körpers ist umso größer, je größer seine Geschwindigkeit und seine Masse sind. Daraus ergibt sich:

▶ Geschwindigkeit und Impuls haben immer die gleiche Richtung.

> Der Impuls p eines Körpers ist das Produkt aus seiner Masse m und seiner Geschwindigkeit v:
>
> $\vec{p} = m \cdot \vec{v}$

M ↗ S. 57 f.

- *Vergleiche den Impuls eines Geschosses (m_G = 12 g, v_G = 830 m/s) mit dem eines Balls mit der Masse von 500 g, der sich mit 72 km/h bewegt.*

Analyse:
Zu berechnen ist jeweils der Impuls. Er ergibt sich aus der Masse und der Geschwindigkeit. Für einen Vergleich ist es erforderlich, ihn in der gleichen Einheit anzugeben.

Gesucht: p_G, p_B

Gegeben: $m_G = 12\ g = 0{,}012\ kg$
$v_G = 830\ \frac{m}{s}$
$m_B = 500\ g = 0{,}5\ kg$
$v_B = 72\ \frac{km}{h} = 20\ \frac{m}{s}$

Lösung:
Angewendet wird die Definitionsgleichung des Impulses $p = m \cdot v$.

$$p_G = 0{,}012\ kg \cdot 830\ \tfrac{m}{s} = 9{,}96\ \tfrac{kg \cdot m}{s}$$

$$p_B = 0{,}5\ kg \cdot 20\ \tfrac{m}{s} = 10\ \tfrac{kg \cdot m}{s}$$

Ergebnis:
Geschoss und Ball haben etwa den gleichen Impuls von $10\ \frac{kg \cdot m}{s}$.

▶ Die Wirkung von Körpern mit gleichem Impuls kann völlig unterschiedlich sein.

Der Impuls ist wie die Energie eine Erhaltungsgröße. Analog zum Energieerhaltungssatz gilt ein **Impulserhaltungssatz,** der folgendermaßen lautet:

> In einem abgeschlossenen System bleibt der Gesamtimpuls erhalten.

Genutzt wird der Impulserhaltungssatz z. B. beim Raketenantrieb, beim Rudern oder beim Billard.

■ Raumflugkörper werden nach dem Rückstoßprinzip angetrieben. Diese Antriebsform stellt praktisch die einzige Möglichkeit dar, den Impuls und damit auch die Geschwindigkeit des Raumflugkörpers zu ändern.
Eine Rakete oder ein Raumflugkörper mit Triebwerk stellt ein abgeschlossenes System dar, für das der Impulserhaltungssatz gilt.

▶ Vor dem Start ist der Impuls null.

Nach dem Impulserhaltungssatz gilt dann:

$m_0 \cdot v_R = m_G \cdot v_G$

Der Impuls der Rakete in der einen Richtung ist genauso groß wie der Impuls der Verbrennungsgase in der entgegengesetzten Richtung.

▶ Nach dem Start ist der Impuls der Verbrennungsgase gleich dem Impuls der Rakete.

Kräfte und ihre Wirkungen

■ Körper können Kräfte aufeinander ausüben. Diese Kräfte sind nur an ihren Wirkungen erkennbar.

▶ Gemessen werden Kräfte mit Federkraftmessern.

Die Wirkung einer Kraft auf einen Körper ist abhängig
- vom Betrag der Kraft,
- von der Richtung der Kraft,
- vom Angriffspunkt der Kraft.

Die Darstellung einer Kraft erfolgt durch einen Pfeil.

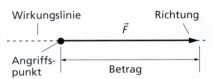

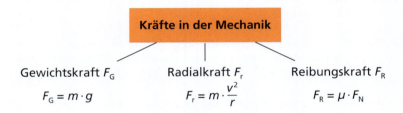

Gewichtskraft F_G

$$F_G = m \cdot g$$

Radialkraft F_r

$$F_r = m \cdot \frac{v^2}{r}$$

Reibungskraft F_R

$$F_R = \mu \cdot F_N$$

In der Regel wirken auf einen Körper mehrere Kräfte. Zwei Kräfte können zu einer Gesamtkraft zusammengesetzt werden. Eine Kraft lässt sich in Komponenten zerlegen.

Zusammensetzung zweier Kräfte

Zerlegung einer Kraft

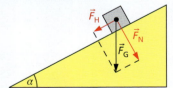

Der grundlegende Zusammenhang zwischen Kraft F, Masse m und Beschleunigung a wird im **newtonschen Grundgesetz** beschrieben:

$$F = m \cdot a$$

2.4 Mechanische Arbeit, Energie und Leistung

2.1.1 Die mechanische Arbeit

Die Größe mechanische Arbeit

> Mechanische Arbeit wird verrichtet, wenn ein Körper durch eine Kraft bewegt oder verformt wird.
>
> Formelzeichen: W
>
> Einheiten: ein Joule   (1 J)
>   ein Newtonmeter   (1 Nm)

▶ Es gilt:
1 J = 1 Nm
Die Einheit 1 J ist nach dem englischen Naturforscher JAMES PRESCOTT JOULE (1818–1889) benannt.

Vielfache der Einheit 1 J (sprich: ein dschul) sind 1 Kilojoule (1 kJ) und 1 Megajoule (1 MJ):

  1 kJ   = 1 000 J

  1 MJ   = 1 000 kJ = 1 000 000 J

Mechanische Arbeiten in Natur und Technik	
Dehnen eines Expanders mit einer Feder um 30 cm	≈ 15 J
mit einer Tasche (10 kg Masse) 60 Stufen einer Treppe steigen	≈ 10 kJ
Anfahren eines Pkw auf einer Strecke von 100 m	≈ 200 kJ
eine Stunde Rad fahren	≈ 700 kJ
Anfahren eines Lkw auf einer Strecke von 100 m	≈ 1 MJ
Heben einer Betonplatte (4 t Masse) um 25 m durch einen Kran	≈ 1 MJ

▶ Die angegebenen Werte sind Näherungswerte.

Bestimmen der mechanischen Arbeit

Unter bestimmten Bedingungen kann die mechanische Arbeit berechnet werden.

> Unter der Bedingung, dass die Kraft konstant ist und in Richtung des Wegs wirkt, gilt:
>
> $W = F \cdot s$
>
> F einwirkende Kraft
> s zurückgelegter Weg

▶ Es müssen stets beide Bedingungen erfüllt sein, damit man die mechanische Arbeit mit dieser einfachen Gleichung berechnen kann.

Wirkt die Kraft senkrecht zur Richtung des Wegs, so ist die mechanische Arbeit null.

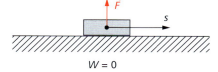

$W = 0$

Wirkt die Kraft nicht in Richtung des Wegs und ist somit $\alpha \neq 0°$, dann spielt für die Arbeit nur die Komponente der Kraft eine Rolle, die in Richtung des Wegs wirkt.

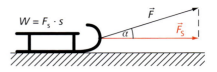

$W = F_s \cdot s$

$W = F \cdot s \cdot \cos \alpha$

Die mechanische Arbeit kann auch aus einem F-s-Diagramm ermittelt werden. Sie ist gleich der Fläche unter dem Graphen.

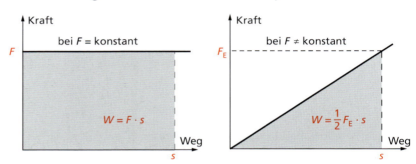

■ Ein Kran hebt eine Betonplatte (m = 800 kg) um 5 m an. Wie groß ist die durch den Kran verrichtete Arbeit?

Analyse:
Die vom Kran aufgewendete Kraft kann als konstant angesehen werden. Sie wirkt in Richtung des Wegs. Damit ist die Gleichung $W = F \cdot s$ anwendbar.

Gesucht: W
Gegeben: m = 800 kg ⟶ F = 8 000 N
            s = 5 m

Lösung:

$W = F \cdot s$

$W = 8\,000 \text{ N} \cdot 5 \text{ m}$

$W = 40\,000 \text{ Nm}$

$\underline{W = 40 \text{ kJ}}$

▶ Wenn es möglich ist, wird bei der Angabe des Ergebnisses die Einheit so gewählt, dass sich keine sehr große oder sehr kleine Zahl ergibt.

Ergebnis:
Wenn ein Kran eine 800 kg schwere Betonplatte um 5 m hebt, verrichtet er eine Arbeit von 40 kJ.
Die gleiche Arbeit wird verrichtet, wenn die Kraft halb so groß und der Weg doppelt so groß sind.

Arten mechanischer Arbeit

In der Physik unterscheidet man zwischen verschiedenen Arten von mechanischer Arbeit.

M ↗ S. 46

Hubarbeit

Wird ein Körper gehoben, so wird **Hubarbeit** verrichtet.

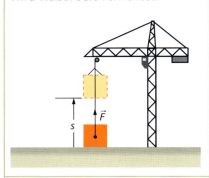

$W = F_G \cdot h$
$W = m \cdot g \cdot h$

Verformungsarbeit (Federspannarbeit)

Wird ein Körper verformt, so wird Verformungsarbeit verrichtet.

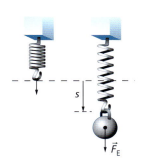

$W = \frac{1}{2} F_E \cdot s$

$W = \frac{1}{2} D \cdot s^2$

▶ Bei der Hubarbeit ist die zum Heben erforderliche Kraft gleich der Gewichtskraft.

Beschleunigungsarbeit

Wird ein Körper beschleunigt, so wird **Beschleunigungsarbeit** verrichtet.

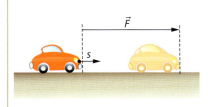

$W = F_B \cdot s$
$W = m \cdot a \cdot s$

Reibungsarbeit

Wirken Reibungskräfte auf einen Körper und hemmen seine Bewegung, wird **Reibungsarbeit** verrichtet.

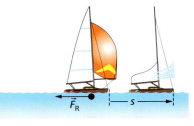

$W = F_R \cdot s$
$W = \mu \cdot F_N \cdot s$

▶ Die Gleichungen für die Beschleunigungsarbeit und die Reibungsarbeit sind nur anwendbar, wenn die betreffenden Kräfte als konstant angenommen werden können.

▶ Die Reibungskraft wirkt immer entgegen der Bewegungsrichtung. Die Kraft F_N ist die senkrecht auf eine Unterlage wirkende Normalkraft.

Die mechanische Arbeit, die bei der Volumenänderung einer eingeschlossenen Gasmenge verrichtet wird, heißt Volumenänderungsarbeit (↗ S. 188). Dafür gilt:

$W = p \cdot \Delta V$

mit p = konstant und $\Delta V = V_2 - V_1$.

2.1.2 Die mechanische Energie

Die Größe mechanische Energie

▶ Mechanische Arbeit (↗ S. 123) und mechanische Energie haben die gleiche Einheit.

> Mechanische Energie ist die Fähigkeit eines Körpers, aufgrund seiner Lage oder seiner Bewegung mechanische Arbeit zu verrichten, Wärme abzugeben oder Licht auszusenden.
>
> Formelzeichen: E_{mech}
>
> Einheiten: ein Joule (1 J)
> ein Newtonmeter (1 Nm)
> 1 Nm = 1 J

Vielfache der Einheit 1 J sind 1 Kilojoule (1 kJ), 1 Megajoule (1 MJ) und 1 Gigajoule (1 GJ):

1 kJ = 1 000 J

1 MJ = 1 000 kJ = 1 000 000 J

1 GJ = 1 000 MJ = 1 000 000 kJ = 1 000 000 000 J

Formen mechanischer Energie

In der Mechanik wird unterschieden zwischen **Energie der Lage (potenzielle Energie)** E_{pot} und **Energie der Bewegung (kinetische Energie)** E_{kin}.

▶ Bei der Berechnung oder Angabe des Werts der potenziellen Energie muss festgelegt werden, auf welches Bezugsniveau sich die Angaben beziehen.

▶ Bei der Berechnung oder Angabe des Werts der kinetischen Energie muss festgelegt werden, auf welchen Bezugskörper sich die Bewegung bezieht.

Potenzielle Energie E_{pot}	Kinetische Energie E_{kin}
Ein **gehobener Körper** besitzt potenzielle Energie. Der Wert der Energie ist abhängig – von der Masse des Körpers, – von der Höhe des Körpers.	Ein **sich bewegender Körper** besitzt kinetische Energie. Der Wert der Energie ist abhängig – von der Masse des Körpers, – von der Geschwindigkeit, mit der er sich bewegt.
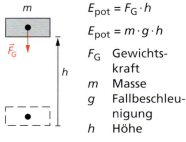 $E_{pot} = F_G \cdot h$ $E_{pot} = m \cdot g \cdot h$ F_G Gewichtskraft m Masse g Fallbeschleunigung h Höhe	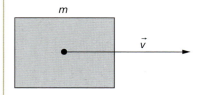
Eine **gespannte Feder** besitzt die potenzielle Energie: $E_{pot} = \frac{1}{2} F_E \cdot s = \frac{1}{2} D \cdot s^2$ F_E Endkraft s Verlängerung der Feder	Ein sich bewegender Körper besitzt die kinetische Energie: $E_{kin} = \frac{1}{2} m \cdot v^2$ m Masse des Körpers v Geschwindigkeit

2.4 Mechanische Arbeit, Energie und Leistung

Mechanische Energie in Natur und Technik

potenzielle Energie	
1 Liter Wasser um 1 Meter gehoben	9,8 J
Person (m = 60 kg) auf einem 10-m-Springturm	5,9 kJ
Pkw (m = 1 000 kg) auf einer Hebebühne (h = 1,50 m)	14,7 kJ
Rammbär (m = 1 000 kg), um 3 m gehoben	29,4 kJ

kinetische Energie	
Fußgänger (m = 60 kg) bei 5 km/h	58 J
Radfahrer (m = 75 kg) bei 20 km/h	1,2 kJ
Pkw (m = 1 000 kg) bei 50 km/h	96 kJ
Pkw (m = 1 000 kg) bei 100 km/h	386 kJ

■ Ein Pkw (m = 1 000 kg) fährt auf der Autobahn mit 140 km/h.
Wie groß ist seine kinetische Energie?
Vergleiche sie mit der kinetischen Energie bei 100 km/h!

Analyse:
Die kinetische Energie kann aus der gegebenen Masse und der Geschwindigkeit berechnet werden.
Um die Einheit Joule zu erhalten, muss die Geschwindigkeit in m/s umgerechnet werden.

▧ ↗ S. 57 f.

Gesucht: E_{kin}
Gegeben: m = 1 000 kg
v = 140 km/h = $\frac{140}{3,6} \frac{m}{s}$ = 39 $\frac{m}{s}$

Lösung:

$$E_{kin} = \frac{1}{2} m \cdot v^2$$

$$E_{kin} = \frac{1}{2} \cdot 1\,000 \text{ kg} \cdot \left(39 \frac{m}{s}\right)^2$$

$$E_{kin} = 760\,500 \frac{kg \cdot m^2}{s^2}$$

$$\underline{E_{kin} = 761 \text{ kJ}}$$

▶ Für die Einheiten gilt:
$1 \frac{kg \cdot m^2}{s^2}$ = 1 Nm

1 Nm = 1 J

Ergebnis:
Bei einer Geschwindigkeit von 140 km/h hat ein 1 000 kg schwerer Pkw eine kinetische Energie von 761 kJ. Vergleicht man diese kinetische Energie mit der bei einer Geschwindigkeit von 100 km/h (s. Tabelle oben), dann zeigt sich: Eine Erhöhung der Geschwindigkeit von 100 km/h auf 140 km/h bedeutet näherungsweise eine Verdopplung der kinetischen Energie.

Allgemein gilt wegen $E \sim v^2$: Die Verdopplung der Geschwindigkeit eines Körpers bedeutet eine vierfache kinetische Energie.
Eine Verdopplung der kinetischen Energie tritt auf, wenn sich die Geschwindigkeit eines Körpers auf das 1,4-Fache, genauer, auf das $\sqrt{2}$-Fache, erhöht.

▧ ↗ S. 56

Zusammenhang zwischen mechanischer Arbeit und mechanischer Energie

Wird an einem Körper mechanische Arbeit verrichtet oder verrichtet ein Körper selbst mechanische Arbeit, so kann sich seine mechanische Energie ändern.

> Die an einem Körper verrichtete Hubarbeit bzw. Beschleunigungsarbeit führt zu einer Änderung seiner mechanischen Energie.
>
> $W = E_{Ende} - E_{Anfang}$
>
> $W = \Delta E$

▶ Die genannten Beziehungen gelten unter der Bedingung, dass keine Umwandlung von mechanischer Energie in andere Energieformen (↗ S. 356) erfolgt.

Hubarbeit führt zu einer Änderung der potenziellen Energie.

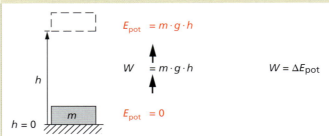

Beschleunigungsarbeit führt zu einer Änderung der kinetischen Energie.

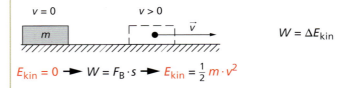

▶ Reibungsarbeit führt immer zu einer Verkleinerung der mechanischen Energie. Ein Teil der mechanischen Energie wird in thermische Energie (↗ S. 357) umgewandelt.

Verformungsarbeit führt zu einer Änderung der potenziellen Energie.

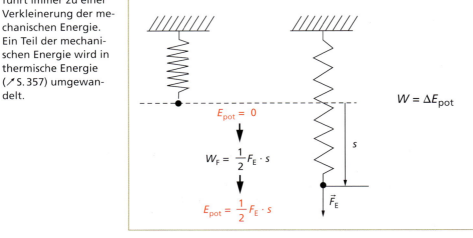

Gesetz von der Erhaltung der mechanischen Energie (Energieerhaltungssatz der Mechanik)

Der Energieerhaltungssatz der Mechanik ist ein spezieller Fall des allgemeinen Energieerhaltungssatzes (↗ S. 360).

> Unter der Bedingung, dass keine Umwandlung von mechanischer Energie in andere Energieformen erfolgt, gilt:
> Die Summe aus potenzieller und kinetischer Energie eines Körpers ist konstant.
>
> $E_{pot} + E_{kin}$ = konstant   oder $\Delta(E_{pot} + E_{kin}) = 0$

▶ Der Energieerhaltungssatz wurde zuerst von dem deutschen Arzt **JULIUS ROBERT MAYER** (1814–1878) und von dem englischen Physiker **JAMES PRESCOTT JOULE** (1818–1889) formuliert.

■ Ein Skateboard-Fahrer fährt auf einer Bahn hin und her.
Welche Energieumwandlungen vollziehen sich dabei, wenn keine mechanische Energie in andere Energieformen umgewandelt wird?
Leite eine Gleichung für die maximale Geschwindigkeit her! Interpretiere sie!

Beim Hin- und Herfahren wird ständig potenzielle in kinetische Energie umgewandelt und umgekehrt.
Dabei ist in den Umkehrpunkten A und C die kinetische Energie null; die potenzielle Energie hat an diesen Stellen jeweils ihren maximalen Wert.

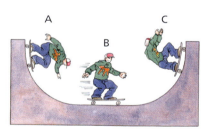

M ↗ S. 56

Im tiefsten Punkt der Bahn, dem Punkt B, ist die potenzielle Energie null; die kinetische Energie hat ihren maximalen Wert.
Wenn keine mechanische Energie in andere Energieformen umgewandelt wird, gilt:

$$\frac{1}{2} m \cdot v^2 = m \cdot g \cdot h \qquad |\cdot \frac{2}{m}$$

$$v^2 = 2g \cdot h$$

$$v = \sqrt{2g \cdot h}$$

Die Gleichung zeigt den Zusammenhang zwischen der maximalen Geschwindigkeit v eines Körpers und der Höhe h, in der er sich ursprünglich befand. Unter der Voraussetzung der Vernachlässigung von Reibung ist die maximale Geschwindigkeit nur von der Höhe abhängig. Je größer die Höhe war, desto größer ist die maximale Geschwindigkeit des Körpers, wobei $v \sim \sqrt{h}$ gilt.

M ↗ S. 48

2.1.3 Die mechanische Leistung

Die Größe mechanische Leistung

▶ Für die Einheiten gilt:

$$1\,W = 1\,\frac{J}{s} = 1\,\frac{Nm}{s}$$

Benannt ist die Einheit der Leistung nach dem schottischen Ingenieur **JAMES WATT** (1736–1819).

> Die mechanische Leistung gibt an, wie viel mechanische Arbeit in jeder Sekunde verrichtet wird.
>
> Formelzeichen: P
>
> Einheit: ein Watt   (1 W)

Teile und Vielfache der Leistung 1 W sind ein Milliwatt (1 mW), ein Kilowatt (1 kW) und ein Megawatt (1 MW):

$$1\,W \quad = 1\,000\,mW$$

$$1\,kW \quad = 1\,000\,W \quad = 1\,000\,000\,mW$$

$$1\,MW = 1\,000\,kW = 1\,000\,000\,W = 1\,000\,000\,000\,mW$$

▶ Für Fahrzeuge wird vielfach die gesetzlich nicht mehr zugelassene Einheit eine Pferdestärke (1 PS) verwendet:

1 PS = 736 W
1 PS = 0,74 kW
1 kW = 1,36 PS

Mechanische Leistungen in Natur und Technik	
menschliches Herz (Durchschnittswert)	1,5 W
Heben eines 1 kg schweren Körpers um 1 m in 1 s	9,81 W
spazieren gehen	20 W
Mensch (Dauerleistung)	80 W … 100 W
Pferd (Dauerleistung)	≈ 400 W
kurzzeitige sportliche Höchstleistung	1,5 kW
mittlerer Automotor	50 kW
Windkraftanlagen	≈ 100 kW
mittlerer Lkw	≈ 250 kW
Antriebsleistung eines ICE	6 MW
Leistung der Triebwerke des Airbus A 300	130 MW

Berechnen der mechanischen Leistung

> Die mechanische Leistung kann berechnet werden mit der Gleichung:
>
> $$P = \frac{W}{t}$$
>
> W verrichtete mechanische Arbeit
>
> t Zeit, in der die Arbeit verrichtet wurde

Wenn die mechanische Arbeit *gleichmäßig* verrichtet wird, so wird während des gesamten Vorgangs die gleiche Leistung vollbracht.
Wenn die mechanische Arbeit *ungleichmäßig* während eines Vorgangs verrichtet wird, so wird mit der Gleichung eine *mittlere* Leistung für diesen Vorgang berechnet.

Bewegt sich ein Körper gleichförmig, so kann die mechanische Leistung berechnet werden mit der Gleichung:

$P = F \cdot v$ F wirkende Kraft

         v Geschwindigkeit

2.1.4 Der Wirkungsgrad

Die Größe Wirkungsgrad

Der Wirkungsgrad gibt an, welcher Anteil der aufgewendeten Energie in nutzbringende Energie umgewandelt wird.

Formelzeichen: η

Einheit: 1 oder Prozent (%)

▶ Der Wirkungsgrad von technischen Geräten oder Anlagen ist immer kleiner als 1 bzw. 100 %. Für Lebewesen gilt das ebenfalls.

Ein Wirkungsgrad von 0,4 oder 40 % bedeutet: 40 % der aufgewendeten Energie werden für einen bestimmten Zweck in nutzbringende Energie umgewandelt. Die übrigen 60 % sind für den betreffenden Zweck nicht nutzbar.

Wirkungsgrade in Natur und Technik	
Glühlampe	5 %
Dampflokomotive	10 %
Leuchtstofflampe, Energiesparlampe	25 %
Benzinmotor	max. 35 %
Dieselmotor	max. 40 %
Dampfturbine	46 %
Akumulator	70 %
Wasserturbine	87 %
Elektromotor	max. 90 %
bei körperlicher Tätigkeit des Menschen	
Schwimmen	3 %
Rad fahren, Gehen auf ebener Strecke	25 %
bergauf gehen, Treppen steigen	30 %

Berechnen des Wirkungsgrads

Der Wirkungsgrad eines technischen Geräts oder einer Anlage kann mit folgenden Gleichungen berechnet werden:

$$\eta = \frac{E_{nutz}}{E_{auf}} \qquad \eta = \frac{W_{nutz}}{W_{auf}} \qquad \eta = \frac{P_{nutz}}{P_{auf}}$$

$E_{nutz}, W_{nutz}, P_{nutz}$ nutzbringende Energie, Arbeit, Leistung
$E_{auf}, W_{auf}, P_{auf}$ aufgewendete Energie, Arbeit, Leistung

Mechanische Arbeit und Energie und Leistung

■ **Mechanische Arbeit** wird verrichtet, wenn ein Körper durch eine Kraft bewegt oder verformt wird.

Allgemein gilt: Die mechanische Arbeit W ist das Produkt aus der in Wegrichtung wirkenden konstanten Kraft F und dem zurückgelegten Weg s.

$$W = F \cdot s$$

Wichtige Arten der mechanischen Arbeit sind Hubarbeit, Beschleunigungsarbeit, Verformungsarbeit und Reibungsarbeit.

Hubarbeit
führt zu einer Vergrößerung der potenziellen Energie (Lageenergie).

Beschleunigungsarbeit
führt zu einer Vergrößerung der kinetischen Energie (Bewegungsenergie).

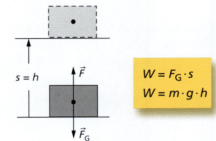
$$W = F_G \cdot s$$
$$W = m \cdot g \cdot h$$

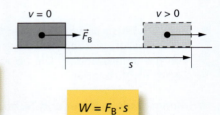
$$W = F_B \cdot s$$

Die an einem Körper oder von einem Körper verrichtete **mechanische Arbeit** ist gleich der Änderung seiner Energie. Für den Zusammenhang zwischen Arbeit W und Energie E gilt:

$$W = \Delta E$$

Für einen Vorgang, bei dem nur potenzielle in kinetische Energie umgewandelt wird und umgekehrt, gilt der **Energieerhaltungssatz der Mechanik:**

> In einem abgeschlossenen mechanischen System ist die Summe aus potenzieller und kinetischer Energie konstant.
>
> $E_{pot} + E_{kin} = E_{mech}$ = konstant   oder $\Delta E = 0$

Die **mechanische Leistung** P gibt an, wie schnell mechanische Arbeit verrichtet wird.

$$P = \frac{W}{t} \quad \text{oder} \quad P = \frac{\Delta E}{t}$$

2.5 Mechanische Schwingungen und Wellen

2.5.1 Mechanische Schwingungen

Beschreibung mechanischer Schwingungen

Bei einer Reihe von periodischen Vorgängen bewegt sich ein Körper periodisch um eine Ruhelage (Gleichgewichtslage, Nulllage).

> Eine mechanische Schwingung ist eine zeitlich periodische Bewegung eines Körpers um eine Ruhelage.

Stimmgabel	Pendel
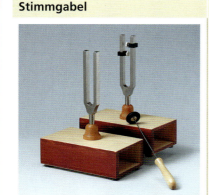	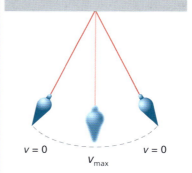
Eine angeschlagene Stimmgabel schwingt um ihre Ruhelage.	Das Pendel schwingt um seine Ruhelage.

▶ Beispiele für Schwingungen sind auch die Bewegung einer Schaukel oder der Flügel eines Vogels. Ein Auto auf unebener Fahrbahn führt in vertikaler Richtung ebenfalls Schwingungen aus.

Dabei ändern sich mit der Zeit z. B. der Abstand des Körpers von der Ruhelage, seine Geschwindigkeit, seine Beschleunigung, seine potenzielle und kinetische Energie.

Voraussetzungen für das Entstehen mechanischer Schwingungen sind:
– das Vorhandensein schwingungsfähiger Körper,
– die Auslenkung dieser Körper aus der Ruhelage (Energiezufuhr),
– das Vorhandensein einer zur Ruhelage rücktreibenden Kraft.

Bei einem Fadenpendel ist die rücktreibende Kraft F eine Komponente der Gewichtskraft F_G. Ihren jeweiligen Betrag kann man durch Kräftezerlegung (↗ S. 100) bestimmen.
Bei einem Federschwinger ist die rücktreibende Kraft die Gewichtskraft des an der Feder befestigten Körpers oder die Kraft der Feder.

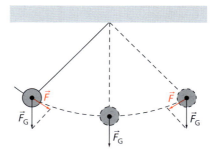

▶ Rücktreibende Kräfte können auch elastische Kräfte des schwingenden Körpers selbst sein. Das ist z. B. bei einer Stimmgabel der Fall.

Größen zur Beschreibung mechanischer Schwingungen

Da sich bei mechanischen Schwingungen mechanische Größen zeitlich periodisch ändern, kann man diese Größen zur Beschreibung von Schwingungen nutzen.

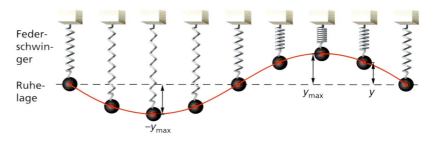

▶ Der Zusammenhang zwischen der jeweiligen Auslenkung y und der Zeit t kann in einem y-t-Diagramm dargestellt werden.

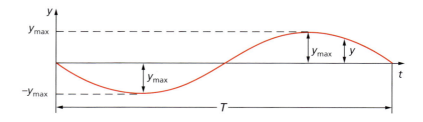

Die **Auslenkung (Elongation)** gibt den Abstand des schwingenden Körpers von der Ruhelage an.	Formelzeichen: y	Einheit: ein Meter (1 m)
Die **Amplitude** einer Schwingung ist der maximale Abstand des schwingenden Körpers von der Ruhelage.	Formelzeichen: y_{max}	Einheit: ein Meter (1 m)
Die **Schwingungsdauer (Periodendauer)** gibt die Zeit für eine vollständige Hin- und Herbewegung an.	Formelzeichen: T	Einheit: eine Sekunde (1 s)
Die **Frequenz** einer Schwingung gibt an, wie viele Schwingungen in jeder Sekunde ablaufen.	Formelzeichen: f	Einheit: ein Hertz (1 Hz) $1\ Hz = 1/s$

▶ Die Amplitude wird auch als maximale Auslenkung bezeichnet.

▶ Die Einheit für die Frequenz ist nach dem deutschen Physiker HEINRICH HERTZ (1857–1894) benannt.

Vielfache der Einheit 1 Hz sind 1 Kilohertz (1 kHz) und 1 Megahertz (1 MHz):

$$1\ kHz = 1\,000\ Hz$$
$$1\ MHz = 1\,000\ kHz = 1\,000\,000\ Hz$$

2.5 Mechanische Schwingungen und Wellen

Frequenzen in Natur und Technik	
1 m langes Pendel	0,5 Hz
durchschnittliche Frequenz des Herzschlags beim Menschen (unbelastet)	0,7 Hz
tiefste vom Menschen hörbare Frequenz	16 Hz
Flügel einer Hummel	200 Hz
Kammerton a	440 Hz
Frequenzen beim Sprechen	100 Hz ... 1 000 Hz
höchste von jungen Menschen hörbare Frequenz	20 000 Hz
Ultraschall	über 20 000 Hz

Zwischen der Frequenz einer Schwingung und ihrer Schwingungsdauer besteht ein enger Zusammenhang: Je größer die Frequenz ist, desto kleiner ist die Schwingungsdauer.

> Die Frequenz einer Schwingung kann berechnet werden mit folgenden Gleichungen:
>
> $f = \frac{1}{T}$ oder $f = \frac{n}{t}$
>
> T Schwingungsdauer
> n Anzahl der Schwingungen
> t Zeit für n Schwingungen

Für **harmonische Schwingungen** kann man den Verlauf der Schwingung mathematisch beschreiben.

▶ Eine Schwingung heißt harmonisch, wenn sie sinusförmig verläuft.

> Unter der Bedingung, dass eine harmonische Schwingung vorliegt, gilt:
>
> $y = y_{max} \cdot \sin\left(\frac{2\pi}{T} \cdot t\right)$ oder $y = y_{max} \cdot \sin(2\pi \cdot f \cdot t)$

▶ Der Ausdruck $\frac{2\pi}{T} = 2\pi \cdot f$ wird als **Kreisfrequenz ω** bezeichnet. Damit erhält man $y = y_{max} \cdot \sin(\omega \cdot t)$.

■ Die Unruh eines mechanischen Weckers führt 120 Schwingungen in der Minute aus.
Wie groß ist die Frequenz dieser Schwingung?

Analyse:
Zur Berechnung kann die Gleichung $f = n/t$ angewendet werden.

Ⓜ ↗ S. 57 f.

Gesucht: f
Gegeben: n = 120
             t = 1 min = 60 s

Lösung:

$f = \frac{n}{t}$

$f = \frac{120}{60\ \text{s}} = 2\,\text{s}^{-1}$

Ergebnis:
Die Frequenz der Schwingung einer Unruh beträgt 2 Hz.

Arten mechanischer Schwingungen

Die periodischen Hin- und Herbewegungen eines Körpers können **harmonisch** (sinusförmig) oder **nicht harmonisch** sein. Sie können **ungedämpft** oder **gedämpft** verlaufen.

▶ Harmonische Schwingungen können mithilfe der Sinusfunktion beschrieben werden (↗ S. 135).

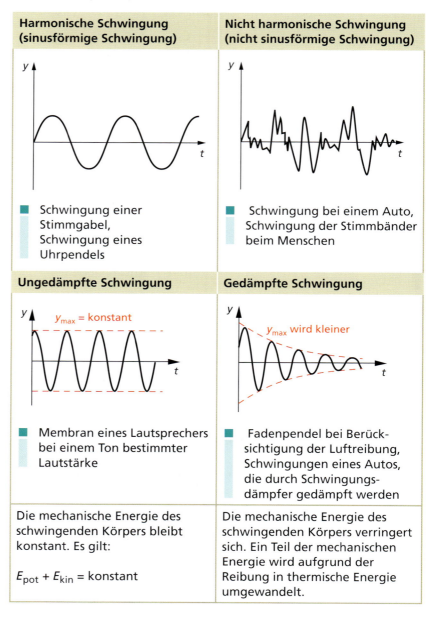

Harmonische Schwingung (sinusförmige Schwingung)	Nicht harmonische Schwingung (nicht sinusförmige Schwingung)
■ Schwingung einer Stimmgabel, Schwingung eines Uhrpendels	■ Schwingung bei einem Auto, Schwingung der Stimmbänder beim Menschen

Ungedämpfte Schwingung	Gedämpfte Schwingung
■ Membran eines Lautsprechers bei einem Ton bestimmter Lautstärke	■ Fadenpendel bei Berücksichtigung der Luftreibung, Schwingungen eines Autos, die durch Schwingungsdämpfer gedämpft werden
Die mechanische Energie des schwingenden Körpers bleibt konstant. Es gilt: $E_{pot} + E_{kin} = \text{konstant}$	Die mechanische Energie des schwingenden Körpers verringert sich. Ein Teil der mechanischen Energie wird aufgrund der Reibung in thermische Energie umgewandelt.

Ein Körper, dem ständig periodisch Energie von außen zugeführt wird, führt **erzwungene Schwingungen** aus. Wird z. B. ein Kind auf einer Schaukel periodisch von außen angestoßen, so treten erzwungene Schwingungen auf.

Resonanz

Ein frei schwingender Körper kommt aufgrund der Reibung allmählich zur Ruhe. Er schwingt mit einer bestimmten Frequenz, seiner **Eigenfrequenz** f_0.

■ Wird z.B. eine Schaukel einmal kräftig angestoßen und dann sich selbst überlassen, so wird die Amplitude immer kleiner. Die Eigenfrequenz und damit auch die Schwingungsdauer bleiben aber gleich.

Wird einem schwingenden Körper aber mit einer **Erregerfrequenz** f_E und im richtigen Rhythmus Energie zugeführt, so kann sich seine Amplitude vergrößern. Ein Maximum wird erreicht, wenn die Erregerfrequenz gleich der Eigenfrequenz ist. Dieser Fall wird als **Resonanz** bezeichnet.

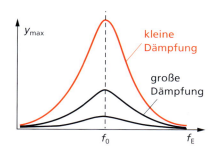

▶ Wie groß das Maximum der Amplitude wird, hängt von der Stärke der Dämpfung ab.

Besonders groß kann die Amplitude werden, wenn die Dämpfung bei der Schwingung gering ist.

Resonanz tritt bei erzwungenen Schwingungen unter folgender Bedingung auf:

$f_E = f_0$ f_E Erregerfrequenz
f_0 Eigenfrequenz des Schwingers

■ Wenn man auf einer Schaukel sitzt und im richtigen Rhythmus Schwung nimmt, dann vergrößert sich die Amplitude der Schwingung bis zu einem Maximum.

▶ Durch Resonanz kann es zur Beschädigung oder Zerstörung von Brücken, Bauwerken oder Fundamenten von Maschinen kommen (Resonanzkatastrophen).
Bei Musikinstrumenten dagegen wird die Resonanz genutzt.

Federschwinger und Fadenpendel

Federschwinger und Fadenpendel führen näherungsweise harmonische (sinusförmige) Schwingungen aus.

Federschwinger

Für die Schwingungsdauer eines Federschwingers gilt:

$$T = 2\pi \sqrt{\frac{m}{D}}$$

m Masse des schwingenden Körpers
D Federkonstante

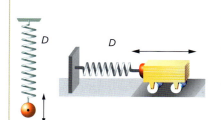

▶ Auch gespannte Seile (Seile mit Last) oder Maschinen mit ihren elastischen Fundamenten können als Federschwinger betrachtet werden.

▶ Das Pendel einer Uhr oder einer Schaukel kann als Fadenpendel betrachtet werden.

Fadenpendel

Für die Schwingungsdauer eines Fadenpendels gilt unter der Bedingung kleiner Auslenkungen ($\alpha < 15°$):

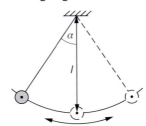

$$T = 2\pi \sqrt{\frac{l}{g}}$$

l Länge des Pendels
g Fallbeschleunigung (Ortsfaktor)

■ Ein Sekundenpendel ist ein Fadenpendel, das für den Weg zwischen den beiden Umkehrpunkten genau 1,00 s benötigt.
Wie groß ist die Länge eines solchen Pendels?

Analyse:
Genutzt werden kann zur Lösung die Gleichung für die Schwingungsdauer eines Fadenpendels. Der Wert für *g* (Fallbeschleunigung) ist bekannt. Die Schwingungsdauer ist die Zeit für eine Hin- und Herbewegung. Sie beträgt also 2,00 s.

Gesucht: *l*
Gegeben: T = 2,00 s
g = 9,81 m/s^2

Lösung:
$$T = 2\pi \sqrt{\frac{l}{g}}$$

Durch Quadrieren beider Seiten der Gleichung erhält man:

$$T^2 = 4\pi^2 \cdot \frac{l}{g} \qquad | \cdot \frac{g}{4\pi^2}$$

$$l = \frac{T^2 \cdot g}{4\pi^2}$$

$$l = \frac{(2{,}00\ \text{s})^2 \cdot 9{,}81\ \text{m}}{4\pi^2 \cdot \text{s}^2}$$

$$l = 0{,}99\ \text{m}$$

Ergebnis:
Ein Pendel, das für den Weg zwischen zwei Umkehrpunkten genau 1,00 s benötigt, muss 99 cm lang sein. Dabei ist zu beachten, dass die Länge eines Fadenpendels immer der Abstand zwischen dem Befestigungspunkt und dem Schwerpunkt des Pendelkörpers (↗ S. 109) ist. Das Ergebnis gilt nur unter der Bedingung kleiner Auslenkungen.

▶ Bei einem **Metronom** kann die Schwingungsdauer durch Verschieben eines Massestückes verändert werden. Ein Metronom wird genutzt, um beim Musizieren einen bestimmten Takt anzugeben.

2.5.2 Mechanische Wellen

Entstehen mechanischer Wellen

> Eine mechanische Welle ist die Ausbreitung einer mechanischen Schwingung im Raum.

Gut verdeutlichen kann man das am Beispiel gekoppelter Schwinger: Jeder einzelne Schwinger führt mechanische Schwingungen aus, die durch die Kopplungskräfte auf andere Schwinger übertragen werden.

▶ Eine solche Anordnung zur Demonstration der Erzeugung von Wellen nennt man Wellenmaschine.

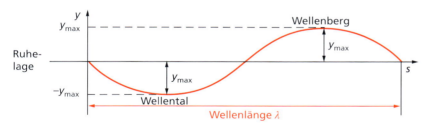

Mechanische Wellen entstehen unter folgenden **Bedingungen:**
1. Es müssen schwingungsfähige Körper bzw. Teilchen vorhanden sein.
2. Zwischen diesen Körpern bzw. Teilchen müssen Kräfte wirken.
3. Mindestens einer dieser Körper bzw. Teilchen muss zu mechanischen Schwingungen angeregt werden.

Ein wichtiges Kennzeichen mechanischer Wellen besteht darin, dass durch sie Energie von einem Schwinger auf den nächsten übertragen wird, ohne dass dabei ein Stofftransport erfolgt.

> Mit einer mechanischen Welle wird Energie übertragen, jedoch kein Stoff transportiert.

Je nach dem Verhältnis von Schwingungsrichtung der einzelnen Schwinger und Ausbreitungsrichtung der Welle zueinander unterscheidet man zwischen **Längswellen** und **Querwellen**.

Beschreibung mechanischer Wellen

Da jeder einzelne Schwinger mechanische Schwingungen ausführt, können solche Schwingungsgrößen wie **Auslenkung, Amplitude, Schwingungsdauer** und **Frequenz** auch für die Beschreibung von Wellen genutzt werden (↗ S. 134).
Die Ausbreitung der Schwingung im Raum wird darüber hinaus mit den Größen **Wellenlänge** und **Ausbreitungsgeschwindigkeit** beschrieben.

▶ Die Ausbreitungsgeschwindigkeit und die Wellenlänge sind abhängig vom Stoff, in dem sich die Welle ausbreitet.
Die Frequenz ist nur davon abhängig, wie die Welle erzeugt wird. Bei der Ausbreitung von Wellen ändert sie sich nicht.

Die **Wellenlänge** gibt den Abstand zweier Schwinger an, die sich im gleichen Schwingungszustand befinden.

Formelzeichen: λ
Einheit: ein Meter (1 m)

Die **Ausbreitungsgeschwindigkeit** einer Welle ist die Geschwindigkeit, mit der sich ein Schwingungszustand im Raum ausbreitet.

Formelzeichen: v
Einheit: ein Meter durch Sekunde $\left(1\,\frac{m}{s}\right)$

Für die Ausbreitung mechanischer Wellen gilt die Grundgleichung für den Zusammenhang zwischen Ausbreitungsgeschwindigkeit, Frequenz und Wellenlänge.

▶ Die Gleichung gilt auch für alle nichtmechanischen Wellen.

Für alle mechanischen Wellen gilt:

$v = \lambda \cdot f$

v Ausbreitungsgeschwindigkeit
λ Wellenlänge
f Frequenz

2.5 Mechanische Schwingungen und Wellen

Wellenlängen und Ausbreitungsgeschwindigkeiten in Natur und Technik

Art der Wellen	λ in m	v in m/s
Ultraschallwellen in der Medizin	≈ 0,000 3	≈ 1 500
Schallwellen in Luft bei 20 °C und 1 000 Hz	0,34	344
Schallwellen in Luft bei 20 °C und 440 Hz (Kammerton a)	0,78	344
Schallwellen in Wasser bei 5 °C (440 Hz)	3,18	1 400
Erdbebenwellen	500	5 000
Wasserwellen auf Ozeanen	> 10	≈ 0,5

Die Beschreibung mechanischer Wellen kann auch mithilfe von Diagrammen erfolgen.

y-t-Diagramm	y-x-Diagramm
Für einen bestimmten Ort (x = konstant) wird dargestellt, wie sich der betreffende Schwinger in Abhängigkeit von der Zeit bewegt.	Für einen bestimmten Zeitpunkt (t = konstant) wird dargestellt, welche Lage die Gesamtheit der Schwinger hat.

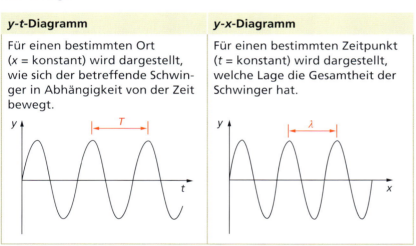

Eigenschaften mechanischer Wellen

Mechanische Wellen können **reflektiert** (zurückgeworfen), **gebrochen** (in ihrer Ausbreitungsrichtung verändert) und **gebeugt** werden.
Sie können sich auch so überlagern, dass eine resultierende Welle als Addition der Ausgangswellen entsteht. Diese Überlagerung von Wellen nennt man **Interferenz.** Dabei kommt es an verschiedenen Stellen zu den typischen Interferenzerscheinungen wie Verstärkung und Auslöschung (s. Abb.).

▶ Solche Interferenzmuster erhält man, wenn von zwei Erregern Wasserwellen ausgehen und sich überlagern.

Wesentliche Eigenschaften von mechanischen Wellen sind in der nachfolgenden Übersicht (↗ S. 142) zusammengestellt.

Reflexion	Brechung
Wellen werden durch ein Hindernis zurückgeworfen.	Wellen verändern ihre Ausbreitungsrichtung beim Übergang von einem Stoff in einen anderen.
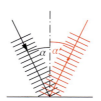	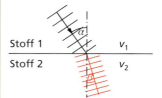
Es gilt das **Reflexionsgesetz**: $\alpha = \alpha'$	Es gilt das **Brechungsgesetz**: $\dfrac{\sin \alpha}{\sin \beta} = \dfrac{v_1}{v_2}$ v_1, v_2 Ausbreitungsgeschwindigkeiten
■ Reflexion von Schallwellen an einem Berghang (Echo)	■ Veränderung der Ausbreitungsrichtung von Wasserwellen beim Übergang von tiefem zu flachem Wasser

Beugung	Interferenz
Wellen breiten sich auch hinter einer Kante oder hinter einem Spalt im Schattenraum aus.	Wellen überlagern sich zu einer resultierenden Welle.
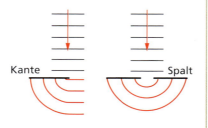	
Es gilt: Jeder Punkt, auf den eine Welle trifft, ist Ausgangspunkt einer neuen Welle.	Es gilt: Es treten Bereiche der Verstärkung und der Abschwächung (Auslöschung) auf.
■ Hörbarkeit von Geräuschen auch hinter einer Hausecke	■ Nichthörbarkeit interferierender Wellen an bestimmten Stellen.

▶ Diesen Sachverhalt entdeckte der niederländische Naturforscher **CHRISTIAAN HUYGENS** (1629–1695). Man spricht deshalb vom **huygensschen Prinzip**.

2.5.3 Schall und Lärm

Die Lehre vom Schall (Akustik) beschäftigt sich mit der Entstehung, der Ausbreitung, den Eigenschaften und der Nutzung des Schalls.

> Schall im engeren Sinn ist alles das, was man mit den Ohren hören kann.

Dazu gehören z. B. Geräusche, Sprache, Musik oder Lärm. Damit wir etwas als Schall wahrnehmen, müssen bestimmte Bedingungen erfüllt sein. Diese lassen sich in einem Diagramm darstellen, aus dem der **Hörbereich** des menschlichen Ohrs erkennbar ist.

▶ Der Hörbereich des Menschen wird auch als Hörfläche bezeichnet. Sie ist im Diagramm farbig gekennzeichnet.

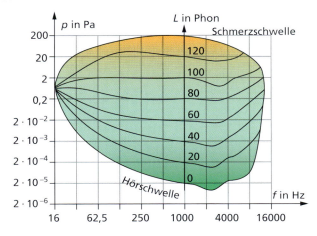

▶ Mit zunehmendem Alter können Menschen höhere Frequenzen immer schlechter wahrnehmen.

Phon ist eine Einheit der Lautstärke (↗ S. 146).

Der Hörbereich des menschlichen Ohres umfasst Frequenzen von 16 Hz bis maximal 20 000 Hz.
Schall mit einer Frequenz von weniger als 16 Hz wird als **Infraschall** bezeichnet.
Schall mit einer Frequenz von über 20 000 Hz (20 kHz) nennt man **Ultraschall**.
Darüber hinaus wird Schall vom Menschen nur dann wahrgenommen, wenn seine Lautstärke (↗ S. 146) oberhalb der Hörschwelle und unterhalb der Schmerzschwelle liegt.
Andere Lebewesen haben einen anderen Hörbereich.
Eine Reihe von Tieren kann Töne im Ultraschallbereich erzeugen und hören, die für den Menschen nicht mehr wahrnehmbar sind, weil sie außerhalb seines Hörbereiches liegen.

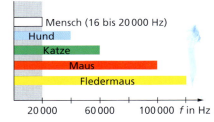

Verschiedene Lebewesen haben nicht nur unterschiedliche Hörbereiche, sondern auch einen unterschiedlichen Stimmumfang. Der Stimmumfang des Menschen liegt meist zwischen 85 Hz und 1 100 Hz, bei einem Hund zwischen 450 Hz und 1 000 Hz und bei einer Fledermaus zwischen 10 000 Hz und 120 000 Hz.

▶ Akustisch wahrnehmbar sind für Menschen nur Schwingungen mit Frequenzen zwischen 16 Hz und 20 000 Hz (↗ S. 143).

Erzeugung von Schall

Um Schall zu erzeugen, müssen Körper in Schwingungen versetzt werden.
Bei Musikinstrumenten können z. B. schwingen:
– Saiten (bei Zupf- und Streichinstrumenten wie Gitarre, Klavier, Violine),
– Stäbe, Platten oder Membranen (bei Schlaginstrumenten wie Xylofon und Schlagzeug),
– Luft (bei Blasinstrumenten wie Flöte, Trompete und Orgel).
Bei der menschlichen Stimme schwingen die Stimmbänder im Kehlkopf.
Bei Schallschwingungen unterscheidet man zwischen **Ton**, **Klang**, **Geräusch** und **Knall**.

Ton	Klang	Geräusch	Knall
Die Schwingung ist sinusförmig.	Die Schwingung ist periodisch, aber nicht sinusförmig.	Die Schwingung ist unregelmäßig.	Die Schwingung hat zunächst eine große Amplitude und klingt schnell ab.

Eine angeschlagene Stimmgabel erzeugt einen ganz klaren Ton.	Mit Musikinstrumenten kann man verschiedene Klänge erzeugen.	Geräusche entstehen z. B. bei Fahrzeugen und Maschinen.	Beim Explodieren eines Feuerwerkskörpers entsteht ein Knall.

Bei schwingenden Saiten hängt die Frequenz der Schwingung von verschiedenen Größen ab.

▶ Geigen oder Gitarren verfügen über verschieden dicke Saiten.
Zum Stimmen des Instruments wird die Kraft verändert, mit der die jeweilige Saite gespannt ist.

Die Frequenz einer schwingenden Saite kann berechnet werden mit der Gleichung:

$$f = \frac{1}{2l} \sqrt{\frac{F}{\varrho \cdot A}}$$

l Länge der Saite
A Querschnittsfläche der Saite
ϱ Dichte des Stoffs (Saite)
F Kraft, mit der die Saite gespannt ist

Bei schwingenden Luftsäulen ist die Frequenz von der Länge der Luftsäule und vom Bau des Instruments abhängig.

Offene Pfeife	**Geschlossene Pfeife**
Bei Anregung bilden sich die Schwingungen so aus, dass an den Enden der Pfeife Schwingungsbäuche und in der Mitte ein Schwingungsknoten vorhanden sind.	Bei Anregung bilden sich die Schwingungen so aus, dass am offenen Ende der Pfeife ein Schwingungsbauch und am geschlossenen Ende ein Schwingungsknoten vorhanden sind.
Für die Frequenz gilt: $f = \dfrac{v}{2 \cdot l}$ v Schallgeschwindigkeit l Länge der Pfeife	Für die Frequenz gilt: $f = \dfrac{v}{4 \cdot l}$ v Schallgeschwindigkeit l Länge der Pfeife

▶ Mithilfe von schwingenden Luftsäulen werden z. B. bei Orgeln, Flöten oder Posaunen Töne bzw. Klänge erzeugt.

Eigenschaften von Schall

Schall breitet sich von einer Schallquelle ausgehend in Form von Schallwellen aus.

> Schallwellen sind mechanische Wellen. Sie breiten sich als Druckschwankungen in Luft und anderen Stoffen aus.

Schallwellen sind Längswellen (↗ S. 140), da die Ausbreitungsrichtung der Welle und die Schwingungsrichtung der Teilchen übereinstimmen. Wie andere mechanische Wellen werden Schallwellen reflektiert, gebrochen und überlagern sich (↗ S. 142).

▶ Im Vakuum kann sich Schall nicht ausbreiten, da es ohne Stoff keine Druckschwankungen und damit keine Ausbreitung von Schall gibt.

Die **Tonhöhe** ist davon abhängig, wie schnell ein Körper schwingt. Je größer die Frequenz ist, umso höher ist der Ton.

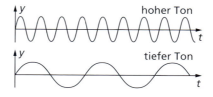

Die **Lautstärke** ist davon abhängig, mit welcher Amplitude ein Körper schwingt.

Je größer die Amplitude der Schwingung eines Körpers ist, umso lauter ist der Ton.

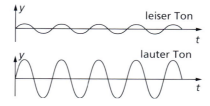

146 2 Mechanik

▶ Beide Größen sind von der Temperatur der Stoffe abhängig.

Schallwellen können sich in festen Stoffen, Flüssigkeiten und Gasen ausbreiten. Die Schallgeschwindigkeiten und damit auch die Wellenlängen sind sehr unterschiedlich.

> **Für Schallwellen gilt wie für andere mechanische Wellen:**
>
> $v = \lambda \cdot f$
>
> v Schallgeschwindigkeit
> λ Wellenlänge
> f Frequenz

Ausbreitungsgeschwindigkeit von Schall

Feste Stoffe bei 20 °C		Flüssigkeiten bei 20 °C	
Stoff	v in m/s	Stoff	v in m/s
Aluminium	5 100	Benzin	1 170
Beton	3 800	Kochsalzlösung	1 660
Holz (Eiche)	3 380	Wasser bei 0 °C	1 407
Eis (bei −4 °C)	3 250	bei 5 °C	1 400
Mauerwerk	3 500	bei 25 °C	1 457

Gase bei 0 °C und normalem Druck			
Stoff	v in m/s	Stoff	v in m/s
Luft bei −20 °C	320	Ammoniak	415
bei 0 °C	332	Helium	981
bei 20 °C	344	Stickstoff	334
bei 30 °C	350	Wasserstoff	1 280

Schall und Lärm

Lauter Schall, der uns stört, belästigt oder sogar schädigen kann, wird als Lärm bezeichnet. Lärm ist somit Schall größerer Lautstärke.

▶ Die Lautstärke wird in Dezibel (dB) angegeben, wobei meist die spezielle A-Bewertung gemeint ist. Dafür nutzt man auch die Bezeichnung dB(A).

> Die Lautstärke ist ein Maß für die Stärke des Schalls, die wir empfinden.
>
> Formelzeichen: L
> Einheiten: ein Phon   (1 phon)
>   ein Dezibel   (1 dB)

Die Lautstärke kann mit **Schallpegelmessern** gemessen werden. Die einheit der Lautstärke ist an die Besonderheiten der akustischen Wahrnehmung der Menschen gekoppelt:
– Eine Verdoppelung oder Halbierung der Lautstärke bedeutet eine Änderung der Lautstärke von 10 dB.

▶ 50 dB empfinden wir als doppelt so laut wie 40 dB.

– Kommt zu einer Schallquelle eine zweite gleichartige Schallquelle hinzu, so verdoppelt sich die Lautstärke nicht, sondern steigt um etwa 3 dB. Erst 10 gleichartige Schallquellen führen zu einer Verdopplung der Lautstärke.

2.5 Mechanische Schwingungen und Wellen

Beispiel	Lautstärke in dB
Hörschwelle	0
übliche Wohngeräusche, Flüstern	20
normales Sprechen	40
Unterhaltungslautstärke, Staubsauger	60
durchschnittlicher Lärm im Straßenverkehr,	80
Presslufthammer, Autohupe	100
Donner, Flugzeugpropeller in geringer Entfernung	120
Schmerzschwelle, Schädigung des Gehörs	130

▶ Geräusche von weniger als 30 dB empfinden wir als ruhig. Ständiger Lärm über 85 dB kann zu Hörschäden führen.

Da Lärm zu gesundheitlichen Schäden führen kann, gilt:

> Die Vermeidung von Lärm ist der beste Schutz vor gesundheitlichen Schäden. Wo es möglich ist, sollte Lärm gedämpft oder gedämmt werden.

▶ Bei Fahrzeugen sind **Schalldämpfer** zur Lärmdämmung vorgeschrieben. In Innenräumen kann Lärm z. B. durch Schallschutzfenster gedämpft werden. An Autobahnen sorgen Lärmschutzwände für eine Dämpfung von Lärm.

Schall und Musik

Mithilfe von Musikinstrumenten oder der menschlichen Stimme kann man Töne, Klänge und Geräusche (↗ S. 144) erzeugen.

> Als Normalton wurde international der Ton a' mit einer Frequenz von 440 Hz (Kammerton a) vereinbart.

In Tonleitern sind Frequenzen und Intervalle festgelegt.

Ton	Frequenz in Hz	Musikalisches Intervall		
		Töne und Name		Verhältnis der Frequenzen
c'	264	c'–c'	Prime	1:1
d'	297	c'–d'	Sekunde	8:9
e'	330	c'–e'	Terz	4:5
f'	352	c'–f'	Quarte	3:4
g'	396	c'–g'	Quinte	2:3
a'	440	c'–a'	Sexte	3:5
h'	495	c'–h'	Septime	8:15
c"	528	c'–c"	Oktave	1:2

C-Dur-Tonleiter

▶ Ob wir etwas als angenehm oder unangenehm empfinden, hängt auch von unseren Hörgewohnheiten und unserem Geschmack ab.

Zu den **Konsonanzen** (als angenehm empfunden) zählen Terz, Quarte, Quinte und Oktave. Zu den **Dissonanzen** (als unangenehm empfunden) gehören Sekunde und Septime.

Ultraschall

Schall im nicht hörbaren Bereich mit einer Frequenz über 20 kHz bezeichnet man als **Ultraschall.** Ultraschallwellen werden u. a. an Hindernissen reflektiert. Das nutzen einige Tiere (z. B. Fledermäuse, Wale und Delfine) zur Orientierung, indem sie Ultraschallwellen aussenden und die reflektierten Wellen wieder empfangen.
Auch in der Medizin und in der Werkstoffprüfung wird die Reflexion von Ultraschallwellen für die **Ultraschalldiagnose** genutzt.

▶ Im medizinischen Bereich arbeitet man mit Ultraschall in einem Frequenzbereich von 1 MHz bis 10 MHz.

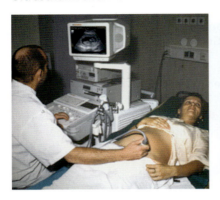
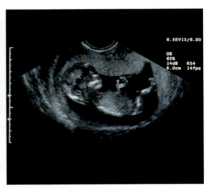

Echolot

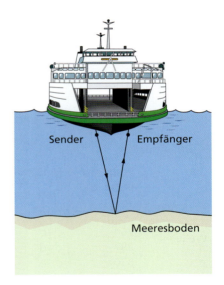

Die Reflexion des Schalls wird genutzt, um Wassertiefen zu ermitteln. Von einem Sender im Schiff werden Schallwellen ausgesendet. Sie werden am Meeresboden reflektiert und von einem Empfänger registriert. Aus der Laufzeit der Schallwellen kann die Wassertiefe ermittelt werden.
Näherungsweise gilt:

$$s = \frac{v \cdot t}{2}$$

- s Wassertiefe
- v Schallgeschwindigkeit in Wasser
- t Laufzeit des Schalls vom Sender bis zum Empfänger

▶ Für genaue Messungen muss beachtet werden, dass die Schallgeschwindigkeit in Wasser von der Temperatur abhängt. Sie ist umso größer, je höher die Temperatur ist (↗ S. 146).

■ Beträgt z. B. bei 5 °C Wassertemperatur (dann ist $v = 1400$ m/s) die Laufzeit des Schalls 0,80 s, so ergibt sich für die Wassertiefe:

$$s = 1400 \cdot \frac{m}{s} \cdot \frac{0{,}80\ s}{2}$$

$$s = 560\ m$$

Auch Fischschwärme oder U-Boote lassen sich mithilfe des Echolots orten.

Mechanische Schwingungen und Wellen

- Eine **Schwingung** ist die zeitlich periodische Änderung einer physikalischen Größe (z. B. Auslenkung, Druck, Geschwindigkeit, Beschleunigung).

Wichtige Größen zur Beschreibung von Schwingungen sind:

- y Auslenkung
- y_{max} Amplitude (maximale Auslenkung)
- T Schwingungsdauer
- f Frequenz

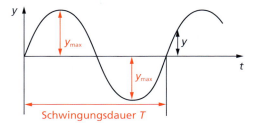

Viele mechanische Schwingungen verlaufen sinusförmig. Das gilt auch für die Schwingungen eines Fadenpendels bei kleiner Auslenkung und für die Schwingungen eines Federschwingers.

Fadenpendel

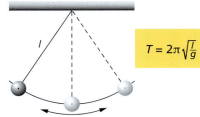

$$T = 2\pi\sqrt{\frac{l}{g}}$$

Federschwinger

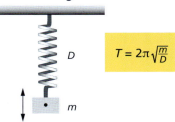

$$T = 2\pi\sqrt{\frac{m}{D}}$$

- Eine **Welle** ist die Ausbreitung einer Schwingung im Raum. Dabei erfolgt eine räumlich und zeitlich periodische Änderung einer physikalischen Größe (z. B. Auslenkung, Druck, Geschwindigkeit, Beschleunigung, Stärke des elektrischen bzw. magnetischen Felds).

Für die Ausbreitungsgeschwindigkeit v von Wellen gilt:

$$v = \lambda \cdot f$$

- λ Wellenlänge
- f Frequenz

Wellen können reflektiert, gebrochen und gebeugt werden sowie sich überlagern.

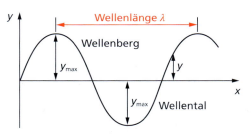

Schallwellen sind mechanische Wellen. Sie
- breiten sich in Stoffen aus, nicht aber im Vakuum,
- breiten sich in Luft mit ca. 333 m/s aus,
- werden an Flächen reflektiert,
- werden an Kanten und Öffnungen gebeugt,
- werden durch Stoffe absorbiert.

2.6 Mechanik der Flüssigkeiten und Gase

2.6.1 Der Druck in Flüssigkeiten und Gasen

Die Größe Druck

▶ Die Einheit des Drucks ist nach dem französischen Mathematiker und Physiker BLAISE PASCAL (1623–1662) benannt worden.

> Der Druck gibt an, mit welcher Kraft ein Körper senkrecht auf eine Fläche von 1 m² wirkt.
>
> Formelzeichen: p
> Einheiten: ein Pascal (1 Pa)
> ein Newton durch Quadratmeter $\left(1\,\frac{N}{m^2}\right)$

Vielfache der Einheit 1 Pa $\left(= 1\,\frac{N}{m^2}\right)$ sind ein Kilopascal (1 kPa) und ein Megapascal (1 MPa):

1 kPa = 1 000 Pa

1 MPa = 1 000 kPa = 1 000 000 Pa

▶ Da die Fläche häufig in Quadratzentimetern angegeben ist, erhält man bei Rechnungen als Einheit oft $1\,\frac{N}{cm^2}$.
Es gilt:
$1\,\frac{N}{cm^2} = 10\,kPa$

Weitere, teilweise gesetzlich nicht mehr zugelassene Einheiten für den Druck sind ein Bar (1 bar), eine Atmosphäre (1 at), ein Millimeter Quecksilbersäule (1 mm Hg) oder ein Torr (1 Torr).

1 bar = 100 000 Pa = 10^5 Pa

1 at = $9{,}81 \cdot 10^4$ Pa = 98 100 Pa

1 Torr = 133,32 Pa

In einer Flüssigkeit bzw. einem Gas herrscht ein Druck von 1 Pa = $1\,\frac{N}{m^2}$, wenn auf eine Fläche von 1 m² senkrecht eine Kraft von 1 N wirkt.

▶ In Gefäßen mit relativ geringen Abmessungen kann der Schweredruck (↗ S. 153) vernachlässigt werden.

Druck in Flüssigkeiten	Druck in Gasen

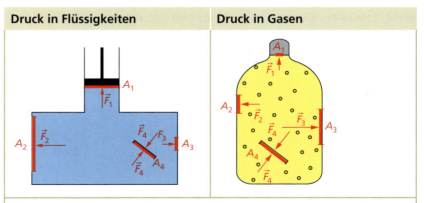

Sowohl für Flüssigkeiten als auch für Gase gilt:
Der Druck ist im gesamten Gefäß näherungsweise konstant.
Es gilt:

$$p = \frac{F_1}{A_1} = \frac{F_2}{A_2} = \frac{F_3}{A_3} = \frac{F_4}{A_4} = \frac{F}{A} = konstant$$

2.6 Mechanik der Flüssigkeiten und Gase

Drücke in Natur und Technik

Druck im Innern des menschlichen Auges	2,0 kPa
normaler Blutdruck beim Menschen	17 kPa … 11 kPa (130 Torr/80 Torr)
normaler Luftdruck an der Erdoberfläche	101,3 kPa (1 013 mbar, 760 Torr)
Reifendruck beim Pkw	180 kPa … 280 kPa
Druck in einer Wasserleitung	400 kPa … 600 kPa
Wasserdruck in 10 000 m Tiefe	10^8 kPa (100 MPa)
Spitze einer Nadel (bei $A = 0,01$ mm^2 und $F = 10$ N)	10^9 kPa (1 000 MPa)
Druck im Innern der Sonne	10^{13} kPa

▶ Nach neueren Erkenntnissen ist ein Blutdruck von unter 140 Torr/90 Torr anzustreben. Ein ständiger Blutdruck darüber gilt als hoher Blutdruck und sollte von einem Arzt kontrolliert und bewertet werden.

Der Druck in Flüssigkeiten und Gasen lässt sich mit dem **Teilchenmodell** (↗ S. 74) deuten.
Der Druck in einer Flüssigkeit kommt durch die Kraftwirkung der Teilchen aufeinander und auf die Gefäßwände zustande. In Gasen treffen die frei beweglichen Teilchen aufeinander und auf die Gefäßwände. Dabei üben sie Kräfte aus, die sich als Druck bemerkbar machen.

Berechnen des Drucks

Unter der Bedingung, dass die Kraft senkrecht auf die Fläche wirkt, kann der Druck mit folgender Gleichung berechnet werden:

$$p = \frac{F}{A}$$

    F wirkende Kraft
    A Fläche, auf die die Kraft wirkt

▶ Wirkt eine Kraft nicht senkrecht auf eine Fläche, dann darf für die Berechnung des Drucks nur die Komponente der Kraft senkrecht zur Fläche (Normalkraft, ↗ S. 106) eingesetzt werden.

Die wirkende Kraft F wird häufig auch als Druckkraft bezeichnet. Sie kann mit der Gleichung $F = p \cdot A$ berechnet werden.

■ In einem Autoreifen herrscht ein Druck von 220 kPa.
Welche Kraft übt die Luft im Reifen auf 10 cm^2 Fläche des Mantels aus?

Analyse:
Da die Luft senkrecht auf die Mantelfläche wirkt, kann die Gleichung zur Berechnung der Druckkraft genutzt werden. Die Einheiten müssen so umgerechnet werden, dass man eine zweckmäßige Einheit für die Kraft erhält. Dazu kann man den Druck in N/m^2 und die Fläche in m^2 angeben. Eine andere Möglichkeit besteht darin, die in der rechten Spalte genannte Möglichkeit zu nutzen. Diese Variante ist nachfolgend gewählt worden.

M ↗ S. 57 f.

▶ Da die Fläche in cm^2 angegeben ist, wird für das Umrechnen der Einheit des Drucks folgende Beziehung genutzt:

$$10 \text{ kPa} = 1 \frac{N}{cm^2}$$

Gesucht: F
Gegeben: $p = 220 \text{ kPa} = 22 \frac{N}{cm^2}$
                $A = 10 \text{ cm}^2$

Lösung:

$$F = p \cdot A$$
$$F = 22\ \frac{N}{cm^2} \cdot 10\ cm^2$$
$$\underline{F = 220\ N}$$

Ergebnis:
Bei einem Druck von 220 kPa übt die Luft im Reifen auf 10 cm² Mantelfläche eine Kraft von 220 N aus.

Arten von Drücken

 Informationen zum Druck, den feste Körper auf Flächen ausüben (Auflagedruck), sind auf ↗ S. 116 gegeben.

M ↗ S. 30

Druck, der auf Kolben oder Stempel wirkt oder der durch diese hervorgerufen wird, nennt man **Kolbendruck** oder **Stempeldruck**.

Kolbendruck in Flüssigkeiten
Beispiel: Spritze 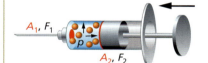 $p = \frac{F}{A}$ F Druckkraft A gedrückte Fläche
Kolbendruck in Gasen
Beispiel: Luftpumpe 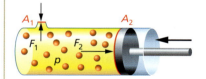 $p = \frac{F}{A}$ F Druckkraft A gedrückte Fläche

Da der Druck in einer Flüssigkeit bzw. in einem komprimierten Gas näherungsweise konstant ist, gilt:

Je größer die gedrückte Fläche ist, desto größer ist die Druckkraft.
   $F \sim A$

Flüssigkeiten lassen sich durch eine größere Kraft auf den Kolben kaum zusammendrücken. Sie sind **inkompressibel.** Es erhöht sich lediglich der Kolbendruck. Das wird bei hydraulischen Anlagen (↗ S. 157) genutzt.
Gase lassen sich durch eine größere Kraft auf den Kolben zusammendrücken. Sie sind **kompressibel.** Dabei können sich neben dem Druck auch das Volumen und die Temperatur des Gases ändern (↗ S. 176).

2.6 Mechanik der Flüssigkeiten und Gase

Infolge der Gewichtskraft einer Flüssigkeit bzw. eines Gases üben diese einen Druck aus. Dieser Druck wird **Schweredruck** genannt. Bei Gasen ist der **Luftdruck** als Schweredruck der Luft unserer Atmosphäre von besonderer Bedeutung.

Schweredruck in Flüssigkeiten

Der Schweredruck ist der Druck in einer Flüssigkeit, der durch die Gewichtskraft der darüberliegenden Flüssigkeitssäule entsteht.

Der Schweredruck in einer Flüssigkeit hängt ab
– von der Dichte der Flüssigkeit,
– von der Höhe der Flüssigkeitssäule.

Für Wasser gilt:
In Wasser nimmt der Schweredruck je 10 m Wassertiefe um etwa 100 kPa zu.

Der Druck vergrößert sich gleichmäßig mit der Dichte.

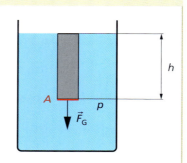

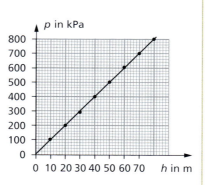

▶ Meerwasser hat mit 1,02 g/cm³ eine etwas größere Dichte als Süßwasser mit 1,00 g/cm³. Das bedeutet: In einer bestimmten Tiefe ist der Druck in einem Süßwassersee etwas geringer als im Meer.

M ↗ S. 48

Der Schweredruck in Flüssigkeiten kann folgendermaßen berechnet werden:

$p = \dfrac{F_G}{A} = \dfrac{m \cdot g}{A}$ $p = \varrho \cdot g \cdot h$ ϱ Dichte der Flüssigkeit

g Ortsfaktor

h Höhe der Flüssigkeitssäule

Er ist in einer bestimmten Tiefe nach allen Seiten gleich groß.

■ Meerwasser hat eine Dichte von 1,02 g/cm³.
Wie groß ist der Schweredruck in der größten bekannten Meerestiefe, der Witjastiefe 1 im Marianengraben (11 034 m)?

Analyse:
Der Druck in dieser Tiefe kann abgeschätzt werden, wenn man davon ausgeht, dass er in Wasser je 10 m Wassertiefe um etwa 100 kPa zunimmt.
Er kann auch mit der Gleichung $p = \varrho \cdot g \cdot h$ berechnet werden.

▶ Dabei wird angenommen, dass die Dichte ϱ und der Ortsfaktor g über die gesamte Tiefe hinweg den gleichen Wert haben.

M ↗ S. 56

M ↗ S. 57 f.

▸ Da Ausgangswerte nur auf 3 Stellen genau angegeben sind, kann auch das Ergebnis nicht genauer sein. Es muss also sinnvoll gerundet werden.

▸ Ein Druck von 110 MPa bedeutet: Auf jeden Quadratzentimeter wirkt eine Kraft von 11 000 N. Das ist etwa die Gewichtskraft eines Pkw.

Gesucht: p
Gegeben: $h = 11\,034$ m

$$\varrho = 1{,}02\,\frac{g}{cm^3} = 1\,020\,\frac{kg}{m^3}$$

$$g = 9{,}81\,\frac{N}{kg}$$

Lösung:
Die Abschätzung des Druckes ergibt:

$$10\,\text{m} \stackrel{\wedge}{=} 100\,\text{kPa}$$

$$11\,034\,\text{m} \stackrel{\wedge}{=} 110\,000\,\text{kPa} = 110\,\text{MPa}$$

Die Berechnung ergibt:

$$p = \varrho \cdot g \cdot h$$

$$p = 1\,020\,\frac{kg}{m^3} \cdot 9{,}81\,\frac{N}{kg} \cdot 11\,034\,\text{m}$$

$$p = 110\,000\,000\,\frac{N}{m^2} = 110\,\text{MPa}$$

Ergebnis:
Der Druck des Wassers in 11 034 m Tiefe beträgt 110 MPa.

Der Schweredruck ist nur von der Dichte der Flüssigkeit und der Höhe der darüberliegenden Flüssigkeitssäule abhängig. Die Gefäßform hat keinen Einfluss auf den Schweredruck. Diese Erscheinung wird als **hydrostatisches Paradoxon** bezeichnet. Aus ihm ergibt sich u. a.:

In unterschiedlich geformten Gefäßen und in Gewässern unterschiedlicher Form ist der Druck in der gleichen Tiefe jeweils gleich groß. Das lässt sich experimentell nachweisen (↗ Skizzen rechts).

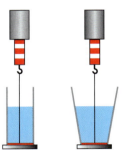

▸ Das Prinzip der verbundenen Gefäße wird auch bei **Schlauchwaagen** genutzt.

In miteinander verbundenen Gefäßen steht die Flüssigkeit in allen Teilen des Gefäßes gleich hoch.

■ Beispiele für verbundene Gefäße sind z. B. Teekannen, Gießkannen oder Füllstandmesser an Behältern. Das Foto zeigt ein Beispiel.

Schweredruck in Gasen (Luftdruck)

Der Luftdruck ist der Druck in der uns umgebenden Luft, der durch die Gewichtskraft der darüberliegenden Luftsäule entsteht.

Der Luftdruck hängt ab
– von der Dichte der Luft,
– von der Höhe der Luftsäule über einem bestimmten Ort.

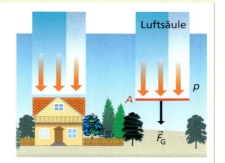

Für den Luftdruck gilt:
Seinen größten Wert hat der Luftdruck an der Erdoberfläche bei NN.
Mit Vergrößerung der Höhe verringert sich der Luftdruck.

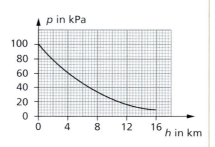

▶ NN ist die Abkürzung für „Normalnull".
Das ist die durchschnittliche Höhe des Meeresspiegels, auf die man z. B. auch die Höhenangaben von Bergen und Orten bezieht.

> Der normale Luftdruck an der Erdoberfläche in Höhe des Meeresspiegels (Normdruck) beträgt 101,325 kPa.

Häufig findet man für diesen normalen Luftdruck auch die Angaben 1013 hPa, 1013 mbar oder 760 Torr. Der Luftdruck ist in einer bestimmten Höhe nach allen Seiten gleich groß.
Der Luftdruck an der Erdoberfläche ist natürlichen Schwankungen unterworfen und nimmt meist Werte zwischen 970 hPa (tiefer Luftdruck, Tiefdruckgebiet) und 1030 hPa (hoher Luftdruck, Hochdruckgebiet) an.

▶ Auf dem höchsten Berg der Erde, dem Mont Everest (8850 m), beträgt der Luftdruck nur noch etwa 30 % des normalen Luftdrucks.

Pumpt man Luft aus einem abgeschlossenen Raum heraus, so entsteht dort ein Unterdruck.

> Ein Raum, in dem ein wesentlich kleinerer Druck als der normale Luftdruck herrscht, wird als Vakuum bezeichnet.

▶ Wichtige Untersuchungen dazu hat **OTTO VON GUERICKE** (1602–1686) durchgeführt.

- In einem Vakuum ist der Druck nicht null, sondern wesentlich kleiner als der normale Luftdruck.
  In der Technik unterscheidet man zwischen einem Grobvakuum (100 kPa bis 100 Pa), einem Feinvakuum (100 Pa bis 0,1 Pa) und einem Hochvakuum (Druck kleiner als 0,1 Pa).

Messen des Drucks

Die Messung des Drucks erfolgt mithilfe von **Manometern** (Druckmessern), die es in verschiedenen Bauformen gibt.

▶ **Manometer** gibt es auch noch in anderen Bauformen.

M ↗ S. 43

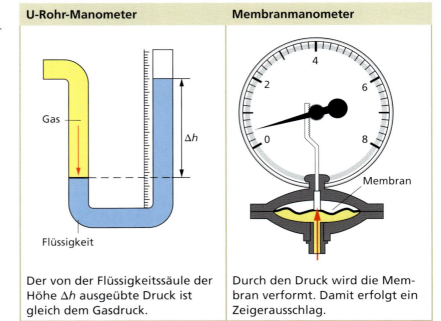

U-Rohr-Manometer	Membranmanometer
Der von der Flüssigkeitssäule der Höhe Δh ausgeübte Druck ist gleich dem Gasdruck.	Durch den Druck wird die Membran verformt. Damit erfolgt ein Zeigerausschlag.

Die Geräte für die Messung des Luftdrucks werden als **Barometer** bezeichnet. Wichtige Formen sind das Dosenbarometer und das Quecksilberbarometer.

▶ **Barometer** gibt es auch noch in anderen Bauformen.
Ein Barometer, das mit Wasser arbeitet, hat JOHANN WOLFGANG VON GOETHE entwickelt.

M ↗ S. 43

Dosenbarometer

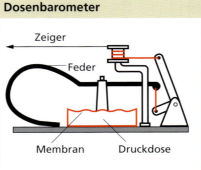

Der Luftdruck wirkt auf die Membran einer luftleeren Dose. Die Verformung der Membran ist ein Maß für den Luftdruck. Durch einen Mechanismus wird die Verformung der Dose auf einen Zeiger übertragen.

Quecksilberbarometer

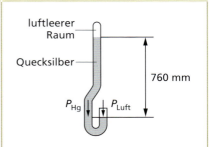

Das Quecksilberbarometer ist ein einseitig geschlossenes U-Rohr-Manometer.
Der normale Luftdruck (Normdruck) entspricht dem Druck einer Säule von 760 mm Quecksilber (760 Torr).

Hydraulische Anlagen

Hydraulische Anlagen sind kraftumformende Einrichtungen (↗ S. 110 ff.). Bei ihnen wird die gleichmäßige und allseitige Ausbreitung des Drucks in Flüssigkeiten genutzt.

M ↗ S. 43

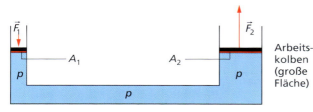

Aus $p = \frac{F}{A}$ = konstant folgt: Je größer die Fläche, desto größer die Kraft.

Das **Gesetz für hydraulische Anlagen** lässt sich folgendermaßen formulieren:

> Für jede hydraulische Anlage im Gleichgewicht gilt:
>
> $\frac{F_1}{A_1} = \frac{F_2}{A_2}$ oder $\frac{F_1}{F_2} = \frac{A_1}{A_2}$ F_1, F_2 Kräfte an den Kolben
>
> A_1, A_2 Flächen der Kolben

▶ Neben hydraulischen Anlagen gibt es auch pneumatische Anlagen. Sie arbeiten mit Druckluft. Für solche Anlagen gelten die gleichen Gesetze wie für hydraulische Anlagen.

Die verrichtete Arbeit ist abhängig von Kraft und Weg. Es gilt: Je kleiner die erforderliche Kraft, desto größer der Weg (Goldene Regel der Mechanik, ↗ S. 115):

$F_1 \cdot s_1 = F_2 \cdot s_2$

■ Anwendungen hydraulischer Anlagen sind z. B. Hebebühnen, Trommelbremsen bei Pkw und hydraulische Pressen.

▶ Bei der Trommelbremse eines Pkw wird der Pumpkolben mit dem Bremspedal betätigt. Der Arbeitskolben befindet sich in der Bremse. Die Verbindung wird durch dünne Bremsleitungen hergestellt.

Hydraulische Hebebühne

Hydraulische Trommelbremse

2.6.2 Auftrieb in ruhenden Flüssigkeiten und Gasen

Auftrieb und archimedisches Gesetz

▶ Statt vom statischen Auftrieb spricht man häufig nur vom Auftrieb.

Befindet sich ein Körper in einem Gas oder in einer Flüssigkeit, so verringert sich *scheinbar* seine Gewichtskraft. Diese Erscheinung wird als **statischer Auftrieb** bezeichnet, die der Gewichtskraft entgegengerichtete Kraft als **Auftriebskraft**.
Ursache des Auftriebs ist der unterschiedliche Schweredruck p in verschiedener Tiefe.
Für $A_1 = A_2$ gilt wegen $F = p \cdot A$:

$$p_2 > p_1 \longrightarrow F_2 > F_1$$

Die auf den Körper wirkende Auftriebskraft beträgt:

$$F_A = F_2 - F_1$$

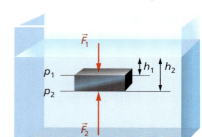

▶ Das Gesetz ist nach dem griechischen Wissenschaftler ARCHIMEDES (um 287 v. Chr. bis um 212 v. Chr.) benannt.

Die Erkenntnisse über den Auftrieb sind im **archimedischen Gesetz** zusammengefasst.

> Für einen Körper, der sich in einer Flüssigkeit oder in einem Gas befindet, gilt:
> Die auf den Körper wirkende Auftriebskraft ist gleich der Gewichtskraft der von ihm verdrängten Flüssigkeits- bzw. Gasmenge:
>
> $F_A = F_G$

Da die Auftriebskraft vom verdrängten Flüssigkeits- bzw. Gasvolumen sowie von der Art des verdrängten Stoffes abhängig ist, kann sie auch folgendermaßen berechnet werden:

▶ Bei Heißluftballons unterscheidet sich die Dichte des Gases in der Hülle nur wenig von der der Luft. Um eine hinreichend große Auftriebskraft zu erzielen, wählt man ein relativ großes Volumen für den Ballon.

> Für die an einen Körper angreifende Auftriebskraft in Flüssigkeiten und Gasen gilt:
>
> $F_A = \varrho \cdot V \cdot g$ ϱ Dichte des verdrängten Stoffes
> V Volumen des Körpers (= verdrängtes Volumen)
> g Ortsfaktor

Die Gewichtskraft eines Körpers ist ebenfalls von seiner Dichte, seinem Volumen und vom Ortsfaktor abhängig:

$$F_G = m_{\text{Körper}} \cdot g = \varrho_{\text{Körper}} \cdot V \cdot g$$

Da Körper und verdrängter Stoff gleiches Volumen haben, sind die Dichten von Körper und Stoff entscheidend dafür, ob die Auftriebskraft kleiner, genauso groß oder größer als die Gewichtskraft des Körpers ist.

- So ist z. B. die Dichte von Eis mit 0,92 g/cm³ kleiner als die Dichte von Wasser mit 1,00 g/cm³. Wenn sich Eis im Wasser befindet, ist demzufolge die Auftriebskraft am Eis größer als seine Gewichtskraft. Das Eis schwimmt im Wasser.

Sinken, Schweben, Steigen, Schwimmen

Ob ein Körper sinkt, schwebt, steigt oder schwimmt, hängt vom Verhältnis zwischen Gewichtskraft F_G und Auftriebskraft F_A ab.

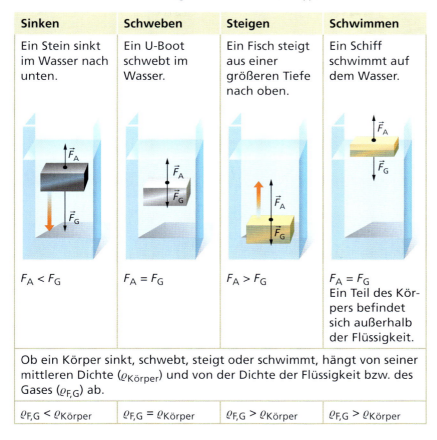

Sinken	Schweben	Steigen	Schwimmen
Ein Stein sinkt im Wasser nach unten.	Ein U-Boot schwebt im Wasser.	Ein Fisch steigt aus einer größeren Tiefe nach oben.	Ein Schiff schwimmt auf dem Wasser.
$F_A < F_G$	$F_A = F_G$	$F_A > F_G$	$F_A = F_G$ Ein Teil des Körpers befindet sich außerhalb der Flüssigkeit.
Ob ein Körper sinkt, schwebt, steigt oder schwimmt, hängt von seiner mittleren Dichte ($\varrho_{Körper}$) und von der Dichte der Flüssigkeit bzw. des Gases ($\varrho_{F,G}$) ab.			
$\varrho_{F,G} < \varrho_{Körper}$	$\varrho_{F,G} = \varrho_{Körper}$	$\varrho_{F,G} > \varrho_{Körper}$	$\varrho_{F,G} > \varrho_{Körper}$

▶ Bei einem U-Boot erfolgt die Veränderung der mittleren Dichte folgendermaßen: Das U-Boot verfügt über Tauchtanks, die unterschiedlich viel Wasser enthalten können. Vom Füllstand dieser Tauchtanks ist es abhängig, ob das U-Boot sinkt, schwebt, steigt oder schwimmt.

2.6.3 Strömende Flüssigkeiten und Gase

Die Strömung

Beispiele für strömende Flüssigkeiten und Gase sind fließendes Wasser, strömendes Öl in einer Pipeline, Wind, strömendes Gas in Rohrleitungen.
Bei Windstille tritt um ein fahrendes Auto ebenfalls eine Luftströmung auf, ebenso eine Wasserströmung um ein fahrendes Schiff oder die Luftströmung um ein fliegendes Flugzeug.
Entscheidend ist immer die Relativbewegung zwischen einer strömenden Flüssigkeit bzw. einem strömenden Gas und einem Körper (Rohrwandung, Körper in der Flüssigkeit oder im Gas).
Zur Veranschaulichung der Strömung nutzt man **Stromlinienbilder** als Modell. Eine Stromlinie beschreibt die Bahn eines Flüssigkeits- bzw. Gasteilchens.

▶ Ein Stromlinienbild ist ähnlich wie ein Feldlinienbild ein Modell zur Veranschaulichung einer real existierenden, aber für uns nicht sichtbaren Erscheinung.

2 Mechanik

Glatte (laminare) Strömung	Verwirbelte (turbulente) Strömung
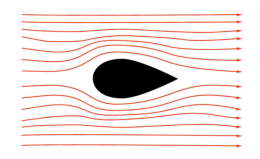	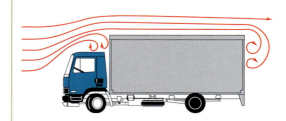

Die Stromlinien verlaufen vor und hinter dem Körper gleichmäßig.	Die Stromlinien verlaufen hinter dem Körper unregelmäßig. Es bilden sich Wirbel.

Der Druck in strömenden Flüssigkeiten und Gasen

▶ Bei sehr kleinem Rohrquerschnitt ist die Strömungsgeschwindigkeit besonders groß. Das wird bei **Düsen** genutzt.

Der Druck in einer Flüssigkeit oder einem Gas (statischer Druck) hängt von der Strömungsgeschwindigkeit ab.
Diese wiederum vergrößert sich mit Verkleinerung des Rohrquerschnitts.

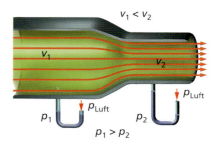

Allgemein gilt das **bernoullische Gesetz**:

▶ Das Gesetz wurde nach seinem Entdecker, dem Naturwissenschaftler DANIEL BERNOULLI (1700–1782), benannt.

> Je größer die Strömungsgeschwindigkeit einer Flüssigkeit oder eines Gases ist, desto kleiner ist der statische Druck.

Auftrieb in strömenden Flüssigkeiten und Gasen

Wird ein Körper von einer Flüssigkeit oder einem Gas umströmt, so kann ein **Auftrieb,** also eine nach oben gerichtete Kraft, auftreten. Das wird z. B. bei den Tragflächen eines Flugzeugs genutzt.

Der Auftrieb kommt zustande, weil Luft in der Umgebung des bewegten Körpers nach unten bewegt wird. Verstärkt wird dieser **dynamische Auftrieb** durch geeignete Flügelprofile. An ihnen entsteht zwischen Oberseite und Unterseite ein Druckunterschied, der eine zusätzliche Kraft nach oben bewirkt.

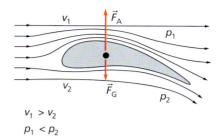

▶ Dieser dynamische Auftrieb wird von Vögeln und bei **Flugzeugen** genutzt.

Der Strömungswiderstand

Wird ein Körper von einer Flüssigkeit oder einem Gas umströmt, dann wirkt auf den Körper eine Kraft, die seine Bewegung hemmt. Sie wird als **Strömungswiderstandskraft** F_W bezeichnet.

▶ Wenn es sich bei dem Gas um Luft handelt, spricht man häufig von **Luftwiderstand**.

Die Strömungswiderstandskraft ist abhängig
- vom umströmten Körper (Querschnittsfläche A des Körpers senkrecht zur Strömungsrichtung, Form des Körpers, Oberflächenbeschaffenheit),
- vom strömenden Stoff (Dichte des Stoffs),
- von der Geschwindigkeit, mit der der Körper umströmt wird.

▶ Da die bewegungshemmende Kraft mit dem Quadrat der Geschwindigkeit wächst, bedeutet das z. B. für einen Pkw: Bei Verdopplung der Geschwindigkeit vervierfacht sich die Luftwiderstandskraft. Bei 140 km/h ist diese Kraft etwa doppelt so groß wie bei 100 km/h.

Für einen von Luft umströmten Körper kann die Luftwiderstandskraft F_W mit folgender Gleichung berechnet werden:

$$F_W = \tfrac{1}{2} c_W \cdot A \cdot \varrho \cdot v^2$$

c_W Luftwiderstandszahl
A umströmte Querschnittsfläche
ϱ Dichte der Luft
v Geschwindigkeit zwischen Körper und Luft

Die Luftwiderstandszahl c_W ist von der Form und der Oberflächenbeschaffenheit des jeweiligen Körpers abhängig.

Körper		c_W	Körper	c_W
Scheibe	→│	1,1	Pkw	0,25 … 0,45
Kugel	→○	0,45	Omnibus	0,6 … 0,7
Halbkugel	→⊂	0,3 … 0,4	Lkw	0,6 … 1,0
Schale	→⊃	1,3 … 1,5	Motorrad	0,6 … 0,7
Stromlinienkörper	→⬬	0,06	Rennwagen	0,15 … 0,2
Zylinder	→▭	0,85	Fallschirm	0,9

Mechanik der Flüssigkeiten und Gase

■ Der Druck p gibt an, mit welcher Kraft F ein Körper senkrecht auf eine Fläche A wirkt.

Für den Druck p gilt: $\quad p = \dfrac{F}{A}$

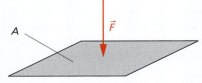

Wenn eine Kraft von 1 N auf 1 m² wirkt, beträgt der Druck ein Pascal (1 Pa).

In Flüssigkeiten und Gasen wirkt infolge der Gewichtskraft der Flüssigkeit bzw. des Gases ein Druck.

Schweredruck in einer Flüssigkeit	Luftdruck über der Erdoberfläche
Der Schweredruck ist abhängig – von der Eintauchtiefe und – von der Dichte der Flüssigkeit. In Wasser nimmt der Druck je 10 m Tiefe um ca. 100 kPa zu. 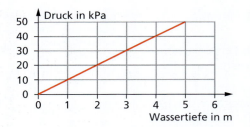	Der normale Luftdruck in Höhe des Meeresspiegels beträgt 101,3 kPa, 1013 hPa oder 1013 mbar. Mit zunehmender Höhe über der Erdoberfläche wird der Luftdruck immer kleiner. 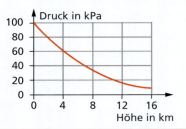

■ Für den **Auftrieb** in Flüssigkeiten und Gasen gilt das **archimedische Gesetz**:

Die auf einen Körper wirkende Auftriebskraft ist gleich der Gewichtskraft der verdrängten Flüssigkeit bzw. des verdrängten Gases.

Sinken	Schweben	Steigen	Schwimmen
$F_A < F_G$	$F_A = F_G$	$F_A > F_G$	$F_A = F_G$

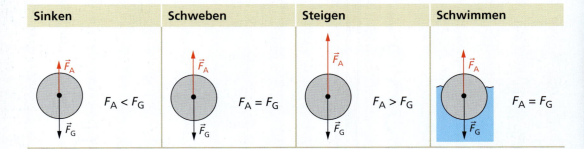

Wärmelehre 3

3.1 Temperatur und Wärme

3.1.1 Die Temperatur von Körpern

Die Größe Temperatur

▶ Für die Celsiusskala wird das Formelzeichen ϑ, für die Kelvinskala das Formelzeichen T verwendet.

> Die Temperatur gibt an, wie warm oder wie kalt ein Körper ist.
>
> Formelzeichen: $\vartheta,\ T$
>
> Einheiten: ein Grad Celsius (1 °C)
>   ein Kelvin   (1 K)

▶ 20 °C − 12 °C = 8 K
20 K − 12 K = 8 K
$\Delta\vartheta = \Delta T$

Temperaturdifferenzen werden meist in der Einheit ein Kelvin (1 K) angegeben. Für die Umrechnung von Kelvin in Grad Celsius und umgekehrt gilt:

$$\frac{T}{K} = \frac{\vartheta}{°C} + 273 \qquad \frac{\vartheta}{°C} = \frac{T}{K} - 273$$

▶ 0 °C = 273 K
100 °C = 373 K

Weitere Einheiten der Temperatur sind ein Grad Fahrenheit (1 °F) und ein Grad Reaumur (1 °R). Zwischen den verschiedenen Temperaturskalen bestehen folgende Beziehungen:

▶ Die Temperaturskalen sind nach dem Schweden
ANDERS CELSIUS (1701–1744), dem Engländer
LORD KELVIN (1824–1907), dem Deutschen
DANIEL FAHRENHEIT (1686–1736) und dem Franzosen
RÉNE-ANTOINE RÉAUMUR (1683–1757) benannt.

Celsiusskala	Kelvinskala	Fahrenheitskala	Reaumurskala
100 °C	373 °K	212 °F	80 °R
0 °C	273 °K	32 °F	0 °R

Temperaturen in Natur und Technik

tiefstmögliche Temperatur	−273 °C
Temperatur flüssiger Luft	−193 °C
tiefste auf der Erde gemessene Lufttemperatur	−89 °C
Tiefkühlfach im Kühlschrank	−20 °C
Schmelztemperatur von Eis	0 °C
normale Körpertemperatur des Menschen	37 °C
höchste auf der Erde gemessene Lufttemperatur	58 °C
Siedetemperatur von Wasser	100 °C
Glühwendel in einer Glühlampe	2 500 °C
Oberfläche der Sonne	6 000 °C

3.1 Temperatur und Wärme

Messen der Temperatur

M ↗ S. 50

Messgeräte für die Temperatur sind **Thermometer**. Es gibt sie in vielen unterschiedlichen Formen. Sie arbeiten nach verschiedenen Prinzipien und unterscheiden sich in ihren Messbereichen sowie in der Messgenauigkeit. Weit verbreitet sind Flüssigkeitsthermometer unterschiedlicher Form.

Verschiedene Arten von Flüssigkeitsthermometern	Aufbau eines Flüssigkeitsthermometers
	Anzeigeröhrchen — Skala — Thermometergefäß mit Thermometerflüssigkeit

▶ Als Thermometerflüssigkeiten werden meist gefärbter Alkohol oder Quecksilber verwendet. Wasser ist wegen seiner Anomalie (↗ S. 173) nicht geeignet.

Genutzt wird bei Flüssigkeitsthermometern, dass sich Flüssigkeiten beim Erwärmen ausdehnen und beim Abkühlen zusammenziehen (↗ S. 172 f.).
Statt einer Flüssigkeit kann auch ein Gas verwendet werden. Man erhält dann ein **Gasthermometer**. Mit Erhöhung der Temperatur dehnen sich die Thermometerflüs-sigkeit bzw. das Gas aus. Bei Verringerung der Temperatur verkleinert sich ihr Volumen. Entsprechend verändert sich die Anzeige.

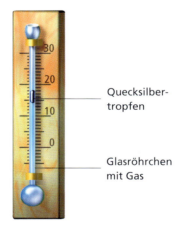

Quecksilbertropfen

Glasröhrchen mit Gas

▶ Die gemessene Temperatur ist nicht gleich der Temperatur, die ein Mensch empfindet.
Diese wird als „gefühlte Temperatur" bezeichnet.

Die **Fixpunkte** eines in Grad Celsius geeichten Thermometers sind die Temperatur von schmelzendem Eis (0 °C) und die Temperatur von siedendem Wasser (100 °C).

Vorgehen beim Messen der Temperatur

1. Schätze die Temperatur und wähle ein geeignetes Thermometer aus! Beachte dabei den Messbereich des Thermometers und die notwendige Messgenauigkeit!
2. Bringe den Messfühler (z. B. das Thermometergefäß) in guten Kontakt mit dem Körper, dessen Temperatur gemessen werden soll!
3. Warte so lange ab, bis sich die angezeigte Temperatur nicht mehr ändert!
4. Lies die Temperatur an der Skala ab!

▶ Die Messgenauigkeit der meisten Flüssigkeitsthermometer beträgt 1 °C und kann auf $\frac{1}{2}$ °C geschätzt werden.

▶ Die **Geschichte der Temperaturmessung** begann um 1625 mit Versuchen, die Körpertemperatur von Menschen genauer zu bestimmen.

Weitere Arten von Thermometern

Bimetallthermometer	Elektrisches Thermometer

Mit Veränderung der Temperatur verändert sich die Krümmung eines Bimetallstreifens (↗ S. 174).	Mit Veränderung der Temperatur verändert sich der elektrische Widerstand eines Bauelements (↗ S. 214).

Thermometer mit Thermofarben	Galileisches Thermometer

Mit Veränderung der Temperatur ändern Stoffe (Thermofarben) ihre Farbe.	Mit Veränderung der Temperatur verändert sich die Dichte und damit der Auftrieb der Körper (↗ S. 159).

▶ Je niedriger die Temperatur ist, umso weniger bewegen sich die Teilchen. Die tiefstmögliche Temperatur ist erreicht, wenn sie sich nicht mehr bewegen. Das ist bei 0 °K (−273 °C) der Fall.

Temperatur und Teilchenbewegung

Die Bewegung der Teilchen eines Stoffs ist abhängig von der Temperatur. Je höher die Temperatur ist, desto heftiger bewegen sich die Teilchen. Die Temperatur eines Körpers ist ein Maß für die mittlere kinetische Energie seiner Teilchen.

bei niedrigerer Temperatur   bei höherer Temperatur

M ↗ S. 30

3.1.1 Wärme und Energie

Die Größe Wärme

Alle Körper besitzen aufgrund ihrer Temperatur thermische Energie E_{therm} (↗ S. 357). An eine kältere Umgebung können wärmere Körper thermische Energie abgeben. Die kältere Umgebung nimmt dabei thermische Energie auf.
Statt der thermischen Energie wird manchmal die **innere Energie** betrachtet. Die innere Energie eines Körpers ist die Summe der Energien aller seiner Teilchen.

> Die Wärme gibt an, wie viel thermische Energie von einem Körper auf einen anderen Körper übertragen wird.
>
> Formelzeichen: Q
>
> Einheit :   ein Joule (1 J, sprich: ein dschul)

▶ Benannt ist die Einheit für die Wärme nach dem englischen Physiker JAMES PRESCOTT JOULE (1818–1889).

Vielfache der Einheit 1 J sind ein Kilojoule (1 kJ) und ein Megajoule (1 MJ):

   1 kJ = 1 000 J

   1 MJ = 1 000 kJ = 1 000 000 J

Besitzen zwei Körper unterschiedliche Temperaturen, so wird thermische Energie von einem Körper auf den anderen übertragen. Die thermische Energie des einen Körpers verringert sich, die des anderen wird größer.

▶ Früher waren für die Wärme die Einheiten eine Kalorie (1 cal) oder eine Kilokalorie (1 kcal) üblich.

Es gilt: 1 cal = 4,19 J

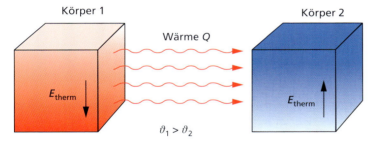

> Für den Zusammenhang zwischen übertragener Wärme und Energieänderung gilt: $Q = \Delta E_{therm}$

Die Wärme kennzeichnet den Prozess der Übertragung thermischer Energie von einem auf andere Körper. Deshalb wird sie als eine **Prozessgröße** bezeichnet. Größen, die den Zustand eines Körpers kennzeichnen, nennt man dagegen **Zustandsgrößen**. Wird einem Körper Wärme zugeführt, dann kann das folgende Auswirkungen haben:
– Die Temperatur des Körpers erhöht sich.
– Das Volumen des Körpers ändert sich.
– Der Druck im Körper ändert sich.
– Der Aggregatzustand des Körpers ändert sich.

▶ Eine andere Prozessgröße ist die mechanische Arbeit (↗ S. 123). Energie oder Temperatur sind Zustandsgrößen, da sie den Zustand eines Körpers kennzeichnen.

168   3 Wärmelehre

▶ Für Temperatur-
differenzen gilt:

$\Delta T = \Delta \vartheta$

Sie werden in Kelvin (K) gemessen. Die Angabe in °C ist ebenfalls zulässig.

M ↗ S.27

Die Grundgleichung der Wärmelehre

Die Wärme, die einem Körper zugeführt oder von ihm abgegeben wird, kann mit der **Grundgleichung der Wärmelehre** berechnet werden.

> Unter der Bedingung, dass keine Änderung des Aggregatzustands erfolgt, gilt für die zugeführte oder abgegebene Wärme:
>
> $Q = c \cdot m \cdot \Delta T$ c spezifische Wärmekapazität
>
> m Masse des Körpers
>
> $Q = c \cdot m \cdot \Delta \vartheta$ $\Delta T, \Delta \vartheta$ Temperaturänderung des Körpers

Die **spezifische Wärmekapazität c** ist eine Stoffkonstante. Sie gibt an, wie viel Wärme von einem Körper aufgenommen oder abgegeben werden muss, damit sich die Temperatur von 1 kg des Stoffs um 1 K ändert.

Spezifische Wärmekapazität einiger Stoffe	
Stoff	**c in $\frac{kJ}{kg \cdot K}$**
Aluminium	0,90
Stahl	0,47
Zinn	0,23
Petroleum	2,0 ⎫
Quecksilber	0,14 ⎬ bei 20 °C
Wasser	4,19 ⎭
Luft	1,01 ⎫ bei konstantem
Stickstoff	1,04 ⎬ Volumen
Sauerstoff	0,92 ⎭ und 0 °C

■ *Welche Wärme ist erforderlich, um 1,2 Liter Wasser von 18 °C auf 90 °C zu erwärmen?*

▶ Für Wasser gilt:
1 l Wasser hat eine Masse von 1 kg.

1 ml Wasser hat eine Masse von 1 g.

Analyse:
Die erforderliche Wärme kann mithilfe der Grundgleichung der Wärmelehre berechnet werden. Die Masse des Wassers ergibt sich aus dem gegebenen Volumen. 1 l Wasser hat eine Masse von 1 kg. Die spezifische Wärmekapazität für Wasser kann der Tabelle entnommen werden.

Gesucht: Q
Gegeben: $V = 1{,}2 \text{ l} \longrightarrow m = 1{,}2 \text{ kg}$
               $\vartheta_1 = 18 \,°C$
               $\vartheta_2 = 90 \,°C$

               $c = 4{,}19 \, \frac{kJ}{kg \cdot K}$

Lösung:

$$Q = c \cdot m \cdot \Delta\vartheta$$

$$Q = 4{,}19 \, \frac{kJ}{kg \cdot K} \cdot 1{,}2 \, kg \cdot 72 \, K$$

$$\underline{Q = 360 \, kJ}$$

▶ Bei allen Berechnungen ist auf eine sinnvolle Genauigkeit zu achten!

Ergebnis:
Um 1,2 l Wasser von 18 °C auf 90 °C zu erwärmen, ist eine Wärme von 360 kJ erforderlich.

Wärmequellen

> Wärmequellen sind technische Geräte oder natürliche Objekte, die Wärme an ihre Umgebung abgeben.

▶ Unsere wichtigste Wärmequelle ist die Sonne. Nur durch die Wärme der Sonne war die Entstehung und Entwicklung von Leben auf der Erde möglich.

Damit von einer Wärmequelle Wärme abgegeben wird, muss Energie zugeführt werden.

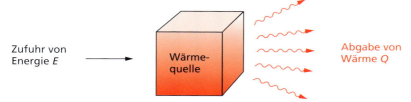

- Heizplatte: Es wird elektrische Energie zugeführt.
- Gasherd: Es wird chemische Energie zugeführt.
- Heizkörper: Es wird thermische Energie (heißes Wasser) zugeführt.

Verbrennungswärme

Zum Betrieb vieler Wärmequellen werden Brennstoffe wie Kohle, Holz, Gas oder Heizöl verbrannt.

> Die Verbrennungswärme Q gibt an, wie viel Wärme abgegeben wird, wenn eine bestimmte Menge Brennstoff verbrannt wird.

Bei festen Brennstoffen wird die Wärme meist auf ein Kilogramm bezogen, bei flüssigen Brennstoffen auf einen Liter und bei gasförmigen Brennstoffen auf einen Kubikmeter.

3 Wärmelehre

▶ **Normzustand** bedeutet: Es wird ein Druck von 1013 mbar und eine Temperatur von 0 °C angenommen. Der Normzustand spielt besonders bei Gasen eine Rolle.

Die Verbrennungswärme kann mit folgenden Gleichungen berechnet werden:

$$Q = H \cdot m$$

Für flüssige und gasförmige Brennstoffe gilt auch:

$$Q = H' \cdot V_n$$

H Heizwert in MJ/kg
m Masse des Brennstoffs
H' Heizwert in MJ/l oder in MJ/m^3
V_n Volumen im Normzustand

Der Heizwert von Brennstoffen ist sehr unterschiedlich. Er gibt an, wie viel Wärme frei wird, wenn 1 kg oder 1 l oder 1 m^3 eines Brennstoffes vollständig verbrannt werden.

Heizwerte einiger Brennstoffe

Feste Stoffe		Flüssigkeiten		Gase	
Braunkohlenbriketts	$20 \frac{MJ}{kg}$	Benzin	$31 \frac{MJ}{l}$	Erdgas	$31 \frac{MJ}{m^3}$
Holz	$15 \frac{MJ}{kg}$	Diesel	$36 \frac{MJ}{l}$	Propan	$94 \frac{MJ}{m^3}$
Steinkohle	$30 \frac{MJ}{kg}$	Heizöl	$36 \frac{MJ}{l}$	Stadtgas	$17 \frac{MJ}{m^3}$

M ↗ S. 57 f.

■ In einem Pkw-Motor werden auf einer Strecke von 100 km 7,2 l Benzin verbrannt.
Wie groß ist die dabei entstehende Verbrennungswärme?

Analyse:
Die Verbrennungswärme kann nach der Gleichung $Q = H' \cdot V_n$ berechnet werden. Der Heizwert von Benzin kann der Tabelle entnommen werden. Sein Wert hängt von der Qualität des Benzins ab. Wir wählen für die Lösung der Aufgabe den oben angegebenen Wert von 31 MJ/l. Das gegebene Volumen Benzin befindet sich näherungsweise im Normzustand.

Gesucht: Q
Gegeben: $V_n = 7,2 \text{ l}$
             $H' = 31 \frac{MJ}{l}$

Lösung:

$$Q = H' \cdot V_n$$

$$Q = 31 \frac{MJ}{l} \cdot 7,2 \text{ l}$$

$$\underline{Q = 223 \text{ MJ}}$$

Ergebnis:
Bei der Verbrennung von 7,2 l Benzin wird eine Wärme von etwa 220 MJ frei. Das ist eine Wärme, mit der man 1 t Wasser (1 000 l) um etwa 50 K erwärmen könnte.

3.1.2 Die thermische Leistung von Wärmequellen

Die Größe thermische Leistung

Die thermische Leistung gibt an, wie viel Wärme in jeder Sekunde von der Wärmequelle abgegeben wird.

Formelzeichen: P

Einheit: ein Watt   (1 W)

▶ Als Formelzeichen verwendet man statt P manchmal auch P_{th}.

Vielfache der Einheit 1 Watt sind 1 Kilowatt und 1 Megawatt:

1 kW   = 1 000 W

1 MW   = 1 000 kW = 1 000 000 W

Leistungen von Wärmequellen in Natur und Technik	
brennendes Streichholz	≈ 10 W
Experimentierheizplatte	150 W
Tauchsieder	bis 1 000 W
Strahlung der Sonne je Quadratmeter und Sekunde in Erdentfernung	1 370 W
Heizkessel eines Einfamilienhauses	5 kW
Heizkessel im Kraftwerk	bis 800 000 kW

▶ Die Strahlung der Sonne, die in jeder Sekunde senkrecht auf 1 m^2 in Erdentfernung fällt, wird als Solarkonstante S bezeichnet (↗ S. 363).

Für die thermische Leistung gilt:

$P = \dfrac{Q}{t}$ Q abgegebene Wärme
      t Zeit

Der Wirkungsgrad von Wärmequellen

Allgemein gibt der Wirkungsgrad an, welcher Anteil der aufzuwendenden Energie in nutzbringende Energie umgewandelt wird. Für Wärmequellen gilt:

▶ Ausführliche Informationen zum Wirkungsgrad sind auf ↗ S. 131 gegeben.

Der Wirkungsgrad η einer Wärmequelle gibt an, welcher Anteil der zugeführten Energie in Form von Wärme abgegeben wird.

Ein Wirkungsgrad von 70 % bedeutet dann: 70 % der insgesamt zugeführten Energie wird in Form von Wärme abgegeben.

Der Wirkungsgrad von Wärmequellen kann mit folgender Gleichung berechnet werden:

$\eta = \dfrac{Q_{ab}}{E_{zu}}$ Q_{ab} abgegebene Wärme
      E_{zu} zugeführte Energie

3.2 Volumenänderung von Körpern bei Temperaturänderung

3.2.1 Volumenänderung von Körpern

▶ Es gibt auch Körper, die sich nicht ausdehnen können, z. B. das Gas in einer stählernen Gasflasche.

Bei einer bestimmten Temperatur nimmt jeder Körper ein bestimmtes Volumen ein. Ändert sich die Temperatur, so ändert sich meistens auch das Volumen des Körpers. Das gilt für feste Körper, Flüssigkeiten und Gase.

> Unter der Bedingung, dass sich ein Körper ausdehnen kann, gilt: Wenn sich die Temperatur eines Körpers ändert, so ändert sich im Allgemeinen auch sein Volumen.

Feste Körper	Flüssigkeiten	Gase
Eine Brücke dehnt sich bei Temperaturerhöhung aus. Deshalb ist es erforderlich, Brücken auf Rollen zu lagern.	Kühlflüssigkeit beim Pkw-Motor dehnt sich bei Temperaturerhöhung aus. Deshalb muss ein Ausgleichsbehälter eingebaut sein.	Luft dehnt sich bei Temperaturerhöhung aus. Deshalb sollte man eine Luftmatratze oder einen Wasserball nicht in der prallen Sonne liegen lassen.

Bei Erhöhung der Temperatur dehnen sich die meisten Körper aus, bei Verringerung der Temperatur ziehen sie sich zusammen. Wasser ist eine Ausnahme (↗ S. 173).

▶ Manche Körper können sich nicht oder kaum ausdehnen, z. B. das Gas in einer Gasflasche oder die Luft in einem Autoreifen. In diesen Fällen ändert sich mit der Temperatur der Druck.

Unter der Bedingung, dass sich ein Körper frei ausdehnen kann, gilt für die Volumenänderung:

$\Delta V = \gamma \cdot V_0 \cdot \Delta T$

oder

$\Delta V = \gamma \cdot V_0 \cdot \Delta \vartheta$

γ Volumenausdehnungskoeffizient
V_0 Ausgangsvolumen
$\Delta T, \Delta \vartheta$ Temperaturänderung

Die Volumenausdehnungskoeffizienten sind für verschiedene Stoffe unterschiedlich. Deshalb ändert sich das Volumen von Körpern aus verschiedenen Stoffen bei sonst gleichen Bedingungen unterschiedlich stark. Zu beachten ist auch, dass der Volumenausdehnungskoeffizient selbst temperaturabhängig ist.

3.2 Volumenänderung von Körpern bei Temperaturänderung

Volumenausdehnungskoeffizienten einiger Stoffe bei 20 °C				
Feste Stoffe	γ in K^{-1}	**Flüssigkeiten**	γ in K^{-1}
Aluminium	0,000 072	Alkohol	0,001 1
Beton	0,000 036	Benzin	0,001 0
Holz (Eiche)	0,000 030	Heizöl	0,000 9
Kupfer	0,000 048	Petroleum	0,000 9
Stahl	0,000 036	Quecksilber	0,000 18
Ziegelstein	0,000 015	Wasser	0,000 18

Für alle Gase gilt: $\gamma = \frac{1}{273\,K} \approx 0{,}003\,66 \cdot \frac{1}{K}$

Vergleicht man die Volumenausdehnungskoeffizienten von festen Stoffen, Flüssigkeiten und Gasen miteinander, so ergibt sich:

▶ Bei Gasen ist zu beachten, dass man bei der Volumenänderung von einem konstanten Druck ausgeht.

Bei gleichem Ausgangsvolumen und gleicher Temperaturänderung ist die Volumenänderung von Gasen größer als die von Flüssigkeiten und die von Flüssigkeiten größer als die von festen Körpern.

Anomalie des Wassers

Wasser verhält sich anders als fast alle anderen Stoffe. Dieses nicht normale thermische Verhalten wird als **Anomalie des Wassers** bezeichnet.
Kühlt man Wasser ab, so verringert sich wie bei fast allen Stoffen sein Volumen.
Bei 4 °C ist das Volumen am kleinsten und damit die Dichte des Wassers am größten.
Bei weiterer Verringerung der Temperatur unter 4 °C dehnt sich Wasser wieder aus.

▶ Die Anomalie des Wassers ist auch der Grund dafür, dass Wasser als Thermometerflüssigkeit ungeeignet ist. Unter 4 °C würde die Flüssigkeitssäule im Thermometer wieder ansteigen.

2 °C   3 °C   4 °C   5 °C   6 °C

Wasser hat bei 4 °C sein kleinstes Volumen und seine größte Dichte.

- Bei 4 °C beträgt die Dichte von Wasser 0,999 973 g/cm^3, bei 0 °C beträgt sie 0,999 840 g/cm^3, bei 20 °C hat sie den Wert 0,998 205 g/cm^3 und bei 90 °C den Wert 0,965 3 g/cm^3.
Sinkt die Temperatur von Wasser von 4 °C auf 0 °C, so wird die Dichte von Wasser kleiner und somit sein Volumen bei einer bestimmten Wassermenge größer.
Beim Gefrieren von Wasser verringert sich die Dichte ebenfalls, sodass Eis eine geringere Dichte als Wasser hat.
Die gleichzeitige Vergrößerung des Volumens führt dazu, dass gefrierendes Wasser eine regelrechte „Sprengwirkung" hat.

▶ Beim Gefrieren dehnt sich Wasser ebenfalls aus.
Eis von 0 °C hat eine Dichte von 0,92 g/cm^3. Deshalb schwimmt es auf flüssigem Wasser (↗ S. 159).

Die Veränderung der Dichte des Wassers mit der Temperatur führt in Mitteleuropa zu einer charakteristischen Naturerscheinung.

▶ Charakteristisch für Frühjahr und Herbst ist eine Durchmischung des Wassers, verbunden mit allmählichen Temperaturänderungen.

Sommer

Das Wasser mit der größten Dichte (kühles Wasser) befindet sich unten.

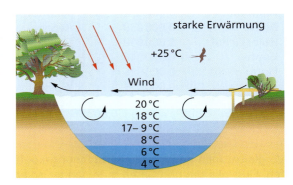

▶ Da im Winter in Seen und Teichen in den unteren Schichten eine Temperatur von 4 °C herrscht, können Organismen dort überleben.

Winter

Das Wasser mit der kleineren Dichte (Wasser unter 4 °C) befindet sich oben.

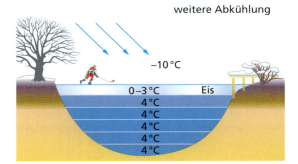

3.2.2 Längenänderung von festen Körpern

Bei Stahlbrücken, Hochspannungsleitungen und Rohrleitungen ist nur die Längenänderung von praktischer Bedeutung.

Unter der Bedingung, dass sich ein fester Körper frei ausdehnen kann, gilt für die Längenänderung:

$\Delta l = \alpha \cdot l_0 \cdot \Delta T$

oder

$\Delta l = \alpha \cdot l_0 \cdot \Delta \vartheta$

α Längenausdehnungskoeffizient
l_0 Ausgangslänge
$\Delta T, \Delta \vartheta$ Temperaturänderung

Der Längenausdehnungskoeffizient gibt an, um welchen Teil ein Körper aus einem bestimmten Stoff seine Länge bei einer Temperaturänderung von 1 K ändert.

3.2 Volumenänderung von Körpern bei Temperaturänderung

Längenausdehnungskoeffizienten einiger Stoffe zwischen 0 °C und 100 °C			
Stoff	α **in K^{-1}**	**Stoff**	α **in K^{-1}**
Aluminium	0,000 024	Kupfer	0,000 016
Beton	0,000 012	Porzellan	0,000 004
Glas	0,000 010	Silber	0,000 020
Holz (Eiche)	0,000 008	Stahl	0,000 012
Konstantan	0,000 015	Ziegelstein	0,000 005

■ Eine 85 m lange Stahlbrücke wird im Winter bis auf −20 °C abgekühlt und im Sommer bis +35 °C erwärmt.
Wie groß ist die Längenänderung zwischen Sommer und Winter?

Analyse:
Aus der Temperaturänderung, der Ausgangslänge und dem Längenausdehnungskoeffizienten kann die Längenänderung berechnet werden. Als Ausgangslänge bei −20 °C werden 85 m gewählt, der Längenausdehnungskoeffizient kann der Tabelle entnommen werden.

Gesucht: Δl
Gegeben: $l_0 = 85$ m
$\vartheta_1 = -20\,°C$ $\qquad \Delta\vartheta = \vartheta_2 - \vartheta_1 = 55$ K
$\vartheta_2 = 35\,°C$
$\alpha = 0,000\,012\,\frac{1}{K}$

Lösung:

$$\Delta l = \alpha \cdot l_0 \cdot \Delta\vartheta$$

$$\Delta l = 0,000\,012\,\frac{1}{K} \cdot 85\,m \cdot 55\,K$$

$$\underline{\Delta l = 0,056\,m}$$

Ergebnis:
Die Längenänderung der 85 m langen Stahlbrücke zwischen Sommer und Winter beträgt 5,6 cm.

▶ Bei der Konstruktion von Brücken wird die Längenänderung bei Temperaturänderung so berücksichtigt, dass
– mindestens eine Seite der Brücke beweglich (z. B. auf Rollen) gelagert ist,
– im Fahrbahnbelag Dehnungsfugen vorhanden sind.

3.2.3 Zustandsänderung von Gasen

Mit der Temperatur können sich bei Gasen sowohl der Druck als auch das Volumen ändern. Zur Beschreibung der Zusammenhänge wird das Modell **ideales Gas** genutzt. Es ist dadurch gekennzeichnet, dass
– die Teilchen keinen Raum einnehmen und
– die Stöße der Teilchen untereinander und mit den Gefäßwänden elastisch sind.
Reale Gase verhalten sich bei Zimmertemperatur und normalem Druck näherungsweise wie das ideale Gas.

▶ Das ideale Gas ist ein **Modell** und damit eine Vereinfachung der Wirklichkeit.

Zwischen Druck, Volumen und Temperatur einer abgeschlossenen Gasmenge gibt es gesetzmäßige Zusammenhänge.

Druck ist konstant	Volumen ist konstant	Temperatur ist konstant
$T_1 < T_2$ $V_1 < V_2$	$T_1 < T_2$ $p_1 < p_2$	$p_1 < p_2$ $V_1 > V_2$
Je höher die Temperatur, desto größer das Volumen.	Je höher die Temperatur, desto größer der Druck.	Je größer der Druck, desto kleiner das Volumen.
Unter der Bedingung, dass der Druck konstant ist, gilt für eine abgeschlossene Gasmenge: $$\frac{V_1}{T_1} = \frac{V_2}{T_2} = \text{konstant}$$ (Gesetz von GAY-LUSSAC)	Unter der Bedingung, dass das Volumen konstant ist, gilt für eine abgeschlossene Gasmenge: $$\frac{p_1}{T_1} = \frac{p_2}{T_2} = \text{konstant}$$ (Gesetz von AMONTONS)	Unter der Bedingung, dass die Temperatur konstant ist, gilt für eine abgeschlossene Gasmenge: $$p_1 \cdot V_1 = p_2 \cdot V_2$$ (Gesetz von BOYLE und MARIOTTE)
■ Erwärmung der Luft in einem Wohnraum	■ Erwärmung des Gases in einer Gasflasche	■ Zusammendrücken der Luft in einer Luftpumpe

▶ Entdeckt wurden die Gasgesetze von den Naturwissenschaftlern **JOSEPH LOUIS GAY-LUSSAC** (1778–1850), **GUILLAUME AMONTONS** (1663–1705), **ROBERT BOYLE** (1627–1691) und **EDME MARIOTTE** (1620–1684).

In vielen Fällen, z. B. bei einem Autoreifen oder einer Luftmatratze, ändern sich Druck, Volumen und Temperatur gleichzeitig. Es gilt dann die **Zustandsgleichung für das ideale Gas.**

> Zwischen Druck, Volumen und Temperatur des idealen Gases besteht folgender Zusammenhang:
>
> $$\frac{p \cdot V}{T} = \text{konstant} \quad \text{oder} \quad \frac{p_1 \cdot V_1}{T_1} = \frac{p_2 \cdot V_2}{T_2}$$
>
> p Druck
> V Volumen
> T Temperatur in K

Sich ausdehnende Gase können auch Arbeit verrichten. Das ist z. B. bei Verbrennungsmotoren der Fall. Diese Art von Arbeit wird als **Volumenarbeit** oder **Volumenänderungsarbeit** bezeichnet (↗ S. 125, 188).

3.3 Aggregatzustandsänderungen

Aggregatzustände und ihre Änderungen

Stoffe können sich im festen, flüssigen und gasförmigen Aggregatzustand befinden.
Durch die Zufuhr oder die Abgabe von Wärme kann sich der Aggregatzustand eines Körpers ändern. Während des Umwandlungsprozesses ändert sich die Temperatur des Körpers nicht, jedoch seine thermische (innere) Energie und häufig auch das Volumen.

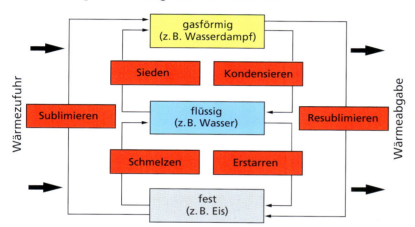

▶ Fast alle Stoffe können fest, flüssig oder gasförmig sein. In welchem Aggregatzustand ein Stoff vorliegt, hängt nicht nur von der Temperatur, sondern auch vom Druck ab.

Schmelzen und Erstarren

Wird einem festen Körper Wärme zugeführt, so geht er bei der **Schmelztemperatur** ϑ_S vom festen in den flüssigen Aggregatzustand über. Er schmilzt.
Wird einer Flüssigkeit Wärme entzogen, so geht sie bei der **Erstarrungstemperatur** ϑ_S in den festen Aggregatzustand über. Sie erstarrt.

▶ Es gibt auch Stoffe, für die man keine genaue Schmelztemperatur, sondern nur einen Temperaturbereich angeben kann. Dazu gehört z. B. Wachs.

> Während des Schmelzens und des Erstarrens ändert sich die Temperatur nicht. Schmelztemperatur und Erstarrungstemperatur sind gleich groß.

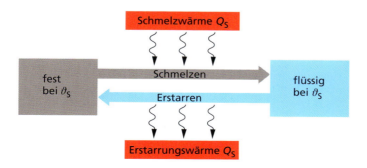

Die Wärme Q_S, die man zum Schmelzen braucht (Schmelzwärme), wird beim Erstarren wieder frei (Erstarrungswärme). **Schmelzwärme** und **Erstarrungswärme** sind gleich groß.

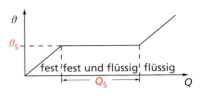

> Die Schmelzwärme Q_S kann berechnet werden mit der Gleichung:
>
> $Q_S = q_S \cdot m$
>
> q_S spezifische Schmelzwärme
> m Masse des Körpers

Die spezifische Schmelzwärme q_S ist abhängig vom Stoff, aus dem der Körper besteht.

▶ Die Schmelztemperaturen gelten bei einem Druck von 1013 hPa.

Schmelztemperatur und spezifische Schmelzwärme einiger Stoffe

Stoff	ϑ_S in °C	q_S in $\frac{kJ}{kg}$
Aluminium	660	396
Blei	327	24
Eis (Wasser)	0	334
Stahl	1 500	270
Wachs	≈ 50	176
Wolfram	3 380	192

▶ Die Erscheinung, dass beim Gefrieren von Wasser Wärme frei wird, nutzt man, um die Blüten von Obstbäumen vor dem Erfrieren zu schützen. Bei Frostgefahr werden sie mit Wasser besprüht.

M ↗ S. 57 f.

■ *Welche Wärme wird frei, wenn ein Liter Wasser von 0 °C gefriert?*

Analyse:
Zu berechnen ist die Erstarrungswärme. Da sie genauso groß wie die Schmelzwärme ist, kann sie nach der Gleichung für die Schmelzwärme berechnet werden. Die spezifische Schmelzwärme kann der Tabelle entnommen werden.

Gesucht: Q_S
Gegeben: $q_S = 334 \frac{kJ}{kg}$

$V = 1\ l \longrightarrow m = 1\ kg$

Lösung:

$Q_S = q_S \cdot m$

$Q_S = 334 \frac{kJ}{kg} \cdot 1\ kg$

$Q_S = 334\ kJ$

Ergebnis:
Beim Gefrieren von 1 l Wasser wird eine Wärme von 334 kJ frei.

Die Schmelztemperatur von Stoffen ist abhängig vom Druck. Für das Schmelzen von Eis gilt:

> Je größer der Druck ist, desto niedriger ist die Schmelztemperatur von Eis.

Während des Schmelzens und des Erstarrens ändert sich mit dem Aggregatzustand auch das Volumen des Körpers.
Das kann man z. B. bei einer Kerze beobachten.

> Bei den meisten Stoffen ist das Volumen des flüssigen Körpers größer als das Volumen des festen Körpers.

Wasser bildet dabei eine Ausnahme.
Es dehnt sich beim Erstarren aus. Auch bei weiterer Verringerung der Temperatur vergrößert sich das Volumen von Eis weiter.

▶ Diese Eigenschaft von Wasser bzw. Eis bewirkt, dass bei Frost wassergefüllte Rohre platzen können.
Auch die Verwitterung von Gestein ist auf die Sprengwirkung von Eis zurückzuführen.

Sieden und Kondensieren

Wird einer Flüssigkeit Wärme zugeführt, so geht sie bei der **Siedetemperatur** ϑ_V vom flüssigen in den gasförmigen Aggregatzustand über. Sie verdampft. Dazu ist Wärme erforderlich.

Wird einem Gas Wärme entzogen, so geht es bei der **Kondensationstemperatur** ϑ_V in den flüssigen Aggregatzustand über. Es kondensiert. Dabei wird Wärme frei, die als **Kondensationswärme** bezeichnet wird.

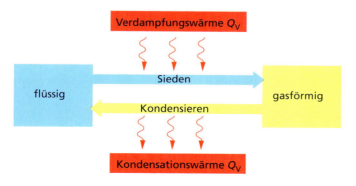

▶ Die Temperatur von siedendem Wasser in einem Kochtopf beträgt immer etwa 100 °C, unabhängig davon, ob das Wasser gerade siedet oder intensiv brodelt.

Während des Siedens und des Kondensierens ändert sich die Temperatur nicht. Siedetemperatur und Kondensationstemperatur sind gleich groß.

Die Wärme Q_V, die man zum Verdampfen braucht (Verdampfungswärme), wird beim Kondensieren wieder frei (Kondensationswärme). **Verdampfungswärme** und **Kondensationswärme** sind gleich groß.

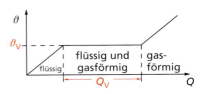

Die Verdampfungswärme Q_V kann unter der Bedingung, dass der Druck konstant ist, berechnet werden mit der Gleichung:

$$Q_V = q_V \cdot m$$

q_V spezifische Verdampfungswärme
m Masse des Körpers

Die spezifische Verdampfungswärme q_V ist abhängig vom Stoff, aus dem der Körper besteht.

▶ Bei einem bestimmten Stoff ist die Verdampfungswärme meist wesentlich größer als die Schmelzwärme.

▶ Die Siedetemperaturen gelten bei einem Druck von 1013 hPa (normaler Luftdruck).

Siedetemperatur und spezifische Verdampfungswärme einiger Stoffe

Stoff	ϑ_V in °C	q_V in $\frac{kJ}{kg}$
Aluminium	2 450	10 500
Blei	1 740	871
Kupfer	2 600	4 650
Stahl	3 000	6 322
Wasser	100	2 260
Wolfram	5 930	4 190
Zinn	2 270	2 386

■ *Welche Wärme ist erforderlich, um 1 l Wasser vollständig zu verdampfen?*

Analyse:
Die Verdampfungswärme kann nach der oben genannten Gleichung berechnet werden. Um die Aufgabe lösen zu können, muss von der Annahme ausgegangen werden, dass das Wasser eine Temperatur von 100 °C hat.

M ↗ S. 57 f.

Gesucht: Q_V
Gegeben: $q_V = 2260 \frac{kJ}{kg}$

▶ 1 l Wasser hat eine Masse von 1 kg.

$V = 1\,l \longrightarrow m = 1\,kg$

Lösung:

$$Q_V = q_V \cdot m$$

$$Q_V = 2\,260\,\tfrac{kJ}{kg} \cdot 1\,kg$$

$$Q_V = 2\,260\,kJ$$

Ergebnis:
Um 1 l Wasser vollständig zu verdampfen, ist eine Wärme von 2 260 kJ erforderlich.

Die Siedetemperatur von Stoffen ist abhängig vom Druck. Für das Sieden von Flüssigkeiten gilt:

> Je größer der Druck auf die Oberfläche, desto höher ist die Siedetemperatur.

▶ Diese Erscheinung wird bei **Schnellkochtöpfen** genutzt. Umgekehrt bewirkt der kleinere Luftdruck auf hohen Bergen, dass dort die Siedetemperatur von Wasser deutlich unter 100 °C liegt.

Verdunsten

Flüssigkeiten können auch unterhalb der Siedetemperatur in den gasförmigen Aggregatzustand übergehen. Diesen Vorgang nennt man **Verdunsten.**

■ Beispiele für Verdunsten sind das Trocknen von Wäsche, das Abtrocknen von Straßen nach dem Regen oder das Trocknen von Schweiß.

Die Verdunstung ist abhängig
– von der Größe der Oberfläche der Flüssigkeit,
– von der Temperatur,
– davon, wie schnell der verdunstete Anteil der Flüssigkeit abgeführt wird.

▶ Bei hohen Temperaturen schwitzen wir. Durch das Verdunsten des Schweißes wird dem Körper Wärme entzogen. Er wird gekühlt.

> Die Verdunstung ist umso stärker, je größer die Oberfläche ist, je höher die Temperatur ist und je schneller die verdunsteten Anteile abgeführt werden.

Auch zum Verdunsten ist Wärme erforderlich (Verdunstungswärme). Da sie meistens der Umgebung entzogen wird und zu einer Abkühlung der Umgebung führt, wird sie manchmal auch als **Verdunstungskälte** bezeichnet.

Sublimieren

Feste Körper können auch unmittelbar in den gasförmigen Aggregatzustand übergehen. Diesen Vorgang nennt man **Sublimieren.**

■ Auch wenn ständig Frost herrscht, verschwinden im Winter Schnee und Eis allmählich. Aus Eis entsteht sofort Wasserdampf.

▶ Die Verdunstungskälte wird z. B. in der Medizin genutzt. Um Haut schmerzunempfindlich zu machen, wird die betreffende Stelle mit einer schnell verdunstenden Flüssigkeit besprüht und kühlt sie dadurch.

3.4 Wärmeübertragung

Arten der Wärmeübertragung

Die Übertragung von Energie in Form von Wärme kann durch **Wärmeleitung, Wärmeströmung (Konvektion)** oder **Wärmestrahlung** erfolgen.

Wärmeleitung	Wärmeströmung (Konvektion)	Wärmestrahlung
Von einem Körper höherer Temperatur wird auf einen Körper niedrigerer Temperatur Wärme übertragen.	Durch strömende Flüssigkeiten oder Gase wird Wärme übertragen.	Körper, vor allem heiße Körper, strahlen Wärme ab. Die Wärmestrahlung breitet sich auch im luftleeren Raum aus.
■ Ein Topf steht auf einer Herdplatte. Ein Löffel, mit dem man heißen Tee umrührt, wird am anderen Ende warm.	■ Warmwasserheizung, Golfstrom als warme Meeresströmung, warme Luft als Luftströmung	■ Wärmestrahlung der Sonne, Wärmestrahlung einer Infrarotlampe, Wärmestrahlung eines Lagerfeuers

Häufig treten Wärmeleitung, Wärmeströmung und Wärmestrahlung zusammen auf.

Wärmeleitung

▶ Gute Wärmeleiter nutzt man z. B. für die Böden von Kochtöpfen, schlechte Wärmeleiter z. B. für die Griffe von Kochtöpfen oder für die Isolierung von Gebäuden.

Bei der **Wärmeleitung** wird Wärme durch Körper hindurch von Bereichen höherer Temperatur zu Bereichen niedrigerer Temperatur übertragen.

Die Wärmeleitfähigkeit von Stoffen ist sehr unterschiedlich.
Gute Wärmeleiter sind Metalle, vor allem Silber, Kupfer, Gold und Aluminium.
Schlechte Wärmeleiter sind fast alle Kunststoffe, Wasser und vor allem Luft.

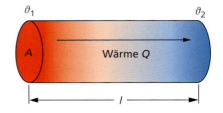

3.4 Wärmeübertragung

Für die Wärmeleitung in einem Stoff kann die übertragene Wärme berechnet werden.

> Unter der Bedingung einer konstanten Temperaturdifferenz
> $\Delta\vartheta = \vartheta_1 - \vartheta_2$ = konstant gilt:
>
> $Q = \lambda \cdot \dfrac{A \cdot t \cdot \Delta\vartheta}{l}$
>
> Q durch den Stoff übertragene Wärme
> λ Wärmeleitfähigkeit des Stoffs
> A Fläche
> t Zeit
> l Länge des Wärmeleiters
> $\Delta\vartheta$ Temperaturdifferenz

Die Wärmeleitfähigkeit λ ist eine Stoffkonstante. Nachfolgend sind einige Werte aufgeführt.

Wärmeleitfähigkeit einiger Stoffe in $\frac{W}{m \cdot K}$				
Gute Wärmeleiter		**Schlechte Wärmeleiter**	
Aluminium	234	Beton	1,1
Gold	311	Glas	0,6…0,9
Kupfer	398	Holz (Eiche)	0,2
Stahl	41…58	Styropor	0,045
Wolfram	169	Luft	0,025

▶ Die meisten Dämmstoffe sind so aufgebaut, dass sie viel Luft enthalten. Bei ihnen wird das schlechte Wärmeleitvermögen der Luft genutzt.

Die Wärmeleitung kann auch von einem Stoff zu einem anderen (Wärmeübergang) oder durch einen Stoff hindurch (Wärmedurchgang) erfolgen.

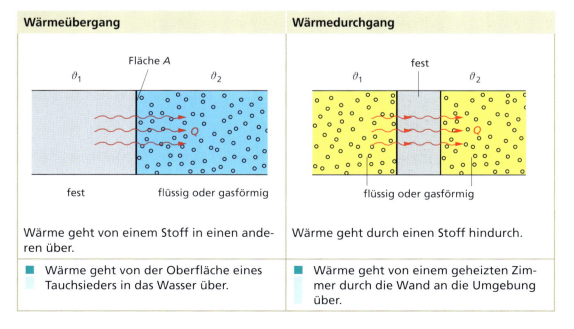

Für den **Wärmeübergang** von einem Stoff in einen anderen gilt:

Unter der Bedingung einer konstanten Temperaturdifferenz
$\Delta\vartheta$ = konstant gilt für die übertragene Wärme Q:

$Q = \alpha \cdot A \cdot t \cdot \Delta\vartheta$
- Q übertragene Wärme
- α Wärmeübergangskoeffizient
- A Fläche
- t Zeit
- $\Delta\vartheta$ Temperaturdifferenz

▶ Wärmedurchgang tritt z. B. bei Fensterscheiben oder bei Häuserwänden auf.

Für den **Wärmedurchgang** durch einen Stoff hindurch gilt:

Unter der Bedingung einer konstanten Temperaturdifferenz
$\Delta\vartheta$ = konstant gilt für die übertragene Wärme Q:

$Q = k \cdot A \cdot t \cdot \Delta\vartheta$
- k Wärmedurchgangskoeffizient
- A Fläche
- t Zeit
- $\Delta\vartheta$ Temperaturdifferenz

Wärmeströmung (Konvektion)

▶ Wärmeströmungen in den Weltmeeren und Wärmeströmungen in der Atmosphäre beeinflussen stark das Klima.

Bei der **Wärmeströmung** wird Wärme durch strömende Flüssigkeiten (z. B. Wasser) oder Gase (z. B. Luft) übertragen. Wie viel Wärme durch Wärmeströmung übertragen wird, hängt davon ab,
- mit welchem Stoff die Wärme übertragen wird,
- wie groß die durchströmte Fläche und die Strömungsgeschwindigkeit sind,
- wie groß die Temperaturdifferenz ist.

■ Ein typisches Beispiel für Wärmeströmung ist der Transport von Wärme von einem Heizkraftwerk zu Wohnungen. Als Stoff wird dabei Wasser verwendet.

Wärmestrahlung

▶ Die Wärmestrahlung der Sonne beträgt bei senkrechtem Einfall in Erdentfernung je Quadratmeter 1,37 kW.
Dieser Wert wird als **Solarkonstante** bezeichnet.
In Deutschland treffen durchschnittlich 0,5 kW auf jeden Quadratmeter.

Bei **Wärmestrahlung** wird Energie in Form von Wärme durch elektromagnetische Wellen (↗ S. 261) übertragen.

Wärmestrahlung breitet sich ohne die Mitwirkung eines Stoffs aus.

Die wichtigste Quelle von Wärmestrahlung ist die Sonne.
Wärmestrahlung der Sonne wird z. B. technisch genutzt, um **Sonnenkollektoren** oder **Solarzellen** zu betreiben. Bei Sonnenkollektoren wird Wasser erwärmt. Bei Solarzellen wird Strahlungsenergie der Sonne in elektrische Energie umgewandelt.

Bei einem **Sonnenkollektor** wird durch die Strahlung der Sonne Wasser erwärmt. In einem Wärmetauscher wird die Wärme auf Wasser eines zweiten Kreislaufes übertragen. Dieses Warmwasser wird gespeichert und für die Heizung von Räumen oder als Brauchwasser genutzt.

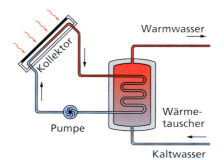

▶ Damit die Sonnenstrahlung möglichst senkrecht einfällt, müssen Sonnenkollektoren nach Süden ausgerichtet sein.

M ↗ S. 43

Wenn Wärmestrahlung auf einen Körper trifft, so wird sie zum Teil hindurchgelassen, z. T. von diesem Körper aufgenommen (absorbiert) und z. T. von diesem Körper zurückgeworfen (reflektiert).
Wie viel Wärmestrahlung hindurchgelassen, absorbiert oder reflektiert wird, hängt ab von
– dem Stoff, aus dem der Körper besteht;
– der Schichtdicke des Körpers;
– der Oberflächenbeschaffenheit des Körpers.

> Körper mit dunkler und rauer Oberfläche absorbieren viel und reflektieren wenig Wärmestrahlung.
> Körper mit heller und glatter Oberfläche absorbieren wenig und reflektieren viel Wärmestrahlung.

▶ Dunkle Kleidung absorbiert viel Sonnenstrahlung, helle Kleidung reflektiert viel.

Wärmedämmung

Alle Maßnahmen, die der Vermeidung der Wärmeübertragung dienen, werden als **Wärmedämmung** bezeichnet.

Wärmedämmung ist z. B. erforderlich bei Häusern, bei Rohrleitungen der Fernwärmeversorgung oder bei Thermoskannen.
Die Wärmeübertragung bei einem Haus kann z. B. verringert werden
– durch Isolierung der Hauswände mit Wärmedämmplatten,
– durch Verwendung von Doppelfenstern und Wärmeisolierglas,
– durch eine Isolierung des Daches,
– durch dichte Fenster und Türen.

▶ Ob ein Haus gut oder schlecht wärmegedämmt ist, kann mithilfe der **Thermografie** ermittelt werden.
Das ist ein spezielles fotografisches Verfahren.

Wärmeaustausch zwischen zwei Körpern

Wenn warmes und kaltes Wasser in ein Gefäß geschüttet werden, dann gibt das warme Wasser Wärme ab, das kalte Wasser nimmt Wärme auf.

Allgemein gilt das **Grundgesetz des Wärmeaustauschs:**

> Beachte:
> Für den Wärmeaustausch zwischen Körpern ist eine bestimmte Zeit erforderlich.

Wenn zwei Körper unterschiedlicher Temperatur in engen Kontakt miteinander kommen, so gibt der Körper höherer Temperatur Wärme ab, der Körper niedrigerer Temperatur nimmt Wärme auf. Die vom Körper höherer Temperatur abgegebene Wärme ist genauso groß wie die vom Körper niedrigerer Temperatur aufgenommene Wärme: $Q_{ab} = Q_{zu}$

Diesen Zusammenhang kann man nutzen, um die Mischungstemperatur zweier Wassermengen oder auch anderer Flüssigkeiten zu ermitteln.

> **GEORG WILHELM RICHMANN**
> (1711–1753), nach dem die Mischungsregel benannt ist, war ein deutscher Naturforscher, der in St. Petersburg tätig war.

Unter der Bedingung, dass keine Aggregatzustandsänderungen und keine Wärmeverluste auftreten, gilt die **richmannsche Mischungsregel:**

$$\vartheta_M = \frac{c_1 \cdot m_1 \cdot \vartheta_1 + c_2 \cdot m_2 \cdot \vartheta_2}{c_1 \cdot m_1 + c_2 \cdot m_2}$$

Für $c_1 = c_2$ gilt:

$$\vartheta_M = \frac{m_1 \cdot \vartheta_1 + m_2 \cdot \vartheta_2}{m_1 + m_2}$$

ϑ_M Mischungstemperatur
ϑ_1, ϑ_2 Ausgangstemperaturen der Körper
m_1, m_2 Massen der Körper
c_1, c_2 spezifische Wärmekapazitäten der Stoffe

M ⟋ S. 57 f.

■ 10 l Wasser von 20 °C und 10 l Wasser von 40 °C werden gemischt. *Welche Temperatur haben die 20 l Wasser?*

Analyse:
Die Mischungstemperatur kann nach der obigen Gleichung berechnet werden. Da nur ein Stoff miteinander gemischt wird, ist $c_1 = c_2$.

> Bei experimentellen Untersuchungen zum Wärmeaustausch ist darauf zu achten, dass vor Temperaturmessungen die Flüssigkeiten gut durchmischt sein müssen.

Gesucht: ϑ_M
Gegeben: $m_1 = 10$ kg $\vartheta_1 = 20$ °C
            $m_2 = 10$ kg $\vartheta_2 = 40$ °C

Lösung:

$$\vartheta_M = \frac{m_1 \cdot \vartheta_1 + m_2 \cdot \vartheta_2}{m_1 + m_2}$$

$$\vartheta_M = \frac{10 \text{ kg} \cdot 20 \,°C + 10 \text{ kg} \cdot 40 \,°C}{10 \text{ kg} + 10 \text{ kg}}$$

$$\underline{\vartheta_M = 30\,°C}$$

Ergebnis:
Mischt man 10 l Wasser von 20 °C mit 10 l Wasser von 40 °C, so erhält man Wasser mit einer Temperatur von 30 °C.

3.5 Hauptsätze der Wärmelehre und Wärmekraftmaschinen

3.5.1 Hauptsätze der Wärmelehre

Die Hauptsätze der Wärmelehre sind grundlegende Erfahrungssätze. Der Begriff „Hauptsatz" ist ein historischer Begriff. Ihrem Wesen nach sind die Hauptsätze der Wärmelehre physikalische Gesetze.

▶ Es wird auch die Bezeichnung „Hauptsätze der Thermodynamik" verwendet.

0. Hauptsatz der Wärmelehre

Der 0. Hauptsatz der Wärmelehre ist die Grundlage für alle Temperaturmessungen.

Bringt man zwei Körper mit den Temperaturen ϑ_w und ϑ_k in engen Kontakt, so gleichen sich allmählich die Temperaturen aus.

ϑ_w Temperatur des wärmeren Körpers
ϑ_k Temperatur des kälteren Körpers
ϑ_m gemeinsame Temperatur der Körper

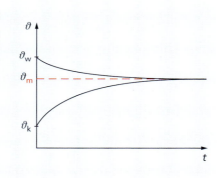

▶ Thermometer zeigen nur dann den richtigen Wert an, wenn der Messfühler die Temperatur des Körpers angenommen hat, dessen Temperatur gemessen werden soll. Zum Temperaturausgleich ist eine bestimmte Zeit erforderlich.

1. Hauptsatz der Wärmelehre

Der 1. Hauptsatz stellt einen Zusammenhang zwischen Wärme, mechanischer Arbeit und thermischer (innerer) Energie eines Körpers her. Er ist der Energieerhaltungssatz, bezogen auf thermische Prozesse (↗ S. 360). Die Aussagen werden für ein abgeschlossenes System getroffen.
Ein solches **abgeschlossenes System** ist ein Raumbereich, der von der Umgebung abgegrenzt ist und wo nur Vorgänge innerhalb dieses Raumbereiches betrachtet werden.
Der 1. Hauptsatz der Wärmelehre lautet:

M ↗ S. 27

▶ Ein Beispiel für ein abgeschlossenes System ist ein Motor, in dem nur die Vorgänge im Motor betrachtet werden.

In einem abgeschlossenen System ist die Änderung der thermischen (inneren) Energie verbunden mit der Zufuhr oder Abgabe von Wärme und dem Verrichten mechanischer Arbeit.

$\Delta E = W + Q$ ΔE Änderung der thermischen (inneren) Energie
               W mechanische Arbeit
               Q zugeführte oder abgegebene Wärme

Der 1. Hauptsatz der Wärmelehre ist eine spezielle Form des allgemeinen Energieerhaltungssatzes (↗ S. 360).

Der 1. Hauptsatz der Wärmelehre ist eine wichtige Grundlage für das Verständnis der Wirkungsweise von Wärmekraftmaschinen.

Wird z. B. einem Gas in einem Zylinder mit beweglichem Kolben Wärme zugeführt, so vergrößert sich die thermische Energie des Gases.

Zugleich wird der Kolben verschoben und damit mechanische Arbeit (Volumenarbeit) verrichtet.

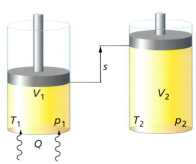

▶ Ist $p \neq$ konstant, so kann die Volumenarbeit aus einem p-V-Diagramm durch Auszählen der Fläche ermittelt werden.

Unter der Bedingung, dass der Druck konstant bleibt, kann die **Volumenarbeit (Volumenänderungsarbeit)** W mit folgender Gleichung berechnet werden:

$W = p \cdot \Delta V$ p Druck im Gas
ΔV Volumenänderung

Im p-V-Diagramm ist die Volumenarbeit gleich der Fläche unter dem Graphen.

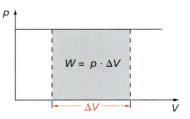

▶ Ein Beispiel dafür ist die Erwärmung einer **Spraydose.** Bei höherer Temperatur kann der Druck so groß werden, dass die Dose explodiert. Spraydosen dürfen deshalb niemals über 50 °C erwärmt werden.

Befindet sich ein Gas in einem abgeschlossenen Gefäß ohne beweglichen Kolben, so erhöht sich bei Zufuhr von Wärme die thermische (innere) Energie des Gases und in der Regel auch der Druck.

2. Hauptsatz der Wärmelehre

Der 2. Hauptsatz der Wärmelehre macht eine Aussage darüber, in welche Richtung sich selbst überlassene Vorgänge in Natur und Technik verlaufen.

Er ist das Gesetz von der Energieentwertung, bezogen auf thermische Prozesse (↗ S. 362).

Wärme geht niemals von selbst von einem Körper mit niedrigerer Temperatur auf einen Körper mit höherer Temperatur über.

So entsteht z. B. bei vielen Vorgängen in Natur und Technik durch Reibung thermische Energie, die in Form von Wärme an die Umgebung abgegeben wird. Bei einem Pkw sind das etwa 80 % der eingesetzten Energie. Die an die Umgebung abgegebene Wärme ist zumeist nicht mehr nutzbar. Die Energie ist für uns entwertet.

3.5.2 Wärmekraftmaschinen

Unter dem historischen Begriff **Wärmekraftmaschinen** fasst man die Maschinen und Anlagen zusammen, bei denen die Gesetze der Wärmelehre genutzt werden. Dazu gehören die historisch bedeutsame **Dampfmaschine**, die in Kraftwerken genutzte **Dampfturbine**, **Verbrennungsmotoren**, die in Flugzeugen genutzten **Strahltriebwerke**, aber auch **Wärmepumpen** und **Kühlschränke**.

Wärmepumpe

Eine Wärmepumpe dient zur Heizung von Gebäuden oder zur Warmwasseraufbereitung.

In einem Rohrsystem befindet sich eine Flüssigkeit (Arbeitsmittel) mit sehr niedrigem Siedepunkt unter geringem Druck. Wird die Flüssigkeit in einem Rohr durch Luft, durch das Erdreich oder durch Grundwasser geleitet, so verdampft sie. Beim Verdampfen wird der Umgebung Wärme entzogen (Verdampfungswärme). Das gasförmige Arbeitsmittel wird durch einen Kompressor verdichtet. Es steht dann unter höherem Druck und hat eine höhere Temperatur. Dazu muss Elektroenergie aufgewendet werden. In einem Verflüssiger kondensiert das Arbeitsmittel. Dabei wird Wärme (Kondensationswärme) frei. Diese wird an die Umgebung abgegeben.

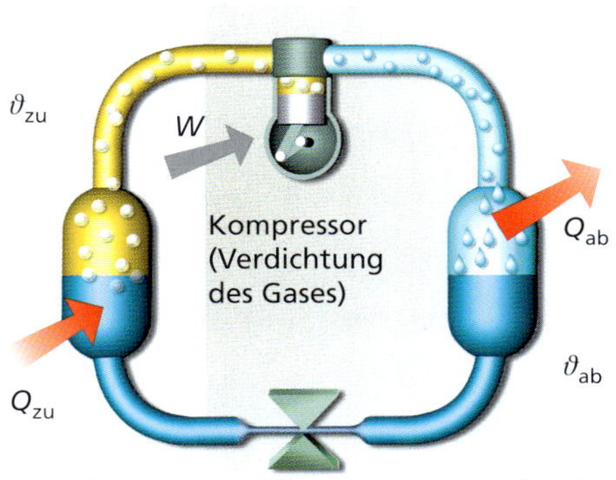

M ↗ S. 43

▶ **Wärmepumpen** und **Kühlschränke** besitzen den gleichen grundsätzlichen Aufbau.

Kühlschrank

Ein Kühlschrank dient dazu, einen umschlossenen Raum, den Innenraum, abzukühlen. Sein Wirkprinzip entspricht dem der Wärmepumpe. Es sind bei der obigen Skizze lediglich Innenraum und Außenraum zu vertauschen. Im Innenraum befindet sich ein Verdampfer, in dem das Arbeitsmittel (Kühlflüssigkeit) verdampft und dabei der Umgebung Wärme entzieht. Das gasförmige Arbeitsmittel wird durch einen Kompressor verdichtet. Dazu muss Elektroenergie aufgewendet werden. Das Arbeitsmittel steht dann unter einem höheren Druck und hat eine höhere Temperatur. In einem Verflüssiger, der sich an der Rückwand des Kühlschranks befindet, wird das erwärmte, zusammengepresste Arbeitsmittel wieder flüssig. Dabei wird Wärme an die Umgebung abgegeben.

M ↗ S. 43

Ottomotor

▶ Den ersten mit einem Benzinmotor betriebenen „Motorwagen" konstruierten im Jahre 1886
CARL BENZ
(1844–1929),
GOTTLIEB DAIMLER
(1834–1900) und
WILHELM MAYBACH
(1846–1929).

[M] ↗ S. 43

Ottomotoren, benannt nach dem deutschen Erfinder NIKOLAUS AUGUST OTTO (1832–1891), gibt es als Zweitakt- und als Viertaktmotoren. Sie werden zum Antrieb von Motorrädern, Pkw, Booten usw. genutzt.
Die wichtigsten Teile eines Ottomotors sind in der Skizze dargestellt.

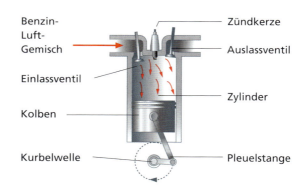

Bei einem Ottomotor wird im Vergaser ein Benzin-Luft-Gemisch erzeugt und in den Zylinder eingebracht. Dieses Benzin-Luft-Gemisch wird im Zylinder durch elektrische Funken zwischen den Elektroden der Zündkerze gezündet. Es verbrennt, dehnt sich dabei aus und bewegt den Kolben.
Die Skizzen zeigen die prinzipielle Wirkungsweise eines Viertakt-Ottomotors.

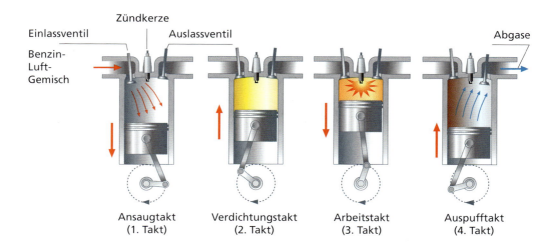

▶ Eine weitere Art von Verbrennungsmotor ist der Wankelmotor, benannt nach seinem Erfinder
FELIX WANKEL
(1902–1988).

Zweitaktmotoren werden z. B. bei Mopeds und bei Motorrädern genutzt. Die wesentlichen Unterschiede gegenüber dem Viertaktmotor bestehen darin, dass
– aufgrund einer anderen Zylinderkonstruktion auf die Ventile verzichtet werden kann,
– das Ansaugen und Verdichten (1. Takt) sowie das Verrichten von Arbeit und das Ausstoßen der Abgase (2. Takt) in insgesamt 2 Takten erfolgt.

Dieselmotor

Dieselmotoren, benannt nach dem deutschen Erfinder RUDOLF DIESEL (1858–1913), gibt es ebenfalls als Zweitakt- und Viertaktmotoren. Sie werden u. a. zum Antrieb von Pkw, Lkw und Schiffen genutzt.

Im Unterschied zum Ottomotor besitzt der Dieselmotor keine Zündkerze und keinen Vergaser. Vielmehr wird die im Zylinder angesaugte Luft so stark verdichtet, dass ihre Temperatur auf 500 bis 700 °C steigt. Bei dieser Temperatur wird der Treibstoff (Diesel) mithilfe einer Einspritzpumpe in den Zylinder eingespritzt. Der Treibstoff entzündet sich und verbrennt.
Die Skizzen zeigen die prinzipielle Wirkungsweise eines Viertakt-Dieselmotors.

▶ Der erste Dieselmotor wurde 1897 konstruiert. Ab 1923 wurden die ersten Lkw und ab 1935 die ersten Pkw mit Dieselmotor gebaut. Der erste Pkw mit einem solchen Motor war der Mercedes-Benz 260 D.

▶ Eine weitere Art von Motor ist der **Heißluftmotor** oder **Stirlingmotor**.

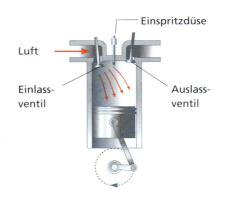

M ↗ S. 43

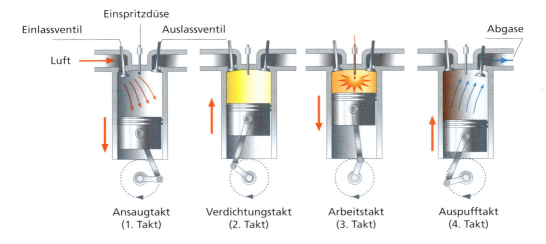

Ansaugtakt (1. Takt) — Verdichtungstakt (2. Takt) — Arbeitstakt (3. Takt) — Auspufftakt (4. Takt)

Dampfmaschine

Eine historisch bedeutsame Wärmekraftmaschine ist die Dampfmaschine, die von dem Engländer JAMES WATT (1776–1819) so weiterentwickelt wurde, dass sie als Antriebsmaschine genutzt werden konnte. Umfangreich verwendet wurde sie z. B. bei Dampflokomotiven, aber auch als Antriebsmaschine in Fabriken und im Bergbau.

▶ Dampfmaschinen wurden nicht nur zum Antrieb von Lokomotiven genutzt, sondern auch als Antrieb für zahlreiche andere Maschinen und Anlagen (z. B. Pumpen, Drehmaschinen, Pflüge).

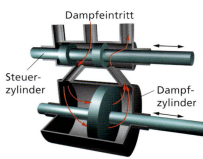

Das Grundprinzip besteht darin, dass Wasserdampf von einem Heizkessel durch eine spezielle Steuerung einmal in den Bereich links vom Kolben (s. Abb.) und einmal in den Bereich rechts vom Kolben strömt.
Durch den unter hohem Druck stehenden Wasserdampf wird der Arbeitskolben bewegt. Er führt eine Hin- und Herbewegung aus, die über eine Pleuelstange und ein Schwungrad in eine Drehbewegung umgewandelt werden kann.

Dampfturbine

M ↗ S. 43

Bei der in Kraftwerken genutzten Dampfturbine strömt Dampf mit hoher Geschwindigkeit gegen die Schaufeln eines Laufrades. Dieses Laufrad wird dadurch in Umdrehung versetzt.

▶ Der schwedische Techniker **GUSTAV DE LAVAL** (1845–1913) hatte wesentlichen Anteil an der Entwicklung von Dampfturbinen.

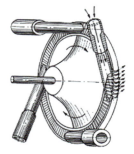

▶ Informationen und Zahlenwerte zum Wirkungsgrad sind auf ↗ S. 131 gegeben.

Wirkungsgrad von Wärmekraftmaschinen

Bei einer Wärmekraftmaschine wird Wärme zugeführt und mechanische Arbeit verrichtet.

> Der Wirkungsgrad einer Wärmekraftmaschine gibt an, welcher Anteil der zugeführten Wärme als mechanische Arbeit genutzt werden kann.
>
> $\eta = \dfrac{W}{Q}$ W verrichtete Arbeit
>   Q zugeführte Wärme

Ein Wirkungsgrad von 25 % bei einem Pkw-Motor bedeutet:
Nur 25 % der im Kraftstoff enthaltenen Energie, die beim Verbrennen als Wärme frei wird, werden für die Fortbewegung genutzt.

Temperatur und Wärmeübertragung

- Die **Temperatur** gibt an, wie heiß oder wie kalt ein Körper ist. Bei Temperaturangaben wird meist die **Celsiusskala** oder die **Kelvinskala** genutzt.

Celsiusskala:
Formelzeichen: ϑ
Einheit: ein Grad Celsius (1 °C)

Kelvinskala:
Formelzeichen: T
Einheit: ein Kelvin (1 K)

0 °C = 273 K
100 °C = 373 K

- Wird einem Körper Wärme zugeführt oder von ihm abgegeben, so kann das unterschiedliche Auswirkungen haben.

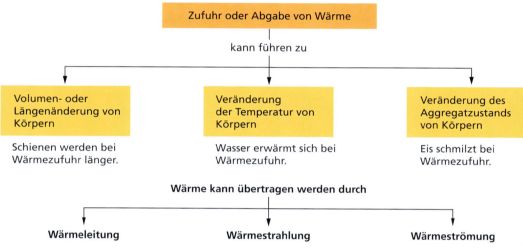

Metalle sind gute Wärmeleiter. Wasser, Gase (Luft) oder Holz leiten die Wärme schlecht.

Wärmestrahlung breitet sich in der Luft, aber auch ohne Stoff aus.

Durch strömende Flüssigkeiten und Gase wird Wärme übertragen.

Maßnahmen zur Verringerung der Wärmeübertragung bezeichnet man als **Wärmedämmung**. Wärmedämmung bedeutet die Verhinderung der Verminderung von Wärmeleitung, Wärmeströmung und Wärmestrahlung.

Wärme und Aggregatzustandsänderungen

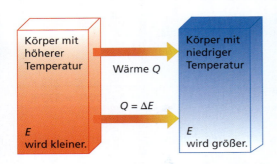

Die **Wärme Q** gibt an, wie viel Energie von einem Körper auf einen anderen übertragen wird.

Wärme und Energie werden in der Einheit ein Joule (1 J) gemessen.

Vielfache der Einheit sind:
1 kJ = 1 000 J
1 MJ = 1 000 kJ = 1 000 000 J

Zwischen der Energie E, der Wärme Q und der mechanischen Arbeit W gilt ein grundlegender Zusammenhang, der als 1. Hauptsatz der Wärmelehre bezeichnet wird:

$$\Delta E = W + Q$$

Körper aus einem Stoff können sich in verschiedenen Aggregatzuständen befinden. Der Aggregatzustand hängt von der Temperatur und vom Druck ab.

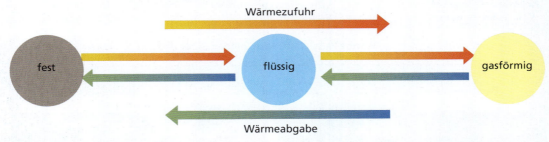

Während des **Schmelzens** und **Erstarrens** bleibt die Temperatur (Schmelztemperatur, Erstarrungstemperatur) gleich groß.

Während des **Siedens** und **Kondensierens** bleibt die Temperatur (Siedetemperatur, Kondensationstemperatur) gleich groß.

Für Wasser gelten die nachfolgenden Daten:

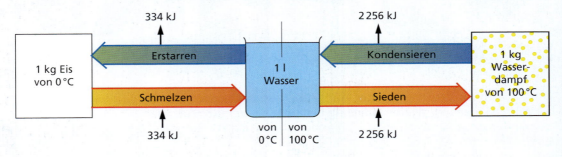

Elektrizitätslehre 4

4.1 Der elektrische Stromkreis

4.1.1 Elektrische Ladungen

Elektrisch geladene Körper

▶ Heute sind über 200 **Elementarteilchen** bekannt. Diese können negativ oder positiv geladen oder elektrisch neutral sein.

Alle Körper sind aus Teilchen aufgebaut (↗ S. 74). Solche Teilchen können aus noch kleineren Teilchen bestehen, den **Elementarteilchen** (↗ S. 328). Zu diesen Elementarteilchen gehören die Bausteine eines Atoms, die Elektronen, Protonen und Neutronen.
Atome bestehen aus der Atomhülle, in der sich elektrisch negativ geladene Elektronen befinden, und dem Atomkern. Der Atomkern enthält neben den Neutronen u. a. elektrisch positiv geladene Protonen und ist damit ebenfalls positiv geladen.

▶ Bekannt sind inzwischen über 100 verschiedene Arten von Atomen, die sich durch die Anzahl der Protonen im Kern unterscheiden.

Ein Atom, das die gleiche Anzahl positiver Ladungen im Kern und negativer Ladungen in der Atomhülle hat, ist **elektrisch neutral.** Auch ein Körper, der insgesamt genauso viele Elektronen wie positive Ladungen hat, ist nach außen ungeladen.
Ein Körper, der mehr Elektronen als positive Ladungen hat, besitzt einen **Elektronenüberschuss** und ist **elektrisch negativ geladen.**

■ Ein Atom wird durch die Aufnahme eines Elektrons zu einem negativ geladenen Ion.

▶ Bei Betrachtungen zu elektrischen Ladungen von Körpern berücksichtigt man nur die Elektronen und Protonen. Andere Elementarteilchen bleiben unberücksichtigt.

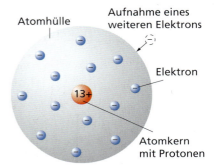

Ein Körper, der mehr positive Ladungen als Elektronen hat, besitzt einen **Elektronenmangel** und ist **elektrisch positiv geladen.**

■ Ein Atom wird durch die Abgabe eines Elektrons zu einem positiv geladenen Ion.

M ↗ S. 29

▶ Atome, die elektrisch geladen sind, bezeichnet man als **Ionen**. Negativ geladene Ionen heißen **Anionen**, positiv geladene Ionen **Kationen**.

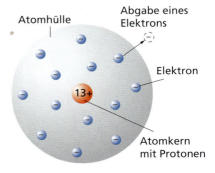

Entsprechendes gilt für Körper: Nimmt ein Körper zusätzlich Elektronen auf, so ist er negativ geladen. Gibt er Elektronen ab, so ist er positiv geladen.

Die Größe elektrische Ladung

Die elektrische Ladung eines Körpers gibt an, wie groß sein Elektronenüberschuss oder sein Elektronenmangel ist.

Formelzeichen: Q

Einheit: ein Coulomb (1 C)

▶ Die Einheit ist nach dem französischen Naturforscher **CHARLES AUGUSTIN COULOMB** (1736–1806) benannt.

Für die Einheit gilt:

$$1 \text{ C} = 1 \text{ A} \cdot \text{s}$$

Die elektrische Ladung ist wie die Masse eine grundlegende Eigenschaft von Körpern. Ein Elektron besitzt die kleinste negative elektrische Ladung. Man nennt sie **Elementarladung e.**
Jede elektrische Ladung ist ein Vielfaches der **Elementarladung e:**

$$e = 1{,}602 \cdot 10^{-19} \text{ C}$$

Die Ladung eines Körpers kann berechnet werden mit der Gleichung:

$Q = N \cdot e$ N Anzahl der Ladungen
               e Elementarladung

▶ Je nachdem, ob ein Körper positiv oder negativ geladen ist, kann man dem Zahlenwert der Ladung ein positives oder ein negatives Vorzeichen geben.

■ Ein Körper hat eine negative Ladung von 0,10 C.
Wie groß ist der Elektronenüberschuss auf diesem Körper?
Unter welchen Bedingungen ist der Körper neutral?

M ↗ S. 57 f.

Analyse:
Die Ladung ist ein Vielfaches der Elementarladung e. Zur Berechnung kann die oben genannte Gleichung angewendet werden.

▶ Jedes Elektron besitzt genau *eine* Elementarladung.

Gesucht: N
Gegeben: $Q = 0{,}10$ C
               $e = 1{,}602 \cdot 10^{-19}$ C

Lösung:

$$Q = N \cdot e \mid :e$$

$$N = \frac{Q}{e}$$

$$N = \frac{0{,}10 \text{ C}}{1{,}602 \cdot 10^{-19} \text{ C}}$$

$$\underline{N = 6{,}24 \cdot 10^{17}}$$

Ergebnis:
Der Körper hat einen Überschuss von $6{,}24 \cdot 10^{17}$ Elektronen.
Der Körper wäre dann neutral, wenn er die Gesamtzahl der überschüssigen Elektronen abgeben würde.

Verhalten geladener Körper

Mit dem Transport von Elektronen wird auch elektrische Ladung übertragen. Dabei kann es zu einer **Ladungstrennung**, einer **Ladungsteilung** oder einem **Ladungsausgleich** kommen.

▶ Wenn elektrisch geladene Körper leitend miteinander verbunden sind, kommt es zu einem Ladungsausgleich.

Vom elektrisch negativ geladenen Plastikstab werden Elektronen auf die zunächst ungeladene Metallkugel übertragen. Die Ladung des Stabes wird dabei geteilt. Zwischen den beiden Körpern erfolgt ein Ladungsausgleich.

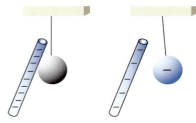

▶ Beim Blitz erfolgt ein Ladungsausgleich zwischen geladenen Wolken bzw. Wolken und Erde.

Durch einen elektrischen Leiter werden Elektronen von der kleinen Kugel des Bandgenerators auf die Experimentierkugel übertragen. Auch dabei kommt es zu einer Ladungsteilung und einem Ladungsausgleich zwischen den beteiligten Körpern.

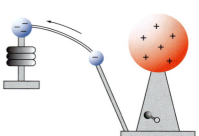

Zwischen elektrisch geladenen Körpern wirken Kräfte.

▶ In Autos und Flugzeugen ist man vor Blitzen sicher. Die Fahrzeuge bilden einen **Faradaykäfig**, benannt nach dem englischen Naturforscher **MICHAEL FARADAY** (1791–1867).

Gleichnamig geladene Körper stoßen einander ab.	Ungleichnamig geladene Körper ziehen einander an.
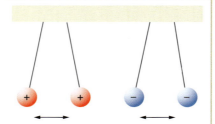	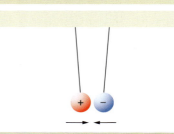

■ Lädt man einen Plastikkamm durch Reiben an Stoff auf (↗ S. 199) und bringt ihn dann in die Nähe von Styropor-Kügelchen, so zeigt sich:
Zwischen dem geladenen Kamm und den Styropor-Kügelchen wirken Anziehungskräfte. Sie kommen folgendermaßen zustande: Der elektrisch geladene Kamm bewirkt bei den Styropor-Kügelchen eine Ladungsverschiebung (↗ S. 199). Damit wirken anziehende Kräfte zwischen den nun unterschiedlich geladenen Körpern.

Ladungstrennung

> Ladungen können durch Berühren oder Reiben getrennt werden. Dabei gehen Elektronen von einem Körper auf einen anderen über.

▶ Diese Form der Ladungstrennung durch Reibung wird beim **Bandgenerator** genutzt.

Nach Berührung oder Reibung erhält man geladene Körper **(Reibungselektrizität)**. Wie die Körper nach Berührung oder Reibung aufgeladen sind, hängt von den Stoffen ab, aus denen sie bestehen.

Vor der Berührung sind Tuch und Plastikstab elektrisch neutral.

Beim innigen Berühren gehen Elektronen vom Tuch auf den Plastikstab über.

Nach der Berührung sind das Tuch positiv (Elektronenmangel) und der Plastikstab negativ (Elektronenüberschuss) geladen.

Eine Ladungstrennung kann auch durch elektrochemische Vorgänge erfolgen. Dies wird z. B. in **Volta-Elementen, Batterien** und **Akkumulatoren** genutzt.

Ladungstrennung auf einem Körper kann man ebenfalls erreichen, wenn man einen elektrisch geladenen Körper in die Nähe eines anderen, ungeladenen Körpers bringt. Unter dem Einfluss des geladenen Körpers wirken Kräfte auf die beweglichen Elektronen des anderen Körpers. Diese Kräfte führen zu Bewegungen und Verschiebungen der Elektronen und damit zu einer Ladungstrennung. Man nennt diese Art der Ladungstrennung unter dem Einfluss eines anderen, geladenen Körpers **Influenz**.

Körper ungeladen

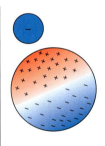

▶ Die Grundform der Batterie ist das Volta-Element, das von **ALESSANDRO VOLTA** (1745–1827) entwickelt wurde. Es ist ein galvanisches Element, benannt nach **LUIGI GALVANI** (1737–1798).

> Influenz ist ein Vorgang der Ladungstrennung auf einem Körper, bei dem sich unter dem Einfluss geladener Körper in der Nähe die Ladungsverteilung auf dem Körper ändert.

▶ Die Übertragung und Trennung von Ladungen wird z. B. bei Elektrofiltern in Entstaubungsanlagen genutzt.

Auch bei elektrischen Nichtleitern kann es durch einen geladenen Körper zu einer Verschiebung von Ladungen kommen.

Nachweis elektrischer Ladung

Ein Gerät zum Nachweis elektrischer Ladung ist das **Elektroskop**. Kommt ein geladener Körper mit dem Elektroskop in Berührung, so findet zwischen beiden ein Ladungsausgleich statt. Metallzeiger und Metallstab laden sich dabei gleichnamig auf. Es kommt infolge von abstoßenden Kräften zum Zeigerausschlag.

Negativ geladenes Elektroskop	Positiv geladenes Elektroskop

Bei einem Elektroskop kann es auch infolge von Influenz zu einem Zeigerausschlag kommen.
Das kann man beobachten, wenn in die Nähe der Spitze des Metallstabes eine geladene Kugel gebracht wird (↗ Skizze).

4.1.2 Elektrische Stromkreise

Der einfache elektrische Stromkreis

Elektronen können durch elektrische Leiter übertragen werden. Dabei wird mit den Elektronen elektrische Ladung transportiert (↗ S. 201).

> Die gerichtete Bewegung elektrischer Ladungsträger (z. B. von Elektronen) nennt man **elektrischen Strom.**

Ein solcher elektrischer Strom fließt in einem geschlossenen Stromkreis.

> Ein **geschlossener Stromkreis** besteht mindestens aus einer elektrischen Quelle und einem elektrischen Gerät oder Bauteil, die durch elektrische Leitungen miteinander verbunden sind.

4.1 Der elektrische Stromkreis

Ein einfacher Stromkreis mit elektrischer Quelle und Glühlampe

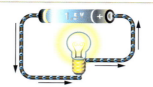
Elektronenwanderung in den elektrischen Leitungen eines einfachen Stromkreises

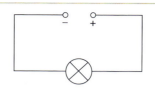
Schaltplan eines einfachen Stromkreises

In den meisten einfachen Stromkreisen ist noch ein **Schalter** eingebaut, mit dem der Stromkreis *geöffnet* oder *geschlossen* werden kann.
Elektrische Quellen sind z. B. Batterien, Akkumulatoren, Solarzellen. Man nennt elektrische Quellen auch Stromquellen, Spannungsquellen oder Elektrizitätsquellen. Elektrische Quellen haben immer *zwei* Pole. Bei **Gleichstrom** (–) hat die Quelle einen Pluspol (+) und einen Minuspol (–). Der Strom fließt nur in eine Richtung.
Bei **Wechselstrom** (~) ändert sich ständig die Polung der Quelle und damit die Richtung des Stroms im Stromkreis.
Elektrische Leitungen bestehen meistens aus Kupfer oder Aluminium, manchmal auch aus Stahl oder Eisen.
Bei **elektrischen Geräten** oder **Bauteilen** werden die verschiedenen **Wirkungen des elektrischen Strom**s genutzt, z. B. um Licht und Wärme zu erzeugen.

▶ In manchen Stromkreisen sind aus Sicherheitsgründen **Sicherungen** eingebaut, die bei Störungen und Überlastung den Stromkreis unterbrechen.

Lichtwirkung	Wärmewirkung	Magnetische Wirkung	Chemische Wirkung
			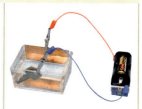
Der elektrische Strom in einer Glühlampe bringt den Glühfaden zum Leuchten. Der Strom hat eine **Lichtwirkung**.	Der elektrische Strom in einem Bügeleisen erwärmt die Heizplatte. Der Strom hat eine **Wärmewirkung**.	Der elektrische Strom macht aus der Spule einen Elektromagneten. Der Strom hat eine **magnetische Wirkung**.	Mithilfe des elektrischen Stromes kann man einen Gegenstand verchromen. Der Strom hat eine **chemische Wirkung**.

Wirkungen des elektrischen Stroms auf den Menschen

Der elektrische Strom wirkt auch auf biologische Organismen. Besonders der Mensch muss sich vor den gefährlichen **Wirkungen** des elektrischen Stroms schützen.

Der menschliche Körper leitet den elektrischen Strom. Sehr kleine Ströme schaden nichts. Manchmal werden sie auch zur medizinischen Behandlung genutzt.

Aber bereits etwas größere Ströme können den Menschen verletzen oder sogar töten. Schon Ströme aus elektrischen Quellen über 25 V können lebensgefährlich sein. Steckdosen haben 230 V. Die damit verbundenen Ströme sind für den Menschen lebensgefährlich!

Bereits schwache Ströme können beim Menschen Krämpfe verursachen, sodass man manchmal nicht einmal mehr die Hand von der elektrischen Leitung lösen kann. Stärkere Ströme verursachen Atmungsbeschwerden, Verbrennungen und Unregelmäßigkeiten der Herztätigkeit. Dies kann zur Bewusstlosigkeit, zum Herzstillstand und damit zum Tod führen.

Manchmal kann aber auch bereits der Schreck beim Berühren einer elektrischen Quelle zu einem Unfall führen. Deshalb muss sich der Mensch vor dem elektrischen Strom schützen und bestimmte Regeln einhalten.

▶ Verwende deshalb für Geräte mit **Schutzkontaktsteckern** nur Schutzkontaktsteckdosen.
Dadurch wird ein zusätzlicher Schutzleiter mit dem Gehäuse des Geräts verbunden.

▶ Besonders wichtig für die Sicherheit in Gebäuden sind die verschiedensten Sicherheitsmaßnahmen bei der **elektrischen Haushaltsinstallation**.

Regeln für einen sicheren Umgang mit elektrischem Strom

1. Experimentiere niemals mit elektrischen Quellen, die 25 V und mehr besitzen!

2. Berühre niemals die Pole einer Steckdose, blanke Leitungen oder Leitungen mit schadhafter Isolierung mit bloßen Händen, metallischen Gegenständen oder anderen Leitern des elektrischen Stromes, z. B. Bleistift- oder Kugelschreiberminen!

3. Schließe Geräte stets an die richtige elektrische Quelle an! Die Spannung von elektrischer Quelle und Gerät müssen annähernd übereinstimmen.

4. Ziehe Stecker niemals an den Leitungen aus der Steckdose, sondern stets am Stecker!

5. Baue elektrische Schaltungen stets bei ausgeschalteter elektrischer Quelle auf! Die elektrische Quelle darf erst nach sorgfältiger Überprüfung der Schaltung eingeschaltet werden.

6. Bei gefährlichen Schaltungen müssen Sicherungen bzw. Fehlerstromschutzschalter eingebaut werden.

Wenn eine Sicherung kaputtgeht, dann ist

– zunächst die Ursache der Störung zu beseitigen (z. B. Kurzschluss) und
– dann eine neue Sicherung einzusetzen.

Elektrische Stromkreise können mit **Schaltzeichen** und **Schaltplänen** vereinfacht dargestellt werden.

Zur Erklärung bzw. Voraussage von Erscheinungen in elektrischen Stromkreisen verwendet man häufig das **Modell der Elektronenleitung** oder ein **Wassermodell**.

▶ Das Wassermodell ist ein sehr einfaches Modell für den elektrischen Stromkreis. Es ist, wie jedes Modell, nur eingeschränkt für Erklärungen und Voraussagen anwendbar.

Modell der Elektronenleitung	Wassermodell
elektrische Quelle als Antrieb  elektrische Leitungen Glühlampe als Verbraucher	Wasserpumpe als Antrieb Wasserleitung Wasserstrom Wasserturbine als Verbraucher

M ↗ S. 29

Leiter und Nichtleiter

Verschiedene Körper leiten den elektrischen Strom unterschiedlich gut.

> Körper, die den elektrischen Strom gut leiten, nennt man **elektrische Leiter**.
> Körper, die den elektrischen Strom schlecht oder gar nicht leiten, nennt man **elektrische Nichtleiter** oder **Isolatoren**.

Die Leitung des elektrischen Stroms durch einen Körper (↗ S. 213) ist abhängig von
– dem Stoff, aus dem der Körper besteht,
– der Länge des Körpers und
– der Querschnittsfläche des Körpers.
Fast alle Metalle sind gute elektrische Leiter. Körper aus Kupfer und Aluminium leiten den elektrischen Strom besonders gut. Sie werden deshalb für elektrische Leitungen eingesetzt.
Keramik, Kunststoff (z. B. Plastik, Lacke), Glas, Gummi, Watte und nicht leuchtende Gase (z. B. Luft) sind Isolatoren. Sie werden deshalb zur Isolation elektrischer Leitungen genutzt.

Elektrische Leiter (innen)	Isolation von Steckdosen, Schalter und Leitungen
	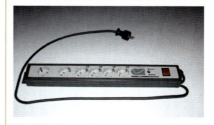

▶ Ob und wie ein Körper den elektrischen Strom leitet, ist auch von der Temperatur abhängig. Glas ist ein Isolator, glühendes Glas leitet den elektrischen Strom.

Kurzschluss und Leerlauf

Wenn der elektrische Strom die Möglichkeit hat, von einem Pol der elektrischen Quelle zum anderen Pol zu fließen, ohne durch ein Gerät zu gehen, so wird er diesen Weg wählen. Der elektrische Strom wählt die Verbindung mit dem kleinsten elektrischen Widerstand. Man spricht dann von einem **Kurzschluss**.
Bei einem Kurzschluss arbeitet das Gerät nicht mehr. Der elektrische Strom in den Leitungen und in der Quelle kann so groß werden, dass die Leitungen und die Quelle heiß werden und es zu Bränden kommen kann.

▶ Kabel mit schadhafter Isolation dürfen nicht benutzt werden.

■ Bei einer schadhaften Isolation eines Kabels können sich die beiden (bzw. drei) elektrischen Leitungen berühren. Dadurch kann es zu einem Kurzschluss kommen.

Wenn ein Gerät an einer oder mehreren Stellen von der elektrischen Quelle getrennt ist, so kann es ebenfalls nicht arbeiten. Man spricht dann vom **Leerlauf** der elektrischen Quelle. Ein elektrischer Strom fließt nicht.

▶ Schutz vor gefährlichen Wirkungen eines Kurzschlusses können **Sicherungen** geben, die bei einer bestimmten Stromstärke den Stromkreis unterbrechen.
Eine spezielle Form von Sicherungen sind **Fehlerstromschutzschalter (FI-Schalter)**.

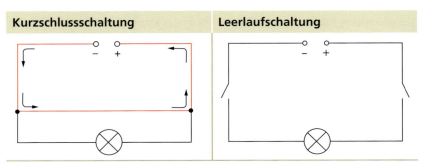

Kurzschlussschaltung | Leerlaufschaltung

Eine Leerlaufschaltung liegt auch vor, wenn ein elektrisches Gerät mit einer elektrischen Quelle verbunden, aber durch Schalter der Stromkreis geöffnet ist.

Arten von Stromkreisen

Bei vielen Anwendungen werden mehrere Bauteile im Stromkreis zusammengeschaltet. Prinzipiell können zwei Bauteile in Reihe oder parallel zueinander geschaltet werden. Dadurch erhält man einen **unverzweigten** bzw. **verzweigten Stromkreis**.

▶ Eine besondere Form des elektrischen Stromkreises ist die Wechselschaltung. Damit kann z. B. eine Lampe von unterschiedlichen Stellen aus ein- oder ausgeschaltet werden.

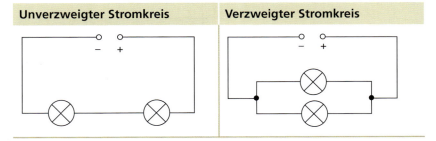

Unverzweigter Stromkreis | Verzweigter Stromkreis

Schaltung von Bauteilen in Stromkreisen

	Reihenschaltung von Bauteilen	Parallelschaltung von Bauteilen
Beispiel	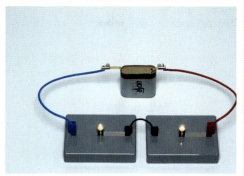	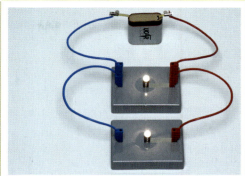
elektrische Widerstände	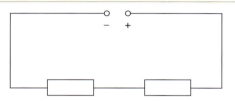 Die Widerstände sind hintereinander (in Reihe) geschaltet.	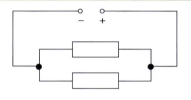 Die Widerstände sind parallel zueinander geschaltet. Es gibt zwei Verzweigungspunkte.
elektrische Quellen	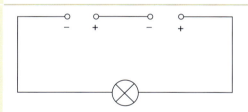 Um eine größere Spannung zu erhalten, kann man zwei elektrische Quellen in Reihe schalten.	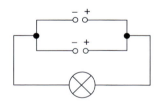 Um einen stärkeren Strom zu erhalten, kann man zwei elektrische Quellen parallel schalten.
Schalter	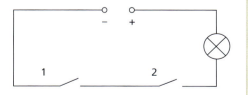 Die Lampe leuchtet nur, wenn Schalter 1 und Schalter 2 geschlossen sind (UND-Schaltung).	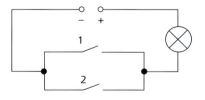 Die Lampe leuchtet, wenn Schalter 1 oder Schalter 2 geschlossen sind (ODER-Schaltung).

4.2 Der Gleichstromkreis

4.2.1 Die elektrische Stromstärke

Die Größe elektrische Stromstärke

▶ Bei einem metallischen Leiter ist die Stromstärke ein Maß dafür, wie viele Elektronen sich in einer bestimmten Zeit durch den Leiterquerschnitt bewegen.

> Die elektrische Stromstärke gibt an, wie viel elektrische Ladung sich in jeder Sekunde durch den Querschnitt eines elektrischen Leiters bewegt.
>
> Formelzeichen: I
>
> Einheit: ein Ampere (1 A)

Teile der Einheit 1 A sind 1 Milliampere (1 mA) und 1 Mikroampere (1 µA):

$$1\ A = 1\,000\ mA = 1\,000\,000\ µA$$
$$1\ mA = 1\,000\ µA$$

▶ Die Einheit 1 A ist nach dem Franzosen ANDRÉ-MARIE AMPÈRE (1775–1836) benannt.

Elektrische Stromstärken in Natur und Technik	
Fotozelle	10 µA
Radio (batteriebetrieben)	10 mA
lebensgefährliche Stromstärke	>25 mA
Glühlampe einer Taschenlampe	0,2 A
60-W-Glühlampe	0,26 A
Bügeleisen	5 A
Elektrolokomotive	300 A
Elektroschweißgerät	500 A
Elektroschmelzofen	15 000 A
Blitz	bis 100 000 A

▶ Als Amperemeter kann man **Drehspulmessgeräte**, aber auch **Dreheisenmessgeräte** benutzen.

Messen der elektrischen Stromstärke

Die elektrische Stromstärke wird mithilfe von **Stromstärkemessern** oder **Amperemetern** gemessen.
Häufig werden Vielfachmessgeräte genutzt, die auch als Amperemeter geschaltet werden können.

▶ Amperemeter sind immer *in Reihe* zum elektrischen Gerät zu schalten, damit sie von jenem Strom durchflossen werden, dessen Stärke gemessen werden soll.

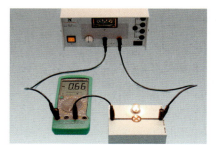
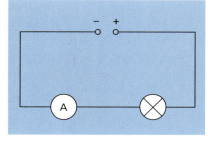

Vorgehen beim Messen der elektrischen Stromstärke mit einem Vielfachmessgerät

1. Stelle die Stromart (Gleich- oder Wechselstrom) am Messgerät ein, die im Stromkreis vorliegt!
2. Stelle den größten Messbereich für die Stromstärke am Messgerät ein!
3. Schalte das Messgerät in Reihe zum elektrischen Gerät in den Stromkreis ein! Achte bei Gleichstrom darauf, dass der Minuspol der elektrischen Quelle mit dem Minuspol des Messgeräts bzw. der Pluspol der Quelle mit dem Pluspol des Messgeräts verbunden wird!
4. Schalte den Messbereich des Messgeräts so weit herunter, dass günstig (möglichst im letzten Drittel der Skala) abgelesen werden kann! Der Messfehler ist dann am kleinsten.
5. Lies die Stromstärke ab! Beachte dabei, dass der eingestellte Messbereich den Höchstwert der Skala angibt!

Berechnen der elektrischen Stromstärke

Unter der Bedingung, dass ein elektrischer Strom konstanter Stärke fließt (I = konstant), kann die elektrische Stromstärke mit folgender Gleichung berechnet werden:

$I = \frac{Q}{t}$ Q elektrische Ladung
    t Zeit

Aus dieser Gleichung ergeben sich folgende Beziehungen zwischen den Einheiten:

$1\ A = \frac{1\ C}{1\ s}$ bzw. $1\ C = 1\ A \cdot s$

- Die Stromstärke in einem Leiter beträgt 1 mA.
  Wie viele Elektronen bewegen sich in einer Sekunde durch den Leiterquerschnitt?

  Leiterquerschnitt

  M ↗ S. 29

  Analyse:
  Es wird eine konstante Stromstärke angenommen. Die Ladung eines Elektrons ist die Elementarladung. Die Gesamtladung, die sich durch einen Leiterquerschnitt bewegt, ergibt sich aus der Ladung e eines Elektrons und der Anzahl N der Elektronen, wobei $Q = N \cdot e$ gilt.

  M ↗ S. 57 f.

  Gesucht: N (Anzahl der Elektronen in einer Sekunde)
  Gegeben: $I = 1\ mA = 1 \cdot 10^{-3}\ \frac{C}{s}$
              $t = 1\ s$
              $e = 1{,}602 \cdot 10^{-19}\ C$

Lösung:

$$Q = N \cdot e \quad | : e \qquad I = \frac{Q}{t} \quad | \cdot t$$

$$N = \frac{Q}{e} \qquad\qquad Q = I \cdot t$$

$$N = \frac{I \cdot t}{e}$$

$$N = \frac{10^{-3}\,\text{C} \cdot 1\,\text{s}}{\text{s} \cdot 1{,}602 \cdot 10^{-19}\,\text{C}}$$

$$N = 6{,}2 \cdot 10^{15}$$

Ergebnis:
Bei einer Stromstärke von 1 mA bewegen sich in einer Sekunde etwa $6 \cdot 10^{15}$ Elektronen durch den Leiterquerschnitt.

4.2.2 Die elektrische Spannung

Die Größe elektrische Spannung

> ▶ Die Einheit 1 V ist nach dem italienischen Naturforscher **ALESSANDRO VOLTA** (1745–1827) benannt.

Die elektrische Spannung gibt an, wie stark der Antrieb des elektrischen Stromes ist.

Formelzeichen: U

Einheit: ein Volt   (1 V)

Vielfaches der Einheit 1 V ist ein Kilovolt (1 kV):

1 kV = 1 000 V

Teil der Einheit 1 V ist ein Millivolt (1 mV):

1 mV = 0,001 V

Elektrische Spannungen in Natur und Technik	
Körperzellen des Menschen	≈ 70 mV
Knopfzelle	1,35 V
Monozelle, Mignonzelle	1,5 V
Fahrraddynamo	6 V
Autobatterie	12 V
Wechselstrom in Haushaltssteckdose	230 V
Zitteraal	bis 800 V
Generator im Kraftwerk	15 000 V
Hochspannung im Fernsehgerät	bis 25 000 V
Überlandleitung	bis 380 000 V
Blitz	bis 10^9 V

Messen der elektrischen Spannung

Die elektrische Spannung wird mithilfe von **Spannungsmessern,** auch **Voltmeter** genannt, gemessen. Häufig werden Vielfachmesser genutzt, die auch als Spannungsmesser geschaltet werden können.
Die elektrische Spannung, also der Antrieb des elektrischen Stroms, kann sowohl an der elektrischen Quelle als auch an elektrischen Verbrauchern gemessen werden.

▶ Als Spannungsmesser können **Drehspulmessgeräte** oder **Dreheisenmessgeräte** genutzt werden.

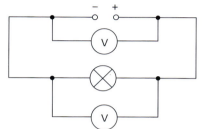

▶ Spannungsmesser sind immer *parallel* zu dem elektrischen Bauteil zu schalten, an dem die Spannung gemessen werden soll.

Vorgehen beim Messen der elektrischen Spannung mit einem Vielfachmessgerät

1. Stelle die Stromart (Gleich- oder Wechselstrom) am Messgerät ein, die auch im Stromkreis vorliegt!
2. Stelle den größten Messbereich für die Spannung am Messgerät ein!
3. Schalte das Messgerät parallel zum elektrischen Gerät, an dem die Spannung gemessen werden soll! Achte dabei auf die Polung des Messgeräts, wenn Gleichstrom vorliegt!
4. Schalte den Messbereich des Messgeräts so weit herunter, dass günstig (möglichst im letzten Drittel der Skala) abgelesen werden kann! Der Messfehler ist dann am kleinsten.
5. Lies die Spannung ab! Beachte dabei, dass der eingestellte Messbereich den Höchstwert der Skala angibt!

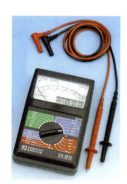

Leerlaufspannung und Klemmenspannung

Die Spannung an einer elektrischen Quelle kann sowohl im Leerlauf (Verbraucher arbeitet nicht) als auch bei Betrieb des elektrischen Verbrauchers gemessen werden.

▶ Beim **Leerlauf** ist der Verbraucher nicht leitend mit der elektrischen Quelle verbunden.

Leerlaufspannung U_L	Klemmenspannung U_K
Der Stromkreis ist offen.	Der Stromkreis ist geschlossen.

Die Leerlaufspannung wird häufig auch als **Urspannung** U_0 und die Klemmenspannung einfach als Spannung U bezeichnet.

> Die Klemmenspannung ist stets kleiner als die Leerlaufspannung, da bei geschlossenem Stromkreis ein Teil der Spannung der elektrischen Quelle für den Antrieb des elektrischen Stroms durch die Quelle selbst gebraucht wird:
>
> $U_K < U_L$
>
> Mit steigender Stromstärke sinkt die Klemmenspannung.

Berechnen der elektrischen Spannung

▶ Die Arbeit wird vom **elektrischen Feld** (↗ S. 227 ff.) verrichtet, das im Leiter existiert, wenn eine **elektrische Spannung** anliegt.

Die elektrische Spannung gibt an, wie groß der Antrieb des elektrischen Stroms zwischen zwei Punkten des Stromkreises ist. Dieser Antrieb ist umso größer, je größer die Arbeit ist, die für die Bewegung der Ladungen zwischen diesen Punkten des Stromkreises aufgebracht werden muss.

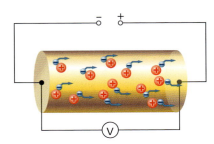

> Die elektrische Spannung kann berechnet werden mit der Gleichung:
>
> $U = \dfrac{W}{Q}$
> W Arbeit im elektrischen Feld
> Q elektrische Ladung

In jedem beliebigen elektrischen Feld ist eine Arbeit erforderlich, um einen geladenen Körper zu verschieben.
Diese Arbeit ist umso größer, je größer die Spannung zwischen den betreffenden Punkten des Felds und je größer die Ladung ist. Liegt ein homogenes Feld vor (↗ S. 227), so ist die Kraft auf einen geladenen Körper überall gleich

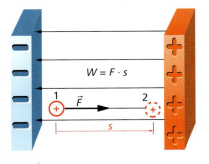

groß. Die Arbeit kann demzufolge so berechnet werden, wie es in der Skizze angegeben ist. Bei einem beliebigen elektrischen Feld ist für die Verschiebungsarbeit die Spannung zwischen den betreffenden Punkten entscheidend. Auf welchem Weg die Ladung von Punkt 1 zu Punkt 2 bewegt wird, hat keinen Einfluss auf den Wert der Verschiebungsarbeit.

■ Ein Körper hat eine Ladung von $2 \cdot 10^{-10}$ C. Er soll von einem Punkt eines elektrischen Felds zu einem anderen verschoben werden. Die Spannung zwischen den beiden Punkten beträgt 15 V.
Wie groß ist die erforderliche Arbeit?

Analyse:
Beim Verschieben des geladenen Körpers muss eine Arbeit gegen die Spannung des elektrischen Felds verrichtet werden.

▶ M ↗ S. 57 f.

Gesucht: W
Gegeben: $Q = 2 \cdot 10^{-10}$ C $= 2 \cdot 10^{-10}$ A $\cdot$ s
              $U = 15$ V

Lösung:

$$W = U \cdot Q$$

$$W = 15 \text{ V} \cdot 2 \cdot 10^{-10} \text{ A} \cdot \text{s}$$

$$\underline{W = 3 \cdot 10^{-9} \text{ W} \cdot \text{s}}$$

▶ Für die Einheiten gilt:
1 V $\cdot$ A $\cdot$ s = 1 Ws
1 Ws = 1 Nm

Ergebnis:
Zum Verschieben des geladenen Körpers ist eine Arbeit von $3 \cdot 10^{-9}$ Nm erforderlich.

4.2.3 Der elektrische Widerstand

Die Größe elektrischer Widerstand

Die Bewegung der elektrischen Ladungen im Stromkreis wird behindert. So stoßen z. B. im metallischen Leiter die sich bewegenden Elektronen mit den Ionen des Metallgitters zusammen (↗ S. 210). Dem elektrischen Strom wird so ein Widerstand entgegengesetzt. Dieser Widerstand ist umso größer, je stärker der Stromfluss behindert wird. Die elektrische Spannung, der Antrieb des elektrischen Stroms, verursacht entgegen dem Widerstand einen Stromfluss und gewährleistet eine bestimmte Stromstärke im Stromkreis. Der elektrische Widerstand eines Leiters gibt an, wie stark der Stromfluss in diesem Leiter behindert wird.

> Der elektrische Widerstand eines Bauteils oder Geräts gibt an, welche Spannung für einen elektrischen Strom der Stärke 1 A erforderlich ist.
>
> Formelzeichen: R
>
> Einheit: ein Ohm   (1 Ω)

▶ Die Einheit 1 Ω ist nach dem deutschen Physiker GEORG SIMON OHM (1789–1854) benannt.

Für die Einheit ein Ohm gilt:

$$1 \ \Omega = \frac{1 \text{ V}}{1 \text{ A}}$$

Vielfache der Einheit 1 Ω sind ein Kiloohm (1 kΩ) und ein Megaohm (1 MΩ):

1 kΩ   = 1 000 Ω

1 MΩ   = 1 000 kΩ = 1 000 000 Ω

Elektrische Widerstände in Natur und Technik

Verlängerungsschnur im Haushalt	0,1 Ω
Heizung einer Waschmaschine mit 2 000 W Heizleistung	26 Ω
Heizplatte im Elektroherd (800 W)	66 Ω
Körperwiderstand des Menschen (von Hand zu Hand)	1 200 Ω
11-W-Energiesparlampe	4 800 Ω

Messen und Berechnen des elektrischen Widerstandes

Der elektrische Widerstand von Bauteilen oder Geräten kann mithilfe von **Widerstandsmessern** gemessen werden. Dazu können auch Vielfachmessgeräte genutzt werden, in denen eine elektrische Quelle eingesetzt ist.

▶ Beachte beim Messen von Stromstärke und Spannung, dass es eine **stromrichtige** und eine **spannungsrichtige Messschaltung** gibt (↗ S. 224).

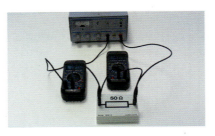
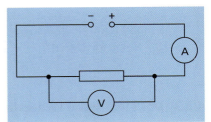

Der elektrische Widerstand kann berechnet werden mit der Gleichung:

$$R = \frac{U}{I}$$

U elektrische Spannung
I elektrische Stromstärke

■ Durch eine 40-W-Glühlampe fließt bei einer Temperatur des Glühfadens von ca. 2 500 °C und einer Spannung von 230 V eine Stromstärke von 175 mA.
Berechne den elektrischen Widerstand der Glühlampe bei Betriebstemperatur!

Analyse:
Aus Spannung und Stromstärke kann der elektrische Widerstand berechnet werden.

M ↗ S. 57 f.

Gesucht: R
Gegeben: U = 230 V
I = 175 mA = 0,175 A

Lösung:
$$R = \frac{U}{I}$$
$$R = \frac{230\ V}{0{,}175\ A}$$
$$R = 1\,300\ \Omega = 1{,}3\ k\Omega$$

▶ Für die Einheiten gilt:
$\frac{1\ V}{1\ A} = 1\ \Omega$

Ergebnis:
In Betrieb hat die 40-W-Glühlampe einen Widerstand von 1,3 kΩ.

Der elektrische Widerstand eines metallischen Leiters kann mithilfe des **Widerstandsgesetzes** berechnet werden.

Unter der Bedingung, dass die Temperatur des Leiters konstant bleibt (ϑ = konstant), gilt:

$R = \varrho \cdot \dfrac{l}{A}$
ϱ spezifischer elektrischer Widerstand
l Länge des metallischen Leiters
A Querschnittsfläche des Leiters

Der **spezifische elektrische Widerstand** ist eine Stoffkonstante.

Der spezifische elektrische Widerstand gibt an, welchen Widerstand ein elektrischer Leiter aus diesem Stoff besitzt, der 1 m lang ist und eine Querschnittsfläche von 1 mm² hat.

Formelzeichen: ϱ

Einheit: ein Ohm mal Quadratmillimeter je Meter $\left(\dfrac{1\,\Omega \cdot mm^2}{m}\right)$

Spezifische elektrische Widerstände in $\dfrac{\Omega \cdot mm^2}{m}$ (bei 20 °C)

Aluminium	0,028
Eisen	0,10
Kupfer	0,017
Messing	0,07
Stahl	0,10–0,20
Wolfram	0,053

■ Ein 1 km langes Starkstromkabel besteht aus drei Kupferleitungen mit Querschnittsflächen von je 300 mm².
Wie groß ist der elektrische Widerstand dieses Kabels?

Analyse:
Die drei Kupferleitungen wirken zusammen wie eine Leitung, da sie leitend miteinander verbunden sind. Es sei ϑ = konstant.

Gesucht: R
Gegeben: l = 1 km = 1000 m
 A = 3 · 300 mm² = 900 mm²

 ϱ = 0,017 $\dfrac{\Omega \cdot mm^2}{m}$

Lösung:

$R = \varrho \cdot \dfrac{l}{A}$

$R = 0,017 \cdot \dfrac{\Omega \cdot mm^2}{m} \cdot \dfrac{1000\,m}{900\,mm^2}$

$\underline{R = 0,019\,\Omega}$

Ergebnis:
Das 1 km lange Starkstromkabel hat einen elektrischen Widerstand von 0,019 Ω. Der Widerstand eines solchen 1 km langen Kabels ist somit wesentlich geringer als der Widerstand einer Energiesparlampe (↗ S. 212).

Der spezifische elektrische Widerstand ist abhängig von der Temperatur. Damit ist auch der elektrische Widerstand von Leitern und damit der vieler anderer elektrischer Bauteile temperaturabhängig.

▶ Eine Ausnahme ist z. B. die Legierung **Konstantan**.

| Der spezifische elektrische Widerstand von metallischen Leitern ist in der Regel umso größer, je höher deren Temperatur ist. |

▶ Bei sehr niedrigen Temperaturen wird der elektrische Widerstand null. Diese Erscheinung wird als **Supraleitung** bezeichnet.

Bei einer höheren Temperatur schwingen die Metall-Ionen von metallischen Leitern stärker und weiter um ihre Ruhelage. Dadurch kommt es zu häufigeren Zusammenstößen der sich bewegenden Elektronen mit den Metall-Ionen. Die Bewegung des elektrischen Stroms wird stärker behindert. Die Temperatur eines Leiters kann sowohl von außen als auch durch den Stromfluss im Leiter selbst geändert werden.

■ Die Temperaturabhängigkeit des elektrischen Widerstands zeigt u. a. die **Kennlinie einer Glühlampe**.

▶ Mit Vergrößerung der Stromstärke erhöht sich die Temperatur des Glühfadens und somit vergrößert sich dessen Widerstand.

M ↗ S. 48

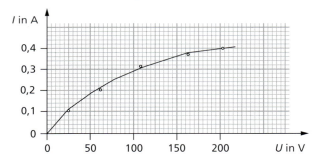

Technische Widerstände

In vielen technischen Geräten werden elektrische Bauteile benötigt, die feste **(Festwiderstände)** oder **regelbare elektrische Widerstände** besitzen. Man nennt sie einfach **Widerstände**.

Drahtwiderstände	Schichtwiderstände

Auf einem Isolator ist ein langer Draht aufgewickelt.	Auf einem Isolator ist eine dünne Schicht eines Stoffs (z. B. Kohle oder Metall) aufgedampft.

Der genaue Wert eines Festwiderstands ist in Form von Ringen als Farbcode auf dem Widerstand ablesbar.

Internationaler Farbcode für Widerstände der Reihen E6, E12, E24

Farbe	1. Ziffer	2. Ziffer	Multiplikator	Toleranz	Beispiel
Schwarz	0	0	× 1 Ω	–	
Braun	1	1	× 10 Ω	± 1 %	
Rot	2	2	× 100 Ω	± 2 %	
Orange	3	3	× 1 000 Ω	–	– 1. Ziffer
Gelb	4	4	× 10 000 Ω	–	– 2. Ziffer
Grün	5	5	× 100 000 Ω	–	
Blau	6	6	× 1 000 000 Ω	–	– Multiplikator
Violett	7	7	–	–	
Grau	8	8	–	–	– Toleranz
Weiß	9	9	–	–	
Gold	–	–	× 0,1 Ω	± 5 %	
Silber	–	–	× 0,01 Ω	± 10 %	

Bei **regelbaren Widerständen** kann durch einen Gleit- oder Drehkontakt eine unterschiedliche Länge eines Widerstandsdrahts eingestellt werden. Dadurch ändert sich auch der Wert des Widerstands, denn es gilt $R \sim l$.

4.2.4 Elektrische Energie und Arbeit

Die Größe elektrische Energie

Elektrischer Strom besitzt elektrische Energie. Sie ist eine der Energieformen (↗ S. 358).

> Die elektrische Energie ist die Fähigkeit des elektrischen Stroms, mechanische Arbeit zu verrichten, Wärme abzugeben oder Licht auszusenden.
>
> Formelzeichen: E_{el}
> Einheit: ein Joule (1 J)
>   eine Wattsekunde (1 Ws)

▶ Die Einheit 1 J ist nach dem englischen Physiker JAMES PRESCOTT JOULE (1818–1889) und die Einheit 1 W nach dem schottischen Erfinder JAMES WATT (1736–1819) benannt.

Für die Einheiten gilt:

$$1 \text{ J} = 1 \text{ Ws} = 1 \text{ V} \cdot \text{A} \cdot \text{s}$$

Vielfaches der Einheit 1 Ws ist eine Kilowattstunde (1 kWh):

$$1 \text{ kWh} = 3\,600\,000 \text{ Ws} = 3{,}6 \cdot 10^6 \text{ Ws}$$

Messen und Berechnen der elektrischen Energie

Die genutzte elektrische Energie kann mit einem **Kilowattstundenzähler (Elektrizitätszähler, Energiezähler)** gemessen werden. Die in einem Stromkreis umgewandelte elektrische Energie ist umso größer, je größer die Spannung und die Stromstärke sind und je länger die Geräte im Stromkreis in Betrieb sind.

Die in einem Stromkreis umgewandelte elektrische Energie kann unter den Bedingungen U = konstant und I = konstant berechnet werden mit der Gleichung:

$E_{el} = U \cdot I \cdot t$
 U elektrische Spannung
 I elektrische Stromstärke
 t Zeit

Die Größe elektrische Arbeit

Bei der Umwandlung elektrischer Energie in andere Energieformen wird Arbeit verrichtet, die **elektrische Arbeit**.

▶ Die Einheit 1 W ist nach dem schottischen Erfinder JAMES WATT (1736–1819) benannt.

Die elektrische Arbeit gibt an, wie viel elektrische Energie des Stroms in andere Energieformen umgewandelt wird.

Formelzeichen: W

Einheit: eine Wattsekunde (1 Ws)

Vielfaches der Einheit 1 Ws ist eine Kilowattstunde (1 kWh):

1 kWh = 3 600 000 Ws = $3{,}6 \cdot 10^6$ Ws

Elektrische Arbeiten in der Technik	
Taschenrechner bei 10 Stunden Betrieb	720 Ws
Energiesparlampe (15 W) bei einer Stunde Betrieb	0,015 kWh
75-W-Glühlampe bei einer Stunde Betrieb	0,075 kWh
Mikrowelle (0,8 kW) bei 10 Minuten Betrieb	0,13 kWh
Waschmaschine (2 kW) bei einer Stunde Betrieb	2 kWh
100-W-Glühlampe bei 1 000 Stunden Betrieb	100 kWh
Anfahren eines ICE in 5 Minuten	350 kWh
Herdplatte (1 kW) bei 1 000 Stunden Betrieb	1 000 kWh

Messen und Berechnen der elektrischen Arbeit

Bei der Umwandlung elektrischer Energie in mechanische Arbeit, Licht oder Wärme verrichtet der elektrische Strom in einem Stromkreis bzw. einem elektrischen Gerät **elektrische Arbeit.**
Deshalb gilt:

> Die vom elektrischen Strom verrichtete elektrische Arbeit ist gleich der umgewandelten elektrischen Energie.
>
> $W = \Delta E_{el}$

▶ Es besteht der allgemeine Zusammenhang, dass die Arbeit gleich der Energieänderung ist: $W = \Delta E$

Deshalb kann auch die elektrische Arbeit des Stroms mit einem Kilowattstundenzähler (Elektrizitätszähler, Energiezähler) (↗ S. 216) gemessen werden.
Die Berechnung der elektrischen Arbeit erfolgt ebenfalls wie die der elektrischen Energie.

> Unter den Bedingungen U = konstant und I = konstant kann die elektrische Arbeit berechnet werden mit der Gleichung:
>
> $W = U \cdot I \cdot t$
>
> U elektrische Spannung
> I elektrische Stromstärke
> t Zeit

Bei der Stromabrechnung im Haushalt muss diese mit dem Elektrizitätszähler gemessene elektrische Arbeit bezahlt werden.

■ Beim Anlassen eines Automotors fließt kurzfristig ein Strom der Stärke 200 A. Die Spannung an der Batterie beträgt in diesem Fall 10 V.
Welche elektrische Arbeit wird verrichtet, wenn der Vorgang 5 s dauert?

Analyse:
Es wird davon ausgegangen, dass während des Anlassens Spannung und Stromstärke konstant sind.

M ↗ S. 57 f.

Gesucht: W
Gegeben: I = 200 A
                U = 10 V
                t = 5 s

Lösung:

$W = U \cdot I \cdot t$
$W = 10\ \text{V} \cdot 200\ \text{A} \cdot 5\ \text{s}$
$\underline{W = 10\,000\ \text{Ws}}$

▶ Für die Einheiten gilt:
$1\ \text{V} \cdot 1\ \text{A} = 1\ \text{W}$

Ergebnis:
In den fünf Sekunden des Anlassvorgangs wird eine elektrische Arbeit von 10 000 Ws verrichtet. Das sind 0,003 kWh.

4.2.5 Die elektrische Leistung

Die Größe elektrische Leistung

▶ Die Einheit 1 W ist nach dem schottischen Erfinder **JAMES WATT** (1736–1819) benannt.

> Die elektrische Leistung gibt an, wie viel elektrische Arbeit der elektrische Strom in jeder Sekunde verrichtet bzw. wie viel elektrische Energie in andere Energieformen umgewandelt wird.
>
> Formelzeichen: P
>
> Einheit: ein Watt   (1 W)

Für die Einheit ein Watt gilt:

$$1\ W = 1\ V \cdot A$$

Vielfache der Einheit 1 W sind ein Kilowatt (1 kW) und ein Megawatt (1 MW):

$$1\ kW = 1\,000\ W$$

$$1\ MW = 1\,000\ kW = 1\,000\,000\ W$$

Elektrische Leistungen in Natur und Technik	
Taschenrechner	0,02 W
Spielzeugmotor	1 W
Fahrraddynamo	3 W
Energiesparlampen	5 W–20 W
Glühlampen im Haushalt	25 W–100 W
Scheinwerferlampen im Auto	60 W
Heizkissen	60 W
Küchenmaschine	200 W
Mikrowelle	0,8 kW
Tauchsieder, Kochplatte	bis 1 kW
Bügeleisen	1,1 kW
Waschmaschine	2 kW
Motor einer Elektrolokomotive	5 MW
Kraftwerksblock	bis 1 000 MW

Messen und Berechnen der elektrischen Leistung

Die elektrische Leistung eines Gerätes kann mit einem **Leistungsmesser** gemessen werden.

> Die elektrische Leistung eines Geräts oder Bauteils in einem Stromkreis kann berechnet werden mit der Gleichung:
>
> $$P = \frac{W}{t}$$
>
> W elektrische Arbeit
> t Zeit

4.2 Der Gleichstromkreis

Die elektrische Leistung eines Geräts oder Bauteils ist umso größer, je größer die Spannung und je größer die Stromstärke sind.

> Unter der Bedingung, dass die Spannung und die Stromstärke im Stromkreis konstant sind (U = konstant und I = konstant), kann die elektrische Leistung berechnet werden mit der Gleichung:
>
> $P = U \cdot I$ U elektrische Spannung
> I elektrische Stromstärke

■ Ein Fernsehgerät im Stand-by-Betrieb benötigt etwa 1 W.
Wie viel Energie wird „verbraucht", wenn eine Million Fernsehapparate nachts (8 Stunden) im Stand-by-Betrieb laufen?
Welche Folgerung kann man aus dem Ergebnis ableiten?

Analyse:
Die „verbrauchte" Energie ist nach $W = \Delta E_{el}$ gleich der verrichteten elektrischen Arbeit.

M ↗ S. 57 f.

Gesucht: ΔE_{el}
Gegeben: P = 1 W
             N = 1 000 000
             t = 8 h

Lösung:

$N \cdot P = \dfrac{W}{t}$ | $\cdot t$ $W = \Delta E_{el}$

$\Delta E_{el} = N \cdot P \cdot t$

$\Delta E_{el} = 1\,000\,000 \cdot 1\,W \cdot 8\,h$

$\Delta E_{el} = 8\,000\,000\,Wh = 8\,000\,kWh$

▶ Die elektrische Leistung *eines* Fernsehapparates muss mit der Anzahl N der Geräte multipliziert werden.

Ergebnis:
Durch 1 Million Fernsehapparate werden im Stand-by-Betrieb innerhalb von 8 Stunden 8 000 kWh Energie „verbraucht".
Das einzelne Gerät „verbraucht" zwar im Stand-by-Betrieb relativ wenig Energie, in der Summe tritt aber ein beachtlicher Energieverbrauch auf.
Deshalb sollten Gerät völlig abgeschaltet werden, wenn sie längere Zeit nicht in Betrieb sind.

4.2.6 Gesetze im Gleichstromkreis

Das ohmsche Gesetz

Je größer die Spannung in einem Stromkreis ist, desto größer ist der Antrieb des elektrischen Stroms. Dies lässt vermuten, dass auch die Stromstärke mit steigender Spannung wächst. Auf dieser Vermutung aufbauend, entdeckte GEORG SIMON OHM (1789–1854) das nach ihm benannte **ohmsche Gesetz**.

GEORG SIMON OHM untersuchte u. a. den Zusammenhang zwischen Spannung und Stromstärke.

> Für alle Leiter gilt unter der Bedingung einer konstanten Temperatur (ϑ = konstant):
>
> $U \sim I$

Daraus folgt für einen bestimmten metallischen Leiter:

$$\frac{U}{I} = \text{konstant}$$

Die Konstante ist der elektrische Widerstand R:

$$\frac{U}{I} = R$$

Der Graph im I-U-Diagramm ist eine Gerade, die durch den Koordinatenursprung verläuft.

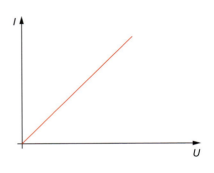

Spannungen, Stromstärken und Widerstände in unverzweigten und in verzweigten Stromkreisen

Die meisten elektrischen Stromkreise bestehen aus mehreren Bauteilen, die durch Reihen- oder Parallelschaltung miteinander verbunden sind (↗ S. 205). Dadurch entstehen unverzweigte oder verzweigte Stromkreise. Die Gesetze in solchen Stromkreisen kann man sich häufig schon durch ein einfaches Wassermodell veranschaulichen.

M ↗ S. 29

Unverzweigter Stromkreis	Verzweigter Stromkreis
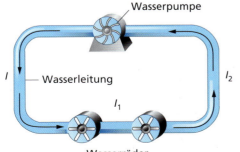 $I = I_1 = I_2$	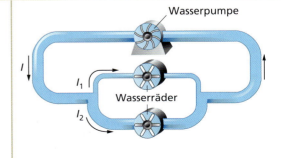 $I = I_1 + I_2$

Reihenschaltung von Widerständen	Parallelschaltung von Widerständen
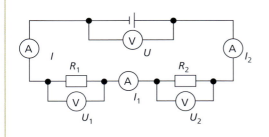	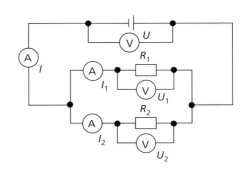
$I = I_1 = I_2$	$I = I_1 + I_2$
$U = U_1 + U_2$	$U = U_1 = U_2$
$R = R_1 + R_2$	$\dfrac{1}{R} = \dfrac{1}{R_1} + \dfrac{1}{R_2}$
Spannungsteilerregel: $\dfrac{U_1}{U_2} = \dfrac{R_1}{R_2}$	Stromteilerregel: $\dfrac{I_1}{I_2} = \dfrac{R_2}{R_1}$
Reihenschaltung von Spannungsquellen	**Parallelschaltung von Spannungsquellen**
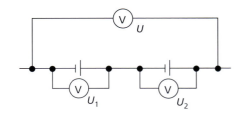	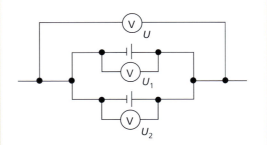
$U = U_1 + U_2$	Unter der Bedingung gleicher Spannungsquellen gilt: $U = U_1 = U_2$

Spannungsteilerschaltung (Potenziometerschaltung)

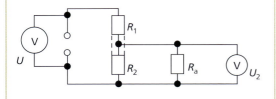

U Gesamtspannung
U_2 Teilspannung
R_1, R_2 Teilwiderstände
R_a Lastwiderstand

$$U_2 = \dfrac{R_2}{R_1 + R_2 + \dfrac{R_1 \cdot R_2}{R_a}} \cdot U$$

M ↗ S. 57 f.

▶ Bei Aufgaben zu elektrischen Stromkreisen sollte stets ein Schaltplan zum Sachverhalt der Aufgabe angefertigt werden.
Manchmal ist es auch sinnvoll, einen **Ersatzschaltplan** zu nutzen.

▶ Für die Einheiten gilt:
$\frac{1\,V}{1\,A} = 1\,\Omega$

■ In Beamern werden Halogenlampen als Lichtquellen verwendet.
Sie geben bei einer Stromstärke von ca. 6,3 A sehr helles Licht ab. Ihre Betriebsspannung beträgt jedoch nur 24 V. Wie kann man solch eine Halogenlampe mit 24 V Betriebsspannung trotzdem an eine Netzspannung von 230 V anschließen?

Analyse:
Eine Möglichkeit, die Halogenlampe an 230 V Netzspannung anzuschließen, besteht darin, sie in Reihe mit einem Widerstand zu schalten. Die Netzspannung von 230 V teilt sich dann nach dem Gesetz für Spannungen in unverzweigten Stromkreisen

$U = U_1 + U_2$

auf den Vorwiderstand und die Halogenlampe auf.

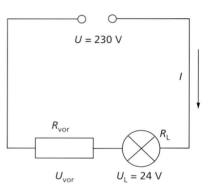

Gesucht: R_{vor}
Gegeben: $U = 230\,V$
$U_L = 24\,V$
$I = 6,3\,A$

Lösung:
Der Vorwiderstand kann nach folgender Gleichung berechnet werden:

$$R_{vor} = \frac{U_{vor}}{I}$$

U_{vor} ist nicht bekannt, kann aber mit dem Gesetz für Spannungen im unverzweigten Stromkreis berechnet werden:

$U = U_{vor} + U_L \quad | - U_L$
$U_{vor} = U - U_L$
$U_{vor} = 230\,V - 24\,V = 206\,V$

Damit lässt sich R_{vor} berechnen:

$$R_{vor} = \frac{U_{vor}}{I}$$
$$R_{vor} = \frac{206\,V}{6,3\,A}$$
$$\underline{R_{vor} = 33\,\Omega}$$

Ergebnis:
Mit einem Vorwiderstand von 33 Ω kann man die Halogenlampe an 230 V Netzspannung anschließen.

Innenwiderstände von elektrischen Quellen und Messgeräten

Auch elektrische Quellen und Messgeräte haben einen elektrischen Widerstand, den **Innenwiderstand**, da durch diese Geräte elektrischer Strom fließt und dieser Stromfluss behindert wird. Dadurch werden Stromstärke und Spannung im gesamten Stromkreis beeinflusst.

▶ Bei einer elektrischen Quelle ist die Urspannung gleich der Leerlaufspannung:
$U_0 = U_L$

Für sehr genaue Messungen und Berechnungen müssen deshalb die Innenwiderstände von elektrischen Quellen und von Messgeräten berücksichtigt werden.

Schaltung für einen einfachen Stromkreis mit Innenwiderstand

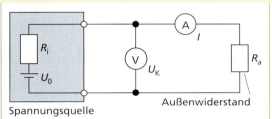

R_i Innenwiderstand der elektrischen Quelle
U_0 Urspannung der elektrischen Quelle
I Stromstärke
R_a Außenwiderstand
U_K Klemmenspannung

Für die **Klemmenspannung** gilt:
$U_K = U_0 - (I \cdot R_i)$

Für die **Stromstärke** gilt: $I = \dfrac{U_0}{R_i + R_a}$

Leerlauf: $R_a \longrightarrow \infty$ $I = 0$ $U_K = U_0$

Kurzschluss: $R_a \longrightarrow 0$ $I = \dfrac{U_0}{R_i}$ $U_K \longrightarrow 0$

Anpassung (maximale Leistung): $R_a = R_i$

Um mit elektrischen Messgeräten sowohl möglichst kleine als auch möglichst große Spannungen und Stromstärken zu messen, werden die Messbereiche der Geräte mit Vor- oder Nebenwiderständen erweitert.

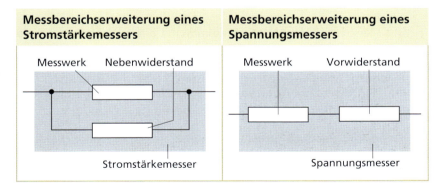

| Messbereichserweiterung eines Stromstärkemessers | Messbereichserweiterung eines Spannungsmessers |

- Mit einem Vielfachmessgerät kann man sowohl sehr kleine als auch sehr große Stromstärken messen.
  Bei einem bestimmten Messgerät lässt das Messwerk selbst jedoch nur eine Stromstärke bis maximal 0,1 A zu. Wird es stärker belastet, kann die Stromstärke nicht mehr abgelesen werden und das Messgerät kann zerstört werden. Das Messwerk selbst hat einen Widerstand von 50 Ω.

M ↗ S. 57 f.

Wie kann der Messbereich erweitert werden, um eine Stromstärke bis zu 1 A messen zu können?

Analyse:
Den Messbereich eines Stromstärkemessers erweitert man durch einen Nebenwiderstand, der parallel zum Messwerk geschaltet wird. Dadurch teilt sich der Gesamtstrom in zwei Teilströme auf, wobei nur ein Teilstrom durch das Messwerk fließt: $I_1 = I - I_2$.

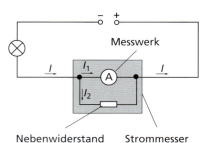

Gesucht: R_2 (Widerstand des Nebenwiderstandes)
Gegeben: $R_1 = 50\ \Omega$
$I_1 = 0{,}1\ \mathrm{A}$
$I = 1\ \mathrm{A}$

Lösung:
$$R_2 = \frac{U}{I_2}$$

▶ Für die Einheiten gilt:
$\frac{1\ \mathrm{V}}{1\ \mathrm{A}} = 1\ \Omega$

U ist gleich der Spannung am Messwerk. Sie ergibt sich aus $U = R_1 \cdot I_1$ zu 5 V.
Die Stromstärke I_2 erhält man aus $I_2 = I - I_1$ zu 0,9 A. Damit ergibt sich für den Nebenwiderstand:

$$R_2 = \frac{5\ \mathrm{V}}{0{,}9\ \mathrm{A}}$$

$$\underline{R_2 = 5{,}6\ \Omega}$$

▶ Um die Beeinflussung des Stromkreises durch Messgeräte möglichst gering zu halten, sind diese so konstruiert, dass Stromstärkemesser einen möglichst kleinen und Spannungsmesser einen möglichst großen Innenwiderstand haben.

Ergebnis:
Der Messbereich des Messgerätes kann mit einem Nebenwiderstand von 5,6 Ω auf 1 A erweitert werden.

Die Innenwiderstände der Messgeräte beeinflussen die Genauigkeit der gemessenen Spannungen und Stromstärken. Durch die Art der Schaltung kann man die Messfehler klein halten.

Stromrichtige Messschaltung	**Spannungsrichtige Messschaltung**
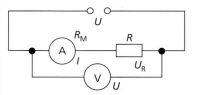	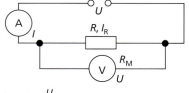
$U_R = U - I \cdot R_M$	$I_R = I - \dfrac{U}{R_M}$
Korrektur nicht erforderlich, wenn $R_M \ll R$.	Korrektur nicht erforderlich, wenn $R_M \gg R$.

4.2 Der Gleichstromkreis

Schaltzeichen

	galvanische Spannungsquelle		Stecker Buchse		Fotowiderstand
	Spannungsquelle		Schalter als Schließer Öffner		Kondensator
	Gleichspannung Wechselspannung		Taster als Schließer Öffner		Elektrolytkondensator
L_1 L_2 L_3 N	Drehstromnetz		Glühlampe		Drehkondensator
	Leitung		Glimmlampe		Diode
	Kreuzung von Leitungen ohne Verbindungen		Spule		Leuchtdiode (LED)
	Leitungsverzweigung: fest, lösbar		Spule mit Eisenkern		Fotoelement
	Verbindung mit Masse		Transformator		npn-Transistor
	Antenne		Dauermagnet		pnp-Transistor
	Verbindung mit Erde		Widerstand		Spannungsmesser
	Schutzerdung		stellbarer Widerstand		Stromstärkemesser
	Schutzisolierung		NTC-Widerstand (Heißleiter)		Mikrofon
	Sicherung		PTC-Widerstand (Kaltleiter)		Wechselstrommotor
	Lautsprecher		Generator		Leistungsmesser
	Klingel		Motor		Oszilloskop

Elektrische Stromkreise

Wichtige physikalische Größen in der Elektrizitätslehre sind die **elektrische Stromstärke**, die **elektrische Spannung** und der **elektrische Widerstand**.

Stromstärke I	Spannung U	Widerstand R
gibt an, wie viele Ladungsträger sich in jeder Sekunde durch den Querschnitt eines Leiters bewegen.	gibt an, wie stark die Ladungsträger angetrieben werden.	eines Bauteils gibt an, wie stark der elektrische Strom in ihm behindert wird.
Einheiten: ein Ampere (1 A)	**Einheiten:** ein Volt (1 V)	**Einheiten:** ein Ohm (1 Ω)
Messung: 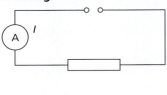	**Messung:** 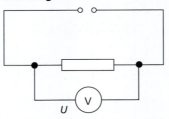	**Messung:** 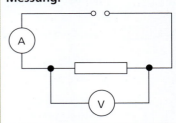

Für den Zusammenhang zwischen Spannung U, Stromstärke I und Widerstand R gilt:

$$R = \frac{U}{I}$$

Der Widerstand eines Drahts der Länge l und der Querschnittsfläche A beträgt:

$$R = \varrho \cdot \frac{l}{A}$$

Unverzweigter Stromkreis

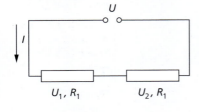

$I = I_1 = I_2$
$U = U_1 + U_2$
$R = R_1 + R_2$

Verzweigter Stromkreis

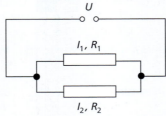

$I = I_1 + I_2$
$U = U_1 = U_2$
$\frac{1}{R} = \frac{1}{R_1} + \frac{1}{R_2}$

Die elektrische Leistung P gibt an, wie viel elektrische Energie je Sekunde in einem Gerät in andere Energieformen umgewandelt wird. Es gilt:

$$P = U \cdot I$$

Die elektrische Energie E, die in einem Gerät in der Zeit t umgesetzt wird, beträgt:

$$E = P \cdot t$$

$$E = U \cdot I \cdot t$$

4.3 Elektrische und magnetische Felder

4.1.1 Das elektrische Feld

Elektrische Felder und ihre Darstellung

Zwischen elektrisch geladenen Körpern wirken anziehende oder abstoßende Kräfte (↗ S. 198). Die elektrische Ladung versetzt den *Raum um einen geladenen Körper* in einen besonderen Zustand, sodass in diesem Raum auf andere geladene Körper Kräfte wirken. Im Raum um einen geladenen Körper existiert ein **elektrisches Feld**.

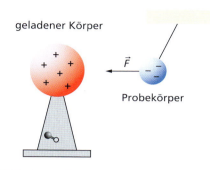

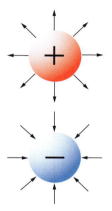

▶ Die Richtung der Feldlinien verläuft vereinbarungsgemäß von + nach –.

> Ein elektrisches Feld ist der Zustand des Raums um einen elektrisch geladenen Körper, in dem auf andere elektrisch geladene Körper Kräfte ausgeübt werden.

Elektrische Felder können mithilfe von **Feldlinienbildern** dargestellt werden. Ein **Feldlinienbild** ist ein *Modell* für das elektrische Feld. Es macht Aussagen über Beträge und Richtungen der Kräfte auf Probekörper im elektrischen Feld.

> Für das Feldlinienbild als Modell des elektrischen Felds gilt:
> – Je größer die Anzahl der Feldlinien in einem bestimmten Gebiet des Felds ist, desto stärker ist die dort wirkende Kraft auf einen geladenen Körper.
> – Die Richtung der Feldlinien gibt die Richtung der wirkenden Kraft auf einen geladenen Körper an. Dabei ist die Art der Ladung zu beachten.

▶ Das Modell der Feldlinien wurde von **MICHAEL FARADAY** (1791–1867) in die Physik eingeführt. Er erwarb sich große Verdienste um die Physik der Felder.

■ Feldlinien lassen sich auch experimentell veranschaulichen, wenn sich Grießkörnchen in Öl in einem elektrischen Feld befinden. Unter der Wirkung des elektrischen Felds richten sich die Grießkörnchen in Richtung der Feldlinien aus.

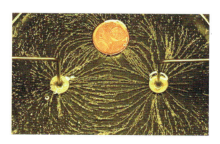

Man unterscheidet homogene und inhomogene Felder.

Ein **homogenes Feld** liegt vor, wenn es an allen Stellen gleich stark ist, also die Kraft auf einen Probekörper überall gleich groß ist.
Ein **inhomogenes Feld** liegt vor, wenn es von Ort zu Ort unterschiedlich stark ist.

▶ In einem homogenen Feld verlaufen die Feldlinien immer parallel und in gleichem Abstand voneinander.

Feld eines Plattenkondensators	Feld zweier geladener Kugeln
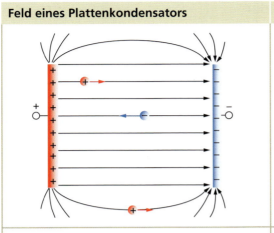	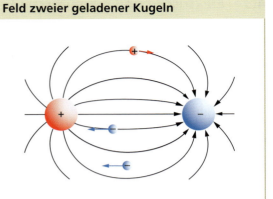
Das Feld zwischen den Platten des Plattenkondensators ist überall gleich stark. Dieser Teil des Felds ist ein **homogenes** Feld.	Das Feld zwischen zwei geladenen Kugeln ist von Ort zu Ort unterschiedlich stark. Es ist ein **inhomogenes** Feld.

Feldlinienbilder elektrischer Felder

Punktladung	Geladene Spitze	Elektrischer Dipol

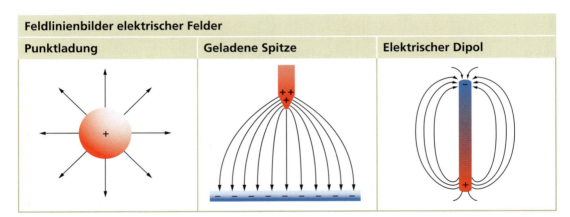

Die Stärke des elektrischen Felds in einem bestimmten Punkt kann durch die **elektrische Feldstärke** beschrieben werden. Dabei wird der Betrag der Kraft auf eine Probeladung, die sich in diesem Punkt befindet, zugrunde gelegt.

▶ Für die Einheiten gilt:
$1 \frac{N}{C} = 1 \frac{V}{m}$

Die elektrische Feldstärke *E* an einem Punkt gibt an, wie groß die Kraft *Q* auf eine Probeladung in diesem Punkt des Felds ist. Es gilt die Gleichung:

$$E = \frac{F}{Q}$$

Einheit: ein Newton je Coulomb $\left(1 \frac{N}{C}\right)$

■ So beträgt z. B. die Stärke des elektrischen Felds zwischen zwei Platten, die 1 cm voneinander entfernt sind und zwischen denen eine Spannung von 10 V anliegt, *E* = 1 000 V/m.

Spannungen, Ströme und Energie im elektrischen Feld

Im elektrischen Feld wirkt auf einen Probekörper eine Kraft. Diese Kraft kann zu einer Bewegung bzw. Bewegungsänderung des Probekörpers führen. Der Probekörper legt unter Krafteinwirkung einen Weg zurück. Dabei wird mechanische Arbeit verrichtet. Diese mechanische Arbeit kann nur verrichtet werden, wenn Energie umgewandelt wird. Bewirkt das elektrische Feld die Verschiebung des Probekörpers, so wird Energie des elektrischen Felds in mechanische Energie umgewandelt.

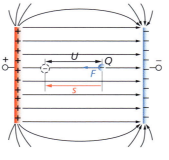

▶ Es besteht auch hier der allgemeine Zusammenhang, dass die **Arbeit** gleich der **Energieänderung** ist: $W = \Delta E$

> Ein elektrisches Feld besitzt **elektrische Energie**.

▶ Diese Energie wird auch als Feldenergie bezeichnet.

Die gerichtete Bewegung von Ladungsträgern im elektrischen Feld ist ein elektrischer Strom (↗ S. 200). Die Stromstärke kann aus der bewegten Ladung durch eine bestimmte Querschnittsfläche und der Zeit berechnet werden mit:

$$I = \frac{Q}{t}$$

Q elektrische Ladung
t Zeit

Den Antrieb für den elektrischen Strom muss eine elektrische Spannung zwischen zwei Punkten des elektrischen Feldes liefern. Diese Spannung zwischen zwei Punkten bewirkt das Verrichten der mechanischen Arbeit an der bewegten Ladung (↗ S. 210). Diese Spannung kann also aus der **Arbeit** an der Ladung berechnet werden:

$$U = \frac{W}{Q}$$

W Arbeit im elektrischen Feld
Q elektrische Ladung

▶ Dieser Zusammenhang wird mitunter auch genutzt, um die **elektrische Stromstärke** zu definieren.

▶ Dieser Zusammenhang wird mitunter auch genutzt, um die **elektrische Spannung** zu definieren.

Die Arbeit ist umso größer, je größer die Spannung zwischen zwei Punkten des elektrischen Felds und je größer die Ladung des Probekörpers sind:

$$W = U \cdot Q$$

Die Verschiebungsarbeit kann vom elektrischen Feld selbst oder auch durch eine Kraft gegen das elektrische Feld verrichtet werden.

> Starke elektrische Felder bilden sich bei **Gewittern** zwischen den Gewitterwolken bzw. zwischen Wolken und der Erdoberfläche aus. Durch **Blitze** kommt es zu elektrischen Entladungen zwischen Wolken bzw. Wolken und Erde. Die dabei frei werdende elektrische Energie kann gewaltige Zerstörungen anrichten. Blitze schlagen vor allem in hohe, spitze Gegenstände ein, z. B. in hohe Bäume, Kirchturmspitzen oder Spitzen von Dächern, da dort die elektrische Feldstärke am größten ist. Mit **Blitzschutzanlagen** kann man Gebäude vor Blitzeinschlag schützen.

Der Kondensator

Ein **Kondensator** ist ein elektrisches Bauelement, mit dem elektrische Ladung gespeichert werden kann. Mit dem Speichern von Ladung speichert ein Kondensator auch *elektrische Energie.* Diese elektrische Energie ist im elektrischen Feld des Kondensators gespeichert.

> Ein Kondensator ist ein Speicher für elektrische Ladung bzw. elektrische Energie.

▶ Da in einem Kondensator Energie gespeichert wird, sollte man die beiden Anschlüsse auch dann nicht anfassen, wenn der Kondensator von der elektrischen Quelle getrennt ist. Es besteht die Gefahr eines elektrischen Schlags.

Kondensatoren bestehen aus leitenden Schichten, die durch einen Isolator, **Dielektrikum** genannt, voneinander getrennt sind.
Der einfachste Kondensator ist ein **Plattenkondensator.** Bei ihm stehen sich zwei Platten gegenüber, zwischen denen sich das Dielektrikum (hier: Luft) befindet.

Plattenkondensator mit Luft als Dielektrikum

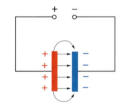

elektrisches Feld eines Plattenkondensators

Schaltzeichen eines Kondensators

Technisch können Kondensatoren sehr unterschiedlich gebaut sein. Wichtige Arten von Kondensatoren sind Wickelkondensatoren, Keramikkondensatoren, Elektrolytkondensatoren und Drehkondensatoren.

▶ Bei einer zu hohen Spannung können Kondensatoren zerstört werden. Ein Maß für die maximal mögliche Spannung ist die Durchschlagsfestigkeit.

Wickelkondensator	Keramikkondensator

Zwischen zwei sehr dünnen Metallfolien befindet sich ein Dielektrikum aus Kunststoff. Die drei Schichten werden zu einem Block aufgewickelt, sodass man von einem Blockkondensatoren spricht.	Auf keramische Isolierschichten werden dünne leitende Schichten aufgedampft. Sie bilden den Kondensator.

4.3 Elektrische und magnetische Felder

Elektrolytkondensator	Drehkondensator	
		▶ Elektrolytkondensatoren haben aufgrund ihres Aufbaus eine vorgegebene Polung. Diese muss eingehalten werden, da sonst die Isolierschicht zerstört wird und der Kondensator explodieren kann.
Die negativen elektrischen Ladungen sind in einer leitenden Flüssigkeit (Elektrolyt) gespeichert, die sich wiederum in einem saugfähigen Papier befindet. Diese Schicht ist durch eine Isolierschicht von einer Aluminiumfolie als Anode getrennt.	Der Kondensator besteht aus zwei Plattensätzen und Luft als Dielektrikum. Ein drehbarer Plattensatz kann in einen feststehenden hineingedreht werden, wobei sich die Kapazität des Kondensators ändert, da sie von der Plattenfläche abhängig ist.	

Wird ein Kondensator an eine Gleichspannungsquelle angeschlossen, so fließt ein **Ladestrom**, bis der Kondensator vollständig geladen ist. Die Spannung ist gleich der Spannung an der Spannungsquelle.
Beim Entladen fließt so lange ein **Entladestrom**, bis der Kondensator entladen und die Spannung zwischen den Platten null ist.

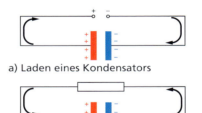

a) Laden eines Kondensators

b) Entladen eines Kondensators

▶ Die Entladung eines Kondensators sollte stets über einen Widerstand erfolgen, damit die Stromstärke nicht zu groß wird.

Der Spannungsverlauf beim Laden und Entladen eines Kondensators kann in einem Experiment aufgenommen werden.

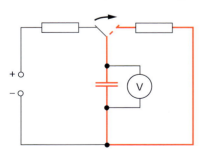

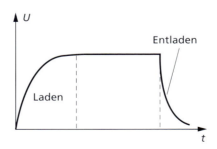

▶ Kondensatoren sollten auch bei ausgeschalteten elektrischen Geräten nicht berührt werden, da sie immer noch elektrisch geladen sein können.

■ Die Speicherfähigkeit von Kondensatoren für elektrische Ladungen wird in Blitzlichtgeräten genutzt. Vor Auslösen eines Blitzlichts muss ein Kondensator aufgeladen werden. Die Zündung der Blitzlichtlampe erfolgt durch eine Kondensatorzündung.

▶ **Blitzlichtgeräte** finden beim Fotografieren in Innenräumen Anwendung.

Die Größe elektrische Kapazität

▶ Die Einheit 1 F ist nach dem englischen Naturforscher MICHAEL FARADAY (1791–1867) benannt.

Jeder Kondensator kann bei einer gegebenen Spannung nur eine bestimmte Ladung aufnehmen. Diese unterschiedliche Speicherfähigkeit für elektrische Ladung wird durch die Größe **Kapazität** angegeben.

> Die Kapazität eines Kondensators gibt an, wie viel elektrische Ladung der Kondensator bei einer Spannung von 1 V speichern kann.
>
> Formelzeichen: C
>
> Einheiten: ein Farad   (1 F)
>
>   ein Coulomb je Volt $\left(1\,\frac{C}{V}\right)$

▶ Für die Einheiten gilt:
$1\,F = 1\,\frac{C}{V} = \frac{A \cdot s}{V}$

Teile der Einheit 1 F sind ein Mikrofarad (1 µF), ein Nanofarad (1 nF) und ein Picofarad (1 pF):

$$1\,F = 1\,000\,000\,\text{mF} = 1\,000\,000\,000\,\text{nF} = 1\,000\,000\,000\,000\,\text{pF}$$

Die Kapazität der meisten Kondensatoren liegt zwischen 1 µF und 1 pF.

Berechnen der elektrischen Kapazität

▶ Bei Luft zwischen den Platten ist die Speicherfähigkeit relativ klein. Bei Verwendung von speziellen keramischen Werkstoffen kann sich die Speicherfähigkeit bei gleicher Plattenfläche und gleichem Abstand um den Faktor 10 … 10 000 erhöhen (Faktor ε_r).

Die Kapazität eines Kondensators ist von seinem Bau abhängig. Bei einem **Plattenkondensator** ist die Kapazität umso größer, je größer die Flächen der Platten und je kleiner der Abstand der Platten sind.
Außerdem ist die Kapazität des Kondensators davon abhängig, welches **Dielektrikum** sich zwischen den beiden Platten befindet.

> Die Kapazität eines Plattenkondensators kann mit folgender Gleichung berechnet werden:
>
> $C = \varepsilon_0 \cdot \varepsilon_r \cdot \frac{A}{d}$
>
> A   Flächeninhalt einer Platte
> d   Abstand der Platten
> ε_0 elektrische Feldkonstante
> ε_r Dielektrizitätszahl

▶ Die **Dielektrizitätszahl**, auch Permittivitätszahl genannt, ist eine Materialkonstante, die die Beeinflussung der Kapazität durch das Dielektrikum angibt.
Für Luft gilt: $\varepsilon_r = 1$

Wie viel Ladung ein bestimmter Kondensator speichert, ist davon abhängig, welche Spannung am Kondensator anliegt. Je größer die Spannung ist, desto größer ist die gespeicherte Ladung. Das Verhältnis von Ladung und Spannung ist die Kapazität des Kondensators.

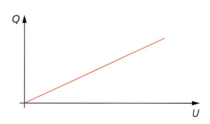

▶ Der Anstieg im Q-U-Diagramm ist die Kapazität C des Kondensators.

> Die Kapazität eines Kondensators kann mit folgender Gleichung berechnet werden:
>
> $C = \frac{Q}{U}$
>
> Q   elektrische Ladung
> U   elektrische Spannung

4.1.2 Das magnetische Feld

Magnete und ihre Wirkungen

> Magnete sind Körper, die andere Körper aus Eisen, Nickel oder Kobalt anziehen.

Körper, die diese magnetische Eigenschaft auf Dauer oder über sehr lange Zeit besitzen, nennt man **Dauermagnete** oder **Permanentmagnete**. Dauermagnete bestehen ebenfalls aus Eisen, Nickel oder Kobalt. Sie können verschiedene Formen haben.

▶ Permanentmagnete werden heute vor allem aus Legierungen und Oxidwerkstoffen (Barium- und Eisenoxid) sowie aus Neodym hergestellt.

Dauermagnete unterschiedlicher Form

Unmagnetisiertes (a) und magnetisiertes (b) Eisen im Modell

> Körper, die von Magneten angezogen werden, sind auch selbst magnetisierbar.

Diese Eigenschaft von Stoffen aus Eisen, Nickel und Kobalt, den **ferromagnetischen Stoffen**, ergibt sich aus ihrem Aufbau. Magnetisierbare Stoffe bestehen aus winzigen Bereichen, von denen sich jeder wie ein kleiner Magnet verhält. Im unmagnetisierten Zustand sind diese **Elementarmagnete** völlig ungeordnet. Der Körper ist nach außen hin unmagnetisch. Unter dem Einfluss eines Magneten können sich diese Elementarmagnete ausrichten. Der Körper wird selbst magnetisch.

▶ „ferro" kommt von der lateinischen Bezeichnung „Ferrum" für Eisen. Das chemische Zeichen für Eisen ist deshalb auch Fe.

Die Ausrichtung der Elementarmagnete geht verloren, wenn man einen Magneten zu stark erhitzt oder starken Erschütterungen aussetzt. Lassen sich in einem Stoff die Elementarmagnete leicht ausrichten, so bezeichnet man diesen Stoff als **magnetisch weich**. Stoffe, bei denen die Ausrichtung der Elementarmagnete nur unter dem Einfluss starker Magnete erfolgt und lange Zeit erhalten bleibt, bezeichnet man als **magnetisch hart**. Aus solchen Stoffen stellt man Permanentmagnete her.

▶ Oberhalb einer bestimmten stoffabhängigen Temperatur geht die Ausrichtung der Elementarmagnete durch die thermische Bewegung der Gitterbausteine verloren.

Zwischen Magneten wirken anziehende oder abstoßende Kräfte. Diese Kräfte sind zwischen den **Polen** der Magnete am größten.

> Jeder Magnet hat mindestens zwei Pole, den **Nordpol** und den **Südpol**.

▶ Es gibt auch Magnete mit mehr als zwei Polen.

Auch wenn man einen Magneten zerteilt, hat jeder Teil wieder mindestens zwei Pole, einen Nordpol und einen Südpol.

Gleichnamige Magnetpole stoßen sich ab.	Ungleichnamige Magnetpole ziehen sich an.
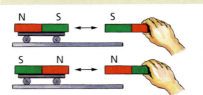	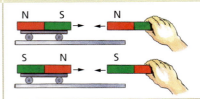

Die magnetische Kraftwirkung kann durch andere Körper hindurchgehen. Nur Körper aus Eisen, Nickel und Kobalt, also aus ferromagnetischen Stoffen, können die magnetische Kraftwirkung und damit das magnetische Feld abschirmen.

▶ Weichmagnetische Stoffe lassen sich leicht magnetisieren. Die Magnetisierung geht aber auch schnell wieder verloren.

Besonders gut zur **magnetischen Abschirmung** eignen sich Körper aus weichmagnetischen Stoffen, z. B. aus **Weicheisen**.

Magnetische Felder und ihre Darstellung

Im Raum um Magnete wirken auf andere Magnete bzw. auf Körper aus ferromagnetischen Stoffen Kräfte. Im Raum um Magnete existiert ein **magnetisches Feld**.

> Ein magnetisches Feld ist der Zustand des Raums um Magnete, in dem auf andere Magnete bzw. Körper aus ferromagnetischen Stoffen Kräfte ausgeübt werden.

▶ Feldlinienbilder magnetischer Felder erhält man, wenn man die Linien nachzeichnet, zu denen sich Eisenfeilspäne im Magnetfeld ordnen. Es wurde festgelegt, dass um einen Magneten die Richtung der Feldlinien vom magnetischen Nordpol zum Südpol zeigt.

Magnetische Felder können ebenfalls mithilfe von **Feldlinienbildern** dargestellt werden (↗ S. 227). Ein Feldlinienbild als *Modell* des magnetischen Felds macht Aussagen über die Kräfte auf Probekörper (z. B. kleine Magnete). Dabei gelten dieselben Aussagen wie für Feldlinienbilder elektrischer Felder (↗ S. 227).

Eisenfeilspäne im magnetischen Feld eines Stabmagneten	Kleine Magnete im Feld eines Stabmagneten

M ↗ S. 39

4.3 Elektrische und magnetische Felder

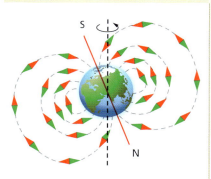
Magnetfeld der Erde

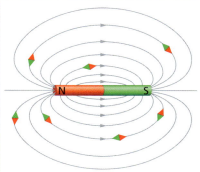
Magnetfeld eines Stabmagneten

- Das **Magnetfeld der Erde** ist die Voraussetzung dafür, dass man sich mit einem **Kompass** auf der Erde orientieren kann. Die Kompassnadel ist ein kleiner Dauermagnet, der sich im Erdmagnetfeld in Richtung der Feldlinien ausrichtet.

▶ Bei der Orientierung mit dem **Kompass** ist zu beachten, dass der geografische Nordpol in der Nähe des magnetischen Südpols liegt.

Die Stärke des magnetischen Felds in einem bestimmten Punkt kann durch die **magnetische Feldstärke** beschrieben werden. Dabei wird die Größe der Kraft auf einen magnetischen Probekörper, der sich in diesem Punkt befindet, zugrunde gelegt.

> Die magnetische Feldstärke in einem Punkt gibt an, wie groß die Kraft auf einen magnetischen Probekörper in diesem Punkt des Felds ist.

Zur Kennzeichnung der Stärke eines magnetischen Felds gibt man heute meist die Größe **magnetische Flussdichte** an.
Beim Verschieben eines Probekörpers im Magnetfeld wird mechanische Arbeit verrichtet. Dazu muss Energie des magnetischen Felds in mechanische Energie umgewandelt werden.

▶ Es besteht auch hier der allgemeine Zusammenhang, dass die Arbeit gleich der Energieänderung ist.

> Ein magnetisches Feld besitzt magnetische Energie.

Elektromagnetismus

Im Raum um stromdurchflossene Leiter wirken ebenfalls Kräfte auf magnetische Probekörper. Jeder elektrische Leiter ist bei Stromfluss von einem Magnetfeld umgeben. Besonders stark ist das magnetische Feld, wenn ein Leiter als Spule aufgewickelt ist und einen Eisenkern enthält. Man nennt eine solche stromdurchflossene Spule mit Eisenkern auch **Elektromagnet**.

▶ Die Kraftwirkung zwischen einer Magnetnadel und einem stromdurchflossenen Leiter entdeckte **HANS CHRISTIAN OERSTED** (1777–1851) zufällig bei Experimenten. Damit wurde der Zusammenhang zwischen Elektrizität und Magnetismus gefunden.

▶ Im Unterschied zum elektrischen Feld sind beim magnetischen Feld die Feldlinien geschlossen.

	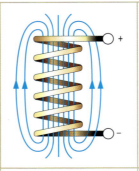	
Spule mit Eisenkern als Elektromagnet	Magnetisches Feld eines Elektromagneten	Schaltzeichen eines Elektromagneten

> Um stromdurchflossene Leiter und stromdurchflossene Spulen existieren Magnetfelder.

Das Magnetfeld existiert nur, solange der elektrische Strom fließt. Schaltet man den Strom ab, hört die magnetische Wirkung auf.

- Diese Eigenschaft der Magnetfelder von Elektromagneten wird in verschiedenen technischen Geräten und Anlagen genutzt. Dazu gehören **Lasthebemagnete, Türgong, elektrische Klingel** und **Relais** als elektromagnetischer Schalter.

Das magnetische Feld einer stromdurchflossenen Spule weist große Ähnlichkeiten mit dem Magnetfeld eines Stabmagneten auf.

▶ Auch bei magnetischen Feldern kann man homogene und inhomogene Felder unterscheiden (↗ S. 227).

Stabmagnet	Stromdurchflossene Spule
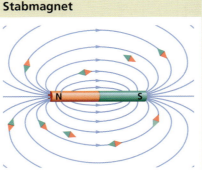	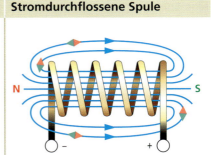

Die Richtung des Felds eines Elektromagneten ist abhängig von der Richtung des Stromflusses. Das Feld im Innern eines Elektromagneten ist *homogen*, d. h., die magnetische Feldstärke ist überall gleich groß. Die Feldlinien magnetischer Felder sind *geschlossen*.

Stromdurchflossene Leiter im Magnetfeld

Befindet sich ein stromdurchflossener Leiter in einem Magnetfeld, so wird auf ihn eine Kraft ausgeübt. Die Ursache besteht darin, dass auf bewegte Ladungsträger, z.B. auf Elektronen, in einem Magnetfeld eine Kraft ausgeübt wird. Diese Kraft bezeichnet man als **Lorentzkraft**.

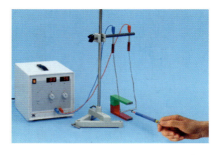

▶ Auf das Leiterstück im Magnetfeld wirkt bei Stromfluss eine Kraft.

Auf bewegte Ladungsträger wirkt in einem Magnetfeld eine Kraft senkrecht zur Bewegungsrichtung und senkrecht zur Richtung des magnetischen Felds.

▶ Die Lorentzkraft ist nach dem niederländischen Physiker **HENDRIK LORENTZ** (1853–1928) benannt.

- Die Lorentzkraft wirkt z.B. auf die bewegten Elektronen in einer **Elektronenstrahlröhre**.

Die Lorentzkraft wirkt auch auf die bewegten Elektronen in einem stromdurchflossenen Leiter. Die Summe dieser Kräfte auf die einzelnen bewegten Elektronen ergibt eine Gesamtkraft auf den stromdurchflossenen Leiter.

Auf einen stromdurchflossenen Leiter wirkt in einem Magnetfeld eine Kraft. Diese Kraft wirkt senkrecht zum Stromfluss und senkrecht zur Richtung des magnetischen Felds.

Zur Ermittlung der Richtung der Kraft auf einen stromdurchflossenen Leiter benutzt man die **Rechte-Hand-Regel** (UVW-Regel).

Daumen:	Stromrichtung von + nach – (Ursache)
Zeigefinger:	Richtung des magnetischen Felds vom Nord- zum Südpol (Vermittlung)
Mittelfinger:	Richtung der Kraft (Wirkung)

▶ Es ist unbedingt die *rechte Hand* zu benutzen. Bei der Bestimmung der Kraftrichtung ist zu beachten, ob sich positive oder negative Ladungsträger bewegen. Bei Anwendung der Rechte-Hand-Regel zeigt der Daumen in Bewegungsrichtung positiv geladener Teilchen (entgegengesetzt der Bewegungsrichtung von Elektronen).

Lorentzkräfte wirken auch zwischen zwei sich in der Nähe befindenden stromdurchflossenen Leitern. Die Richtungen der wirkenden Kräfte sind von den Stromrichtungen in den Leitern abhängig und mit der Rechte-Hand-Regel zu bestimmen.

▶ Die Kräfte zwischen stromdurchflossenen Leitern werden zur Definition der Einheit für die **elektrische Stromstärke** genutzt. Das Ampere ist die Stromstärke durch zwei geradlinige lange Leiter, die den Abstand 1 m haben und zwischen denen die Kraft je 1 m Länge $2 \cdot 10^{-7}$ N beträgt.

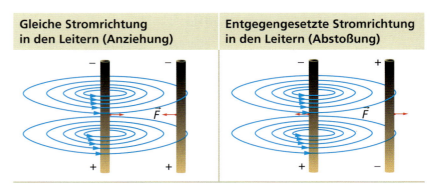

Die Größe der Kraft auf einen stromdurchflossenen Leiter in einem Magnetfeld ist abhängig von der Stromstärke, der Länge des Leiters und der Stärke des magnetischen Felds.

> Unter der Bedingung, dass die Kraft auf einen stromdurchflossenen Leiter senkrecht zum Stromfluss und senkrecht zur Richtung des magnetischen Felds wirkt, gilt:
> Die Kraft ist umso größer,
> – je größer die elektrische Stromstärke ist,
> – je länger der elektrische Leiter ist und
> – je stärker das magnetische Feld ist.

■ Die Abhängigkeit der Kraft auf einen stromdurchflossenen Leiter in einem Magnetfeld von der elektrischen Stromstärke wird in verschiedenen technischen Geräten und Anlagen genutzt, z. B. in **Lautsprechern, Telefonhörern, Sicherungsautomaten** und **Drehspulinstrumenten**.

Der Elektromotor

▶ Eine Urform des Elektromotors wurde von **MICHAEL FARADAY** (1791–1867) entwickelt.

M ↗ S. 43

Eine wichtige Anwendung der Kraft auf einen stromdurchflossenen Leiter im Magnetfeld ist der **Elektromotor**. Man spricht in diesem Zusammenhang auch vom **elektromotorischen Prinzip**. Es werden **Gleichstrommotoren** und **Wechselstrommotoren** unterschieden, wobei Wechselstrommotoren in der Regel auch mit Gleichstrom betrieben werden können **(Universalmotoren)**.
Der Elektromotor dient zur Umwandlung von elektrischer Energie in mechanische Energie, mit der mechanische Arbeit verrichtet wird. Dabei wird eine Drehbewegung erzeugt, die zum Antrieb von Geräten und Anlagen verwendet wird.
Der Aufbau eines Elektromotors ist in der Skizze auf S. 239 oben dargestellt.
Durch einen *Feldmagneten* (Dauer- oder Elektromagnet) wird ein magnetisches Feld aufgebaut. In diesem Feld ist ein Elektromagnet drehbar gelagert, der *Anker* genannt wird. Über *Kohlebürsten* als Schleifkontakte wird der Anker an eine Gleichspannung angeschlossen.

Durch den Stromfluss im Anker wird dieser zum Magneten, und es treten Kräfte zwischen Feldmagneten und Anker auf. Diese Kräfte führen zu einer Drehbewegung. Durch einen *Kollektor* (Polwender) wird bei einer bestimmten Stellung des Ankers eine Umkehr der Stromrichtung erreicht, damit die Drehbewegung ungehindert weiter laufen kann. So entsteht eine vollständige Drehbewegung in einem Gleichstrommotor.

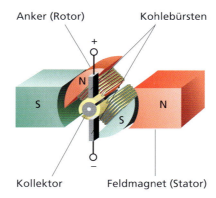

▶ Um bei **Gleichstrommotoren** ein besseres Anlaufen und eine gleichmäßigere Drehbewegung des Motors zu erreichen, werden Anker mit mehr als zwei Polen eingesetzt.

Die nachfolgenden Skizzen zeigen einzelne Phasen der Bewegung des Rotors im Magnetfeld des Stators.

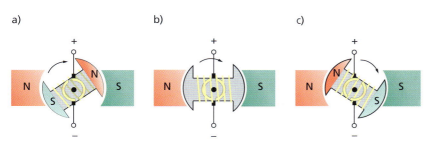

Um starke Elektromotoren zu erhalten, reicht das Magnetfeld eines Dauermagneten als Feldmagnet nicht aus. Deshalb werden Elektromagnete als Feldmagnete genutzt. Für die Spulen des Ankers und des Feldmagneten kann man dieselbe Spannungsquelle benutzen. Je nachdem, wie man diese Spulen schaltet, erhält man einen Nebenschlussmotor (parallel) oder einen Haupt- bzw. Reihenschlussmotor (in Reihe).

▶ Neben-, Haupt- bzw. Reihenschlussmotoren können als Wechselstrommotoren betrieben werden.

Nebenschlussmotor	Hauptschlussmotor
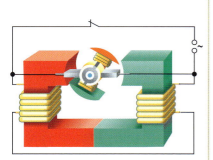	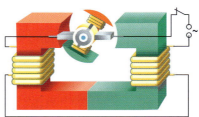
Die Spulen des Ankers und des Feldmagneten sind parallel geschaltet.	Die Spulen des Ankers und des Feldmagneten sind in Reihe geschaltet.

4.1.3 Die elektromagnetische Induktion

Gesetze der elektromagnetischen Induktion

▶ Die **elektromagnetische Induktion** kann auch als Umkehrung des elektromotorischen Prinzips (↗ S. 238) betrachtet werden. Beides beruht auf der **Lorentzkraft**. Die Kräfte auf bewegte Ladungsträger im Magnetfeld führen einmal zur Bewegung des Leiters **(Elektromotor)** oder zu einem Stromfluss (Induktion). In beiden Fällen kann die **Rechte-Hand-Regel** (↗ S. 237) angewendet werden.

Auf bewegte Ladungsträger wirkt in einem Magnetfeld eine Kraft – die Lorentzkraft (↗ S. 237). Dies gilt auch für frei bewegliche Elektronen in einem metallischen Leiter, wenn diese *mit* dem Leiter im Magnetfeld bewegt werden. Bei einer solchen Bewegung des Leiters kommt es zu einer Verschiebung der Elektronen im Leiter. Im Leiter entsteht ein Stromfluss. Zwischen den Enden des Leiters entsteht eine Spannung, die **Induktionsspannung U_i** genannt wird. Der Vorgang heißt **elektromagnetische Induktion**. Größere Induktionsspannungen entstehen, wenn anstelle eines Leiters eine Spule benutzt wird.

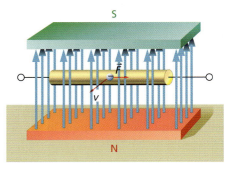

Nähere Untersuchungen haben ergeben, dass das Entstehen einer Induktionsspannung nicht an die Bewegung einer Spule oder eines Leiters im Magnetfeld gebunden ist, sondern an die Änderung des von der Spule bzw. dem Leiter umfassten Magnetfelds. Diese Erkenntnisse sind im **Induktionsgesetz** zusammengefasst.

▶ Die Entdeckung der elektromagnetischen Induktion geht im Wesentlichen auf **MICHAEL FARADAY** (1791–1867) zurück.

> In einer Spule wird eine Spannung induziert, solange sich das von der Spule umfasste Magnetfeld ändert.
> Die Induktionsspannung ist umso größer,
> – je schneller sich der räumliche Anteil des von der Spule umfassten Magnetfelds ändert (je schneller man die Spule im Magnetfeld bewegt),
> – je stärker sich das von der Spule umfasste Magnetfeld ändert.
> Der Betrag der Induktionsspannung ist auch vom Bau der Spule abhängig.

Das Magnetfeld für die elektromagnetische Induktion kann sowohl durch Dauermagnete als auch durch Elektromagnete erzeugt werden.

Anordnungen zur Erzeugung von Induktionsspannungen

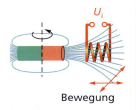
Bewegung

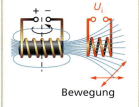
Bewegung

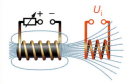
Änderung der Stromstärke beim Elektromagneten

Die in einer Spule induzierte Spannung ist umso größer,
- je größer die Windungszahl der Spule und
- je größer die Querschnittsfläche der Spule ist.

Die Induktionsspannung ist bei einer Spule mit Eisenkern wesentlich größer als bei einer Spule ohne Eisenkern.

M ↗ S. 27

- Das Induktionsgesetz und die Abhängigkeit der Induktionsspannung vom Bau der Induktionsspule werden in verschiedenen technischen Geräten und Anlagen genutzt. Zur Verkehrsüberwachung werden z. B. **Induktionsschleifen** in Straßen verlegt. In bestimmten Arten von **Mikrofonen** werden ebenfalls die oben genannten Gesetze genutzt, z. B. in Telefonhörern. Auch **Tonbandgeräte** nutzen die elektromagnetische Induktion zur Tonaufzeichnung und -wiedergabe.

▶ **Mikrofone**, die auf der Grundlage des Induktionsgesetzes funktionieren, nennt man elektrodynamische Mikrofone oder Tauchspulenmikrofone.

Der durch eine Induktionsspannung hervorgerufene elektrische Strom wird als **Induktionsstrom** bezeichnet. Die Richtung des Induktionsstroms ist davon abhängig, in welcher Weise sich das von der Spule umfasste Magnetfeld ändert.
Durch elektromagnetische Induktion entsteht elektrische Energie. Nach dem Gesetz von der Erhaltung der Energie (↗ S. 360) kann diese elektrische Energie nur durch Umwandlung aus anderen Energieformen, z. B. aus kinetischer Energie, entstehen. Diese Erkenntnis wird im **lenzschen Gesetz** ausgedrückt.

Der Induktionsstrom ist stets so gerichtet, dass er der Ursache für seine Entstehung entgegenwirkt.

▶ Das **lenzsche Gesetz** wurde nach dem russischen Physiker deutscher Herkunft HEINRICH FRIEDRICH EMIL LENZ (1804–1865) benannt.

Das lenzsche Gesetz zeigt sich u. a. bei Ein- und Ausschaltvorgängen von Stromkreisen, die Spulen enthalten. Dabei laufen in den Spulen Vorgänge der Selbstinduktion ab.

Die Selbstinduktion

Wird ein Stromkreis eingeschaltet, in dem sich eine Spule befindet, so steigt die Stromstärke. Um die Spule wird ein Magnetfeld aufgebaut. Dieses sich ändernde Magnetfeld umfasst die Spule selbst und induziert in der Spule eine Spannung und einen Strom. Den Vorgang nennt man **Selbstinduktion**.
Im Magnetfeld der Spule ist magnetische Energie gespeichert, solange durch die Spule ein elektrischer Strom fließt (↗ S. 235). Durch den Vorgang der Selbstinduktion wird diese magnetische Energie in elektrische Energie des Stroms umgewandelt.

Der Verlauf der Stromstärke beim Ein- und Ausschalten einer Spule kann experimentell untersucht und erfasst werden.

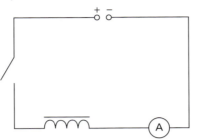
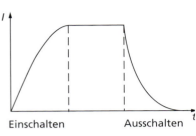

Einschalten Ausschalten

Nach dem lenzschen Gesetz ist der Induktionsstrom stets so gerichtet, dass er die Ursache für seine Entstehung, also das Ansteigen der Stromstärke, entgegenwirkt. Dadurch steigt die Stromstärke in einem solchen Stromkreis nur allmählich an. Beim Ausschalten sinkt die Stromstärke aufgrund der Selbstinduktion ebenfalls nur allmählich ab.

▶ **Leuchtstofflampen** benötigen z. B. eine Zündspannung von 300–450 V, werden aber an 230 V Wechselspannung angeschlossen. Die Zündung erfolgt mithilfe von Starter und Zündspule.

▶ **Glimmlampen** haben eine Zündspannung von 100 V, können aber über eine Spule bereits mit einer 4,5-V-Batterie gezündet werden.

■ Selbstinduktion tritt in allen Stromkreisen mit Spulen auf. Insbesondere bei Ausschaltvorgängen können dabei hohe Induktionsspannungen auftreten und kurzzeitig starke Induktionsströme fließen.
Diese Induktionsspannungen können z. B. genutzt werden, um **Glimmlampen** oder **Leuchtstofflampen** zu zünden. In modernen **Energiesparlampen** sind Starter und Zündspule im Sockel eingebaut.

Die Größe Induktivität

Wie groß die Selbstinduktion in einer Spule ist, hängt vom Bau der Spule ab und wird durch die Größe **Induktivität** angegeben.

> Die Induktivität einer Spule gibt an, wie stark die Änderung der Stromstärke in der Spule aufgrund der Selbstinduktion behindert wird.
>
> Formelzeichen: L
>
> Einheit: ein Henry   (1 H)

Die Induktivität einer Spule ist von ihrem Bau abhängig. Sie ist umso größer,
– je größer die Windungszahl der Spule ist,
– je größer die Querschnittsfläche der Spule ist und
– je kleiner die Länge der Spule ist.
Darüber hinaus hängt die Induktivität davon ab, ob die Spule einen Eisenkern hat oder nicht.

Wirbelströme

Induktionsströme entstehen nicht nur in Spulen, sondern auch in ganz beliebigen elektrischen Leitern, wenn sich das von ihnen umfasste Magnetfeld ändert.

Bringt man metallische Körper, z. B. Platten oder Stäbe, in ein Magnetfeld und ändert sich das von diesen Körpern umfasste Magnetfeld, so werden auch in diesen Körpern Spannungen induziert. Es fließen Ströme. Man nennt diese Induktionsströme nach ihrem Verlauf **Wirbelströme**.

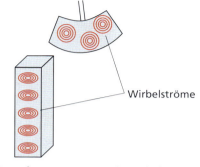
Wirbelströme

Wirbelströme bilden sich vor allem in massiven Metallkörpern aus. Bei Elektromotoren, Generatoren und Transformatoren sind Wirbelströme unerwünscht. Zur Verhinderung von Wirbelströmen setzt man entsprechende Teile aus dünnen, gegeneinander isolierten Blechen (**Dynamoblechen**) zusammen.

- Bei einer Reihe von Anwendungen sind Wirbelströme auch erwünscht. So werden Wirbelströme zum Induktionshärten genutzt. Man bringt dabei Werkstücke in eine Spule und setzt sie starken veränderlichen magnetischen Feldern aus.
Auch in Induktionsherden nutzt man Wirbelströme zum Erwärmen von Speisen.

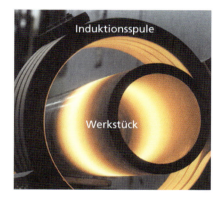

▶ Durch Dynamobleche können Wirbelströme weitgehend verhindert werden.

Wirbelströme sind nach dem lenzschen Gesetz (↗ S. 241) so gerichtet, dass sie die Ursache ihrer Entstehung entgegenwirken. Ist die Ursache für das Entstehen von Wirbelströmen z. B. eine Bewegung, so wird diese Bewegung gehemmt.

Wirbelströme und das Wirken des lenzschen Gesetzes werden in technischen Anlagen, z. B. bei **Wirbelstrombremsen,** genutzt. Solche Wirbelstrombremsen werden vor allem bei Schienenfahrzeugen eingesetzt. Das Foto zeigt das Modell einer Wirbelstrombremse.
Moderne **Elektrizitätszähler** nutzen ebenfalls die elektromagnetische Induktion und die Entstehung von Wirbelströmen. Man nennt sie deshalb auch **Induktionszähler**.

▶ Wirbelstrombremsen werden z. B. auch zur Dämpfung der Zeigerbewegung in Messgeräten (**Drehspulmessgerät, Dreheisenmessgerät**) genutzt.

▶ Die elektromagnetische Induktion war die wichtigste Grundlage für die **Entwicklung der Elektrotechnik.**

M ↗ S. 43

▶ Einen der ersten handgetriebenen Generatoren baute 1832 HIPPOLYTE PIXII (1808–1835). Für die technische Nutzung waren die Entwicklung des dynamoelektrischen Prinzips durch WERNER VON SIEMENS (1816–1892) und der Bau der **Dynamomaschinen** von entscheidender Bedeutung.

▶ Auch der **Fahrraddynamo** ist eine kleine Innenpolmaschine. Dabei rotiert ein Permanentmagnet im Inneren einer Statorspule.

▶ Bei Schienenfahrzeugen mit Elektromotor kann dieser beim Bremsen umgeschaltet und als Generator betrieben werden. Man spricht dann von „Nutzbremsung".

Der Generator

Eine wichtige Anwendung der elektromagnetischen Induktion ist der **Generator**. Der Generator dient der Umwandlung von mechanischer Energie in elektrische Energie. Dabei wird bei einer Drehbewegung mechanische Arbeit verrichtet und in elektrische Energie umgewandelt.
Man unterscheidet Wechselstromgeneratoren und Gleichstromgeneratoren. Außerdem können Generatoren als Innenpolmaschinen oder Außenpolmaschinen gebaut sein.

Der **Wechselstromgenerator** dient der Erzeugung von Wechselspannungen und Wechselströmen. Dabei wird kinetische Energie in elektrische Energie umgewandelt. In Wechselstromgeneratoren werden die elektromagnetische Induktion und das faradaysche Induktionsgesetz (↗ S. 240) genutzt.
Wechselstromgeneratoren können als **Innenpolmaschinen** gebaut sein. Dabei rotiert im Innern eines Stators (Induktionsspulen) ein drehbar gelagerter Elektromagnet als Rotor. Der Rotor ist über Schleifringe mit einer Gleichspannungsquelle verbunden. Beim Drehen des Rotors wird im Stator eine Wechselspannung induziert. Die meisten Wechselstromgeneratoren sind Innenpolmaschinen.

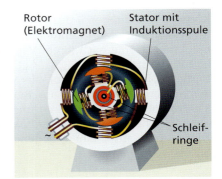

Bei einer **Außenpolmaschine** rotiert im fest stehenden Magnetfeld eines Stators eine Induktionsspule als Rotor. In der Rotorspule wird eine Wechselspannung induziert.

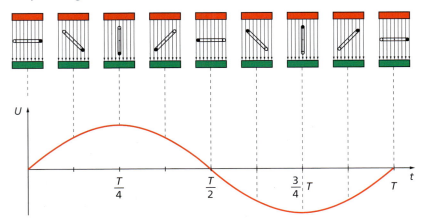

Gleichstromgeneratoren werden in der Regel als Außenpolmaschinen gebaut. Die Schleifringe bestehen aus zwei Halbringen. Dadurch wird nach jeder halben Umdrehung die induzierte Spannung umgepolt. Es entsteht eine pulsierende Gleichspannung, die man durch spezielle Schaltungen glätten kann.

Der Transformator

Der Transformator dient dazu, die Werte von Wechselspannungen bzw. Wechselstromstärken zu verändern. Dabei werden die elektromagnetische Induktion und das Induktionsgesetz (↗ S. 240) genutzt.
Ein Transformator besteht aus zwei Spulen, die sich auf einem geschlossenen Eisenkern befinden. Die Spulen sind miteinander nicht elektrisch leitend verbunden. An die eine Spule, die **Primärspule,** wird eine Wechselspannung angelegt, die in der Spule ein ständig wechselndes Magnetfeld erzeugt. Über den geschlossenen Eisenkern wird das magnetische Wechselfeld in die andere Spule, die **Sekundärspule,** übertragen. Dort wird dann eine Wechselspannung induziert.

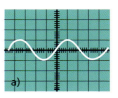
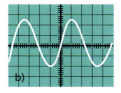

Wechselspannung (a) und ihre Umformung (b)

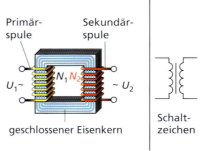

M ↗ S. 43

Man unterscheidet unbelastete und belastete Transformatoren sowie ideale und reale Transformatoren.

Bei einem **unbelasteten Transformator** ist im Sekundärstromkreis kein Gerät angeschlossen und es fließt auch kein Sekundärstrom. Der Transformator befindet sich im Leerlauf (↗ S. 204).

Bei einem **belasteten Transformator** ist im Sekundärstromkreis ein Verbraucher angeschlossen. Durch den Sekundärstrom wird der Transformator belastet. Am größten ist die Belastung, wenn die beiden Enden der Sekundärspule miteinander verbunden sind, also ein **Kurzschluss** vorliegt (↗ S. 204).

▶ Die Belastung eines Transformators steigt mit der Sekundärstromstärke.

Ein Transformator wandelt elektrische Energie des Primärkreises in elektrische Energie des Sekundärkreises um. Dabei entstehen im geschlossenen Eisenkern Wirbelströme, die zu einer Erwärmung des Eisenkerns führen können. Ein Teil der elektrischen Energie wird in thermische Energie umgewandelt. Im Idealfall nimmt man an, dass die gesamte elektrische Energie des Primärkreises in elektrische Energie des Sekundärkreises umgewandelt wird. Ein solcher **idealer Transformator** ist ein Modell. **Reale Transformatoren** erreichen heute einen Wirkungsgrad von bis zu 99 %.

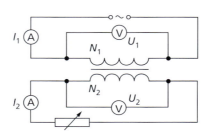

▶ Der Wirkungsgrad eines Transformators ändert sich mit der Belastung.

> Bei einem idealen Transformator wird keine elektrische Energie in andere Energieformen umgewandelt.
> Bei einem realen Transformator wird ein kleiner Teil der elektrischen Energie in thermische Energie umgewandelt.

Bei jedem realen Transformator gibt es zwischen dem Sekundärstrom und dem Primärstrom **Rückwirkungen**.
In welcher Weise sich die Werte von Wechselspannungen und Wechselstromstärken mit einem Transformator ändern, hängt von den Windungszahlen der Primär- und Sekundärspule sowie von der Belastung des Transformators ab.
Für den unbelasteten Transformator gilt das **Gesetz für die Spannungsübersetzung**.

▶ Dieses Gesetz gilt nur für den idealen Transformator im Leerlauf. Wird der Transformator belastet, so verringert sich die Sekundärspannung.

> Für einen unbelasteten idealen Transformator (Leerlauf) gilt:
> $$\frac{U_1}{U_2} = \frac{N_1}{N_2}$$
> U_1, U_2 Spannungen
> N_1, N_2 Windungszahlen

Für den belasteten Transformator gilt das **Gesetz für die Stromstärkeübersetzung**:

▶ Dieses Gesetz gilt nur für den Kurzschluss. Diese Bedingung des Gesetzes ist umso besser erfüllt, je größer die Belastung des Transformators, je größer also I_2 ist.

> Für einen stark belasteten idealen Transformator (Kurzschluss) gilt:
> $$\frac{I_1}{I_2} = \frac{N_2}{N_1}$$
> I_1, I_2 Stromstärken
> N_1, N_2 Windungszahlen

■ Verschiedene elektrische Geräte, wie Handys, MP3-Player oder Radios, haben unterschiedliche Betriebsspannungen. Um diese trotzdem mit ein und demselben Netzgerät an eine 230-V-Steckdose anschließen zu können, gibt es **Universalnetzgeräte**.

▶ Der Quotient N_1/N_2 wird auch als Übersetzungsverhältnis bezeichnet.

▶ Moderne Ausführungen solcher Geräte nennt man **Schaltnetzteile** oder **Schaltnetzgeräte**.

Mit einem solchen Netzgerät kann man wahlweise 3 V; 4,5 V; 6 V; 7,5 V; 9 V und 12 V Betriebsspannung erhalten. Im Netzgerät befindet sich ein Transformator, dessen Primärspule 5000 Windungen hat. Die Sekundärspule hat mehrere Abgriffe nach unterschiedlicher Anzahl von Windungen (s. Skizze S. 247).
Berechne die Anzahl der Windungen der Sekundärspule für die verschiedenen Sekundärspannungen des Universalnetzgeräts!

Analyse:
Der Transformator des Netzgeräts hat eine Sekundärspule mit mehreren Abgriffen.

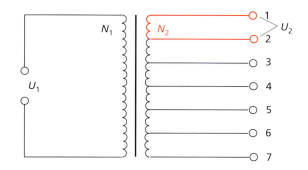

Um verschiedene Betriebsspannungen zu erhalten, müssen vom Abgriff 1 aus verschiedene Windungszahlen durch einen Schalter eingestellt werden. Die jeweilige Windungszahl N_2 kann man nach dem Gesetz für die Spannungsübersetzung am *unbelasteten* Transformator berechnen, da die gewünschten Betriebsspannungen Leerlaufspannungen sind. Man geht dabei von der vereinfachenden Annahme aus, dass ein idealer Transformator vorhanden ist und damit keine Energieverluste auftreten.

▶ Transformatoren gibt es in verschiedenen technischen Ausführungen. Besondere Bauformen von Transformatoren sind **Manteltransformatoren** und **Spartransformatoren**.

Gesucht: N_2 für verschiedene U_2
Gegeben: $U_1 = 230$ V
$N_1 = 5\,000$
$U_2 = 3$ V (4,5 V; 6 V; 7,5 V; 9 V; 12 V)

Lösung:
Für einen unbelasteten idealen Transformator gilt das Gesetz für die Spannungsübersetzung:

$$\frac{U_1}{U_2} = \frac{N_1}{N_2} \qquad | \cdot N_2 \qquad | \cdot \frac{U_2}{U_1}$$

$$N_2 = \frac{N_1 \cdot U_2}{U_1}$$

$$N_2 = \frac{5\,000 \cdot 3 \text{ V}}{230 \text{ V}}$$

$$\underline{N_2 = 65}$$

Analog kann man die anderen Windungszahlen berechnen.

Ergebnis:
An der Sekundärspule müssen für die gewünschten Betriebsspannungen folgende Windungszahlen abgegriffen werden:

U_2 in V	3	4,5	6	7,5	9	12
N_2	65	98	130	163	196	261

▶ Eine **elektrische Klingel** kann z. B. eine Betriebsspannung von 8 V, eine Modelleisenbahn von 12 V und eine **Halogenlampe** von ebenfalls 12 V haben. An der Bildröhre eines **Fernsehgeräts** muss eine Spannung von etwa 15 kV anliegen. Alle diese Geräte werden mit Transformatoren an 230 V Netzspannung angeschlossen.

■ In vielen elektrischen und elektronischen Geräten werden Transformatoren verwendet. Sie dienen z. B. dazu, elektrische Geräte mit unterschiedlicher Betriebsspannung an eine Spannungsquelle anzuschließen (z. B. **Halogenlampe, Klingel, Modelleisenbahn, Fernsehgerät**). Dazu werden **Netzgeräte, Netzadapter** oder **Schaltnetzteile** verwendet.

Eine besonders empfindliche Sicherung ist ein **Fehlerstromschutzschalter** (FI-Schalter), bei dem ebenfalls ein Transformator verwendet wird.

Beim **elektrischen Schweißen** wird ein Schweißtrafo genutzt, der eine Sekundärstromstärke von ca. 100 A erzeugt.

Auch die **Zündanlage** in einem Ottomotor enthält einen Transformator. Damit wird eine Zündspannung von etwa 15 000 V erzeugt, bei der ein Funke zwischen den Elektroden der Zündkerze überspringt und das Kraftstoff-Luft-Gemisch entzündet.

Von besonderer Bedeutung sind Transformatoren für den Betrieb von **Stromverbundnetzen.** Mithilfe von Hochspannungstransformatoren wird die Spannung so hoch transformiert, dass die elektrische Energie aus den Kraftwerken effektiv und mit möglichst wenig Verlusten zu den Verbrauchern übertragen werden kann.

Bei den Verbrauchern wird die Hochspannung über verschiedene Stufen mit Transformatoren auf die für die Verbraucher notwendige Spannung heruntertransformiert.

▶ In Deutschland und Europa gibt es große **Stromverbundnetze,** die die stabile Versorgung von Haushalten und Wirtschaft mit elektrischer Energie sichern.

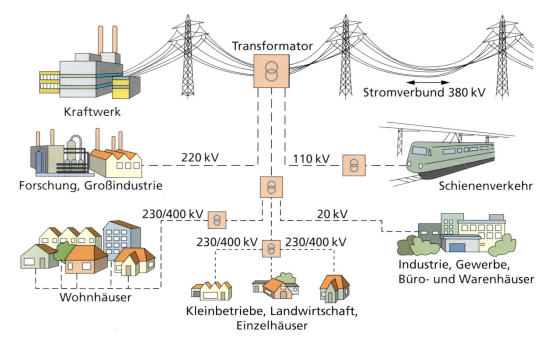

Überblick

Elektrische und magnetische Felder

Ein elektrisches Feld existiert im Raum um elektrische geladene Körper.
Es kann mit dem **Modell Feldlinienbild** beschrieben werden.

Ein magnetisches Feld existiert im Raum um Magnete und stromdurchflossene Leiter.
Es kann mit dem **Modell Feldlinienbild** beschrieben werden.

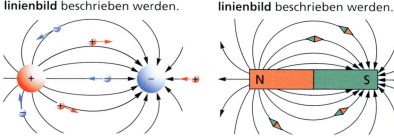

Elektromotoren und Generatoren haben den gleichen prinzipiellen Aufbau. Sie unterscheiden sich in der Richtung des Energieflusses.

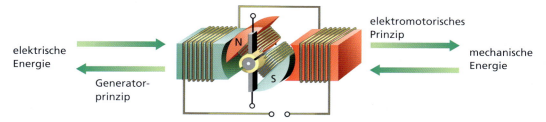

Bei Generatoren wird die **elektromagnetische Induktion** genutzt. Verändert sich das von einer Spule umfasste Magnetfeld, so wird in der Spule eine Spannung induziert. Es fließt ein Induktionsstrom.

Änderung des Magnetfelds durch Änderung der Stromstärke

Änderung des Magnetfelds durch Relativbewegung

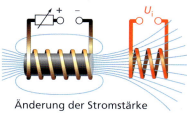

Änderung der Stromstärke

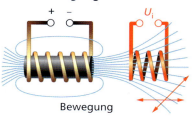

Bewegung

Die Erkenntnisse über die Induktion sind im **Induktionsgesetz** zusammengefasst.

In einer Spule wird eine Spannung induziert, solange sich das von ihr umfasste Magnetfeld ändert. Die Induktionsspannung hängt von der Schnelligkeit und Stärke dieser Änderung sowie vom Bau der Spule (Windungszahl, Eisenkern) ab.

4.4 Elektromagnetische Schwingungen und Wellen

4.1.1 Spannung und Stromstärke im Wechselstromkreis

▶ Die Netzfrequenz in Deutschland beträgt 50 Hz. Bei der Deutschen Bahn wird Wechselstrom mit einer Frequenz von 16,7 Hz verwendet. In das Netz wird sinusförmiger Wechselstrom eingespeist.

M ↗ S. 45, 46

In einem Gleichstromkreis bleibt die Polung der Spannung immer gleich. Die Richtung der Stromstärke ändert sich damit ebenfalls nicht. Dagegen ändern sich in einem Wechselstromkreis die Polung, die Richtung und der Betrag der Spannung und der Stromstärke zeitlich periodisch mit der **Frequenz** f (↗ S. 134).
Entspricht der zeitlich periodische Verlauf von Spannung und Stromstärke einer Sinusfunktion, so spricht man von **sinusförmigem Wechselstrom**. Unsere Netzwechselspannung ist sinusförmig.

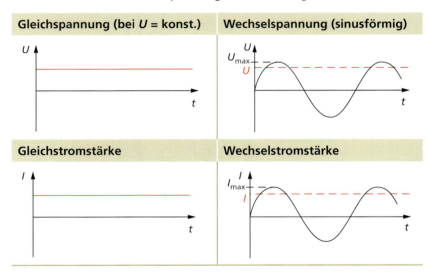

U_{max}, I_{max}: **Maximalwerte** der Wechselspannung bzw. der Wechselstromstärke

U, I: **Effektivwerte** der Wechselspannung bzw. der Wechselstromstärke

Die Effektivwerte rufen dieselbe Wirkung hervor wie Gleichstrom mit denselben Werten. Wechselstrommessgeräte zeigen die Effektivwerte an. Für die Netzspannung beträgt der Effektivwert 230 V. Der Maximalwert liegt demzufolge bei 325 V (Gleichung s. unten).

▶ Bis 1988 betrug der Effektivwert der Netzspannung 220 V. Ab 1989 begann in Deutschland die international vereinbarte Umstellung der Netzspannung von 220 V auf 230 V. Die tatsächlich anliegende Spannung darf bis zu 6 % über diesem Wert und bis zu 10 % unter diesem Wert liegen. Damit entsprechen Netzspannungen zwischen 207 V und 243 V der Norm.

Bei Wechselstrom ist zwischen den Maximalwerten und den Effektivwerten zu unterscheiden. Der Effektivwert eines Wechselstroms ist derjenige Wert, der dieselben Wirkungen wie ein Gleichstrom derselben Stärke hervorrufen würde.
Für den Zusammenhang zwischen Effektivwerten und Maximalwerten gilt:

$$U = \frac{U_{max}}{\sqrt{2}} \approx 0{,}7 \cdot U_{max} \quad \text{bzw.} \quad U_{max} = \sqrt{2} \cdot U$$

$$I = \frac{I_{max}}{\sqrt{2}} \approx 0{,}7 \cdot I_{max} \quad \text{bzw.} \quad I_{max} = \sqrt{2} \cdot I$$

4.1.2 Elektromagnetische Schwingungen

Der geschlossene Schwingkreis

Die zeitlich periodische Änderung von elektrischer Spannung und Stromstärke in einem Wechselstromkreis ist eine Form einer elektromagnetischen Schwingung. Auch die zeitlich periodische Änderung des elektrischen Felds des Kondensators und des magnetischen Felds einer Spule sind Formen **elektromagnetischer Schwingungen.**
Schaltet man einen Kondensator und eine Spule zu einem geschlossenen Stromkreis zusammen, so erhält man einen **Schwingkreis,** mit dem elektromagnetische Schwingungen erzeugt werden können. Dabei wird ständig die elektrische Energie des Felds des Kondensators in magnetische Energie des Felds der Spule umgewandelt und umgekehrt. Die Summe aus elektrischer und magnetischer Energie ist konstant.

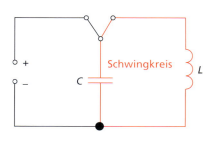

Oszillografenbild mit Schwingungen eines **Schwingkreises**

▶ Auch beim Schwingkreis gilt das **Gesetz von der Erhaltung der Energie** (↗ S. 360).

| Der Kondensator ist geladen. Die Energie ist im elektrischen Feld des Kondensators gespeichert. | Durch den Stromfluss entsteht um die Spule ein magnetisches Feld, in dem die Energie gespeichert ist. | Durch Induktion in der Spule entsteht eine Spannung und ein Strom, die zu einer entgegengesetzten Aufladung des Kondensators führen. | Der Kondensator entlädt sich in umgekehrter Richtung. Durch den Strom entsteht um die Spule wieder ein Magnetfeld. | Durch Induktion entsteht wieder ein Stromfluss, der zur erneuten Aufladung des Kondensators führt. |

4 Elektrizitätslehre

▶ Dieses Gesetz wurde von **WILLIAM THOMSON** (1824–1907), dem späteren LORD KELVIN, entdeckt und nach ihm benannt.

Die Frequenz bzw. die Periodendauer (↗ S. 134) der elektromagnetischen Schwingungen in einem geschlossenen Schwingkreis ist abhängig von der Induktivität der Spule und der Kapazität des Kondensators. Dies wird mit der **thomsonschen Schwingungsgleichung** beschrieben.

Unter der Bedingung, dass der ohmsche Widerstand der Spule vernachlässigt werden kann, gilt:

$$T = 2\pi \cdot \sqrt{L \cdot C} \qquad L \;\; \text{Induktivität der Spule}$$

$$f = \frac{1}{2\pi \cdot \sqrt{L \cdot C}} \qquad C \;\; \text{Kapazität des Kondensators}$$

M ↗ S. 57 f.

■ Ein Tonfrequenzgenerator besitzt einen Schwingkreis und erzeugt einen Ton mit der Frequenz 800 Hz. Die Spule des Schwingkreises hat eine Induktivität von 0,4 H.
Welche Kapazität hat der Kondensator des Schwingkreises?
Wie groß müsste die Kapazität des Kondensators sein, wenn der Generator einen Ton mit halber Frequenz erzeugen soll?

Analyse:
Unter der Bedingung, dass man vom ohmschen Widerstand der Spule absieht, gilt die thomsonsche Schwingungsgleichung.

Gesucht: C_1 für 800 Hz
C_2 für 400 Hz

▶ Für die Einheiten gilt:
$1\,\text{H} = \frac{1\,\text{V} \cdot \text{s}}{1\,\text{A}}$

Gegeben: $f_1 = 800\,\text{Hz} = 800\,\frac{1}{\text{s}}$; $f_2 = 400\,\text{Hz} = 400\,\frac{1}{\text{s}}$

$L = 0,4\,\text{H} = 0,4\,\frac{\text{V} \cdot \text{s}}{\text{A}}$

Lösung:

$$f_1 = \frac{1}{2\pi \cdot \sqrt{L \cdot C}}$$

▶ Für die Einheiten gilt:
$1\,\frac{\text{A} \cdot \text{s}}{\text{V}} = 1\,\text{F}$
$1 \cdot 10^{-9}\,\text{F} = 1\,\text{nF}$

$$f_1^2 = \frac{1}{4\pi^2 \cdot L \cdot C_1} \qquad | \cdot C_1 \qquad | : f_1^2$$

$$C_1 = \frac{1}{4\pi^2 \cdot L \cdot f_1^2}$$

$$C_1 = \frac{1 \cdot \text{A} \cdot \text{s}^2}{4 \cdot 3,14^2 \cdot 0,4\,\text{V} \cdot \text{s} \cdot 640\,000}$$

▶ Der Zusammenhang $f \sim \frac{1}{\sqrt{C}}$ ergibt sich aus der Gleichung
$f = \frac{1}{2\pi \cdot \sqrt{L \cdot C}}$

$$\underline{C_1 = 1 \cdot 10^{-9}\,\frac{\text{A} \cdot \text{s}}{\text{V}} = 1\,\text{nF}}$$

$$\underline{C_2 = 4\,\text{nF}}, \text{ denn } f \sim \frac{1}{\sqrt{C}}$$

Ergebnis:
Für einen Ton mit einer Frequenz von 800 Hz muss der Kondensator des Schwingkreises eine Kapazität von 1 nF haben. Für einen 400-Hz-Ton muss die Kapazität 4 nF betragen, da $f \sim \frac{1}{\sqrt{C}}$ gilt.

Gedämpfte und ungedämpfte elektromagnetische Schwingungen

Wird einem geschlossenen Schwingkreis einmalig Energie zugeführt, z. B. durch Aufladen des Kondensators, so kommen die elektromagnetischen Schwingungen im Schwingkreis nach einer bestimmten Zeit zum Erliegen. Die Maximalwerte der Wechselspannungen und -stromstärken nehmen ständig ab. Es liegt eine **gedämpfte Schwingung** (↗ S. 136) vor. Eine Ursache dafür ist, dass die Energie des elektrischen bzw. magnetischen Felds durch den Stromfluss in Spule und Leitern teilweise in thermische Energie umgewandelt wird. Das führt zur Erwärmung von Spule und Leitern.

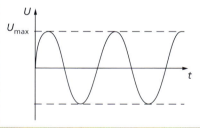

M ↗ S. 45, 46

Um eine **ungedämpfte elektromagnetische Schwingung** zu erhalten, muss dem Schwingkreis ständig so viel Energie zugeführt werden, wie im Schwingkreis in thermische Energie umgewandelt wird.

Auf die Schwingungen im Schwingkreis hat die Frequenz, mit der diese Energiezufuhr erfolgt, einen entscheidenden Einfluss. Wenn einem Schwingkreis einmalig Energie zugeführt wird, so führt er **freie Schwingungen** bzw. **Eigenschwingungen** mit seiner Eigenfrequenz f_0 aus.

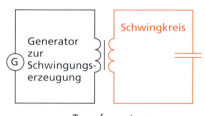

Die **Eigenfrequenz** eines Schwingkreises ist nur von den Eigenschaften des Schwingkreises selbst abhängig (↗ S. 252). Durch Kopplung kann einem Schwingkreis von außen Energie zugeführt werden. Diese Energiezufuhr kann z. B. über die Spule mittels eines Transformators erfolgen. Die Spule des Schwingkreises ist eine Spule eines Transformators, mit dem elektromagnetische Schwingungen des Generators auf den Schwingkreis übertragen werden. Der Schwingkreis führt dann **erzwungene Schwingungen** aus.

Die Frequenz des Generators ist die **Erregerfrequenz** f_E der erzwungenen Schwingungen. Wie bei mechanischen Schwingungen (↗ S. 137) sind die Amplituden der elektromagnetischen Schwingungen im Schwingkreis bei erzwungenen Schwingungen von Eigen- und Erregerfrequenz abhängig. Je näher die Erregerfrequenz der Eigenfrequenz ist, desto größer sind die Amplituden der Schwingungen. Ein Maximum erreichen die Amplituden, wenn Eigen- und Erregerfrequenz gleich groß sind, wenn also gilt: $f_E = f_0$

▶ **Resonanz** bei elektromagnetischen Schwingungen kann erwünscht oder unerwünscht sein. Erwünscht ist sie z. B. beim **Abstimmkreis** in einem Rundfunkempfänger. Unerwünscht ist sie bei der **Rückkopplung** einer Verstärkeranlage mit einem Mikrofon.

In diesem Fall liegt **Resonanz** vor. Die Amplituden von Wechselspannung und Wechselstromstärke im Schwingkreis erreichen ein Maximum.

> Die Resonanzbedingung für erzwungene Schwingungen lautet:
>
> $f_E = f_0$ f_E Erregerfrequenz
> f_0 Eigenfrequenz

▶ Die meißnersche Rückkopplungsschaltung wurde 1913 von dem deutschen Techniker ALEXANDER MEISSNER (1883–1958) entwickelt. Er verwendete eine Elektronenröhre als Schalter. Transistoren waren in dieser Zeit noch nicht entwickelt.

Um in einem Schwingkreis ungedämpfte Schwingungen zu erhalten, muss von außen die Energie mit derselben Frequenz wie die Eigenfrequenz und in der richtigen Phase zugeführt werden. Günstig ist dabei, wenn diese Energiezufuhr durch den Schwingkreis selbst gesteuert wird. Das kann man z. B. durch die **meißnersche Rückkopplungsschaltung** erreichen. Dabei wird heute ein Transistor als Schalter zur Steuerung eingesetzt.

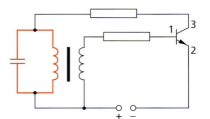

■ Die meißnersche Rückkopplungsschaltung wird u. a. in **Tongeneratoren** angewendet, um Schall oder Ultraschall (↗ S. 143) zu erzeugen.

Elektromagnetische Schwingungen sehr hoher Frequenz werden zu verschiedenen technischen oder medizinischen Zwecken genutzt.

▶ Bei der **Kurzwelle** in der Medizin werden nicht nur Kurzwellen mit einer Frequenz von 27,12 MHz, sondern auch Dezimeterwellen (433,92 MHz) und Mikrowellen (2 450 MHz) verwendet.

■ Eine Anwendung elektromagnetischer Schwingungen ist die Erwärmung von Speisen im **Mikrowellenherd**. Im medizinischen Bereich nutzt man elektromagnetische Schwingungen bei der sogenannten **Kurzwelle**. Zur Bearbeitung von Werkstücken nutzt man die **induktive** oder **kapazitive Hochfrequenzerwärmung** mittels elektromagnetischer Schwingungen.

4.1.3 Elektromagnetische Wellen

Entstehen elektromagnetischer Wellen

▶ Ein Dipol ist eine spezielle Art bzw. Teil einer Antenne. Auch mit anderen Antennen können elektromagnetische Wellen abgestrahlt (gesendet) oder empfangen werden.

In Schwingkreisen können elektromagnetische Schwingungen mit einer hohen Frequenz erzeugt werden. Das erreicht man durch Kondensatoren kleiner Kapazität und Spulen geringer Induktivität. „Öffnet" man einen solchen Schwingkreis, indem man den Kondensator „auseinanderbiegt", so erhält man einen **offenen Schwingkreis** (↗ S. 255). Ein solcher offener Schwingkreis wird Dipol genannt. Von ihm könne sich die hochfrequenten Schwingungen ablösen und im Raum als **elektromagnetische Wellen** ausbreiten.

4.4 Elektromagnetische Schwingungen und Wellen

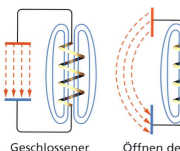
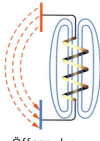
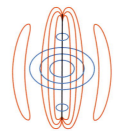

Geschlossener Schwingkreis | Öffnen des Schwingkreises | Offener Schwingkreis (Dipol) | Abstrahlen elektromagnetischer Wellen

Durch die zeitweise Anhäufung von Elektronen an den Dipolenden bzw. durch die Ladungsverschiebungen kommt es zur Entstehung elektrischer bzw. magnetischer Felder, die sich vom Dipol ablösen und sich im Raum als elektromagnetische Wellen ausbreiten.

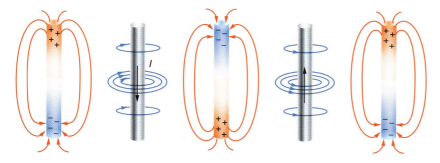

Bei elektromagnetischen Wellen ändern sich elektrische Größen zeitlich und räumlich periodisch. Es sind dies die Stärke des elektrischen und magnetischen Felds, die sich quer zur Ausbreitungsrichtung ändern.
Elektromagnetische Wellen sind deshalb **Querwellen**. Sie besitzen wie Wellen allgemein eine **Frequenz** und eine **Wellenlänge** (↗ S. 140).

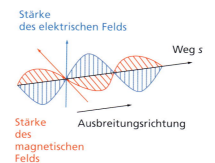

▶ Querwellen bezeichnet man auch als **Transversalwellen** (↗ S. 140).

Die Frequenz beschreibt dabei die zeitliche Änderung der Stärke des elektrischen bzw. des magnetischen Felds in einem bestimmten Punkt des Raums. Die Wellenlänge gibt die Länge für einen vollständigen Wellenzug der elektrischen bzw. magnetischen Feldstärke an.

> Eine elektromagnetische Welle ist die Ausbreitung einer elektromagnetischen Schwingung im Raum.

Eigenschaften elektromagnetischer Wellen

Durch elektromagnetische Wellen wird Energie, aber kein Stoff übertragen. Elektromagnetische Wellen breiten sich im Raum ohne einen stofflichen Träger aus.
Die **Ausbreitung** erfolgt in Stoffen und im Vakuum **geradlinig,** wenn sie nicht durch Hindernisse daran gehindert werden.
Elektromagnetische Wellen breiten sich wie Licht mit der **Lichtgeschwindigkeit** c aus. Diese ist abhängig vom Stoff. Im Vakuum und in der Luft beträgt sie ungefähr $c = 300\,000$ km/s.

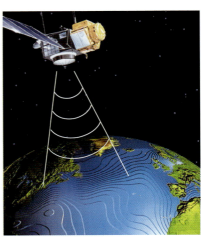

▶ Fernsehantennen müssen deshalb zum Sendeturm oder zum Fernsehsatelliten ausgerichtet sein.

▶ Die Frequenz einer elektromagnetischen Welle ändert sich bei der Ausbreitung nicht. Die Wellenlänge ist damit von der Ausbreitungsgeschwindigkeit und somit vom Stoff abhängig, in dem sich die Welle ausbreitet.

Für die **Ausbreitungsgeschwindigkeit** elektromagnetischer Wellen gilt:

$$c = \lambda \cdot f$$

λ Wellenlänge
f Frequenz

■ Als Seenotwelle wurde international die Frequenz 500 kHz festgelegt. Auf dieser Frequenz dürfen ausschließlich Seenotrufe gesendet werden.
Wie groß ist die Wellenlänge dieser elektromagnetischen Wellen?

Analyse:
Bei bekannter Ausbreitungsgeschwindigkeit der Wellen in Luft kann die Wellenlänge aus der Gleichung für die Ausbreitungsgeschwindigkeit berechnet werden.

M ↗ S. 57 f.

Gesucht: λ
Gegeben: $f = 500$ kHz $= 500\,000\,\frac{1}{s}$
$c = 300\,000\,\frac{km}{s} = 300\,000\,000\,\frac{m}{s}$

Lösung:

$$c = \lambda \cdot f \qquad |:f$$

$$\lambda = \frac{c}{f}$$

$$\lambda = \frac{300\,000\,000 \text{ m} \cdot \text{s}}{500\,000 \text{ s}}$$

$$\lambda = 600 \text{ m}$$

▶ Für die Einheiten gilt:
1 Hz $= \frac{1}{s}$

Ergebnis:
Die elektromagnetischen Wellen auf der Seenotwelle haben eine Wellenlänge von 600 m.

4.4 Elektromagnetische Schwingungen und Wellen

Elektromagnetische Wellen besitzen analoge Eigenschaften wie mechanische Wellen (↗ S. 141, 142).
Isolatoren können von elektromagnetischen Wellen **durchdrungen** werden, während metallische Leiter diese abschirmen.

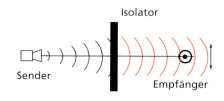

- In einem Zimmer kann man Fernseh- und Radiosender empfangen, in einem Gebäude aus Stahlbeton kann es Probleme geben, weil die Wellen abgeschirmt werden.

An metallischen Leitern werden elektromagnetische Wellen **reflektiert**. Es gilt das **Reflexionsgesetz** (↗ S. 142).

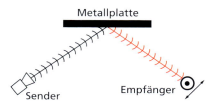

- In einem Auto benötigt man eine Außenantenne, da die Blechkarosse des Autos elektromagnetische Wellen reflektiert und damit abschirmt.

Beim Übergang von einem Isolator in einen anderen können elektromagnetische Wellen ihre Ausbreitungsrichtung ändern. Sie werden **gebrochen**. Es gilt das **Brechungsgesetz** (↗ S. 142).
An Hindernissen können elektromagnetische Wellen **gebeugt** werden und so ihre Ausbreitungsrichtung ändern.

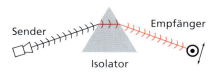

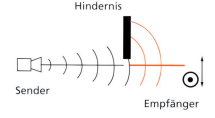

- Durch Beugung ist ein Fernsehempfang z. T. auch hinter Bergen und hohen Gebäuden möglich.

Elektromagnetische Wellen können sich auch **überlagern**, sodass eine resultierende Welle als Addition der Ausgangswellen entsteht **(Interferenz)**. Dabei kommt es zu typischen Interferenzerscheinungen wie Verstärkung und Abschwächung.

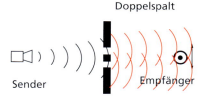

- Bei Radiosendern kann man diese Interferenzerscheinungen mitunter wahrnehmen. Sie äußern sich in der Veränderung der Lautstärke.

▶ Fernseh- und Satellitenantennen besitzen für einen optimalen Empfang **Reflektoren,** die das Reflexionsgesetz ausnutzen. Reflektierende Schichten gibt es auch in der Atmosphäre.

▶ Ob und wie stark Durchdringung, Reflexion, Beugung und Brechung bei elektromagnetischen Wellen auftreten, hängt von Frequenz und Wellenlänge dieser Wellen und von den beteiligten Körpern bzw. Stoffen ab.

▶ Bei elektromagnetischen Wellen treten analoge Interferenzerscheinungen wie bei mechanischen Wellen (↗ S. 142) und bei Licht (↗ S. 315) auf.

▶ **HEINRICH HERTZ** hat diese Wellen erstmals 1888 experimentell nachgewiesen. Die **Entdeckung der hertzschen Wellen** war jedoch ein langer Prozess, an dem mehrere Wissenschaftler mitgewirkt haben.

Hertzsche Wellen

Elektromagnetische Wellen, die zur Übertragung von Rundfunk und Fernsehen genutzt werden, nennt man auch **hertzsche Wellen,** benannt nach ihrem Entdecker HEINRICH HERTZ (1857–1894).
Hertzsche Wellen sind elektromagnetische Wellen mit einer sehr hohen Frequenz. Die Wellenlängen hertzscher Wellen liegen zwischen 1 cm und 10 km.
Hertzsche Wellen teilt man in unterschiedliche Bereiche ein. In der Übersicht sind die in der Technik vorrangig genutzten Bereiche angegeben.
Für Anwendungen nutzt man die unterschiedlichen Eigenschaften hertzscher Wellen bei verschiedenen Frequenzen bzw. Wellenlängen.

Bereich	Frequenz f	Wellenlänge λ	Anwendungen
Langwellen (LW oder LF)	148,5 kHz – 283,5 kHz 290 kHz – 527 kHz	2 km – 1 km 1 000 m – 600 m	Rundfunk Schiffsfunk Funkpeilung
Mittelwellen (MW oder MF)	526,5 kHz – 1 606,5 kHz	600 m – 200 m	Rundfunk
Kurzwellen (KW oder MF)	3,95 MHz – 26,1 MHz	75 m – 10 m	Rundfunk Flugfunk Amateurfunk CB – Sprechfunk
Meterwellen (VHF)	48,25 MHz – 62,25 MHz 87,5 MHz – 108 MHz 175,25 MHz – 217,25 MHz	6,2 m – 4,8 m 3,4 m – 2,8 m 1,7 m – 1,4 m	Fernsehen VHF Band I UKW – Rundfunk Fernsehen VHF Band III
Dezimeterwellen (UHF)	0,3 GHz – 3 GHz 471,25 MHz – 599,25 MHz 607,25 MHz – 783,25 MHz	10 dm – 1 dm 6,3 dm – 5 dm 4,9 dm – 3,8 dm	Richtfunk auf der Erde, Radar Fernsehen UHF Band IV Fernsehen UHF Band V
Zentimeterwellen Mikrowellen	2 GHz – 30 GHz 2,45 GHz	15 cm – 1 cm 12 cm	Funknavigation Mikrowellenherd

▶ **Radar** (**Ra**dio **d**etecting **a**nd **r**anging = Funkortung und Entfernungsmessung) wurde in den Dreißigerjahren des 20. Jahrhunderts entwickelt.

Hertzsche Wellen dienen vor allem zur Übertragung von Rundfunk und Fernsehen. Eine wichtige Anwendung hertzscher Wellen ist auch das Radar. Dabei werden hertzsche Wellen hoher Frequenz (ca. 10^8 Hz) in Form sehr kurzer Impulse abgestrahlt, an einem Hindernis reflektiert und wieder empfangen. Aus der Laufzeit der Impulse kann die Entfernung berechnet werden. Geortete Objekte erscheinen auf einem Radarbildschirm als helle Punkte.

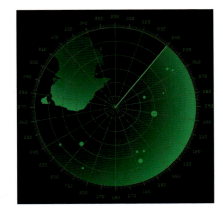

Senden und Empfangen hertzscher Wellen

Elektromagnetische Schwingungen können nur dann als hertzsche Wellen von einem Sender abgestrahlt werden, wenn sie eine relativ hohe Frequenz (mindestens 100 kHz) besitzen. Man nennt diese auch **Hochfrequenz-Schwingungen (HF-Schwingungen)**. Sprache und Musik, also Schallschwingungen, besitzen nur eine Frequenz bis maximal 20 kHz. Diese Schallschwingungen kann man mit einem Mikrofon in elektromagnetische Schwingungen umwandeln. Man nennt diese **Niederfrequenz-Schwingungen (NF-Schwingungen)**. Sie sind aufgrund der geringen Frequenz für das Aussenden als hertzsche Wellen nicht geeignet.

Um Sprache, Musik und Bilder mithilfe hertzscher Wellen zu übertragen, bedient man sich deshalb des Verfahrens der **Modulation**. Dabei wird eine hochfrequente Schwingung als „Träger" für niederfrequente Schwingungen (Sprache, Musik) genutzt, da Schwingungen hoher Frequenz von einem Dipol als hertzsche Wellen abgestrahlt werden können. Die hochfrequente Schwingung wird dabei im Takte der niederfrequenten Schwingung so verändert, dass die Information der niederfrequenten Schwingung mit übertragen wird. Dies geschieht z. B. dadurch, dass man die Amplitude der HF-Schwingung im Takt der Amplitude der NF-Schwingung verändert **(Amplitudenmodulation)**.

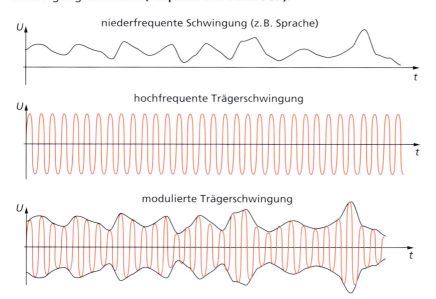

▶ Neben der Amplitudenmodulation gibt es auch das Verfahren der Frequenzmodulation. Dabei wird nicht die Amplitude, sondern die Frequenz der Trägerschwingung verändert.
Heute werden Rundfunk- und Fernsehprogramme schon weitgehend in digitalisierter Form (Digitalradio, Digitalfernsehen) übertragen.

Hertzsche Wellen werden über Antennen (Dipole) ausgestrahlt und empfangen. Diese **Sende- und Empfangsdipole** sind offene Schwingkreise (↗ S. 255).

Beim **Senden** von hertzschen Wellen wird der Sendedipol (Antenne) durch einen weiteren Schwingkreis zu elektromagnetischen Schwingungen angeregt.
Dabei sind Schwingkreis und Dipol so aufeinander abgestimmt, dass beide mit derselben Eigenfrequenz schwingen können. Es tritt somit Resonanz (↗ S. 137) und damit eine maximale Abstrahlung elektromagnetischer Wellen auf.

Prinzip eines Senders

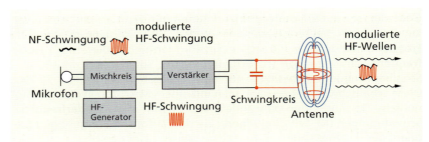

▶ Mithilfe des Drehkondensators kann man die Kapazität und damit die Frequenz des Schwingkreises (↗ S. 252) verändern.

Beim **Empfang** hertzscher Wellen wird der Empfangsdipol durch elektromagnetische Wechselfelder in der Umgebung zu Schwingungen angeregt. Diese Schwingungen werden wiederum auf einen Schwingkreis im Empfänger, den **Abstimmkreis**, übertragen.

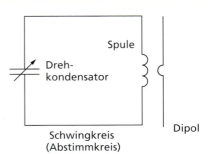

▶ Die Amplitude der Schwingung ist von Erreger- und Eigenfrequenz abhängig.

a) $f_E \neq f_0$

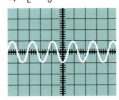

b) $f_E = f_0$

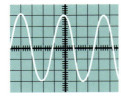

Empfangsdipole werden so gewählt, dass sie annähernd dieselbe Eigenfrequenz besitzen wie der Sendedipol. Auf einen Empfangsdipol treffen jedoch hertzsche Wellen unterschiedlicher Frequenzen. Um genau einen Sender auszuwählen, wird mithilfe eines Abstimmkreises im Empfänger die Eigenfrequenz des gewünschten Senders eingestellt. Durch Resonanz ist die Amplitude der elektromagnetischen Schwingung im Abstimmkreis dann am größten, wenn sie mit der Sendefrequenz des gewünschten Senders übereinstimmt, wenn also gilt: $f_E = f_0$.

Die modulierte hochfrequente Trägerschwingung muss im Empfänger wieder in HF- und NF-Schwingungen getrennt werden, damit die NF-Schwingungen im Lautsprecher hörbar gemacht werden können. Diesen Vorgang nennt man **Demodulation**. In der Regel werden die NF-Schwingungen im Empfänger noch **verstärkt**, damit z. B. Sprache und Musik gut hörbar werden.

Prinzip eines Empfängers

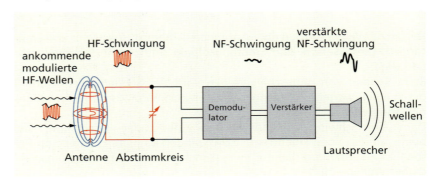

Das elektromagnetische Spektrum

Zum **elektromagnetischen Spektrum** gehören alle Arten elektromagnetischer Wellen. Nachfolgend ist die in der Physik übliche Einteilung angegeben.

Art der Wellen	Frequenz f in Hz	Wellenlänge λ in m	Eigenschaften	Anwendungen
Technischer Wechselstrom	$30-300$	10^7-10^6	leichte Erzeugbarkeit, einfache Übertragbarkeit mithilfe von Leitern	Gewinnung und Übertragung elektrischer Energie, Antrieb
Tonfrequenter Wechselstrom (Niederfrequenz)	$3\cdot10^2-3\cdot10^4$	10^6-10^4	Frequenzbereich entspricht dem des für den Menschen hörbaren Schalls	Übertragung von Sprache und Musik mit Leitungen (Telefonie)
Hertzsche Wellen Langwelle (LW) Mittelwelle (MW) Kurzwelle (KW) Ultrakurzwelle (UKW, VHF, UHF)	$3\cdot10^4-3\cdot10^5$ $3\cdot10^5-3\cdot10^6$ $3\cdot10^6-3\cdot10^7$ $3\cdot10^7-3\cdot10^9$	10^4-10^3 10^3-10^2 10^2-10 $10-0,1$	gute Ausbreitung in Luft, teilweise Reflexion an Schichten der Atmosphäre, Reflexion an Leitern	Radio Mobilfunk Fernsehen Radar
Mikrowellen	$3\cdot10^9-10^{13}$	$0,1$ $-3\cdot10^{-5}$	Eindringen in viele Stoffe und dabei Absorption durch diese Stoffe	Mikrowellenherd Mikrowellentherapie
Infrarotes Licht	10^{13} $-3,8\,10^{14}$	$3\cdot10^{-5}$ $-7,8\cdot10^{-7}$	tiefes Eindringen in menschliche Haut, gute Absorption durch viele Stoffe	Wärmestrahlung (Infrarotstrahler) Infrarotfernbedienung
Sichtbares Licht	$3,8\cdot10^{14}$ $-7,7\cdot10^{14}$	$7,8\cdot10^{-7}$ $-3,9\cdot10^{-7}$	vom Menschen mit dem Auge wahrnehmbar	Beleuchtung von Räumen (Lampen)
Ultraviolettes Licht	$7,7\cdot10^{14}$ $-3\cdot10^{16}$	$3,9\cdot10^{-7}$ -10^{-8}	dringt in äußere Hautschichten ein und ruft Veränderungen hervor (Bräunung, Sonnenbrand)	UV-Strahler (Höhensonne)
Röntgenstrahlung	$3\cdot10^{16}$ $-5\cdot10^{21}$	10^{-8} $-6\cdot10^{-14}$	unterschiedliches Durchdringen von weichem Gewebe und Knochen	Röntgendiagnostik und -therapie
Gammastrahlung und **kosmische Strahlung**	$>3\cdot10^{18}$	$<10^{-10}$	großes Durchdringungsvermögen von massiven Körpern	Fehlersuche in Stahlträgern und anderen massiven Werkstücken

Elektromagnetische Schwingungen und Wellen

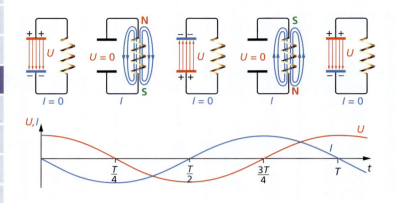

Elektromagnetische Schwingungen entstehen in einem **Schwingkreis**, einer Reihenschaltung aus Kondensator und Spule. Die **Schwingungsdauer** hängt nur von der Induktivität L der Spule und der Kapazität C des Kondensators ab.
Es gilt für $R = 0$ die **thomsonsche Schwingungsgleichung**: $T = 2\pi\sqrt{L \cdot C}$

Unter **elektromagnetischen Wellen** versteht man die Ausbreitung elektromagnetischer Schwingungen im Raum. Elektromagnetische Wellen werden von Dipolen (Antennen) abgestrahlt. Sie breiten sich mit Lichtgeschwindigkeit aus. Es gilt:

$$c = \lambda \cdot f \quad \text{mit} \quad f = \tfrac{1}{T}$$

Elektromagnetische Wellen haben analoge Eigenschaften wie mechanischen Wellen:
– Die Ausbreitung in einem Stoff erfolgt in der Regel geradlinig.
– Beim Auftreffen auf Hindernisse kann **Reflexion** auftreten.
– Beim Übergang von einem Stoff in einen anderen kann **Brechung** auftreten.
– Es können unter bestimmten Bedingungen die wellentypischen Eigenschaften **Beugung** und **Interferenz** auftreten.

Hertzsche Wellen werden von Rundfunk- und Fernsehsendern abgestrahlt und mit Antennen empfangen.

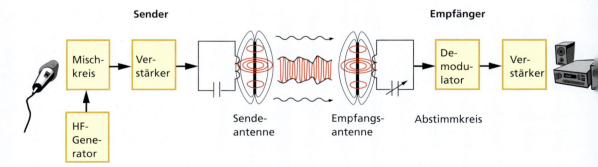

4.5 Elektrische Leitungsvorgänge

4.1.1 Elektrische Leitung in festen Körpern

Der elektrische Leitungsvorgang

Wenn in einem Bereich ein elektrischer Strom fließt, spricht man häufig auch von einem **elektrischen Leitungsvorgang**.

> Ein **elektrischer Leitungsvorgang** ist eine gerichtete Bewegung von elektrischen Ladungsträgern (z. B. von Elektronen).

Voraussetzungen für einen elektrischen Leitungsvorgang sind:
− das Vorhandensein frei beweglicher Ladungsträger (↗ S. 200) und
− die Existenz eines elektrischen Felds (↗ S. 227).

▶ Frei bewegliche Ladungsträger sind in Metallen **Elektronen** und in leitenden Flüssigkeiten **Ionen**.

Der elektrische Leitungsvorgang in einem Körper ist abhängig von
− der Art und Anzahl der zur Verfügung stehenden frei beweglichen Ladungsträger,
− der Behinderung des elektrischen Stromflusses durch andere Teilchen des Körpers (elektrischer Widerstand, ↗ S. 211),
− der Stärke des vorhandenen elektrischen Felds (↗ S. 228).
Die Art und die Anzahl der zur Verfügung stehenden frei beweglichen Ladungsträger sowie die Behinderung des elektrischen Stromflusses sind abhängig vom Stoff, in dem ein elektrischer Leitungsvorgang stattfindet. Prinzipiell unterscheidet man **elektrische Leiter** und **Nichtleiter (Isolatoren)** (↗ S. 203). Es gibt auch Stoffe, deren elektrische Leitfähigkeit zwischen Leitern und Isolatoren liegt. Man nennt sie **Halbleiter** (z. B. Silicium und Germanium). Sie besitzen als reine Stoffe nur wenige frei bewegliche Ladungsträger (↗ S. 268).

> **Halbleiter** sind Stoffe, deren elektrische Leitfähigkeit unter Normalbedingungen zwischen der von Leitern und Isolatoren liegt.

Um die elektrische Leitfähigkeit von bestimmten Körpern bzw. Bauelementen zu kennen, fertigt man **I-U-Kennlinien** an. Diese Kennlinien geben Auskunft über die Stromstärke durch ein Bauelement beim Vorhandensein einer bestimmten Spannung. Daraus lassen sich gleichzeitig Aussagen über den elektrischen Widerstand (↗ S. 211) des Bauelements bei einer bestimmten Spannung ableiten. Die I-U-Kennlinie eines Konstantandrahts zeigt z. B., dass sein elektrischer Widerstand konstant ist. Die I-U-Kennlinie der Glühlampe zeigt, dass der elektrische Widerstand der Lampe mit steigender Spannung größer wird.

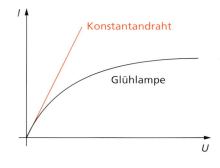

▶ **Konstantan** hat seinen Namen daher, weil sein elektrischer Widerstand auch bei Änderung der Temperatur konstant bleibt. Konstantan ist eine metallische Legierung aus Kupfer, Nickel und Mangan.

M ↗ S. 48

Elektrische Leitung in Metallen

▶ Die ungerichtete Bewegung von Elektronen und Metall-Ionen erfolgt umso heftiger, je höher die Temperatur ist.

Fast alle Metalle sind gute elektrische Leiter (↗ S. 203). In Metallen liegt **Metallbindung** vor. Jedes Metallatom gibt im Durchschnitt ein Elektron ab, das sich nahezu frei im Metall bewegen kann. Die Metall-Ionen schwingen im Metallgitter um ihre Ruhelage (Abb. a).

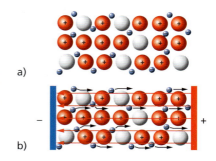
a)
b)

M ↗ S. 29, 30

Wird an ein Metall ein elektrisches Feld angelegt, so setzt ein elektrischer Stromfluss ein (Abb. b). Frei bewegliche Ladungsträger sind in Form von **freien Elektronen** in Metallen vorhanden. Durch das elektrische Feld wirken Kräfte auf die freien Elektronen. Diese Kräfte führen zu einer gerichteten Bewegung der Elektronen (Abb. b). Bei dieser Bewegung stoßen die Elektronen mit den Metall-Ionen zusammen. Dadurch erfährt der Stromfluss einen Widerstand (↗ S. 211). Bei einer höheren Temperatur führen die Metall-Ionen stärkere Schwingungen um ihre Ruhelage aus, wodurch häufigere Zusammenstöße mit den sich bewegenden Elektronen verursacht werden.

▶ Die Temperaturabhängigkeit des Widerstands von metallischen Leitern wird bei **Messfühlern** für elektrische **Thermometer** genutzt.

> Der elektrische Widerstand eines metallischen Leiters ist umso größer, je höher seine Temperatur ist.

Die Erwärmung eines Metalls kann von außen **(Fremderwärmung)** oder auch durch den Stromfluss im Metall selbst **(Eigenerwärmung)** erfolgen. Die Eigenerwärmung ist z. B. die Ursache dafür, dass der Widerstand einer Glühlampe im Betriebszustand erheblich größer ist als im Moment des Einschaltens.

4.1.2 Elektrische Leitung in Flüssigkeiten

In Flüssigkeiten kann eine elektrische Leitung stattfinden, wenn frei bewegliche positive und negative **Ionen** vorhanden sind und ein elektrisches Feld anliegt.

Destilliertes Wasser besteht aus elektrisch neutralen Molekülen

▶ Die Reaktionsgleichung lautet:
$CuSO_4 \longrightarrow Cu^{2+} + SO_4^{2-}$

und leitet deshalb den elektrischen Strom nicht. Durch **Dissoziation** von Salzen, Basen und Säuren in Wasser werden diese in Ionen aufgespalten. So dissoziiert z. B. Kupfersulfat ($CuSO_4$) in positive Kupfer-Ionen (Cu^{2+}) und negative Sulfat-Ionen (SO_4^{2-}). Diese Ionen stehen als frei bewegliche Ladungsträger in Flüssigkeiten zur Verfügung. Wird ein elektrisches Feld angelegt, so bewegen sich die positiv geladenen Ionen zum Minuspol und die negativ geladenen Ionen zum Pluspol.

4.5 Elektrische Leitungsvorgänge

Bei Leitungsvorgängen in Flüssigkeiten wird mit den Ladungsträgern auch Stoff transportiert. An den Elektroden finden chemische Reaktionen statt. Das wird zur **Oberflächenveredlung** von Körpern (Verkupfern, Verchromen, Vergolden, Versilbern) genutzt. Diesen Vorgang bezeichnet man als **Galvanisieren**.

Eine moderne Form des **Lackierens von Autoteilen** nutzt, ähnlich dem Galvanisieren, den elektrischen Leitungsvorgang in Flüssigkeiten.

⊕ positiv geladene Cu-Ionen
⊖ negativ geladene SO_4-Ionen
○ Wassermoleküle

▶ Die positiv geladenen Ionen, die zur Katode wandern, nennt man **Kationen**. Die negativ geladenen Ionen, die zur Anode wandern, nennt man **Anionen**.

■ Neben den Möglichkeiten zur Oberflächenveredlung wird die elektrische Leitung in Flüssigkeiten auch zum Betrieb **elektrischer Quellen** wie **Monozellen, Batterien** und **Akkumulatoren** genutzt. Außerdem wendet man diesen Vorgang zur Herstellung sehr reinen Kupfers, des **Elektrolytkupfers**, mit einem Kupferanteil von bis zu 99,97 % an.

Leitende Flüssigkeiten nennt man auch **Elektrolyte** und den chemischen Vorgang, der bei Stromfluss in Flüssigkeiten vor sich geht, **Elektrolyse**.

▶ Der Ladezustand eines Bleiakkumulators kann über die Dichte der Schwefelsäure im **Akkumulator** ermittelt werden.

▶ Die elektrische Leitung in Flüssigkeiten wurde u. a. von **MICHAEL FARADAY** (1791–1867) untersucht, der dabei wichtige Gesetze der **Elektrolyse**, die **faradayschen Gesetze**, fand.

4.1.3 Elektrische Leitung in Gasen

In Gasen kann eine elektrische Leitung nur stattfinden, wenn durch äußere Einflüsse frei bewegliche Ladungsträger erzeugt werden und ein elektrisches Feld anliegt. In Gasen unter Normalbedingungen existieren nur sehr wenige freie Ladungsträger, sodass kein Leitungsvorgang stattfinden kann. Luft ist unter Normalbedingungen

Zufuhr von Energie in Form von Wärme oder radioaktiver Strahlung

● Gasmoleküle ⊕ Ionen
⊖ Elektronen

M ↗ S. 29, 30

ein guter Isolator. Durch äußere Einflüsse können aber in Gasen frei bewegliche Ladungsträger erzeugt werden.
Eine Möglichkeit zur Erzeugung frei beweglicher Ladungsträger ist die **Ionisation** des Gases. Dabei werden z. B. durch Energiezufuhr in Form von Wärme oder radioaktiver Strahlung einzelne Elektronen aus den Gasmolekülen herausgelöst. Es entstehen Elektronen und positive Gas-Ionen als frei bewegliche Ladungsträger.

▶ Elektronen als freie Ladungsträger können in Gasen wie im Vakuum auch durch **Emission** (s. u.) erzeugt werden.

Auch durch **Stoßionisation** können Gase ionisiert werden. Dabei treffen schnelle Elektronen auf Gasmoleküle. Durch die Energie beim Zusammenstoß wird ein weiteres Elektron aus dem Gasmolekül herausgelöst. In einem lawinenartigen Prozess entstehen Elektronen und positive Gas-Ionen.

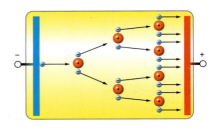

Voraussetzung für Stoßionisation ist, dass durch eine Druckverminderung im Gas nur relativ wenige Gasmoleküle vorhanden sind und die vorhandenen freien Elektronen durch ein elektrisches Feld große Geschwindigkeiten erreichen können. Als Ladungsträger stehen in ionisierten Gasen sowohl Elektronen als auch positive Gas-Ionen zur Verfügung. Leitungsvorgänge in Gasen sind häufig mit Leuchterscheinungen verbunden.

■ Die Leuchterscheinungen kann man z. B. bei einem **Gewitter** beobachten. Sie werden technisch aber auch in **Leuchtstofflampen, Gasentladungslampen** und **Glimmlampen** genutzt.

4.1.4 Elektrische Leitung im Vakuum

▶ Die **Glühemission** wurde 1883 von THOMAS ALVA EDISON (1847–1931) bei Experimenten mit Glühlampen entdeckt.

Glühemission und Fotoemission

Im Vakuum kann nur dann ein elektrischer Leitungsvorgang stattfinden, wenn durch äußere Einflüsse Elektronen als frei bewegliche Ladungsträger erzeugt werden und ein elektrisches Feld anliegt. Die Erzeugung von Ladungsträgern kann z. B. durch den **glühelektrischen** oder **lichtelektrischen Effekt** erfolgen. Dabei wird in das Vakuum eine Platte aus Metall oder Metalloxid als Elektrode gebracht. Durch Erwärmen bzw. Bestrahlen mit Licht erhalten einzelne Elektronen der Elektrode so viel Energie, dass sie sich aus der Metalloberfläche lösen können. Sie stehen dann als frei bewegliche Ladungsträger zur Verfügung.

Die Bewegung der Elektronen im Vakuum wird im Unterschied zu Leitungsvorgängen in festen Körpern, Flüssigkeiten und Gasen nicht behindert. Dadurch erreichen die Elektronen große Geschwindigkeiten.

▶ Die **Fotoemission** wurde 1888 von WILHELM HALLWACHS (1859–1922) erstmals beim Bestrahlen einer Zinkplatte mit Licht beobachtet. 1905 konnte ALBERT EINSTEIN (1879–1955) den lichtelektrischen Effekt theoretisch begründen und erhielt u. a. dafür 1921 den Nobelpreis für Physik.

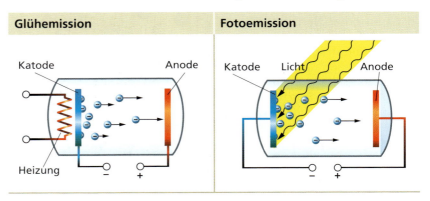

Die Elektronenstrahlröhre

Die Elektronenstrahlröhre, auch **braunsche Röhre** genannt, dient u. a. in Oszillografen und Fernsehgeräten der Erzeugung sich verändernder Bilder. Dabei werden die elektrische Leitung durch Elektronen im Vakuum und die Kraftwirkung auf Elektronen im elektrischen Feld (↗ S. 228) oder im magnetischen Feld (↗ S. 237) genutzt.

Mit Heizung, Katode, Anode und Wehneltzylinder wird ein Elektronenstrahl erzeugt, der sich durch die Anode hindurch weiterbewegt. Der Wehneltzylinder dient der Helligkeitssteuerung. Durch geladene Kondensatorplatten oder stromdurchflossene Spulen des Ablenksystems wird der Elektronenstrahl horizontal und vertikal so abgelenkt, dass er an einem bestimmten Punkt auf den Leuchtschirm auftrifft. Dort bringt er den Schirm zum Leuchten.

▶ Die Glühemission wurde früher in **Elektronenröhren** genutzt, die vielfach in Geräten, wie z. B. Radios, verwendet wurden. Heute wird die Glühemission vor allem in **Elektronenstrahlröhren** angewendet, die sich in **Fernsehgeräten** oder in **Oszillografen** befinden. Eine besondere Art der Elektronenstrahlröhre ist die **Röntgenröhre**.

Aufbau einer Oszillografenbildröhre

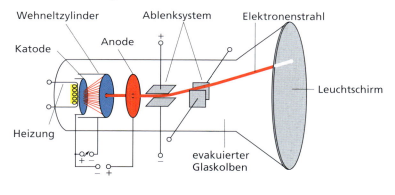

▶ Die **Elektronenstrahlröhre** wird nach ihrem Erfinder **KARL FERDINAND BRAUN** (1850–1918) auch braunsche Röhre genannt.

Aufbau einer Fernsehbildröhre

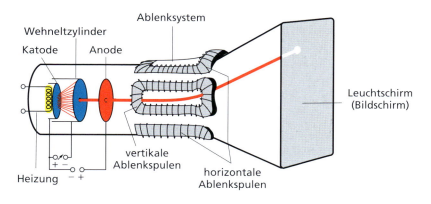

▶ Der Wehneltzylinder ist nach seinem Erfinder **ARTHUR WEHNELT** (1871–1944) benannt.

▶ Heute verwendet man meist LCD- oder Plasmabildschirme, die nach anderen Prinzipien arbeiten.

4.1.5 Elektrische Leitung in Halbleitern

▶ Reines Silicium hat bei Zimmertemperatur durchschnittlich nur ein freies Elektron auf 100 Millionen Siliciumatome.

Leitungsvorgänge in Halbleitern

Reine Halbleiter wie Silicium, Selen oder Germanium besitzen unter Normalbedingungen nur eine geringe, technisch kaum nutzbare elektrische Leitfähigkeit. Einige wenige Elektronen können aus der Atombindung ausbrechen und sich frei im Kristall bewegen. Damit stehen frei bewegliche Ladungsträger zur Verfügung, die bei Anlegen eines elektrischen Feldes zu einem sehr geringen Leitungsvorgang führen.

▶ In einem Halbleiterkristall sind die Atome durch Atombindung miteinander verbunden. Dabei sind die Atome im Gitter so angeordnet, dass gemeinsame Paare von Außenelektronen gebildet werden.

Eigenleitung mit Elektronen und Defektelektronen (Löchern)

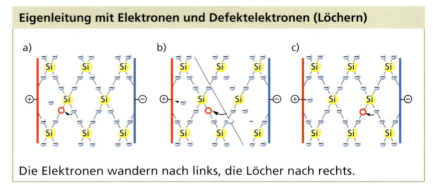

Die Elektronen wandern nach links, die Löcher nach rechts.

Die gesamte **Eigenleitung** eines Halbleiters setzt sich aus dem Strom der Elektronen und der Defektelektronen zusammen.

▶ Die Bewegung eines Elektrons in ein Loch nennt man **Rekombination**. Mitunter können auch ein freies Elektron und ein Loch rekombinieren.

In einem Halbleiter kann man mehr freie Ladungsträger für den Leitungsvorgang zur Verfügung stellen, wenn man Atome anderer Elemente (Fremdatome) einbringt, die mehr oder weniger Außenelektronen haben als die Halbleiteratome. Man nennt diesen Vorgang **Dotieren**. Durch Dotieren von Halbleiterstoffen mit anderswertigen Atomen entstehen **Störstellen** mit freien Elektronen oder Defektelektronen. Man nennt die darauf basierende n- oder p-Leitung **Störstellenleitung**.

n-Halbleiter	p-Halbleiter
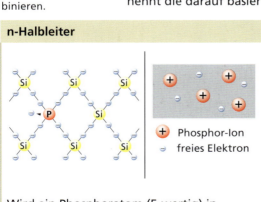 ⊕ Phosphor-Ion ⊖ freies Elektron	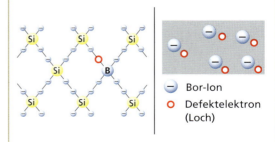 ⊖ Bor-Ion ○ Defektelektron (Loch)
Wird ein Phosphoratom (5-wertig) in Silicium dotiert, kann ein Außenelektron des Phosphors nicht gebunden werden und steht als freies Elektron für eine n-Leitung zur Verfügung.	Wird in ein Siliciumkristall ein Boratom (3-wertig) dotiert, kann ein Außenelektron eines Siliciumatoms nicht gebunden werden. Es bleibt ein Loch, das für eine p-Leitung zur Verfügung steht.

Der Thermistor

Ein **Thermistor** ist ein Halbleiterbauelement, dessen elektrischer Widerstand stark von der Temperatur abhängig ist. Je nach Bauart gibt es Kaltleiter und Heißleiter.
Bei **Kaltleitern** wird der elektrische Widerstand umso größer, je höher die Temperatur ist.
Bei **Heißleitern** nimmt der elektrische Widerstand mit steigender Temperatur ab.

▶ Schaltzeichen von Thermistoren:

NTC-Widerstand
(Heißleiter)
NTC: negativ temperature coefficient

- Die Temperaturabhängigkeit des elektrischen Widerstands von Thermistoren kann z. B. für Temperaturmessungen genutzt werden. Dabei wird der Thermistor als Messfühler verwendet. Durch Dotierung von Halbleiterstoffen können diese Messfühler so hergestellt werden, dass sie für spezielle Anwendungen besonders geeignet sind.

PTC-Widerstand
(Kaltleiter)
PTC: positiv temperature coefficient

I-U-Kennlinien von Thermistoren **I-ϑ-Diagramm eines Heißleiters**

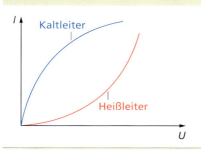
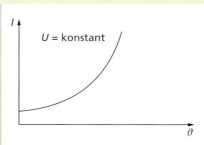

M ↗ S. 48

Der Fotowiderstand

Ein **Fotowiderstand** ist ein Halbleiterbauelement, dessen elektrischer Widerstand von der Beleuchtungsstärke (Stärke des auffallenden Lichts) abhängig ist.

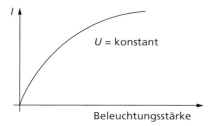
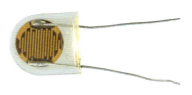

▶ Schaltzeichen eines Fotowiderstands:

- Ab einer Mindestbeleuchtung gilt: Je größer die Beleuchtungsstärke ist, desto kleiner ist der elektrische Widerstand.

- Fotowiderstände können als Messfühler für Lichtmessungen genutzt werden, z. B. in **Belichtungsmessern** bei Fotoapparaten.

Die Halbleiterdiode

▶ Schaltzeichen einer Diode:

M ↗ S. 43

Eine **Diode** ist ein Halbleiterbauelement, das aus zwei unterschiedlich dotierten Schichten besteht, einem p-Leiter und einem n-Leiter. An der Berührungsfläche bewegen sich die freien Elektronen in den p-Leiter, besetzen dort die Löcher (Defektelektronen) und neutralisieren diese. Es entsteht ein **pn-Übergang** bzw. eine **Grenzschicht** mit ganz besonderen Eigenschaften: Frei bewegliche Ladungsträger sind dort nicht vorhanden.

▶ Die spezielle Eigenschaft von Halbleiterdioden wird bei **Konstantspannungsquellen** genutzt.

Wird der n-Leiter einer Diode mit dem Minuspol und der p-Leiter mit dem Pluspol der elektrischen Quelle verbunden, so werden die freien Elektronen in die Grenzschicht gedrückt und können ab einer bestimmten Spannung diese überwinden. Diese Spannung heißt **Schwellenspannung**. Sie beträgt bei Siliciumdioden ca. 0,7 V, bei Germaniumdioden ca. 0,35 V. Bei größeren Spannungen wird der Widerstand der Diode sehr klein.
Die Diode lässt in dieser Richtung den Strom hindurch. Sie ist in **Durchlassrichtung** gepolt.

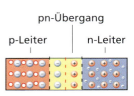

- Bor-Ion
- Defektelektron
- Phosphor-Ion
- Elektron

Bei umgekehrter Polung werden die freien Elektronen zum Plus-Pol angezogen. Die Grenzschicht wird dadurch verbreitert und hat einen sehr großen elektrischen Widerstand.
Die Diode lässt in dieser Richtung keinen Strom hindurch. Sie ist in **Sperrrichtung** geschaltet.

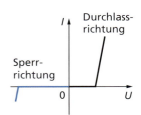

Ein pn-Übergang lässt den elektrischen Strom nur in einer Richtung hindurch.

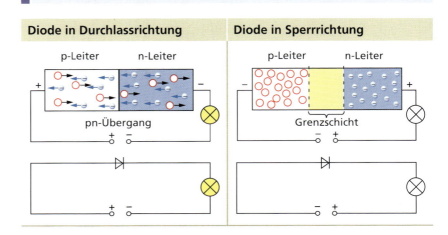

■ Die Abhängigkeit des Stromflusses durch eine Diode von der Stromrichtung kann zur Gleichrichtung von Wechselströmen genutzt werden. Dabei können Dioden als **Einweggleichrichter** oder **Zweiweggleichrichter** geschaltet werden.

▶ Auch für den Bau von Netzladegeräten werden Dioden genutzt und als Zweiweggleichrichter geschaltet.

Einweggleichrichter

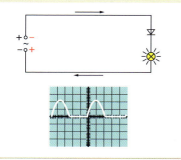

Zweiweggleichrichter

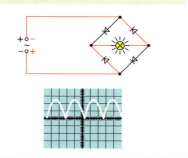

▶ Eine Glättung des pulsierenden Gleichstroms kann durch einen parallel geschalteten Kondensator erfolgen.

Beim elektrischen Stromfluss durch Dioden in Durchlassrichtung bewegen sich Elektronen in Löcher und werden wieder zu Außenelektronen in einer Atombindung. Dabei geben sie Energie ab. Diese kann als Wärme abgestrahlt oder als Licht ausgesendet werden.
Die Aussendung von Licht wird bei **Leuchtdioden** genutzt. Solche Dioden werden auch als **Lichtemitterdioden** (LED) bezeichnet.
Leuchtdioden werden u. a. in Infrarot-Fernbedienungen genutzt.

▶ LED bedeutet *light emitting diode*.

▶ Schaltzeichen einer **Leuchtdiode** (LED):

Eine Weiterentwicklung der Leuchtdiode ist die **Laserdiode,** die einen infraroten Laserstrahl aussendet.
Die Umkehrung der Leuchtdiode ist die **Fotodiode** oder als großflächige Ausführung die **Solarzelle.** Durch Lichteinstrahlung werden in der Grenzschicht eines pn-Übergangs Elektronen freigesetzt und es entstehen Löcher. Diese Elektronen werden in den positiv geladenen Bereich der Grenzschicht gezogen, die Löcher in den negativen Bereich der Grenzschicht. Der n-Leiter wird damit negativ geladen, der p-Leiter positiv. Es entsteht zwischen p-und n-Anschluss eine elektrische Spannung von bis zu 0,5 V.

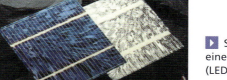

▶ Schaltzeichen einer **Solarzelle:**

■ Solarzellen nutzt man zur Umwandlung von Lichtenergie in elektrische Energie. Sie sind wichtige Bauteile für die Nutzbarmachung der Sonnenenergie für die Energieversorgung.

▶ Schaltzeichen von Transistoren:

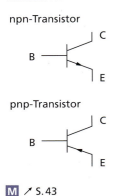

M ↗ S. 43

▶ Das Wort **Transistor** kommt von **transfer resistor:** übertragender Widerstand.

▶ Der Basisstrom ist wesentlich kleiner als der Kollektorstrom.

Der Transistor

Ein Transistor ist ein Halbleiterbauelement, das aus drei unterschiedlich dotierten Schichten besteht und damit zwei pn-Übergänge besitzt (Bipolartransistor). Man unterscheidet **npn-Transistoren** und **pnp-Transistoren.** Jeder Transistor besitzt drei Anschlüsse, den **Emitter** (E), den **Kollektor** (C) und die **Basis** (B). Mit diesen drei Anschlüssen können die Widerstände der pn-Übergänge und die Stromflüsse durch den Transistor gesteuert werden. Dazu schaltet man den Transistor so, dass zwei Stromkreise entstehen, der Basisstromkreis und der Kollektorstromkreis.

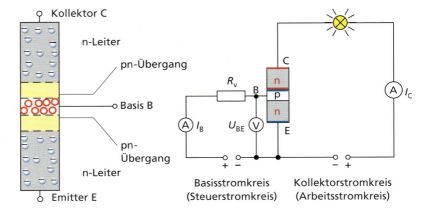

Liegt nur eine Spannung zwischen Emitter und Kollektor an, so ist ein pn-Übergang stets in Sperrrichtung geschaltet. Ein Kollektorstrom I_C kann nicht fließen. Durch eine zusätzliche Spannung zwischen Emitter und Basis kann der pn-Übergang bei entsprechender Polung in Durchlassrichtung geschaltet werden. Dazu muss die **Basis-Emitter-Spannung** U_{BE} größer als die Schwellenspannung (bei Silicium 0,7 V) sein. Dann fließt im Basisstromkreis ein Strom, der **Basisstrom** I_B. Beim npn-Transistor bewegen sich Elektronen aus dem Emitter in die Basis. Da die Basisschicht sehr dünn ist, gelangen Elektronen aus dem Emitter in die Nähe des pn-Übergangs von Kollektor und Basis. Der Kollektor ist mit dem positiven Pol der elektrischen Quelle verbunden. Von diesem Pol werden die Elektronen angezogen und überwinden den vorher gesperrten pn-Übergang von Kollektor und Basis. Dieser pn-Übergang wird leitend und es kann im Kollektorstromkreis der **Kollektorstrom** I_C fließen. Dieser Effekt wird als **Transistoreffekt** bezeichnet.

> Durch Anlegen einer Basis-Emitter-Spannung wird ein Transistor zwischen Emitter und Kollektor elektrisch leitend. Im Kollektorstromkreis fließt dann ein elektrischer Strom.

Wie aus der I_C-I_B-Kennlinie des Transistors erkennbar ist, kann durch eine Veränderung der Basisstromstärke I_B die Kollektorstromstärke I_C verändert werden. Dabei ist für Anwendungen wichtig, dass bereits eine kleine Änderung der Basisstromstärke eine große Änderung der Kollektorstromstärke bewirkt.

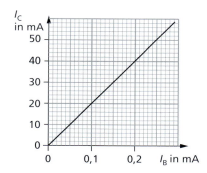

▶ Das Verhältnis von ΔI_C zu ΔI_B wird als **Stromverstärkungsfaktor** bezeichnet.

M ↗ S. 48

Eine andere Art von Transistoren sind **Feldeffekttransistoren** (FET). Bei diesen Transistoren ist im Arbeitsstromkreis nur eine Art von Ladungsträgern am Leitungsvorgang beteiligt, weshalb man diese Transistoren auch **Unipolartransistoren** nennt. Der Stromfluss im Arbeitsstromkreis wird durch ein elektrisches Feld gesteuert, wobei bei der Steuerung kein Strom fließt.

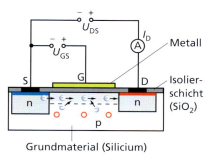

▶ **Feldeffekttransistoren** werden in der **Planartechnik** hergestellt, bei der von der Oberfläche her die Dotierungsstoffe in das Grundmaterial eindringen.

Auch ein Feldeffekttransistor besteht aus unterschiedlich dotierten Schichten eines Grundmaterials, meistens Silicium. Die Anschlüsse der Schichten bei einem FET heißen **Source** S (Quelle, Zufluss), **Drain** D (Senke, Abfluss) und **Gate** G (Tor). Der Arbeitsstromkreis wird zwischen S und D geschaltet. Im Transistor befindet sich zwischen S und D ein Kanal, dessen Leitfähigkeit durch die Spannung am Gate G beeinflusst wird.

Transistoren können als elektronische **Schalter** oder als **Verstärker** verwendet werden. Bei der Verwendung als Schalter wird der Transistoreffekt (↗ S. 272) genutzt. Beim Verstärker wendet man an, dass man durch kleine Änderungen der Basisstromstärke große Änderungen der Kollektorstromstärke erreichen kann.

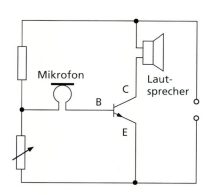
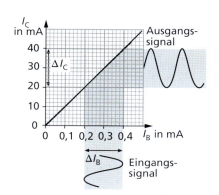

▶ Bei dem Beispiel beträgt der Stromverstärkungsfaktor:
$\frac{\Delta I_C}{\Delta I_B} = \frac{40\ \text{mA}}{0{,}4\ \text{mA}} = 100$

Elektrische Leitungsvorgänge

Ein elektrischer Leitungsvorgang ist die gerichtete Bewegung von Ladungsträgern in Stoffen oder im Vakuum.

Voraussetzungen für einen elektrischen Leitungsvorgang:
– Vorhandensein von frei beweglichen Ladungsträgern,
– Existenz eines elektrischen Felds (einer elektrischen Quelle).

Verlauf eines elektrischen Leitungsvorgangs:
– Ladungsträger bewegen sich gerichtet im elektrischen Feld.
– In Stoffen wird die gerichtete Bewegung durch Wechselwirkungen mit anderen Teilchen der Stoffe behindert.
– Elektrische Energie wird in andere Energieformen umgewandelt.

Metalle

– Durch Metallbindung sind bewegliche Elektronen vorhanden.
– Gerichtete Bewegung von Elektronen.
– Umwandlung elektrischer Energie in Wärme und Licht (Heizgeräte, Glühlampen).

Flüssigkeiten

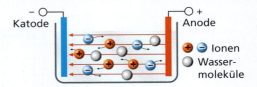

– Durch Dissoziation sind Ionen vorhanden.
– Gerichtete Bewegung von positiv und negativ geladenen Ionen.
– Leitungsvorgang ist mit Stofftransport verbunden.
– Umwandlung elektrischer Energie in Wärme und chemische Energie.

Gase

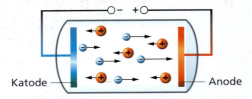

– Durch Ionisation sind Elektronen und Ionen, durch Emission Elektronen vorhanden.
– Gerichtete Bewegung von Ionen und Elektronen.
– Umwandlung elektrischer Energie in Licht und Wärme (Elektroschweißen, Leuchtstofflampen).

Vakuum

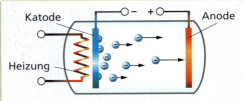

– Durch Glühemission oder Fotoemission sind Elektronen vorhanden.
– Gerichtete Bewegung von Elektronen.
– Bewegung kann durch elektrische und magnetische Felder beeinflusst werden.
– Umwandlung elektrischer Energie in Wärme und Licht (Fernsehbildröhre, Oszillografenröhre).

Optik 5

5.1 Lichtquellen und Lichtausbreitung

Lichtquellen und beleuchtete Körper

Körper, die wir sehen können, senden teilweise selbst Licht aus, teilweise reflektieren sie das auf sie fallende Licht.

▶ Die Sonne ist nicht nur die wichtigste Wärmequelle für die Erde, sondern auch die wichtigste Lichtquelle. Ohne Licht und Wärme von der Sonne wäre auf der Erde kein Leben möglich.

> Körper, die selbst Licht erzeugen, nennt man **Lichtquellen** oder selbst leuchtende Körper.

Die meisten Lichtquellen sind glühende Körper, also Körper mit einer hohen Temperatur.

▶ Die Entwicklung von Lichtquellen hat eine lange Geschichte. Die ersten irdischen Lichtquellen waren Holzfeuer.

▶ Es gibt auch Lebewesen, die selbst Licht erzeugen, also Lichtquellen sind. Dazu gehören die „Glühwürmchen".

> Körper, die nicht selbst Licht erzeugen, sondern nur auftreffendes Licht reflektieren (zurückwerfen), nennt man **beleuchtete Körper**.

Solche beleuchteten Körper sind nicht nur Reflektoren (s. Foto), sondern viele Körper unserer Umgebung, z.B. Bäume, Wolken, Häuser, Personen, Fahrzeuge, Straßen oder Gewässer.

Die Ausbreitung des Lichts

Von einer Lichtquelle breitet sich Licht **geradlinig** und **nach allen Seiten** aus, wenn es nicht durch andere Körper daran gehindert wird.

 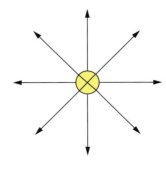

Das von einer Lichtquelle ausgehende Licht wird auch als **Lichtbündel** bezeichnet.
Die geradlinige Ausbreitung des Lichts kann durch Geraden veranschaulicht werden. Diese Geraden nennt man **Lichtstrahlen**.
Lichtstrahlen sind ein **Modell** zur Darstellung der Ausbreitung des Lichts.

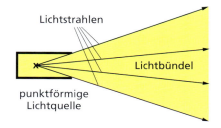

M ↗ S. 29

Licht breitet sich von einer Lichtquelle geradlinig aus. Der Weg des Lichts wird durch Lichtstrahlen dargestellt.

Die Lichtgeschwindigkeit

Die Geschwindigkeit, mit der sich Licht ausbreitet, wird als **Lichtgeschwindigkeit** bezeichnet. Sie ist von dem Stoff abhängig, in dem die Ausbreitung erfolgt.

In Vakuum beträgt die Lichtgeschwindigkeit:

$c = 299\,792{,}458$ km/s

▶ Meist wird sowohl für Vakuum als auch für Luft mit einem gerundeten Wert von 300 000 km/s gerechnet.

Diese Geschwindigkeit ist eine wichtige **Naturkonstante**. In allen Stoffen, auch in Luft, ist die Lichtgeschwindigkeit kleiner als im Vakuum.

Lichtgeschwindigkeit in Stoffen		
Stoff		**c in km/s**
Diamant		124 000
Eis		229 000
Flintglas	leicht	186 000
	schwer	171 000
Kronglas	leicht	199 000
	schwer	186 000
Luft		299 711 ≈ 300 000
Plexiglas		201 000
Wasser		225 000

▶ Erstmals wurde die **Lichtgeschwindigkeit** 1675 von dem Dänen OLAF RÖMER (1644–1710) aus astronomischen Messungen ermittelt.
Die erste Messung der Lichtgeschwindigkeit auf der Erde gelang 1849 dem französischen Physiker HIPPOLYTE FIZEAU (1819–1896).

Stoffe, in denen das Licht eine kleinere Ausbreitungsgeschwindigkeit als in anderen hat, nennt man **optisch dichter**.
Stoffe, in denen sich Licht mit einer größeren Geschwindigkeit als in anderen ausbreitet, nennt man **optisch dünner**.

▶ So ist z. B. Diamant optisch dichter als Eis. Luft ist optisch dünner als Wasser.

Lichtdurchlässigkeit

Wenn Licht auf einen Körper trifft, so wird es zum Teil **hindurchgelassen,** zum Teil **absorbiert** (verschluckt) und gestreut und zum Teil **reflektiert** (zurückgeworfen). Wie groß die jeweiligen Anteile sind, hängt u. a. von der Oberflächenbeschaffenheit, von der Schichtdicke und von dem Stoff ab, aus dem der Körper besteht.

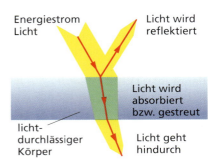

▶ Ob ein Körper lichtdurchlässig oder lichtundurchlässig ist, hängt auch von seiner Schichtdicke ab. So sind z. B. sehr dünne Metallfolien lichtdurchlässig. Sehr dicke Wasserschichten sind lichtundurchlässig.

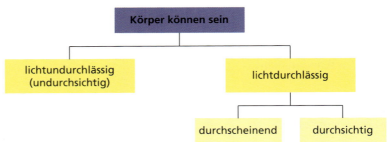

■ Durchsichtig ist z. B. Fensterglas oder dünne Plastikfolie, durchscheinend ist Milchglas oder ein Blatt Papier, undurchsichtig ist eine Stahlplatte oder eine Hauswand.

Wie viel Licht von einem lichtdurchlässigen Körper hindurchgelassen wird, hängt ab
– von der Schichtdicke und
– vom Stoff, aus dem der Körper besteht.
So lassen z. B. dicke Wasserschichten kaum noch Licht hindurch. Das Licht wird absorbiert.

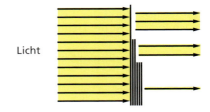

Papier unterschiedlicher Dicke

▶ Es ist deshalb sinnvoll, bei starker Sonneneinstrahlung helle Kleidung zu tragen.
Auch für Tankwagen oder Kühlwagen wählt man meist eine helle Farbe, damit möglichst viel Strahlung reflektiert wird.

Körper mit heller, glatter Oberfläche reflektieren viel Licht und absorbieren wenig Licht.

Körper mit dunkler, rauer Oberfläche absorbieren viel Licht und reflektieren wenig Licht.

Licht und Schatten

Hinter beleuchtete, lichtundurchlässige Körper gelangt von einer Lichtquelle kein Licht. Es bilden sich dunkle Gebiete aus, die **Schatten** genannt werden. Mithilfe von Randstrahlen wird ein Schatten begrenzt. **Randstrahlen** sind die Strahlen, die gerade noch am Hindernis vorbeigehen. Bei **einer punktförmigen Lichtquelle** ist der Schatten scharf begrenzt.

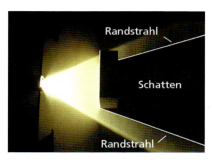
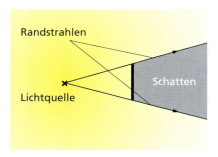

Bei mehreren punktförmigen Lichtquellen oder einer ausgedehnten Lichtquelle, z. B. einer Leuchtstoffröhre, entstehen verschiedene Schatten. Das Gebiet, das vom Licht keiner Lichtquelle erreicht wird, nennt man **Kernschatten**. Die Gebiete, die vom Licht *einer* punktförmigen Lichtquelle oder Teilen einer ausgedehnten Lichtquelle erreicht werden, heißen **Halbschatten**.

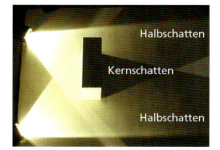
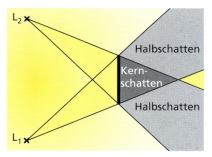

> Hinter beleuchteten lichtundurchlässigen Körpern bilden sich Schatten. Bei ausgedehnten Lichtquellen treten Kern- und Halbschatten auf.

Sonnen- und Mondfinsternisse

Die Sonne sendet Licht nach allen Seiten geradlinig aus und bestrahlt Planeten, Monde und andere Himmelskörper. Hinter diesen bestrahlten Himmelskörpern entstehen im Weltall gewaltige Schatten. Auch hinter der Erde und dem Erdmond entstehen solche Schatten. Sie sind die Ursache für Sonnen- und Mondfinsternisse, die an einem Ort der Erde allerdings nur relativ selten zu beobachten sind. Das relativ seltene Auftreten von Finsternissen hängt mit der Bewegung der Himmelskörper und mit der Lage ihrer Bahnkurven zueinander zusammen.

▶ Eine Übersicht über **Sonnen- und Mondfinsternisse** in den nächsten Jahren mit genauen Zeitangaben findet man im Internet.

Ⓜ ↗ S. 42

▸ Sonne, Erde und Mond stehen näherungsweise in einer Linie, wenn sich der Mond in der Nähe der Knotenpunkte 1 oder 2 befindet.

Die Erde bewegt sich um die Sonne. Zugleich bewegt sich der Mond um die Erde. Die Erdbahnebene und die Mondbahnebene sind gegeneinander geneigt.

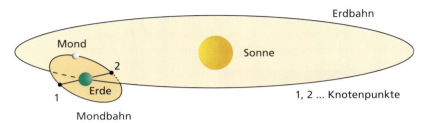

> Eine Finsternis entsteht nur dann, wenn Sonne, Erde und Mond näherungsweise in einer Linie stehen.

Bei einer **Sonnenfinsternis** befindet sich ein Teil der Erdoberfläche im Mondschatten. Sie ist nur bei Neumond beobachtbar.

▸ Die letzte totale Sonnenfinsternis war in Deutschland am 11.08.1999 zu beobachten. Die nächste totale Sonnenfinsternis wird sich in Teilen Deutschlands erst am 03.09.2081 ereignen.

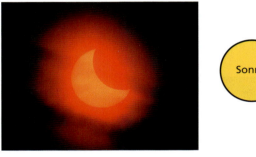
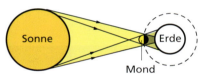

Bei einer **Mondfinsternis** befindet sich der Mond teilweise oder ganz im Schatten der Erde. Sie ist nur bei Vollmond möglich.

▸ Durch die unterschiedliche und sich ständig ändernde Stellung von Sonne, Erde und Mond entstehen auch die unterschiedlichen **Phasen** (Lichtgestalten) **des Monds.**

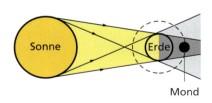

▸ Daten zu den nächsten Finsternissen findet man im Internet.

Die nächsten in Deutschland beobachtbaren teilweisen (partiellen) Sonnenfinsternisse werden am 20.03.2015, am 10.06.2021, am 25.10.2022 und am 20.03.2025 sein.

Die nächsten totalen Mondfinsternisse sind in Deutschland am 08.10. 2014, am 04.04.2015 und am 28.09.2014 beobachtbar.

Ⓜ ↗ S. 44

5.2 Reflexion des Lichts

5.2.1 Reflexion an verschiedenen Oberflächen

Das Reflexionsgesetz

Trifft Licht auf die Oberfläche eines Körpers, so wird ein Teil des Lichts reflektiert (zurückgeworfen). Dafür gilt das **Reflexionsgesetz**.

Wenn Licht an einer Fläche reflektiert wird, so ist der Einfallswinkel α gleich dem Reflexionswinkel α':

$$\alpha = \alpha'$$

Dabei liegen einfallender Strahl, Einfallslot und reflektierter Strahl in einer Ebene.

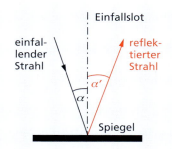

▶ Meist wird von Oberflächen nur ein Teil des Lichts reflektiert, ein anderer Teil wird absorbiert (verschluckt) oder hindurchgelassen. Bei der Reflexion wird nur der reflektierte Teil des Lichts betrachtet.

Das Reflexionsgesetz gilt für beliebige Oberflächen. Je nach der Oberflächenbeschaffenheit treten aber Besonderheiten auf.

Reguläre und diffuse Reflexion

An glatten Oberflächen (Spiegel, glatte Wasserflächen) wird Licht in eine bestimmte Richtung reflektiert, an rauen Oberflächen (Wand, Stoff) dagegen in die unterschiedlichsten Richtungen. Im ersten Fall tritt **reguläre Reflexion**, im zweiten Fall **diffuse Reflexion** auf.

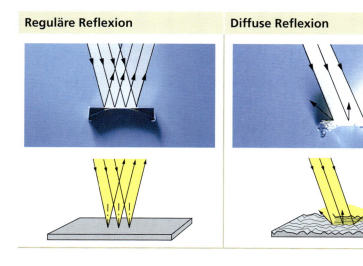

▶ Die links dargestellte reguläre Reflexion tritt z. B. bei ebenen Spiegeln auf. Die rechts dargestellte diffuse Reflexion tritt z. B. bei Kleidung, Papier, Wänden oder hölzernen Gegenständen auf.

Häufig treten reguläre und diffuse Reflexion gemeinsam auf, wobei der eine oder der andere Anteil überwiegen kann. So überwiegt z. B. bei einer schmutzigen Spiegelglasscheibe die reguläre Reflexion. Bei einer gekräuselten Wasseroberfläche überwiegt die diffuse Reflexion.

Reflexion an gekrümmten Spiegeln

An gekrümmten Spiegeln tritt reguläre Reflexion (↗ S. 281) auf.

Trifft paralleles Licht auf eine *gekrümmte Fläche*, so wird jeder einzelne Lichtstrahl nach dem Reflexionsgesetz reflektiert, jedoch werden die einzelnen Strahlen aufgrund der unterschiedlichen Einfallswinkel in verschiedene Richtungen reflektiert.

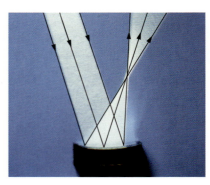

M ↗ S. 45, 46

Je nach der Form des Spiegels und der Richtung des auffallenden Lichts unterscheidet man verschiedene Arten von Spiegeln.

▶ Hohlspiegel werden auch als Konkavspiegel und Wölbspiegel als Konvexspiegel bezeichnet.

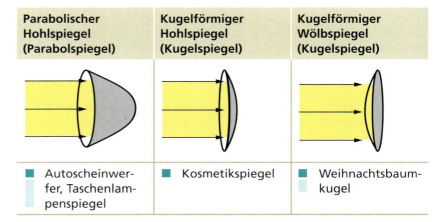

Parabolischer Hohlspiegel (Parabolspiegel)	Kugelförmiger Hohlspiegel (Kugelspiegel)	Kugelförmiger Wölbspiegel (Kugelspiegel)
■ Autoscheinwerfer, Taschenlampenspiegel	■ Kosmetikspiegel	■ Weihnachtsbaumkugel

Hohlspiegel und Wölbspiegel unterscheiden sich wesentlich im Strahlenverlauf des Lichts.

▶ Ob ein Spiegel als Hohlspiegel oder als Wölbspiegel wirkt, hängt von der Richtung des Lichteinfalls ab.

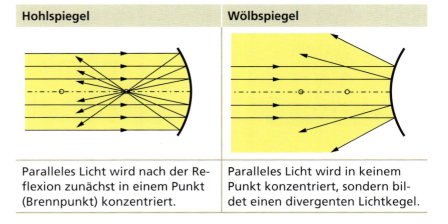

Hohlspiegel	Wölbspiegel
Paralleles Licht wird nach der Reflexion zunächst in einem Punkt (Brennpunkt) konzentriert.	Paralleles Licht wird in keinem Punkt konzentriert, sondern bildet einen divergenten Lichtkegel.

5.2 Reflexion des Lichts

Besonders übersichtlich lässt sich die Reflexion von Licht am kugelförmigen Hohlspiegel beschreiben.
Fällt paralleles Licht auf einen solchen Hohlspiegel, dann werden die Lichtstrahlen am Spiegel so reflektiert, dass sie alle in einem Punkt zusammenlaufen. In diesem Punkt wird das Licht konzentriert. Es können dort hohe Temperaturen entstehen. Man nennt diesen Punkt deshalb den **Brennpunkt F** (lateinisch: focus) eines Hohlspiegels.

▶ Das gilt exakt nur für Lichtstrahlen in der Nähe der optischen Achse.

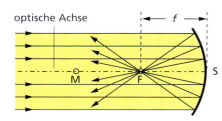

M Mittelpunkt der kugelförmigen Spiegelfläche
F Brennpunkt
S Scheitelpunkt
f Brennweite

$\overline{FS} = f$
$\overline{MS} = 2f$

Die Eigenschaft, dass parallel einfallende Strahlung im Brennpunkt eines Hohlspiegels konzentriert wird und dort sehr hohe Temperaturen entstehen, wird bei einem **Sonnenofen** ausgenutzt.
Die Bilder zeigen den riesigen Sonnenofen von Odeillo (Frankreich). Das parallele Sonnenlicht wird durch ebene Spiegel als paralleles Licht auf den Hohlspiegel reflektiert. Vom Hohlspiegel wird dieses parallele Licht so reflektiert, dass es in einem kleinen Bereich konzentriert wird. Dort werden Temperaturen bis zu 3 300 °C erreicht.

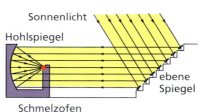

▶ Solaranlagen werden vor allem genutzt, um Wasser zu erwärmen, das z. B. für Schwimmbäder und als Brauchwasser verwendet wird. Spezielle Anlagen wie der Sonnenofen von Odeillo werden für Forschungszwecke genutzt.

Der wesentliche Unterschied zwischen einem parabolförmigen und einem kugelförmigen Hohlspiegel besteht in Folgendem:
Trifft paralleles Licht auf einen Parabolspiegel, so wird es nach der Reflexion in einem Punkt, dem Brennpunkt, konzentriert.
Umgekehrt gilt: Geht Licht vom Brennpunkt aus, so verläuft es nach der Reflexion als paralleles Licht.
Bei einem Kugelspiegel gilt das nur für Lichtstrahlen, die in der Nähe des Scheitelpunktes S auf den Spiegel treffen, also für sogenannte achsennahe Strahlen. Achsenferne Strahlen werden so reflektiert, dass sie nicht durch den Brennpunkt verlaufen. Umgekehrt verlaufen nicht alle Strahlen nach der Reflexion parallel, wenn sich eine Lichtquelle im Brennpunkt befindet.

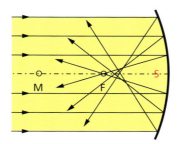

▶ Bei Fahrzeugscheinwerfern verwendet man deshalb Parabolspiegel, in deren Brennpunkt sich die Lichtquelle befindet. Damit wird nach der Reflexion am Spiegel näherungsweise paralleles Licht abgestrahlt.

5.2.2 Bildentstehung an Spiegeln

Bildentstehung am ebenen Spiegel

Blickt man auf einen ebenen Spiegel, so sieht man sein Spiegelbild. Das Entstehen eines Bilds am ebenen Spiegel kann mithilfe des Reflexionsgesetzes (↗ S. 281) erklärt werden.

▶ Man sieht das Spiegelbild an der Stelle, von der das Licht herzukommen scheint.

Trifft Licht von einem Punkt P eines Gegenstands auf einen *ebenen Spiegel*, so wird es nach dem Reflexionsgesetz zurückgeworfen. Für den Beobachter scheint das Licht vom Punkt P' aus zu kommen.

Wir sehen im Spiegel den Punkt P an der Stelle P', von wo aus die Lichtstrahlen geradlinig in unsere Augen herzukommen scheinen.

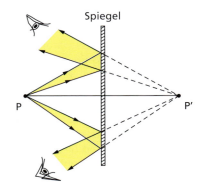

▶ Der Ort des Spiegelbilds hängt nur vom Ort des Gegenstands ab. Betrachtet man sich selbst im Spiegel, so ist man der „Gegenstand", der sein Spiegelbild sieht.

Befindet sich ein Gegenstand vor einem ebenen Spiegel, so geht von jedem Punkt des Gegenstands Licht aus, das am Spiegel reflektiert wird.

Führt man die Konstruktion des Strahlenverlaufs für jeden Punkt aus, so erhält man das Spiegelbild des Gegenstands.

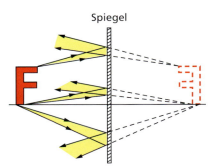

> Für einen ebenen Spiegel gilt: Gegenstand und Bild sind bezüglich des Spiegels symmetrisch zueinander.

Das bedeutet:
- Das Spiegelbild des Gegenstands befindet sich *hinter dem Spiegel*.
- Gegenstands- und Bildpunkte sind *gleich weit vom Spiegel entfernt*.
- Das Spiegelbild ist *genauso groß wie der Gegenstand*.
- Das Spiegelbild ist aufrecht, d. h., es hat die gleiche Lage wie der Gegenstand.

Das Spiegelbild kann man zwar sehen und auch fotografieren. Man kann es aber nicht auf einem Schirm auffangen. Solche Bilder nennt man **scheinbare (virtuelle) Bilder.**

> An einem ebenen Spiegel entsteht ein virtuelles Bild.

Kennt man die Eigenschaften eines Bilds am ebenen Spiegel, dann gibt es eine einfache Möglichkeit der Bildkonstruktion: Es werden vom Gegenstand aus einige zum Spiegel senkrechte Linien gezeichnet und hinter dem Spiegel die Entfernung Gegenstandspunkt–Spiegel abgetragen.

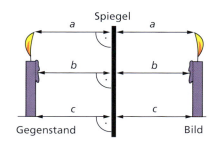

▶ Gegenstandspunkt und zugehöriger Bildpunkt sind immer gleich weit vom Spiegel entfernt.

Bildentstehung am kugelförmigen Hohlspiegel

Befindet sich ein Gegenstand vor einem Hohlspiegel, so entsteht auf einem Schirm ein Bild des Gegenstands.
Zur zeichnerischen Konstruktion von Bildern reicht es aus, den Verlauf einiger Strahlen zu kennen.

▶ Ein Beispiel für kugelförmige Hohlspiegel sind Kosmetikspiegel. An ihnen kann man gut beobachten, wie sich das Bild verändert, wenn man die Entfernung Gegenstand–Spiegel verändert.

Zur Bildkonstruktion nutzt man **Parallelstrahlen, Brennpunktstrahlen** und **Mittelpunktstrahlen.** Sie werden in charakteristischer Weise am Spiegel reflektiert.

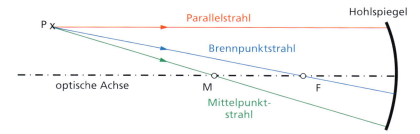

▶ M ist der Mittelpunkt der kugelförmigen Spiegelfläche. F ist der Brennpunkt des Spiegels (↗ S. 283).

Parallelstrahlen verlaufen parallel zur optischen Achse des gekrümmten Spiegels.

Brennpunktstrahlen verlaufen durch den Brennpunkt F des gekrümmten Spiegels.

Mittelpunktstrahlen verlaufen durch den Krümmungsmittelpunkt M des gekrümmten Spiegels.

▶ Verlaufen die Strahlen nicht in der Nähe der optischen Achse, so gehen z. B. Parallelstrahlen nach der Reflexion nicht durch den Brennpunkt F, sondern durch einen Punkt der optischen Achse, die näher am Spiegel liegt (↗ S. 283).

Wenn diese Strahlen an einem Hohlspiegel reflektiert werden, so gilt unter der Bedingung achsennaher Strahlen:

Ein **Parallelstrahl** wird so reflektiert, dass er dann durch den Brennpunkt verläuft.

Ein **Brennpunktstrahl** wird so reflektiert, dass er dann als Parallelstrahl verläuft.

Ein **Mittelpunktstrahl** wird so reflektiert, dass er dann wieder als Mittelpunktstrahl verläuft.

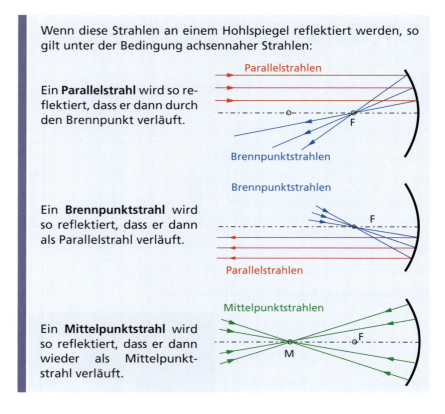

Will man das Bild eines Gegenstands konstruieren, so muss man von mehreren Gegenstandspunkten die Bildpunkte ermitteln. Dazu sind jeweils zwei Strahlen ausreichend.

▶ Welche der Strahlen man zweckmäßigerweise für die Bildkonstruktionen nutzt, hängt im Wesentlichen davon ab, wo sich der Gegenstand befindet.

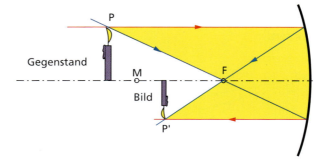

▶ An einem Hohlspiegel kann auch ein virtuelles Bild (↗ S. 285) entstehen.

Bringt man in den Schnittpunkt der Strahlen einen Schirm, so kann man auf ihm das scharfe Bild auffangen. Ein Bild, das man auf einem Schirm auffangen kann, wird als **wirkliches (reelles)** Bild bezeichnet.
Was für ein Bild entsteht, hängt von der Entfernung Gegenstand–Spiegel (Gegenstandsweite) ab.

Ein reelles Bild eines Gegenstands entsteht immer dann, wenn sich der Gegenstand außerhalb der Brennweite des Spiegels befindet. Ist er innerhalb der Brennweite, so entsteht ein virtuelles Bild (↗ S. 287).

5.2 Reflexion des Lichts

Ort des Gegenstands	Bildkonstruktion und Bild	Eigenschaften des Bilds
außerhalb der doppelten Brennweite eines Hohlspiegels		– verkleinert – umgekehrt – seitenvertauscht – reell
in der doppelten Brennweite eines Hohlspiegels		– gleich groß wie der Gegenstand – umgekehrt – seitenvertauscht – reell
zwischen einfacher und doppelter Brennweite eines Hohlspiegels		– vergrößert – umgekehrt – seitenvertauscht – reell
in der einfachen Brennweite eines Hohlspiegels		– kein scharfes Bild – reflektierte Strahlen verlaufen parallel – Für einen Beobachter ist der Spiegel voll mit einer Farbe des Gegenstands bedeckt.
innerhalb der einfachen Brennweite eines Hohlspiegels		– vergrößert – aufrecht – seitenrichtig – virtuell
beliebig vor einem Wölbspiegel		– verkleinert – aufrecht – seitenrichtig – virtuell

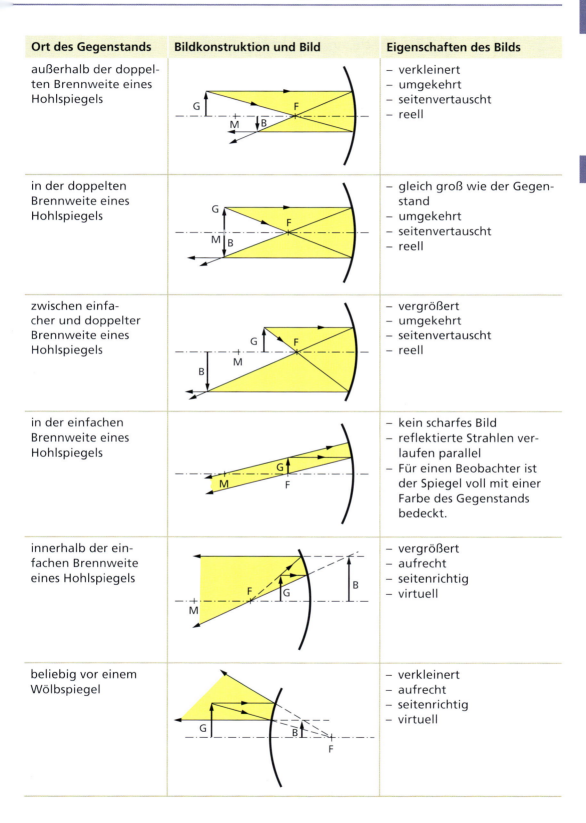

5.3 Brechung des Lichts

5.3.1 Brechungsgesetz und Totalreflexion

Das Brechungsgesetz

Licht breitet sich in Luft, Glas oder Wasser in der Regel geradlinig aus.

▶ An Grenzflächen zwischen zwei verschiedenen lichtdurchlässigen Stoffen tritt Reflexion und Brechung meist zusammen auf.
Hier wird nur der Teil des Lichts betrachtet, der gebrochen wird.

Trifft Licht auf die Grenzfläche *zwischen zwei verschiedenen lichtdurchlässigen Stoffen*, z. B. von Luft und Wasser, so wird ein Teil des Lichts nach dem Reflexionsgesetz zurückgeworfen. Der andere Teil des Lichts geht in den zweiten Stoff über.
Dabei ändert sich im Allgemeinen die Ausbreitungsrichtung des Lichts. Diese Erscheinung nennt man **Brechung**.

> Als Brechung des Lichts bezeichnet man die Änderung seiner Ausbreitungsrichtung an der Grenzfläche zweier lichtdurchlässiger Stoffe.

Für die Brechung des Lichts an einer Grenzfläche zwischen Luft und Wasser oder Glas gilt das **Brechungsgesetz** in folgender Form:

▶ Die betrachteten Übergänge sind spezielle Fälle, die aber in der Praxis am häufigsten auftreten.

Wenn Licht von Luft in Glas oder Wasser übergeht, so wird es an der Grenzfläche zum Lot hin gebrochen.	Wenn Licht von Glas oder Wasser in Luft übergeht, so wird es an der Grenzfläche vom Lot weg gebrochen.
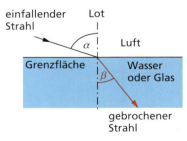	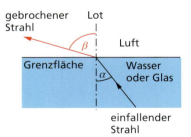
Für $\alpha \neq 0°$ gilt: Der Brechungswinkel β ist kleiner als der Einfallswinkel α. $\beta < \alpha$	Für $\alpha \neq 0°$ gilt: Der Brechungswinkel β ist größer als der Einfallswinkel α. $\beta > \alpha$
Dabei liegen einfallender Strahl, Lot und gebrochener Strahl in einer Ebene.	

▶ Beachte: Die Winkel werden immer zwischen Lot und Lichtstrahl gemessen.

5.3 Brechung des Lichts

Für zwei beliebige lichtdurchlässige Stoffe gilt das **Brechungsgesetz** allgemein in folgender Form:

> Wenn Licht an einer Grenzfläche von einem lichtdurchlässigen Stoff in einen anderen lichtdurchlässigen Stoff übergeht, so gilt für den Einfallswinkel α und den Brechungswinkel β:
>
> $\frac{\sin \alpha}{\sin \beta} = \frac{c_1}{c_2}$ oder $\frac{\sin \alpha}{\sin \beta} = n$
>
> c_1, c_2 Lichtgeschwindigkeiten in den Stoffen 1 und 2
> n Brechzahl

▶ Aus diesem Gesetz kann man die auf ↗ S. 288 beschriebenen Spezialfälle herleiten.

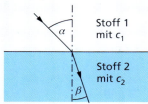

Wie Licht gebrochen wird, hängt demzufolge vom Verhältnis der Lichtgeschwindigkeiten (↗ S. 277) in den beiden Stoffen ab.

Übergang vom optisch dünneren zum optisch dichteren Stoff	Übergang vom optisch dichteren zum optisch dünneren Stoff
$c_1 > c_2 \longrightarrow \alpha > \beta$	$c_1 < c_2 \longrightarrow \alpha < \beta$
Das Licht wird zum Lot hin gebrochen.	Das Licht wird vom Lot weg gebrochen.
■ Luft – Glas ■ Luft – Wasser	■ Glas – Luft ■ Wasser – Luft

▶ Die Begriffe „optisch dünner" und „optisch dichter" beziehen sich auf die Lichtgeschwindigkeit (↗ S. 277). In einem optisch dichteren Stoff ist die Lichtgeschwindigkeit kleiner als in einem optisch dünneren Stoff.

Die Brechzahl ergibt sich aus den Lichtgeschwindigkeiten der betreffenden Stoffe. Für den Übergang von Luft in einen anderen Stoff ergeben sich folgende Brechzahlen:

Übergang von Luft in	Brechzahl n bei 20 °C
Diamant	2,42
Eis	1,31
Flintglas leicht	1,61
schwer	1,75
Kronglas leicht	1,51
schwer	1,61
Plexiglas	1,49
Wasser	1,33

▶ Kennt man die Lichtgeschwindigkeiten c_1 und c_2, so kann man daraus die Brechzahl n berechnen, denn es gilt:

$n = \frac{c_1}{c_2}$

Die Lichtgeschwindigkeit in einem Stoff und damit auch die Brechzahl ist von verschiedenen Faktoren abhängig.
So gilt z. B. für Luft, dass die Lichtgeschwindigkeit sich mit Verringerung der Dichte (des Luftdrucks) vergrößert. In großer Höhe ist deshalb die Lichtgeschwindigkeit (etwas) größer als an der Erdoberfläche. Da sich die Dichte von Luft mit der Temperatur ändert, verändert sich auch die Lichtgeschwindigkeit mit der Temperatur.

▶ **Luftspiegelungen** treten an Grenzflächen zwischen kalter und warmer Luft auf. Ihr Auftreten hängt mit den unterschiedlichen Ausbreitungsgeschwindigkeiten von Licht zusammen.

■ Licht trifft unter einem Winkel von 40° auf eine Grenzfläche Luft–Wasser.
Wie groß ist der Brechungswinkel?

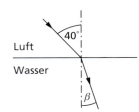

Analyse:
Beim Übergang Luft–Wasser wird das Licht zum Lot hin gebrochen. Der Brechungswinkel kann nach dem Brechungsgesetz berechnet werden. Die Brechzahl ist einer Tabelle zu entnehmen.

M ↗ S. 57 f.

Gesucht: β
Gegeben: $\alpha = 40°$
$n = 1{,}33$

Lösung:

$$\frac{\sin \alpha}{\sin \beta} = n \qquad | \cdot \frac{\sin \beta}{n}$$

$$\frac{\sin \alpha}{n} = \sin \beta \text{ oder}$$

$$\sin \beta = \frac{\sin \alpha}{n}$$

$$\sin \beta = \frac{\sin 40°}{1{,}33}$$

$$\sin \beta = 0{,}48$$

$$\underline{\underline{\beta = 29°}}$$

▶ Bei der Angabe des Ergebnisses ist zu beachten, dass das Ergebnis nicht genauer sein kann als die Ausgangswerte. Beachte also immer die Regeln für sinnvolle Genauigkeit!

Ergebnis:
Beim Übergang von Luft in Wasser beträgt bei einem Einfallswinkel von 40° der Brechungswinkel 29°.

Die Totalreflexion

Tritt Licht von Glas oder Wasser in Luft (vom optisch dichteren in den optisch dünneren Stoff) über, so wird es vom Lot weg gebrochen. Der Brechungswinkel β ist größer als der Einfallswinkel α (Abb. a). Vergrößert man den Einfallswinkel, so wird auch der Brechungswinkel größer und erreicht den Wert $\beta = 90°$ (Abb. b). Wird nun der Einfallswinkel weiter vergrößert, so wird das gesamte einfallende Licht an der Grenzfläche reflektiert (Abb. c).

Diese Erscheinung wird als **Totalreflexion** bezeichnet.

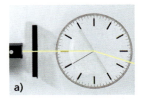
a)

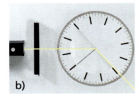
b)

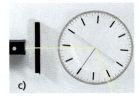
c)

5.3 Brechung des Lichts

> Die Erscheinung, dass beim Übergang des Lichts von einem optisch dichteren Stoff (z. B. Glas) in einen optisch dünneren Stoff (z. B. Luft) bei bestimmten Winkeln sämtliches Licht an der Grenzfläche reflektiert wird, nennt man **Totalreflexion**.

Den Einfallswinkel, bei dem der Brechungswinkel gerade 90° beträgt, nennt man **Grenzwinkel der Totalreflexion** α_G.
Totalreflexion tritt bei allen Einfallswinkeln auf, die größer als dieser Grenzwinkel sind.

> Für alle Winkel $\alpha > \alpha_G$ tritt Totalreflexion auf. Der Grenzwinkel der Totalreflexion α_G beträgt:
>
> $\sin \alpha_G = \dfrac{c_1}{c_2}$ $\quad c_1, c_2 \quad$ Lichtgeschwindigkeiten in den Stoffen 1 und 2
> $c_1 < c_2$

▶ Dieser Grenzwinkel ergibt sich aus dem Brechungsgesetz (↗ S. 289): Mit $\beta = 90°$ und damit $\sin \beta = 1$ erhält man die genannte Gleichung.

■ Wie groß ist der Grenzwinkel der Totalreflexion für den Übergang von Licht aus Wasser in Luft?

Analyse:
Gesucht ist der Einfallswinkel α, bei dem der Brechungswinkel gerade 90° beträgt. Die zur Berechnung erforderlichen Lichtgeschwindigkeiten können der Tabelle auf ↗ S. 277 entnommen werden.

Gesucht: $\quad \alpha_G$
Gegeben: $\quad c_1 = 225\,000$ km/s
$\qquad\qquad c_2 = 299\,711$ km/s $\approx 300\,000$ km/s

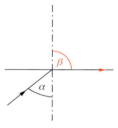

M ↗ S. 57 f.

Lösung:

$\sin \alpha_G = \dfrac{c_1}{c_2}$

$\sin \alpha_G = \dfrac{225\,000 \text{ km/s}}{300\,000 \text{ km/s}}$

$\sin \alpha_G = 0{,}750$

$\underline{\alpha_G \quad\; = 48{,}6°}$

▶ In den meisten Fällen ist es ausreichend, mit dem gerundeten Wert für die Lichtgeschwindigkeit in Luft von 300 000 km/s zu rechnen.

Ergebnis:
Für den Übergang Wasser–Luft beträgt der Grenzwinkel der Totalreflexion 48,6°.

■ Die Totalreflexion von Licht an der Grenzfläche Wasser–Luft kann man z. B. beobachten, wenn man bei einem Aquarium schräg von unten gegen die Wasseroberfläche blickt.

Genutzt wird die Totalreflexion bei verschiedenen Arten von Prismen (S. 293) sowie bei Lichtleitkabeln (Lichtleitern, Glasfaserkabeln, Lichtwellenleitern), die zur Informationsübertragung von Telefongesprächen, Computerdaten, Fernsehbildern und Rundfunkprogrammen eingesetzt werden.

Ein Lichtleitkabel oder Glasfaserkabel besteht aus Tausenden von sehr feinen, gebündelten Glasfasern mit Durchmessern von 0,005 mm bis 0,5 mm.

Die einzelne Glasfaser besteht aus einem Mantel und einem Kern.
Der Glasfasermantel besteht aus optisch dünnerem Stoff als der Glasfaserkern. Damit tritt Totalreflexion auf, wenn der Einfallswinkel größer als der Grenzwinkel der Totalreflexion ist.

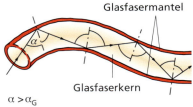

$\alpha > \alpha_G$

▶ Bei modernen Lichtleitkabeln liegt der Grenzwinkel der Totalreflexion nahe bei 90°.

Lässt man Licht unter einem Winkel $\alpha > \alpha_G$ einfallen, so wird es mehrfach total reflektiert und gelangt so bis an das andere Ende der Glasfaser.

▶ **Informationsübertragung** mit Lichtleitkabeln hat große Vorteile gegenüber der Übertragung mit herkömmlichen Kupferkabeln.

5.3.2 Brechung des Lichts durch verschiedene Körper

Brechung an planparallelen Platten

Trifft Licht auf eine **planparallele Platte,** so wird es an beiden Grenzflächen nach dem Brechungsgesetz gebrochen. Der austretende Lichtstrahl verläuft parallel zum auftreffenden Lichtstrahl. Betrachtet man einen Gegenstand durch eine planparallele Platte, so sieht man ihn dadurch seitlich versetzt (↗ Foto).

▶ Auch bei Fensterscheiben kann eine Parallelverschiebung auftreten. Sie ist aber so klein, dass wir sie in der Regel nicht wahrnehmen.

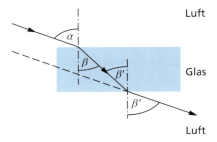

Wie stark die Parallelverschiebung des Lichts bei einem bestimmten Einfallswinkel ist, hängt ab von
– den optischen Eigenschaften (Brechzahl) der planparallelen Platte und
– der Dicke der planparallelen Platte.

Brechung an Prismen

Prismen bestehen meist aus Glas. Am häufigsten werden regelmäßige dreiseitige Prismen oder Prismen mit einem rechten Winkel verwendet. Bei allen Prismen wird die Brechung des Lichts und teilweise auch die Totalreflexion genutzt.
Prismen, bei denen das Licht in eine andere Richtung gelenkt wird, bezeichnet man als **Umlenkprismen**.

M ↗ S. 42

▶ Beachte: Die gezeichneten Strahlenverläufe in den Skizzen gelten nur für einfarbiges Licht. Bei Verwendung von weißem Licht treten zusätzliche Effekte auf (↗ S. 318).

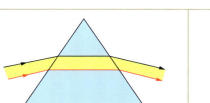

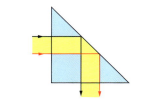

| Durch die zweifache Brechung erfolgt eine Umlenkung des Lichts um einen Winkel < 90°. | Durch Totalreflexion wird das Licht um 90° umgelenkt. |

Prismen, bei denen die Lage von einfallenden und reflektierten Strahlen gerade umgekehrt ist, nennt man **Umkehrprismen**.

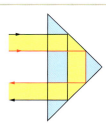

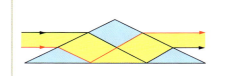

| Durch zweifache Totalreflexion erfolgt eine Umkehrung des Lichts. | Durch zweifache Brechung und Totalreflexion erfolgt eine Umkehrung des Lichts. |

Prismen werden vor allem bei Ferngläsern und Fotoapparaten genutzt.

▶ Prismen werden auch genutzt, um weißes Licht in seine farbigen Bestandteile zu zerlegen (↗ S. 318).

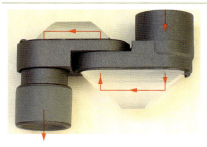

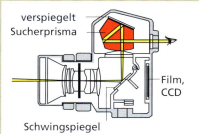

Minifernglas mit zwei Prismen, die das Licht umlenken.

Umkehrprisma in einer Spiegelreflexkamera

Brechung an Linsen

Linsen sind lichtdurchlässige Körper, meist aus Glas oder Kunststoff, die sehr unterschiedliche Formen haben können.
Je nach dem Strahlenverlauf unterscheidet man zwei große Gruppen von Linsen.

▶ Auf den Fotos ist zu erkennen, dass bei Linsen sowohl Brechung als auch Reflexion auftritt. Betrachtet wird nachfolgend nur die Brechung des Lichts. Sie ist entscheidend für die Bildentstehung durch Linsen.

Sammellinsen (Konvexlinsen)	Zerstreuungslinsen (Konkavlinsen)
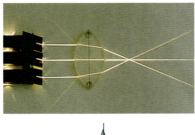	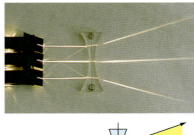
Linsen, die paralleles Licht nach der Brechung zunächst in einem Punkt sammeln, bevor es wieder auseinandergeht, nennt man **Sammellinsen**.	Linsen, die paralleles Licht nach der Brechung in verschiedene auseinanderlaufende Richtungen lenken, nennt man **Zerstreuungslinsen**.
Sammellinsen aus Glas oder Kunststoff sind in der Mitte dicker als am Rand **(Konvexlinsen)**. 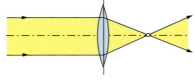	Zerstreuungslinsen aus Glas oder Kunststoff sind in der Mitte dünner als am Rand **(Konkavlinsen)**. 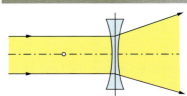

▶ Die Bezeichnungen **Sammellinse** und **Zerstreuungslinse** kennzeichnen die optische Wirkung einer Linse.
Die Bezeichnungen **Konvexlinse** und **Konkavlinse** kennzeichnen nur die äußerlich wahrnehmbare Form.

▶ Fresnel-Linsen gibt es als Sammellinsen und als Zerstreuungslinsen. Großflächige Sammellinsen werden z. B. bei Tageslichtprojektoren genutzt.

Eine besondere Form von Linsen sind **Fresnel-Linsen**. Das sind dünne und leichte Linsen, meist aus Kunststoff, die die gleiche Brechung des Lichts bewirken wie entsprechende dicke Linsen.

Dabei wird die Entdeckung des französischen Physikers AUGUSTIN JEAN FRESNEL (1788–1827) genutzt, dass entscheidend für die Stärke der Brechung des Lichts nicht die Dicke der Linse, sondern ihre Krümmung ist.

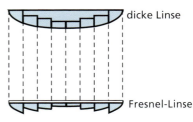

5.3 Brechung des Lichts

Bei vielen optischen Geräten, z. B. Fotoapparaten, Ferngläsern und Mikroskopen, werden **Linsensysteme** genutzt. Ein Linsensystem ist aus mehreren Linsen zusammengesetzt und wirkt entweder wie eine Sammellinse oder wie eine Zerstreuungslinse.

▶ Die ersten Linsensysteme für optische Geräte wurden um 1900 in der Firma Carl Zeiss Jena entwickelt.

Objektiv eines Fotoapparates

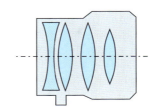

Aufbau eines Linsensystems

Die Verwendung von Linsensystemen statt einfacher Linsen hat vor allem zwei Gründe:
– Mithilfe eines solchen Linsensystems können Abbildungsfehler verringert werden.
– Bei einem Linsensystem ist es möglich, durch Verschieben einer Linse die Brennweite (↗ unten) des Linsensystems zu verändern. Das wird z. B. bei Zoomobjektiven für Fotoapparate oder Videokameras genutzt.

▶ Ein Zoomobjektiv ist ein Linsensystem mit veränderlicher Brennweite. Ein solches Objektiv ermöglicht es, Gegenstände „heranzuholen", also unterschiedlich große Bilder von ihnen zu erhalten.

Trifft Licht auf eine **Linse,** so wird es beim Durchgang an beiden Grenzflächen nach dem Brechungsgesetz gebrochen.

Bei **dünnen Linsen** kann man diese zweifache Brechung (Abb. links) durch eine Brechung an der Linsenebene (Abb. rechts) ersetzen. Das gilt nicht nur für Sammellinsen, sondern auch für Zerstreuungslinsen.

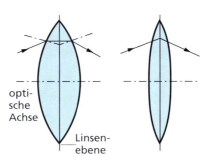

▶ Bei allen nachfolgenden Darstellungen wird vorausgesetzt, dass dünne Linsen vorliegen.

Fällt paralleles Licht auf eine Sammellinse, dann wird das Licht so gebrochen, dass es nach der Brechung in einem Punkt konzentriert wird. Bei intensivem Lichteinfall kann sich an diesem Punkt, in dem das Licht konzentriert wird, ein Gegenstand entzünden. Man nennt diesen Punkt deshalb **Brennpunkt** F.

Der Abstand des Brennpunktes von der Linsenebene wird als **Brennweite** f bezeichnet. Die Brennweite ist bei symmetrischen Linsen an beiden Seiten der Linse gleich groß.

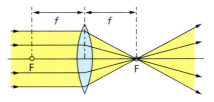

▶ Die Bezeichnung F ist von „focus", der lateinischen Bezeichnung für Brennpunkt, abgeleitet.

Auch wenn paralleles Licht schräg auf eine Sammellinse fällt, wird es in einem Punkt gebündelt. Dieser Punkt liegt in einer Ebene parallel zur Linsenebene, die durch den Brennpunkt verläuft.

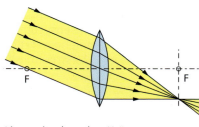

Linsen besitzen unterschiedliche Brennweiten. Die Brennweite einer Linse ist abhängig
- von der Krümmung der Linse,
- vom Material, aus dem die Linse besteht.

Linse mit schwacher Krümmung

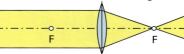

Linse mit starker Krümmung

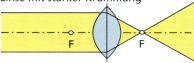

▶ Auch Linsensystemen (↗ S. 275) kann eine Brennweite zugeordnet werden. So beträgt z. B. die Brennweite beim Objektiv einer Digitalkamera meist 25–200 mm. Das menschliche Auge hat eine „hintere" Brennweite von 23 mm.

Bei einer einfachen Sammellinse verlaufen nicht alle gebrochenen Parallelstrahlen durch den Brennpunkt. Dadurch entstehen Abbildungsfehler.

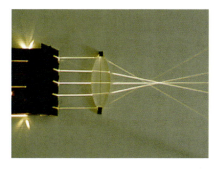
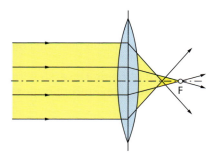

▶ Es gibt sehr unterschiedliche Arten von **Abbildungsfehlern**, z. B. auch Farbfehler. Abbildungsfehler können durch Linsenkombinationen verringert oder beseitigt werden.

Solche Abbildungsfehler können verringert werden, wenn man statt einfacher Linsen Linsensysteme (↗ S. 295) verwendet und nur achsennahe Strahlen zulässt.

5.3.3 Bildentstehung durch Linsen

Mithilfe von Linsen kann man von Gegenständen Bilder erzeugen. Ein solches Bild eines Gegenstands kommt folgendermaßen zustande: Von jedem Punkt P eines Gegenstands geht Licht in unterschiedliche Richtungen aus.
Ein Teil des Lichts trifft auf die Linse, wird dort gebrochen und trifft wieder in einem Punkt P' zusammen. Dies gilt für jeden Punkt des Gegenstands.

Insgesamt entsteht von jedem Gegenstandspunkt P genau ein scharfer Bildpunkt P'.
Die Gesamtheit der Bildpunkte ergibt das Bild des Gegenstands.
Zur zeichnerischen Konstruktion von Bildpunkten an Linsen reicht

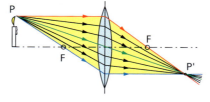

es aus, den Verlauf einiger wichtiger Strahlen zu kennen. Ähnlich wie bei Spiegeln (↗ S. 286) sind das **Parallelstrahlen, Brennpunktstrahlen** und **Mittelpunktstrahlen.**

Parallelstrahlen verlaufen parallel zur optischen Achse der Linse.

Brennpunktstrahlen verlaufen durch einen Brennpunkt der Linse.

Mittelpunktstrahlen verlaufen durch den Mittelpunkt der Linse.

> Wenn diese Strahlen an einer Sammellinse gebrochen werden, so gilt unter der Bedingung dünner Linsen und achsennaher Strahlen:
> - Ein **Parallelstrahl** wird so gebrochen, dass er dann durch den Brennpunkt verläuft.
> - Ein **Brennpunktstrahl** wird so gebrochen, dass er dann parallel zur optischen Achse verläuft.
> - Ein **Mittelpunktstrahl** geht ungebrochen durch eine Sammellinse.

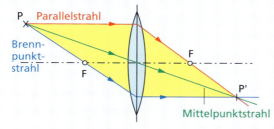

▶ Zur zeichnerischen Konstruktion eines Bildpunkts sind jeweils nur zwei Strahlen erforderlich.

Bei Zerstreuungslinsen gelten für den Verlauf von Parallelstrahlen, Brennpunktstrahlen und Mittelpunktstrahlen die analogen Gesetze.
Zur Unterscheidung von Sammellinsen und Zerstreuungslinsen verwendet man auch folgende Kennzeichnung:
Die Brennweite von +50 mm bedeutet: Es handelt sich um eine Sammellinse mit einer Brennweite

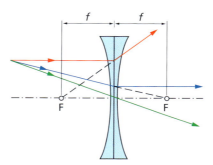

▶ Bei den Brennpunktstrahlen ist bei einer Zerstreuungslinse zu beachten, dass sie sich immer auf den Brennpunkt auf der anderen Seite der Linse beziehen.

von 50 mm. Bei einer Zerstreuungslinse wird die Brennweite als negativer Wert angegeben. Eine Brennweite von −100 mm bedeutet: Es handelt sich um eine Zerstreuungslinse mit 100 mm Brennweite.

Um von einem Gegenstand ein Bild zu konstruieren, zeichnet man die von verschiedenen Gegenstandspunkten ausgehenden Strahlen.
Der Schnittpunkt zweier Strahlen, die von einem Punkt des Gegenstands ausgehen und durch die Linse gebrochen werden, ergibt den betreffenden Bildpunkt.
Aus mehreren Bildpunkten ergibt sich das Bild des Gegenstands.

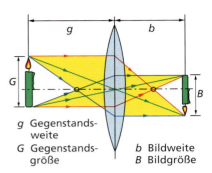

g Gegenstandsweite
G Gegenstandsgröße
b Bildweite
B Bildgröße

In Abhängigkeit von der Brennweite und der Gegenstandsweite der Linse gibt es genau eine Bildweite, bei der ein **scharfes Bild** entsteht. Der Zusammenhang zwischen Brennweite, Gegenstandsweite und Bildweite wird durch die **Abbildungsgleichung** erfasst.

▶ Beachte: Bei Berechnungen ist die Brennweite für eine Sammellinse positiv, die für eine Zerstreuungslinse negativ. Bei virtuellen Bildern (↗ S. 300) muss die Bildweite negativ angegeben werden.

Für die Bildentstehung an dünnen Linsen gilt:

$$\frac{1}{f} = \frac{1}{g} + \frac{1}{b} \quad \text{oder} \quad f = \frac{g \cdot b}{g + b}$$

f Brennweite
g Gegenstandsweite
b Bildweite

Vor und hinter der Bildweite entstehen auch Bilder. Bringt man einen Schirm an diese Stelle, so kann man ein **unscharfes Bild** beobachten.
Die **Bildgröße** ist abhängig von der Größe des Gegenstands und davon, in welcher Entfernung vor der Linse sich der Gegenstand befindet.

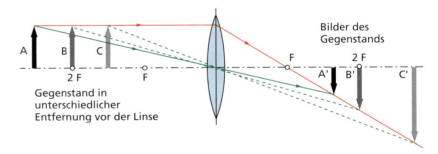

Der Zusammenhang zwischen Gegenstandsgröße, Bildgröße, Gegenstandsweite und Bildweite wird durch die Gleichung für den **Abbildungsmaßstab A** erfasst.

Für den Abbildungsmaßstab an dünnen Linsen gilt:

$$A = \frac{B}{G} = \frac{b}{g}$$

B Bildgröße
G Gegenstandsgröße
b Bildweite
g Gegenstandsweite

■ Mithilfe einer Sammellinse soll eine brennende Kerze auf einem Schirm scharf abgebildet werden. Die Sammellinse hat eine Brennweite von f = 100 mm. Die Kerze befindet sich 180 mm von der Linse entfernt.
In welcher Entfernung von der Linse muss der Schirm aufgestellt werden? Fertige zunächst eine Skizze des Sachverhalts an!

M ↗ S. 57f., 59

Analyse:
Der Sachverhalt wird zunächst skizziert:

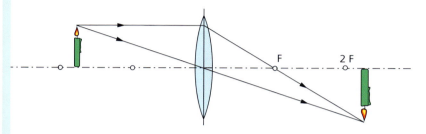

▶ Eine Skizze ist eine vereinfachte Darstellung des Sachverhalts. Bei einer Konstruktion dagegen muss ein Maßstab festgelegt werden.

Zu ermitteln ist die Bildweite. Dafür kann die Abbildungsgleichung (↗ S. 298) genutzt werden, wenn man annimmt, dass es sich um eine dünne Linse handelt. Die Aufgabe kann auch zeichnerisch gelöst werden. Dazu muss ein bestimmter Maßstab gewählt werden, z. B. 100 mm ≙ 5 cm. Eine dritte Möglichkeit besteht darin, im Experiment zu ermitteln, wo sich der Schirm befinden muss.

Gesucht: b
Gegeben: $f = 100$ mm
$g = 180$ mm

Lösung:

$$\frac{1}{f} = \frac{1}{g} + \frac{1}{b} \quad | -\frac{1}{g}$$

$$\frac{1}{b} = \frac{1}{f} - \frac{1}{g}$$

Bildet man rechts den Hauptnenner, so ergibt sich:

$$\frac{1}{b} = \frac{g-f}{f \cdot g} \quad | \cdot b \cdot \frac{f \cdot g}{g-f}$$

$$b = \frac{f \cdot g}{g - f}$$

$$b = \frac{100 \text{ mm} \cdot 180 \text{ mm}}{180 \text{ mm} - 100 \text{ mm}}$$

$$b = \frac{100 \text{ mm} \cdot 180 \text{ mm}}{80 \text{ mm}}$$

$$b = 225 \text{ mm}$$

Ergebnis:
Wenn die Kerze 180 mm vor einer Sammellinse steht, dann muss sich der Schirm 225 mm hinter der Sammellinse befinden, damit auf ihm ein scharfes Bild der Kerze entsteht.

Bilder, die man auf einem Schirm auffangen kann, werden als **wirkliche** oder **reelle Bilder** bezeichnet.

Bilder, die man nicht auf einem Schirm auffangen kann, nennt man **scheinbare** oder **virtuelle Bilder**.

Die Art des Bilds sowie seine Eigenschaften sind davon abhängig, wo sich der Gegenstand vor der Linse befindet. Nachfolgend ist eine Übersicht über Bilder an Sammellinsen für die verschiedenen Gegenstandsweiten gegeben.

Ort des Gegenstands	Bild und Bildkonstruktion	Eigenschaften des Bilds
außerhalb der doppelten Brennweite einer Sammellinse $g > 2f$		– verkleinert – umgekehrt – seitenvertauscht – reell (wirklich)
in der doppelten Brennweite einer Sammellinse $g = 2f$	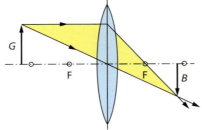	– gleich groß – umgekehrt – seitenvertauscht – reell (wirklich)
zwischen einfacher und doppelter Brennweite einer Sammellinse $2f > g > f$	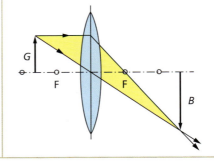	– vergrößert – umgekehrt – seitenvertauscht – reell (wirklich)

Ort des Gegenstands	Bild und Bildkonstruktion	Eigenschaften des Bilds
in der einfachen Brennweite einer Sammellinse $g = f$	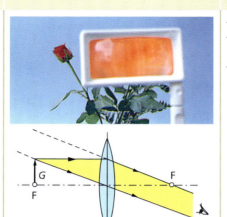	– kein scharfes Bild – gebrochene Strahlen verlaufen parallel – Linse voll mit der Farbe des Gegenstands bedeckt
innerhalb der einfachen Brennweite einer Sammellinse $g < f$	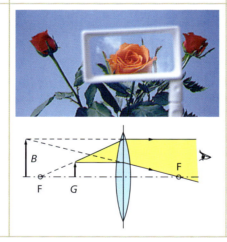	– vergrößert – aufrecht – seitenrichtig – virtuell (scheinbar)

Bei Zerstreuungslinsen entsteht unabhängig von der Gegenstandsweite immer ein verkleinertes und virtuelles (scheinbares) Bild.

Ort des Gegenstandes	Bild und Bildkonstruktion	Eigenschaften des Bilds
beliebig vor einer Zerstreuungslinse	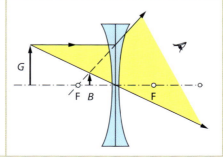	– verkleinert – aufrecht – seitenrichtig – virtuell (scheinbar)

5.4 Optische Geräte

Optische Geräte sind Anordnungen, mit deren Hilfe man Bilder von Gegenständen erzeugen kann. Dabei kann man unterscheiden zwischen Anordnungen ohne Linsen (Lochkamera), mit einem Linsensystem (Auge, Brille, Lupe, Fotoapparat, Diaprojektor) und mit zwei Linsensystemen (Mikroskop, Fernrohr).

Die Lochkamera

▶ Eine Lochkamera kann man sich selbst aus Pappe oder aus einer lichtundurchlässigen Dose bauen. Der Schirm muss lichtdurchlässig sein.

Bilder von Gegenständen können mithilfe von kleinen Öffnungen (Löchern) erzeugt werden. Eine solche Anordnung, die ohne jede Linse auskommt, wird als **Lochkamera** bezeichnet. Genutzt wird dabei die geradlinige Ausbreitung des Lichts.

Durch eine Öffnung (Loch) fällt Licht vom Gegenstand auf einen Schirm.
Auf dem Schirm ist ein Bild des Gegenstands zu beobachten.

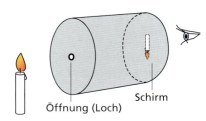

▶ Im 17. und 18. Jahrhundert wurden Lochkameras im „Großformat" genutzt, um Bilder von der Außenwelt zu erzeugen.
Das waren dunkle Kammern mit einer Öffnung in einer Wand.
Man nannte eine solche Anordnung Camera obscura.

Die Entstehung des umgekehrten und seitenvertauschten Bilds kann mithilfe der geradlinigen Ausbreitung des Lichts erklärt werden.

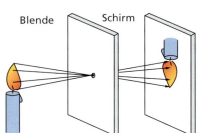

Das Bild, das mit einer Lochkamera erzeugt wird, ist meist unscharf. Je kleiner das Loch bei einer Lochkamera ist, desto schärfer, aber auch desto lichtschwächer ist das Bild.
Auch für eine Lochkamera gilt die Gleichung für den Abbildungsmaßstab, so wie sie für Linsen formuliert wurde (↗ S. 298).

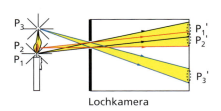

Das menschliche Auge

M ↗ S. 43

Das menschliche Auge ist ein kompliziertes Organ, das aus Muskeln, Fasern, Häuten, Nerven und Blutgefäßen besteht. Es besitzt die wichtigsten optischen Bauteile, um Bilder von Gegenständen zu erzeugen: ein Linsensystem und die Netzhaut als Schirm. Die für die optische Abbildung wichtigsten Teile des Auges sind auf ↗ S. 303 oben dargestellt.

Hornhaut, Augenflüssigkeit, Augenlinse und Glaskörper bilden ein Linsensystem, das wie eine Sammellinse wirkt. Die Brennweite des optischen Systems Auge beträgt normalerweise ca. 23 mm.
Die Netzhaut besitzt zwei Arten von lichtempfindlichen Zellen: die helldunkelempfindlichen Stäbchen und die farbempfindlichen Zapfen.

Gegenstände, die wir betrachten, liegen weit außerhalb der doppelten Brennweite des Auges (46 mm). Damit entsteht auf der Netzhaut immer ein verkleinertes, reelles, umgekehrtes und seitenverkehrtes Bild.

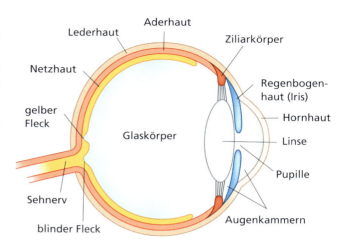

▶ Der Bereich, in dem der Sehnerv austritt, besitzt keine lichtempfindlichen Zellen und wird deshalb blinder Fleck genannt.

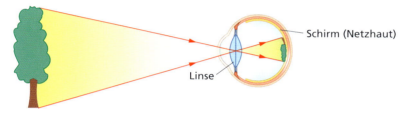

Gegenstände sind unterschiedlich weit von uns entfernt. Damit jeweils ein scharfes Bild auf der Netzhaut entsteht, wird durch ein Muskelsystem die Krümmung der Augenlinse und damit ihre Brennweite stufenlos verändert (Akkomodation). Das geschieht unwillkürlich.

▶ Der Strahlenverlauf beim Auge ist vergleichbar mit dem Strahlenverlauf beim Fotoapparat (↗ S. 307).

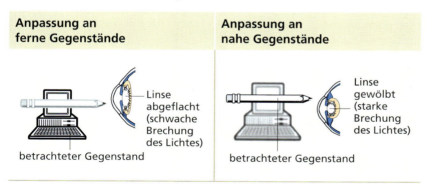

Die kürzeste Entfernung, in der ein Gegenstand ohne Überanstrengung längere Zeit betrachtet werden kann, beträgt beim menschlichen Auge ca. 25 cm. Diese Entfernung heißt **deutliche Sehweite**.
Verringert man die Entfernung eines Gegenstands von den Augen immer mehr, so kommt man schließlich bis zu einem Punkt, bei dem man gerade noch ein scharfes Bild sehen kann. Dieser Punkt heißt **Nahpunkt**. Seine Entfernung vom Auge beträgt bei einem normalsichtigen jungen Menschen etwa 10 cm. Mit zunehmenden Alter bewegt sich dieser Nahpunkt vom Auge weg.

▶ Die Festlegung der deutlichen Sehweite auf 25 cm ergibt sich aus Erfahrungen. Diese deutliche Sehweite ist eine Größe, die auch bei der Formulierung optischer Gesetze mit genutzt wird.

Um die Intensität des einfallenden Lichts zu steuern, besitzt das menschliche Auge eine Blende, die Iris, mit der Pupille als Öffnung.

▶ Die Veränderung der Pupille erfolgt unwillkürlich.

Anpassung an wenig Licht	Anpassung an viel Licht
Pupille ist groß.	Pupille ist klein.

▶ Das bedeutet auch: Personen, die ein und denselben Gegenstand betrachten, können unterschiedliche optische Wahrnehmungen haben.

Das menschliche Sehen funktioniert nur im Zusammenspiel der Augen mit dem Nervensystem. Die Netzhaut ist mit vielen kleinen Nervenzellen besetzt, die die Bilder an das Gehirn zur Verarbeitung weiterleiten. Das Gehirn verarbeitet aufgrund seiner Erfahrungen die umgekehrten und seitenvertauschten Bilder in „richtige" optische Eindrücke.

Dabei tritt eine Besonderheit auf. Wir registrieren einfallendes Licht stets so, als ob es von einem Ausgangspunkt aus *geradlinig in die Augen fällt.* Das gilt auch für Licht, das auf seinem Weg zu den Augen reflektiert oder gebrochen wurde. Deshalb sehen wir auch Bilder an Stellen (z. B. hinter Spiegeln), wo man kein Bild auf einem Schirm auffangen kann.

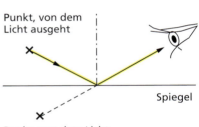

▶ Manche Menschen können bestimmte Farben nicht voneinander unterscheiden. Bei ihnen ist meist die Empfindlichkeit einer der drei Zapfenarten gestört (Farbstörung, Farbblindheit).

Farbiges Sehen kommt zustande, weil es in der Netzhaut drei Arten von farbempfindlichen Zapfen gibt. Sie sind besonders empfindlich für rotes, grünes bzw. blaues Licht. Damit ergibt sich bei farbigem Licht ein Farbeindruck, der sich aus den Grundfarben Rot, Grün und Blau zusammensetzt (↗ S. 323).

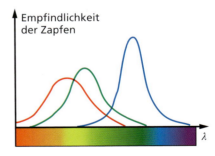

Bei einem normalsichtigen Menschen entsteht auf der Netzhaut ein scharfes Bild von Gegenständen, weil sich das Auge unwillkürlich auf die betreffende Gegenstandsweite einstellt. Ist das Auge dazu nicht oder nicht mehr in der Lage, so spricht man von **Sehfehlern**. Die meisten Sehfehler (↗ S. 305) können durch Brillen oder Kontaktlinsen korrigiert werden. Dazu ist eine gründliche Prüfung des Sehvermögens durch einen Augenarzt oder einen Optiker erforderlich.

Brillen und Kontaktlinsen als Sehhilfen

Bei einer Reihe von Menschen ist die Anpassung des Auges an die unterschiedlichen Entfernungen der Gegenstände gestört. Dieser **Sehfehler** kann angeboren sein oder auch erst mit zunehmendem Alter auftreten.

Bei **normalsichtigen** Menschen geschieht die Anpassung der Linsenkrümmung an die Entfernung des Gegenstandes unwillkürlich und ohne Anstrengung, sodass auf der Netzhaut ein scharfes Bild entsteht (↗ S. 303).

Bei **kurzsichtigen** Menschen ist der Augapfel länger als gewöhnlich. **Kurzsichtige** Menschen können zwar nahe Gegenstände mühelos sehen, aber ferne Gegenstände sehen sie verschwommen, weil ein scharfes Bild vor der Netzhaut entsteht. Mit einer Zerstreuungslinse kann dieser Sehfehler korrigiert werden.

Bei **übersichtigen (weitsichtigen)** Menschen ist der Augapfel kürzer als bei normalsichtigen Menschen. Übersichtige Menschen können zwar ferne Gegenstände mühelos scharf sehen, nahe Gegenstände jedoch nur mit Mühe oder nur unscharf. Mit einer Sammellinse kann dieser Sehfehler korrigiert werden.

Mit zunehmendem Alter kann sich die Augenlinse den verschiedenen Entfernungen nicht mehr ausreichend anpassen. Diese **Alterweitsichtigkeit** kann wie die Übersichtigkeit durch Sammellinsen korrigiert werden.

Sehfehler sind unterschiedlich stark ausgeprägt und müssen durch Linsen unterschiedlicher Brennweite korrigiert werden.
Als Maß für die Stärke von Brillengläsern wird aber meist nicht die Brennweite, sondern der **Brechwert** (die **Brechkraft**) angegeben. Je größer der Sehfehler bezüglich der Entfernungsanpassung ist, desto größer muss der Brechwert der Brillengläser sein.

▶ Die Sehschärfe kann mit einer Sehtafel ermittelt werden.

▶ Brillen waren die ersten optischen Geräte, die von Menschen verwendet wurden. Die ersten Brillen wurden schon im 13. Jahrhundert genutzt.

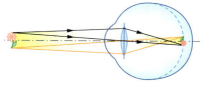

M ↗ S. 42

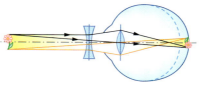

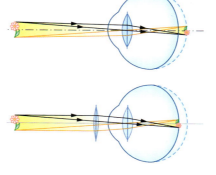

▶ Zur optischen Anpassung an verschiedene Entfernungen verwendet man auch Brillen mit zwei verschiedenen Brennweiten (Bifocalbrillen), mit drei verschiedenen Brennweiten (Trifocalbrillen) oder mit stetig veränderlicher Brennweite (Gleitfocusbrillen).

▶ Statt Brillen werden auch Kontaktlinsen verwendet, die direkt auf die Hornhaut gebracht werden.

> Der Brechwert einer Linse gibt an, wie stark oder schwach der Strahlenverlauf durch die Linse korrigiert wird.
>
> Formelzeichen: D
>
> Einheit: eine Dioptrie (1 dpt)

▶ Der Brechwert des normalsichtigen Auges beträgt etwa 59 dpt.

Es gilt: $1\ \text{dpt} = \frac{1}{m}$

Die meisten Brillengläser haben Brechwerte im Bereich von 0,5 dpt bis 5,0 dpt.

> Der Brechwert D einer Linse kann berechnet werden mit der Gleichung:
>
> $D = \frac{1}{f}$ f Brennweite der Linse in Meter

Beachte: Der Brechwert von Sammellinsen ist positiv, der von Zerstreuungslinsen negativ.

■ Wenn der Augenarzt oder der Optiker feststellt, dass zur Korrektur eines Augenfehlers ein Brillenglas mit −2,0 dpt erforderlich ist, so bedeutet das:
Da ein negativer Wert angegeben ist, handelt es sich um eine Zerstreuungslinse. Es liegt also Kurzsichtigkeit (↗ S. 305) vor.
Ein Brechwert von 2,0 dpt entspricht einer Brennweite von 1/2,0 m = 0,5 m. Das Brillenglas ist also eine Zerstreuungslinse mit einer Brennweite von 50 cm.

Lupen

▶ Eine Lupe vergrößert umso stärker, je kleiner ihre Brennweite ist.

M ↗ S. 42, 43

Eine Lupe dient dazu, Gegenstände vergrößert zu sehen. Dazu wird eine Sammellinse genutzt, die so dicht an den Gegenstand herangeführt wird, dass sich dieser innerhalb der einfachen Brennweite der Linse befindet. Durch die Lupe wird ein virtuelles (scheinbares), aufrechtes und seitenrichtiges Bild des Gegenstands erzeugt, das sich auf derselben Seite wie der Gegenstand, jedoch außerhalb der Brennweite befindet. Dieses scheinbare Bild kann mithilfe des Auges gesehen und auch fotografiert werden. Es ist größer als das Bild des Gegenstands ohne Lupe.
Entscheidend für die Vergrößerung einer Lupe ist, dass mithilfe einer Lupe das Bild des Gegenstands unter einem größeren Winkel gesehen wird als bei Betrachtung des Gegenstands mit bloßem Auge.

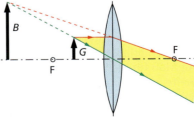

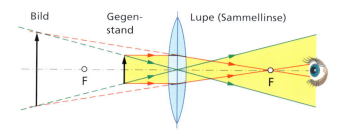

▶ Bei der Betrachtung eines Gegenstands mit einer Lupe wird der Strahlenverlauf sowohl durch die Lupe als auch durch das Auge beeinflusst.

Fotoapparat, Smartphone und Videokamera

Fotoapparate und Videokameras dienen dazu, Bilder von Gegenständen zu erzeugen und diese Bilder auf Film oder in elektronischer Form zu speichern. Smartphones besitzen ebenfalls Kameras.

▶ Viele **Fotoapparate** und alle **Videokameras** verfügen über ein Zoomobjektiv. Das ist ein Objektiv mit veränderlicher Brennweite (↗ S. 295). Damit können Gegenstände, die sich in einer bestimmtem Entfernung befinden, unterschiedlich groß abgebildet werden.

Ⓜ ↗ S. 42, 43

Mithilfe eines **Objektivs** – eines Linsensystems, dass wie eine Sammellinse wirkt – wird von Gegenständen ein Bild erzeugt. Bei Fotoapparaten, Smartphones und Videokameras befinden sich die Gegenstände, die abgebildet werden sollen, in der Regel außerhalb der doppelten Brennweite. Damit entsteht auf dem Film ein verkleinertes, umgekehrtes, seitenvertauschtes und reelles Bild (↗ S. 300). Bei digitalen Fotoapparaten, Smartphones und Videokameras befindet sich anstelle des Films ein lichtempfindliches Halbleiterbauelement (CCD-Chip). Dort werden die Bilder ausgelesen und in einem Speicher oder auf Magnetband gespeichert.
Die Größe des Bilds auf dem Film bzw. auf dem CCD-Chip ist abhängig
– von der Gegenstandsgröße,
– von der Gegenstandsweite,
– von der Brennweite des Objektivs.

▶ CCD ist die Abkürzung für das englische *charge-coupled device* (ladungsgekoppeltes Bauteil). Dieses lichtempfindliche Halbleiterbauteil ist das Kernstück von Digitalkameras und Videokameras.

■ Die normale Brennweite der Objektive von Kleinbildkameras beträgt 50 mm, bei Digitalkameras aufgrund der Bauart weniger. Weitwinkelobjektive haben Brennweiten von 20 mm bis 40 mm, Teleobjektive von 70 mm bis 500 mm. Für spezielle Zwecke werden auch Fotoobjektive mit Brennweiten bis etwa 1 000 mm gebaut.

Diaprojektor

▶ Die Bildgröße kann durch Änderung der Bildweite (Entfernung Objektiv–Schirm) verändert werden.

M ↗ S. 42, 43

Mithilfe eines Diaprojektors sollen von Diapositiven (Dias) wesentlich vergrößerte Bilder auf einem Schirm erzeugt werden.

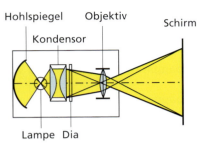

Beim **Diaprojektor** befindet sich das Dia zwischen der einfachen und der doppelten Brennweite des Objektivs. Das auf dem Schirm entstehende Bild ist vergrößert, umgekehrt, seitenvertauscht und reell (↗ S. 300).

Tageslichtprojektor

▶ Die Bildhelligkeit hängt u. a. davon ab, wie viel Licht auf den Schirm fällt, also von der Beleuchtungsstärke des Schirms. Sie hängt auch vom Reflexionsvermögen des Schirms ab.

Ein Tageslichtprojektor dient dazu, von Gegenständen (Projektionsfolien) ein vergrößertes Bild auf einem Schirm zu erzeugen.

Mithilfe des Objektivs und eines Umlenkspiegels wird auf dem Schirm ein vergrößertes, reelles Bild erzeugt.
Der Kondensor sorgt dafür, dass möglichst viel Licht durch den Gegenstand auf das Objektiv fällt.
Als Kondensor wird meist eine Fresnel-Linse (↗ S. 294) aus Plastik verwendet.

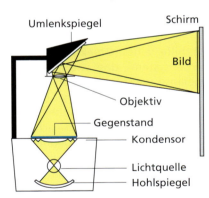

Mikroskop

▶ **Mikroskop** und **Fernrohr** wurden um 1600 durch zufälliges Probieren gefunden. Wer die ersten Konstrukteure waren, ist bis heute umstritten.

Mikroskope sind optische Geräte, mit denen sehr kleine Gegenstände vergrößert werden sollen.
Das nebenstehende Foto zeigt Zellen eines Blattes in 230-facher Vergrößerung. Ein Mikroskop hat zwei Linsensysteme, das Objektiv und das Okular.
Mit dem **Objektiv,** das dem Gegenstand zugewandt ist, wird ein reelles Bild des Gegenstands (Zwischenbild) erzeugt.

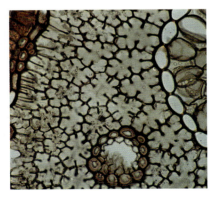

Dieses Zwischenbild wird jedoch nicht mit einem Schirm aufgefangen, sondern von der anderen Seite mit dem Okular betrachtet. Dabei wird von dem reellen Zwischenbild noch einmal ein vergrößertes virtuelles (scheinbares) Bild erzeugt. Das Okular wirkt wie eine Lupe (↗ S. 306).

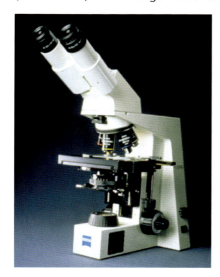
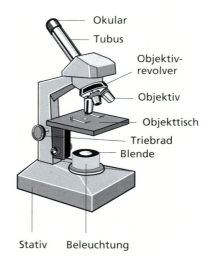

M ↗ S. 42

Die nachfolgende Skizze zeigt den Strahlenverlauf bei einem Mikroskop.

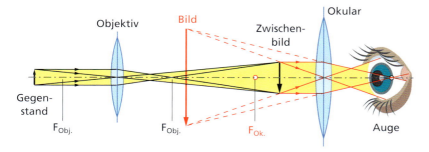

Die **Vergrößerung** eines Mikroskops hängt von den Brennweiten von Objektiv und Okular sowie von der Tubuslänge ab. Erreicht wird mit Lichtmikroskopen eine bis zu 1 000-fache Vergrößerung.

▶ Eine wesentlich höhere Vergrößerung erreicht man mit **Elektronenmikroskopen,** bei denen andere physikalische Gesetze genutzt werden.

Fernrohr und Fernglas

Fernrohre bzw. Ferngläser sind optische Geräte, mit denen weit entfernte Gegenstände „herangeholt" werden sollen.

- Die Bezeichnungen Fernrohr und Fernglas werden nicht immer eindeutig verwendet. Mit Fernrohr meint man meist Geräte, die in der Astronomie genutzt werden. Ferngläser nutzt man zur Beobachtung von Gegenständen bzw. Körpern auf der Erde.

Fernrohre bzw. Ferngläser bestehen aus einem den Gegenständen zugewandten Objektiv und einem den Augen zugewandten Okular.

M ↗ S. 42

Mit dem **Objektiv** wird ein reelles Bild des weit entfernten Gegenstands (Zwischenbild) erzeugt. Dieses Zwischenbild wird mit dem Okular betrachtet, wobei das **Okular** wie eine Lupe (↗ S. 306) wirkt.

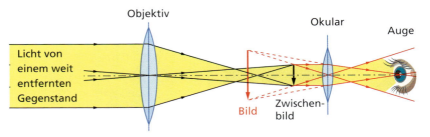

Fernrohre und Ferngläser gibt es in sehr unterschiedlichen Bauformen, wobei zwei Grundformen zu unterscheiden sind.

▸ Der Vorschlag, ein Fernrohr aus zwei Sammellinsen zu bauen, geht auf den Astronomen JOHANNES KEPLER (1571–1630) zurück. Ihm zu Ehren werden solche Fernrohre auch keplersche Fernrohre genannt.

Astronomisches Fernrohr	Fernglas

Es entsteht ein umgekehrtes, vergrößertes, seitenvertauschtes Bild.	Es entsteht ein aufrechtes, vergrößertes, seitenrichtiges Bild.

▸ Bei einem Fernrohr ist in der Regel das Bild kleiner als der Gegenstand. Wir sehen das Bild aber unter einem größeren Winkel und damit vergrößert.

Die **Vergrößerung** eines Fernrohrs hängt von den Brennweiten des Objektivs und des Okulars ab.
Entscheidend für die Vergrößerung eines optischen Geräts ist der Winkel, unter dem wir das Bild im Vergleich zur Betrachtung des Gegenstands ohne optisches Gerät sehen.

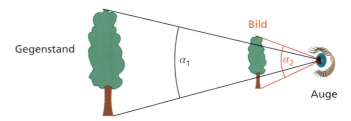

▸ Bei einem Fernglas bedeutet z. B. die Angabe 8 × 40: Das Fernglas hat eine achtfache Vergrößerung. Der Durchmesser des Objektivs beträgt 40 mm.

Eine Vergrößerung bedeutet immer, dass wir das Bild unter einem größeren Winkel sehen als den Gegenstand ohne optisches Gerät.

■ Ferngläser haben meist eine 6-fache bis 12-fache Vergrößerung. Wichtig für die Qualität eines Fernrohrs ist auch der Objektivdurchmesser, der meist in Millimetern angegeben wird.

Strahlenoptik

Licht breitet sich von einer Lichtquelle geradlinig und mit Lichtgeschwindigkeit aus, in Luft mit etwa 300 000 km/s.

Trifft Licht auf Körper, so wird es teilweise reflektiert (zurückgeworfen), teilweise absorbiert (aufgenommen) und teilweise hindurchgelassen und dabei gebrochen.

Reflexion
Licht wird an einer Grenzfläche reflektiert (zurückgeworfen).

Brechung
Licht verändert beim Durchgang durch eine Grenzfläche seine Richtung.

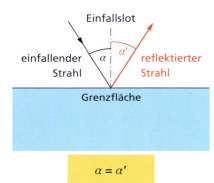

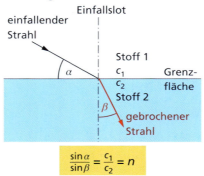

$$\alpha = \alpha'$$

$$\frac{\sin\alpha}{\sin\beta} = \frac{c_1}{c_2} = n$$

Zur Konstruktion des Bilds eines Gegenstands an einer Linse können **Parallelstrahlen**, **Mittelpunktstrahlen** und **Brennpunktstrahlen** genutzt werden.

Dünne Sammellinse

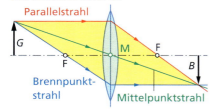

Größe, Lage und Art des Bilds hängen von der Gegenstandsweite (Entfernung Gegenstand–Linse) und von der Brennweite der Linse ab.

Für den Zusammenhang zwischen Gegenstandsgröße G, Bildgröße B, Gegenstandsweite g, Bildweite b und Brennweite f gelten:

$$A = \frac{B}{G} = \frac{b}{g}$$

$$\frac{1}{f} = \frac{1}{g} + \frac{1}{b} \quad \text{oder} \quad f = \frac{g \cdot b}{g + b}$$

Spiegel und Linsen werden bei optischen Geräten genutzt. Auch die Bildentstehung im Auge kann mit den Gesetzen der Optik erklärt werden.

5.5 Welleneigenschaften des Lichts

Licht als elektromagnetische Welle

Viele optische Erscheinungen, wie Beugung und Interferenz, lassen sich nur erklären, wenn man annimmt, dass sich Licht wie eine Welle ausbreitet. Die Ausbreitung des Lichts wird dabei mit dem **Wellenmodell** beschrieben. Diese Beschreibung kann analog zu den mechanischen Wellen erfolgen (↗ S. 140 f.).

Die sich periodisch ändernden Größen einer Lichtwelle sind die Stärke des elektrischen Felds und die Stärke des magnetischen Felds.

▶ Licht besteht nicht aus einer einzigen fortlaufenden Welle, sondern aus einzelnen Wellenzügen, die meist eine unterschiedliche Frequenz, verschiedene Amplituden und eine unterschiedliche Ausrichtung im Raum haben.

> Licht hat Welleneigenschaften. Lichtwellen sind elektromagnetische Wellen, die Energie, jedoch keinen Stoff transportieren. Sie können sich in Stoffen, aber auch im luftleeren Raum (Vakuum) ausbreiten.

Lichtwellen besitzen ebenso wie mechanische Wellen und hertzsche Wellen eine **Frequenz** f (↗ S. 135) und eine **Wellenlänge** λ (↗ S. 140). Sie breiten sich mit der **Lichtgeschwindigkeit** c (↗ S. 277) aus.

> Für die Ausbreitung von Licht gilt:
>
> $c = \lambda \cdot f$
>
> c Ausbreitungsgeschwindigkeit
> λ Wellenlänge
> f Frequenz

Beachte:
Die Frequenz von Licht ist in allen Stoffen gleich. Sie ändert sich auch nicht, wenn Licht von einem Stoff in einen anderen übergeht. Dagegen sind die Lichtgeschwindigkeit und damit die Wellenlänge abhängig vom Stoff, in dem sich das Licht ausbreitet.

■ Blaues Licht mit einer Frequenz von $f = 6{,}5 \cdot 10^{14}$ Hz tritt von Luft in Wasser über.
Wie groß ist die Wellenlänge dieses Lichts in Luft und in Wasser?

Analyse:
Beim Übergang von Luft in Wasser ändert sich die Frequenz nicht, die Wellenlänge aber ändert sich wegen der unterschiedlichen Ausbreitungsgeschwindigkeit von Licht in Luft und Wasser.
Die Wellenlänge kann berechnet werden, wenn neben der Frequenz die Lichtgeschwindigkeit im betreffenden Stoff bekannt ist. Diese kann Tabellen entnommen werden. Für Luft kann man mit 300 000 km/s rechnen, für Wasser mit 225 000 km/s.

5.5 Welleneigenschaften des Lichts

Gesucht: λ_L, λ_W
Gegeben: $f = 6{,}5 \cdot 10^{14}$ Hz
$c_L = 300\,000$ km/s $= 3{,}00 \cdot 10^8$ m/s
$c_W = 225\,000$ km/s $= 2{,}25 \cdot 10^8$ m/s

M ↗ S. 57 f.

Lösung:

$$c = \lambda \cdot f \qquad | \; : f$$

$$\lambda = \frac{c}{f}$$

$$\lambda_L = \frac{3{,}00 \cdot 10^8 \text{ m} \cdot \text{s}}{6{,}5 \cdot 10^{14} \text{ s}}$$

$$\lambda_L = 4{,}6 \cdot 10^{-7} \text{ m}$$

$$\underline{\lambda_L = 460 \text{ nm}}$$

$$\lambda_W = \frac{2{,}25 \cdot 10^8 \text{ m} \cdot \text{s}}{6{,}5 \cdot 10^{14} \text{ s}}$$

$$\lambda_W = 3{,}5 \cdot 10^{-7} \text{ m}$$

$$\underline{\lambda_W = 350 \text{ nm}}$$

▶ Achte bei Berechnungen auf eine sinnvolle Genauigkeit! Das Ergebnis kann nicht genauer sein als die Ausgangswerte.

Ergebnis:
Blaues Licht mit einer Frequenz von $6{,}5 \cdot 10^{14}$ Hz hat in Luft eine Wellenlänge von 460 nm und in Wasser eine Wellenlänge von 350 nm.

Die Frequenz bzw. die Wellenlänge des Lichts bestimmen die **Farbe** des sichtbaren Lichts. Das Spektrum des sichtbaren Lichts reicht von Rot bis Violett. Außerhalb des Spektrums sichtbaren Lichts gibt es unsichtbares Licht, das man **infrarotes** bzw. **ultraviolettes Licht** nennt.

Infrarotes Licht hat eine kleinere Frequenz und damit eine größere Wellenlänge als sichtbares Licht. Ultraviolettes Licht hat dagegen eine größere Frequenz und damit eine kleinere Wellenlänge als sichtbares Licht.

Häufig setzt sich sichtbares Licht aus Lichtwellen verschiedener Frequenzen zusammen. Weißes Licht besteht z. B. aus sichtbarem Licht aller Frequenzen bzw. Farben (↗ Abbildung S. 314 oben).

▶ Andere Lebewesen haben z. T. andere „Sehbereiche" als der Mensch. So sehen Schmetterlinge z. B. kein rotes Licht. Tiefseefische nehmen nur blaues Licht wahr.

Art des Lichts	Frequenz f in Hz	Wellenlänge λ (in Luft) in nm
infrarotes Licht	$0{,}1\text{–}3{,}8 \cdot 10^{14}$	30 000–780
rotes Licht	$3{,}8\text{–}4{,}8 \cdot 10^{14}$	780–620
oranges Licht	$4{,}8\text{–}5{,}0 \cdot 10^{14}$	620–600
gelbes Licht	$5{,}0\text{–}5{,}3 \cdot 10^{14}$	600–570
grünes Licht	$5{,}3\text{–}6{,}1 \cdot 10^{14}$	570–490
blaues Licht	$6{,}1\text{–}7{,}0 \cdot 10^{14}$	490–430
violettes Licht	$7{,}0\text{–}7{,}7 \cdot 10^{14}$	430–390
ultraviolettes Licht	$7{,}7\text{–}300 \cdot 10^{14}$	390–10

▶ Die angegebenen Wellenlängen beziehen sich auf Luft.

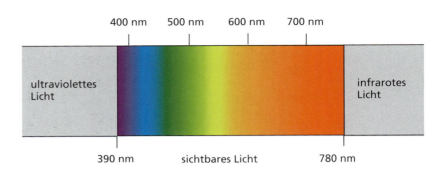

Vergleich von Schallwellen und Lichtwellen

M ↗ S. 45

Schallwellen	Lichtwellen
Schallwellen sind mechanische Wellen.	Lichtwellen sind elektromagnetische Wellen.
Schallwellen benötigen einen Schallträger zu ihrer Ausbreitung. Im Vakuum können sie sich nicht ausbreiten.	Lichtwellen benötigen keinen Träger zu ihrer Ausbreitung. Sie breiten sich sowohl in Stoffen als auch im Vakuum aus.
Schallwellen können reflektiert, gebrochen und gebeugt werden.	Lichtwellen können reflektiert, gebrochen und gebeugt werden.
Die Frequenz des Schalls bestimmt die Tonhöhe. Schall mit einer Frequenz ergibt einen reinen Ton.	Die Frequenz des Lichts bestimmt die Farbe. Licht mit einer Frequenz ergibt eine reine Spektralfarbe.
Die Amplitude des Schalls bestimmt die Lautstärke des Tones.	Die Amplitude des Lichts bestimmt die Intensität des Lichts.

Laserlicht

▶ Laser ist eine Abkürzung für das englische light amplification by stimulated emission of radiation.

Mithilfe von Lasern wird ein spezielles Licht erzeugt, dessen Wellenlänge im sichtbaren oder im nicht sichtbaren Bereich liegen kann. Laserlicht hat einige besondere Eigenschaften:
– Es ist einfarbig und hat nur eine Frequenz.
– Es ist eine sehr energiereiche und damit intensive Strahlung.
– Es wird in einem sehr schmalen, nahezu parallelen Lichtbündel ausgestrahlt.

Die Beugung des Lichts

Trifft Licht auf einen sehr schmalen Spalt oder eine Kante, so breitet es sich hinter dem Spalt bzw. der Kante nach allen Richtungen, auch in die Schattenräume hinein, aus. Die Lichtwellen werden um die Ränder des Spalts bzw. der Kante „herumgebogen" (gebeugt).

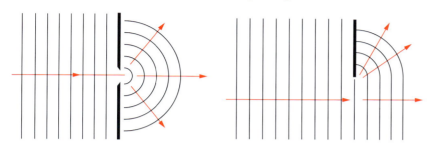

▶ Beugung des Lichts an einem schmalen Spalt, einer Kante oder auch an einem dünnen Draht ist nur in gut abgedunkelten Räumen beobachtbar.

> Als Beugung des Lichts bezeichnet man die allseitige Ausbreitung des Lichts hinter Kanten, schmalen Spalten und kleineren Hindernissen auch in die Schattenräume hinein.

Die Intensität dieses gebeugten Lichts ist häufig so gering, dass man es nicht wahrnimmt.

Die Interferenz des Lichts

Lichtwellen, die von derselben Lichtquelle stammen, können sich überlagern. Diese Überlagerung von Lichtwellen nennt man **Interferenz**. Dabei kommt es an verschiedenen Stellen zu einer Verstärkung bzw. Auslöschung des Lichts, den typischen Interferenzerscheinungen.

▶ Beugung und Interferenz sind wellentypische Erscheinungen. Da sie bei Licht auftreten, kann man folgern: Licht hat Welleneigenschaften.

> Unter Interferenz des Lichts versteht man die Überlagerung von Lichtwellen mit Bereichen der Verstärkung (Interferenzstreifen) und der Auslöschung bzw. Abschwächung.

Fällt z. B. einfarbiges (rotes) Licht auf einen Doppelspalt, so gehen von jedem der Spalte Lichtwellen aus, die sich überlagern. Auf einem Schirm zeigen sich Stellen der Verstärkung als helle farbige (rote) Linien oder Streifen.
Verwendet man Licht anderer Farbe und anderer Wellenlänge, so erscheinen die hellen Interferenzstreifen an anderen Stellen des Schirms (↗ S. 316).

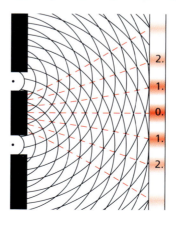

▶ Die ersten Experimente zur Interferenz wurden von dem englischen Physiker und Mediziner **THOMAS YOUNG** (1773–1829) durchgeführt.

M ↗ S. 38

Die Interferenzstreifen sind umso schmaler, je mehr Spalte man hat. Eine Anordnung mit sehr vielen Spalten wird als **optisches Gitter** bezeichnet. Ein solches Gitter wird hergestellt, indem man in eine Glasplatte oder in eine spiegelnde Metallplatte mit einem Diamanten in gleichen Abständen feine Furchen einritzt. Die nicht geritzten Teile wirken wie schmale Spalte. Unterschieden werden zwei Arten von Gittern.

▶ Die ersten optischen Gitter entwickelte JOSEPH VON FRAUNHOFER (1787–1826). FRAUNHOFER entdeckte auch dunkle Linien in Sonnenspektren, die man heute als fraunhofersche Linien bezeichnet (↗ S. 321).

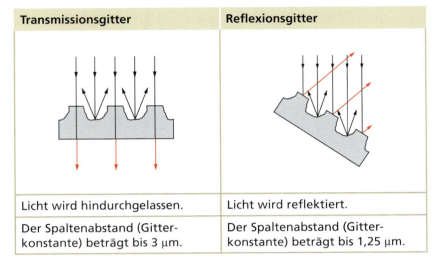

Transmissionsgitter	Reflexionsgitter
Licht wird hindurchgelassen.	Licht wird reflektiert.
Der Spaltenabstand (Gitterkonstante) beträgt bis 3 µm.	Der Spaltenabstand (Gitterkonstante) beträgt bis 1,25 µm.

Interferenz von Licht kann durch Reflexion, Brechung oder Beugung des Lichts einer Lichtquelle hervorgerufen werden.
Bei sonst gleichen Bedingungen ist der Abstand der Interferenzstreifen abhängig von der Farbe und damit von der Wellenlänge des Lichts.

Rotes Licht hat eine etwa doppelt so große Wellenlänge wie blaues Licht. Führt man für blaues Licht eine solche Konstruktion wie auf ↗ S. 315 durch, so zeigt sich:
Bei blauem Licht ist der Abstand der Interferenzstreifen kleiner als bei rotem Licht.
Bei Verwendung von weißem Licht entstehen farbige Streifen (Beugungsspektren), so wie das in der nebenstehenden Skizze dargestellt ist.

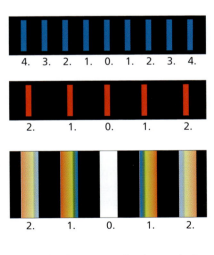

■ Der Zusammenhang zwischen Lichtwellenlänge und Abstand der Interferenzstreifen kann zur Bestimmung der Wellenlänge genutzt werden (↗ S. 317). Für genauere Messungen empfiehlt sich die Verwendung hochwertiger Gitter (kleine Gitterkonstante) und einfarbigen Lichts.

Allgemein gilt für den Zusammenhang zwischen dem Abstand der Interferenzstreifen und der Lichtwellenlänge:

▶ Dieser Zusammenhang gilt bei ansonsten gleichen Bedingungen.

> Je größer die Wellenlänge des Lichts ist, desto größer ist der Abstand zwischen den Interferenzstreifen.

Die Interferenz an Gittern kann genutzt werden, um die Wellenlänge von Licht zu bestimmen.

> Für die Wellenlänge λ von Licht gilt die Beziehung:
>
> $\lambda = \frac{s}{e} \cdot b$
>
> s halber Abstand der Interferenzstreifen 1. Ordnung
> e Abstand Gitter–Schirm
> b Abstand der Spalte des Gitters voneinander (Gitterkonstante)

Strahlenoptik und Wellenoptik

An breiten Spalten und großen Öffnungen, wie man sie bei vielen optischen Instrumenten findet, spielen Beugung und Interferenz keine Rolle. Es tritt zwar auch Beugung auf, das gebeugte Licht ist aber wegen seiner geringen Intensität nicht sichtbar. Die Lichtausbreitung kann mit dem Modell **Lichtstrahl** beschrieben werden. Den Bereich der Optik, in dem man optische Erscheinungen mit dem Modell Lichtstrahl beschreiben kann, bezeichnet man als **Strahlenoptik**.
Bei engen Spalten und sehr kleinen Öffnungen sind Beugung und Interferenz die charakteristischen Erscheinungen. Beugung und Interferenz lassen sich nicht mit dem Modell Lichtstrahl, sondern nur mit dem Modell **Lichtwelle** beschrieben und erklären. Den Bereich der Optik, in dem man optische Erscheinungen mit dem Modell Lichtwelle beschreiben muss, bezeichnet man als **Wellenoptik**. Eine typische wellenoptische Erscheinung ist die Interferenz.

▶ Lichtstrahl (↗ S. 277) und Lichtwelle (↗ S. 312) sind Modelle zur Beschreibung der Erscheinung Licht. Jedes Modell beschreibt nur einen Teil der Wirklichkeit.

M ↗ S. 29

Strahlenoptik	**Wellenoptik**
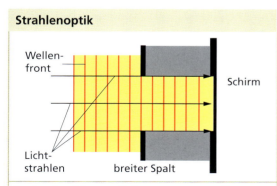	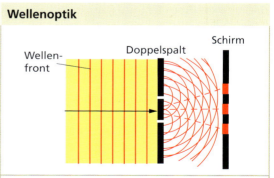
In der Strahlenoptik kann man z. B. die Schattenbildung an einem breiten Spalt beschreiben und erklären.	In der Wellenoptik kann man z. B. Beugungserscheinungen an einem Doppelspalt und Interferenz erklären.

5.6 Licht und Farben

5.6.1 Dispersion von Licht

Farbzerlegung durch Prismen und Gitter

Wird weißes Licht auf ein Prisma gelenkt, so entsteht hinter dem Prisma ein prächtiges Farbband mit einer Reihe von charakteristischen Farben.
Ein solches Farbband nennt man **kontinuierliches Spektrum**. Die charakteristischen Farben werden als **Spektralfarben** bezeichnet.

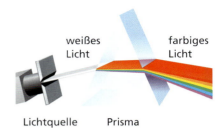

▶ Eine Übersicht über die Frequenzen und Wellenlängen der Spektralfarben ist auf ↗ S. 313 f. gegeben.

> Die Auffächerung von weißem Licht in Licht unterschiedlicher Farben wird als Farbzerlegung oder Dispersion bezeichnet.
> Weißes Licht besteht aus den Spektralfarben Rot, Orange, Gelb, Grün, Blau und Violett.

Die Dispersion des Lichts durch Brechung an einem Prisma entsteht dadurch, dass das Licht unterschiedlicher Frequenz bzw. Farbe beim Übergang in ein anderes Medium seine Lichtgeschwindigkeit unterschiedlich ändert. Dadurch wird das Licht verschiedener Farben unterschiedlich stark gebrochen.

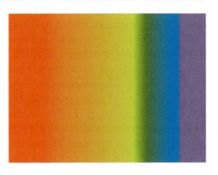

▶ Blaues Licht (kleine Wellenlänge) wird stärker gebrochen als rotes Licht (große Wellenlänge).

> Je kleiner die Wellenlänge des Lichts ist, umso stärker wird es gebrochen.

Für Spektralfarben gilt:

> Licht einer Spektralfarbe ist nicht weiter zerlegbar. Die Mischung aller Spektralfarben ergibt wieder weißes Licht.

▶ Bei Verwendung von einfarbigem Licht erhält man Interferenzstreifen in der Farbe des verwendeten Lichts (↗ S. 316).

Eine Dispersion weißen Lichts erhält man auch, wenn weißes Licht durch ein Gitter gelenkt wird. Dabei entstehen durch Interferenz mehrere Streifen eines kontinuierlichen Spektrums. Da das Spektrum durch Beugung entsteht, spricht man von **Beugungsspektren**.

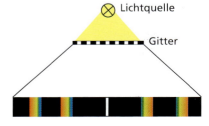

5.6 Licht und Farben   319

Die Dispersion an einem Gitter hat ihre Ursache in der Abhängigkeit der Lage der Interferenzstreifen von der Farbe bzw. Wellenlänge des Lichts (↗ S. 316).

Der Regenbogen

Einen Regenbogen sieht man nur dann, wenn man die Sonne im Rücken hat und auf die abziehenden Regenwolken Sonnenlicht trifft. Die Farbfolge ist immer die gleiche.

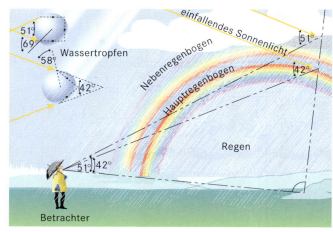

Die Ursache für das Entstehen eines Regenbogens ist die Dispersion des Lichts durch Brechung.
Trifft weißes Sonnenlicht auf Regentropfen, so wird es beim Übergang Luft–Wasser und Wasser–Luft gebrochen. Darüber hinaus tritt im Regentropfen Totalreflexion auf. Diese Dispersion des weißen Lichts in die Spektralfarben tritt in jedem Regentropfen auf.
Da die Brechungswinkel des austretenden Lichts für die einzelnen Spektralfarben unterschiedlich sind, gelangt nur jeweils ein Teil des gebrochenen Lichts in das Auge des Betrachters. Deshalb sieht er den Regenbogen aus einzelnen Spektralfarben zusammengesetzt. Die Summe aller Eindrücke des von vielen Regentropfen gebrochenen und reflektierten Lichts ergibt den Regenbogen. Manchmal sieht man über dem Regenbogen noch einen zweiten, den Nebenregenbogen. Er entsteht durch zweifache Reflexion des Lichts in Regentropfen.

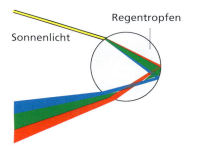

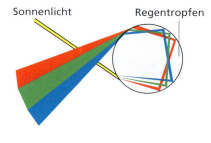

M ↗ S. 42

▶ Die Farbfolge in einem Nebenregenbogen ist im Vergleich zu der im Hauptregenbogen umgekehrt.

■ Regenbogenähnliche Erscheinungen kann man manchmal auch bei Fontänen oder den Wasserstrahlen von Rasensprengern beobachten. Genau wie ein Regenbogen sind sie nur beobachtbar, wenn man die Sonne im Rücken hat. Sie entstehen genauso wie ein Regenbogen.

5.6.2 Spektren und Spektralanalyse

Kontinuierliche Spektren und Linienspektren

Zerlegt man das Licht, das von Lichtquellen ausgeht, mithilfe eines Prismas oder eines Gitters, so erhält man unterschiedliche Spektren.
Das Licht von glühenden festen und flüssigen Körpern sowie von Gasen unter hohem Druck erzeugt bei einer spektralen Zerlegung ein **kontinuierliches Spektrum**.

▶ λ bedeutet die Wellenlänge des Lichts.

Ein kontinuierliches Spektrum enthält alle Spektralfarben (↗ S. 318).

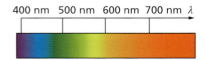

Das Licht von leuchtenden Gasen unter niedrigem Druck erzeugt bei einer spektralen Zerlegung ein **Linienspektrum**. Die Anzahl und die Lage der Spektrallinien ist charakteristisch für den jeweiligen Stoff.

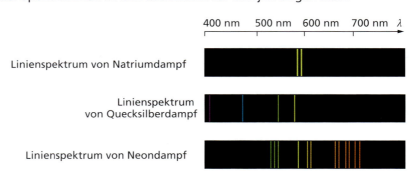

Wenn jedes Element ein ganz charakteristisches Linienspektrum aussendet, dann kann man auch umgekehrt folgern: Wenn im Spektrum einer Lichtquelle ein bestimmtes Linienspektrum beobachtet wird, dann ist in der Lichtquelle das Element vorhanden, das dieses Linienspektrum aussendet. Das ist das Wesen der **Spektralanalyse**.

▶ Die **Spektralanalyse** als wissenschaftliche Untersuchungsmethode wurde von dem deutschen Physiker GUSTAV ROBERT KIRCHHOFF (1824–1887) und dem Chemiker ROBERT WILHELM BUNSEN (1811–1899) um 1860 entwickelt.

Zur Durchführung einer Spektralanalyse wird ein Spektralapparat (Spektroskop) genutzt (↗ Foto rechts).
Um eine Stoffprobe zu untersuchen, muss man sie zunächst zum Leuchten bringen, z. B. in einer Flamme. Das Spektrum wird beobachtet und ausgemessen.
Durch Vergleich des aufgenommenen Spektrums mit Linienspektren bekannter Elemente kann man herausfinden, welche Elemente in der Stoffprobe vertreten sind.

Emissions- und Absorptionsspektren

Spektren, die allein durch das ausgesandte (emittierte) Licht von Lichtquellen entstehen, nennt man **Emissionsspektren.** Die auf S. 320 dargestellten Spektren sind solche Emissionsspektren.

Bestrahlt man einen Körper mit weißem Licht und zerlegt man das hindurchgelassene Licht, so erhält man ein **Absorptionsspektrum.** Ein solches Absorptionsspektrum bekommt man z. B. bei Nutzung von Farbfiltern.

▶ Farbfilter werden z. B. in der Fotografie genutzt. So lässt z. B. ein Blaufilter den kurzwelligen Teil des Spektrums (blaues Licht) besonders gut hindurch, während der langwellige Teil (rotes Licht) abgeschwächt wird.

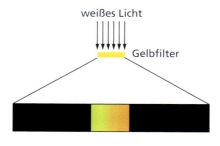

Ein Absorptionsspektrum kann Teil eines kontinuierlichen Spektrums sein. Das ist bei Farbfiltern der Fall.
Es kann aber auch aus dunklen Linien vor dem Hintergrund eines kontinuierlichen Spektrums bestehen, so wie es die Abbildung zeigt.

▶ Da die dunklen Linien für ein solches Spektrum charakteristisch sind, spricht man auch von einem **Absorptions-Linienspektrum.**

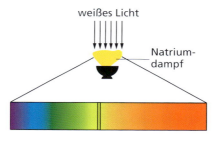

Das ist z. B. der Fall, wenn weißes Licht das Gas eines Stoffs durchdringt. Das durchstrahlte Gas absorbiert (verschluckt) aus dem auftreffenden Licht genau die Teile des Spektrums, die es selbst beim Leuchten oder Glühen aussenden würde. Diese Teile bleiben im Absorptionsspektrum schwarz.

Untersucht man das Spektrum des Sonnenlichts genauer, dann stellt man fest, dass dort eine Vielzahl von schwarzen Linien auftritt, die man **fraunhofersche Linien** nennt.

Die fraunhoferschen Linien entstehen dadurch, dass das weiße Licht aus dem Sonneninnern Gase an der Sonnenoberfläche durchdringt und dabei Teile des Spektrums absorbiert werden.

▶ Die dunklen Linien im Sonnenspektrum wurden von **JOSEPH VON FRAUNHOFER** (1787–1826) im Jahre 1814 entdeckt.

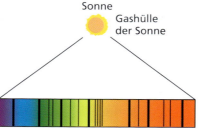

▶ Unsere Kenntnisse über den Aufbau der Sonne und anderer Sterne resultieren u. a. aus der Untersuchung des Sternenlichts. Licht ist somit auch ein wichtiger Informationsträger.

Auch im Spektrum von Sternen findet man Absorptionslinien. Dadurch, dass jeder Stoff bzw. jedes chemische Element ein ganz charakteristisches Spektrum erzeugt, kann man sowohl Emissions- als auch Absorptionsspektren nutzen, um zu untersuchen, welche Stoffe und Elemente an der Lichtaussendung bzw. Durchleuchtung beteiligt sind (Spektralanalyse, ↗ S. 320).

5.6.3 Mischung von farbigem Licht und Körperfarben

Komplementärfarben

In unserer Umgebung gibt es nicht nur Lichtquellen, die verschiedenfarbiges Licht aussenden. Auch Körper reflektieren meist nur Teile des Lichts, das auf sie fällt. Es kommt damit ständig zu einer Mischung verschiedenfarbigen Lichts.
Das ist nicht nur für die optische Wahrnehmung von Gegenständen unserer Umgebung von Bedeutung, sondern spielt auch in Natur und Technik eine wichtige Rolle.

■ So hat z. B. das Licht, das von der Sonne bis zum Erdboden gelangt, eine sehr unterschiedliche Zusammensetzung. Sie hängt u. a. ab von der Reinheit der Atmosphäre, vom Grad der Bewölkung und von der Tageszeit. Das sollte man z. B. beim Fotografieren berücksichtigen.

Vereinigt man alle Farben eines kontinuierlichen Spektrums mithilfe einer Linse oder eines Prismas, erhält man wieder weißes Licht. Die Summe aller Spektralfarben ergibt also weißes Licht.

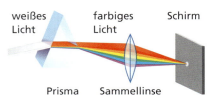

▶ Das Wort „komplementär" bedeutet „ergänzend". Die Bezeichnung wurde gewählt, weil sich Komplementärfarben zu Weiß ergänzen.

Blendet man einzelne Farben bzw. Frequenzen aus dem Spektrum aus und vereinigt das restliche Licht, so erhält man eine andere Mischfarbe. Solche Paare von ausgeblendeter Farbe und Mischfarbe des restlichen Spektrums nennt man **Komplementärfarben**.

In der nachfolgenden Übersicht sind die Komplementärfarben in den Zeilen angeordnet.

▶ Man kann auch einzelne Farben vereinigen und erhält eine neue Mischfarbe. Welche Farbe bei der Mischung entsteht, ist davon abhängig, welche Farben gemischt werden und wie diese gemischt werden.

Ausgeblendete Spektralfarbe	Mischfarbe des restlichen Spektrums
Rot	hellblau
Orange	blau
Gelb	violett
Grün	magenta
Blau	orange
Violett	grün

Die additive Farbmischung

Die Farben, die wir mit unseren Augen wahrnehmen, können in unterschiedlicher Weise zustande kommen. Die Übersicht unten zeigt verschiedene Möglichkeiten, wie der Farbeindruck „weiß" entstehen kann.
Projiziert man Licht unterschiedlicher Farben auf einen Schirm, so erhält man im Überlagerungsbereich Mischfarben. Da sich dabei die verschiedenen Farben überlagern (addieren), bezeichnet man diese Art der Mischung von Licht unterschiedlicher Farbe als **additive Farbmischung**.
Mit den drei Grundfarben Rot, Grün und Blau kann man durch additive Mischung alle anderen Farben erhalten. Die Gesamtheit dieser Farben wird nach den drei Grundfarben auch als RGB-Farben oder als RGB-Farbraum bezeichnet.

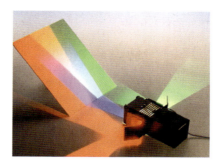

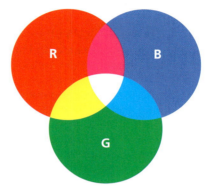

Eine Lichtquelle oder ein Gegenstandspunkt sendet gleichzeitig verschiedenfarbiges Licht aus, das zusammen auf die gleiche Stelle der Netzhaut fällt.	Beispiel: Das Licht einer Energiesparlampe sendet gleichzeitig rotes, grünes und blaues Licht aus.	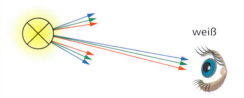
Das Licht von drei verschiedenfarbigen Lichtquellen wird vom gleichen Gegenstandspunkt ins Auge gestreut.	Beispiel: Der Physiklehrer lenkt aus drei Lampen blaues, grünes und rotes Licht an die gleiche Stelle einer weißen Wand.	
Drei Lichtquellen liegen so dicht beisammen, dass sie vom Auge nicht getrennt werden können. Ihr Licht gelangt auf dieselbe Stelle der Netzhaut.	Beispiel: Ein Bildschirm besteht aus kleinen, sehr eng liegenden Bereichen, die rot, grün oder blau leuchten können. Wenn alle drei Sorten gleich hell leuchten, sieht man Weiß.	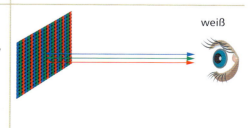

324 5 Optik

M ↗ S. 44

▶ Farbmischungen kann man am Computer mithilfe eines Zeichenprogramms selbst ausprobieren.

Die Mischfarbe, die wir bei der additiven Farbmischung sehen, kann man auch mithilfe einer **Farbtafel** vorhersagen.
Eine solche Farbtafel enthält auf dem Rand die Spektralfarben in einer bestimmten Anordnung. Dazwischen befinden sich Mischfarben. Zur Mitte der Farbtafel hin werden die Mischfarben immer blasser. Der Schwerpunkt S des Dreiecks RGB liegt im weißen Bereich der Farbtafel (↗ Skizze rechts).
Die Farbtafel ist so konstruiert, dass sich die entstehende Mischfarbe aus dem Schwerpunkt S der zu mischenden Farben auf der Farbtafel ergibt.

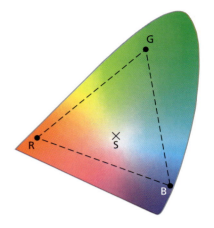

■ Wird z. B. Rot, Grün und Blau gemischt, so erhält man Weiß. Die Mischung von Rot und Grün ergibt Gelb (der Punkt S liegt dann zwischen R und G). Wird der rote Farbanteil verstärkt, dann verschiebt sich S in Richtung R. Es entsteht der Farbeindruck Orange.

> Bei der additiven Farbmischung wird Licht unterschiedlicher Farben addiert. Das Licht bildet eine Mischfarbe.

Die subtraktive Farbmischung

▶ Blaue und gelbe Wasserfarbe ergeben gemischt ein Grün.

▶ Die Grundfarben der subtraktiven Farbmischung sind Cyan (Blaugrün), Magenta (Purpur) und Yellow (Gelb). Die damit durch Mischung möglichen Farben nennt man CMYK-Farben oder CMYK-Farbraum. K ist die Abkürzung für „Key" als Farbtiefe für Schwarz.

Mischt man zwei Wasserfarben, dann absorbiert (subtrahiert) jeder der Farbstoffe einen Teil des auffallenden Lichts. Das restliche Licht bildet eine Mischfarbe.
Ähnlich ist das bei Nutzung eines Farbfilters. Fällt auf ihn weißes Licht, so wird durch das Filter ein Teil des Lichts absorbiert (subtrahiert).

> Bei der subtraktiven Farbmischung wird ein Teil des Lichts absorbiert. Das restliche Licht bildet eine Mischfarbe.

Die Vielfalt von Farben, die mit subtraktiver Farbmischung hervorgerufen werden können, wird vor allem in der Malerei genutzt.

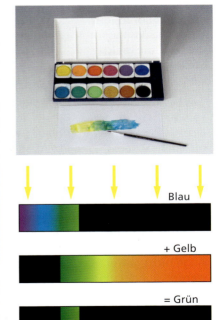

5.6 Licht und Farben

Farbe 1		Farbe 2		Additive Farbmischung		Subtraktive Farbmischung	
Rot	●	Grün	●	Gelb	●	Braun	●
Rot	●	Gelb	●	Orange	●	Orange	●
Blau	●	Gelb	●	Grün	●	Grün	●
Rot	●	Blau	●	Purpur (Magenta)	●	Purpur bis Violett	●
Grün	●	Violett	●	Türkis	●	Braungrau	●
Rot	●	Türkis	●	Weiß	○	Schwarz	●

Körperfarben

Licht, das auf einen Körper fällt, wird teilweise reflektiert (zurückgeworfen), teilweise absorbiert (verschluckt) und teilweise hindurchgelassen. Das geschieht auch mit Licht unterschiedlicher Farbe. Bei unterschiedlicher Beleuchtung können Körper verschiedene Farben haben, wie die Abbildungen zeigen.

▶ Unser Auge kann bei einer bestimmten Farbe, z.B. Gelb, nicht unterscheiden, ob eine reine Spektralfarbe oder eine Mischfarbe vorliegt. Das kann man nur durch physikalische Untersuchungen ermitteln.

Die Farbe, in der wir einen Körper sehen, ist abhängig
− von der Farbe des Lichts, mit dem er bestrahlt wird,
− von seinem Reflexionsvermögen für verschiedenfarbiges Licht bzw. von seinem Durchlassvermögen für verschiedenfarbiges Licht.

▶ Beim **Vierfarbendruck,** in dem auch dieses Buch hergestellt ist, ergibt sich der Farbeindruck bei Bildern sowohl nach den Gesetzen der additiven als auch nach den Gesetzen der subtraktiven Farbmischung.

> Ein Körper hat die Farbe, die sich aus der Mischung des von ihm reflektierten bzw. hindurchgelassenen Lichts ergibt.

Ein Körper, der das gesamte auffallende Licht absorbiert, erscheint uns schwarz.
Ein Körper, der mit weißem Licht beleuchtet wird und alle Spektralfarben reflektiert, erscheint uns weiß.

Welleneigenschaften des Lichts und Farben

Bei Licht treten **Beugung** und **Interferenz** auf. Daraus folgt: Licht hat **Welleneigenschaften** und kann mit dem **Modell Lichtwelle** beschrieben werden.

Beugung
tritt an schmalen Spalten oder Kanten auf.

Interferenz
ist die Überlagerung von Licht mit Bereichen von Verstärkung und Auslöschung.

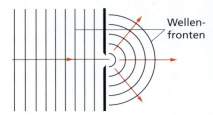
Wellenfronten

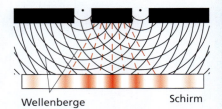
Wellenberge — Schirm

Für die Ausbreitung von Licht gilt analog wie bei mechanischen Wellen:

- c Lichtgeschwindigkeit
- λ Wellenlänge
- f Frequenz

Weißes Licht lässt sich mithilfe eines Prismas oder eines Gitters in seine farbigen Bestandteile zerlegen. Jeder Farbe kann man eine Frequenz und eine Wellenlänge zuordnen.

Weißes Licht besteht aus den **Spektralfarben** Rot, Orange, Gelb, Grün, Blau und Violett. Das für uns sichtbare Licht ist nur ein kleiner Bereich des Spektrums elektromagnetischer Wellen.

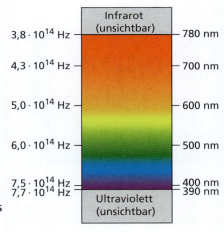

Farben können additiv oder subtraktiv gemischt werden. Dadurch erhält man eine Vielzahl von Mischfarben.

Die Farbe, in der wir einen Körper sehen, ergibt sich aus der Mischung des von ihm reflektierten bzw. hindurchgelassenen Lichts.

Atom- und Kernphysik

6

6.1 Aufbau von Atomen

Atommodelle

▶ Fundierte Vorstellungen über **Atome** entwickelten sich erst ab Beginn des 20. Jahrhunderts.

Atome sind die Teilchen, aus denen Stoffe aufgebaut sind (↗ S. 74).
Sie bestehen aus einem positiv geladenen **Atomkern** und einer negativ geladenen **Atomhülle**.
Bestandteile des Atomkerns sind **positiv geladene Protonen** und **Neutronen**, die elektrisch neutral sind. In der negativ geladenen Atomhülle befinden sich **Elektronen**. Die Ladung eines Elektrons und eines Protons hat den gleichen Betrag, aber unterschiedliches Vorzeichen. Der Betrag dieser Ladung wird als Elementarladung (↗ S. 329) bezeichnet.
Die Atome verschiedener Stoffe unterscheiden sich in der Anzahl der Protonen, Neutronen und Elektronen.

M ↗ S. 29

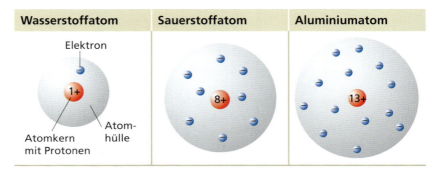

▶ Hätte z. B. ein Atomkern einen Durchmesser von 1 cm, so hätte das Atom selbst einen Durchmesser von 1000 m.

Der Durchmesser eines Atoms beträgt etwa 10^{-10} m, der Durchmesser des Atomkerns etwa 10^{-15} m.
Im Vergleich zu den Abmessungen der Atomhülle ist der Atomkern außerordentlich klein.
In ihm ist aber fast die gesamte Masse des Atoms vereinigt.

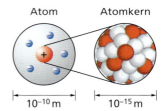

Historisch bedeutsam sind die Atommodelle, die von ERNEST RUTHERFORD (1871–1937) und von NIELS BOHR (1885–1962) entwickelt wurden.

▶ Der britische Physiker ERNEST RUTHERFORD leitete sein Atommodell aus experimentellen Untersuchungen ab.

RUTHERFORD entwickelte 1911 ein Modell, das dem Aufbau unseres Planetensystems ähnelt:
Um einen positiv geladenen Kern kreisen Elektronen auf elliptischen Bahnen.

BOHR ging davon aus, dass sich Elektronen auf bestimmten kreisförmigen Bahnen um den positiv geladenen Kern bewegen, wobei sich auf jeder Bahn nur eine bestimmte Anzahl von Elektronen befinden kann.

Neuere Atommodelle lassen sich nur noch mit mathematischen Mitteln beschreiben.

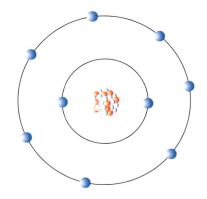

▶ Der dänische Physiker NIELS BOHR (1885–1962) war einer der bedeutendsten Atomphysiker des 20. Jahrhunderts. Er wirkte in Kopenhagen und auch in den USA.

M ↗ S. 29

Proton, Neutron und Elektron

Protonen, Neutronen und Elektronen sind die Grundbausteine der Atome.

	Masse	Ladung	Symbol
Proton	$1{,}673 \cdot 10^{-27}$ kg	positiv (+)	$^{1}_{1}p$
Neutron	$1{,}675 \cdot 10^{-27}$ kg	ungeladen	$^{1}_{0}n$
Elektron	$9{,}109 \cdot 10^{-31}$ kg	negativ (−)	$^{0}_{-1}e$

▶ Die Kernbausteine Proton und Neutron werden auch als **Nukleonen** bezeichnet.

Die Masse eines Elektrons beträgt nur etwa 1/1 800 der Masse eines Protons oder eines Neutrons.
Die Ladung eines Elektrons ist genauso groß wie die Ladung eines Protons. Sie wird als **Elementarladung** bezeichnet.

> Die Elementarladung (Ladung eines Elektrons bzw. Protons) hat einen Betrag von:
>
> $e = 1{,}602 \cdot 10^{-19}$ C

▶ Die Einheit der elektrischen Ladung (↗ S. 197) ist nach dem französischen Physiker CHARLES AUGUSTIN COULOMB (1736–1806) benannt.

Atome mit gleicher Protonen- und Elektronenzahl sind nach außen elektrisch neutral. Bei positiv oder negativ geladenen Ionen stimmen dagegen Protonen- und Elektronenzahl nicht überein.

Ordnungszahl und Massenzahl

Im Periodensystem der Elemente hat jedes Element eine Ordnungszahl, die auch eine physikalische Bedeutung hat.

> Die Ordnungszahl eines Elements im Periodensystem gibt die Anzahl der Protonen Z (Kernladungszahl) im Atomkern an.

■ So hat z. B. Natrium die Ordnungszahl 11. Das bedeutet: Im Atomkern von Natrium sind 11 Protonen vorhanden.

In der Natur sind Elemente bis zu der Ordnungszahl 92 zu finden. Diese Ordnungszahl besitzt das Element Uran. Alle Elemente mit größerer Ordnungszahl sind künstlich hergestellt.
Bei einem neutralen Atom ist die Ordnungszahl zugleich auch die Anzahl der Elektronen in der Atomhülle.
Aus der Anzahl der Protonen und Neutronen im Kern eines Atoms ergibt sich die **Massenzahl** für ein Atom.

▶ Bei nicht neutralen Atomen (Ionen) kann man aus der Ordnungszahl keine Aussage über die Anzahl der Elektronen ableiten.

Die Massenzahl A eines Atoms ist gleich der Summe aus der Anzahl der Protonen Z (Kernladungszahl) und der Anzahl der Neutronen N im Atomkern:

$$A = Z + N$$

Im Periodensystem sind die Massenzahlen (Atommassen) meist als Vielfache der **atomaren Masseeinheit u** angegeben.

Die atomare Masseeinheit hat den Wert $u = 1{,}66 \cdot 10^{-27}$ kg.

▶ Der Quotient aus der Masse m_A eines Atoms und der atomaren Masseeinheit wird als relative **Atommasse** bezeichnet. Es gilt:

$$A_r = \frac{m_A}{u}$$

Um den Atomkern eines Elements in kurzer und übersichtlicher Form zu kennzeichnen, wendet man die **Symbolschreibweise** an.

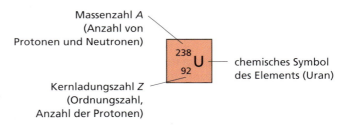

■ Uran hat 92 Protonen und damit das elektrisch neutrale Uranatom auch 92 Elektronen in der Atomhülle.
Die Anzahl der Neutronen N beträgt 238 − 92 = 146.
Üblich ist auch die Schreibweise U-238 oder Uran-238.

Die Symbolschreibweise wendet man nicht nur bei Elementen, sondern auch bei Elementarteilchen an.

Elektron: $_{-1}^{0}e$ Masse vernachlässigbar, einfach negativ geladen

Positron: $_{+1}^{0}e$ Masse vernachlässigbar, einfach positiv geladen

Proton: $_{1}^{1}p$ Massenzahl 1, einfach positiv geladen

Neutron: $_{0}^{1}n$ Massenzahl 1, nicht geladen

In den letzten Jahrzehnten hat sich herausgestellt, dass es neben den genannten Elementarteilchen noch viele weitere solcher Teilchen gibt.

Heute gilt als gesicherte Erkenntnis, dass die kleinsten Bausteine der Materie neben den **Elektronen** die **Quarks** sind, aus denen sich die anderen Elementarteilchen zusammensetzen.

▶ Proton und Neutron bestehen aus je drei Quarks.

Nuklide und Isotope

Im Periodensystem findet man heute 110 Elemente. Von ihnen kommen 91 in der Natur vor, die anderen wurden künstlich hergestellt.
Ein Atomkern eines Elements ist eindeutig durch die Massenzahl A und die Kernladungszahl Z gekennzeichnet.

▶ Wesentlichen Anteil an der Erzeugung neuer Elemente mit Ordnungszahlen größer als 100 hat die Gesellschaft für Schwerionenforschung in Darmstadt.

> Die durch Massenzahl und Kernladungszahl charakterisierten Atomkerne werden als **Nuklide** bezeichnet.

■ $^{23}_{11}$Na ist ein Nuklid des Natriums mit 11 Protonen, 11 Elektronen im neutralen Atom und 23 − 11 = 12 Neutronen.

Die natürlich vorkommenden oder künstlich erzeugten Nuklide werden in Form einer **Nuklidkarte** dargestellt.

Ausschnitt aus einer Nuklidkarte

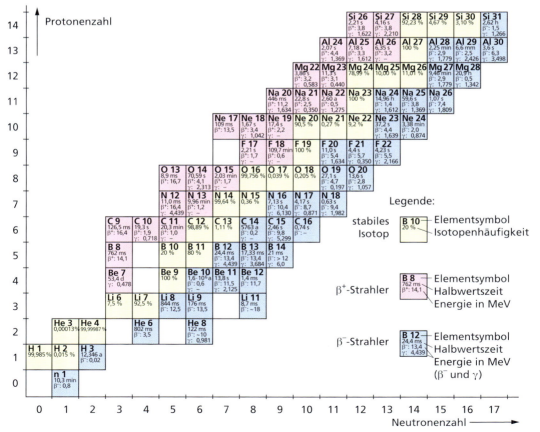

Die Atomkerne **eines** Elements haben alle die gleiche Anzahl von Protonen (gleiche Ordnungszahl), können aber eine unterschiedliche Anzahl von Neutronen und damit eine verschiedene Massenzahl besitzen.

▶ Isotope sind spezielle Nuklide.

> Atomkerne mit gleicher Protonenzahl, aber unterschiedlicher Anzahl von Neutronen werden als **Isotope** bezeichnet.

▶ Weil die meisten Elemente aus einem Isotopengemisch bestehen, ist die Massenzahl im Periodensystem meist keine ganze Zahl.

Die meisten natürlichen Elemente bestehen aus Gemischen von Isotopen. Insgesamt sind weit über 2000 Isotope bekannt.

- Bei Wasserstoff existieren drei Isotope. Besteht der Atomkern aus einem Proton, so spricht man vom Wasserstoff. Beim Deuterium kommt ein Neutron und beim Tritium kommen zwei Neutronen hinzu.

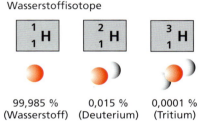

Wasserstoffisotope

99,985 % (Wasserstoff) 0,015 % (Deuterium) 0,0001 % (Tritium)

Beim Uran existieren z. B. die Uranisotope $^{235}_{92}$U und $^{238}_{92}$U. Auch hier ist die Anzahl der Protonen gleich und beträgt jeweils 92.

▶ Als Kernbrennstoff in Kernkraftwerken wird meist angereichertes Uran mit 3,5 % U-235 und 96,5 % U-238 verwendet. Natürliches Uran ist als Kernbrennstoff ungeeignet.

Die Anzahl der Neutronen beträgt einmal 235 − 92 = 143 und einmal 238 − 92 = 146.

Natürliches Uran besteht zu 99,3 % aus $^{238}_{92}$U und zu 0,7 % aus $^{235}_{92}$U.

Zwischen der Kernladungszahl Z und der Neutronenzahl N gibt es einen charakteristischen Zusammenhang.

> Die Anzahl der Neutronen wächst stärker als die Kernladungszahl.

Elemente mit großer Kernladungszahl haben somit im Kern wesentlich mehr Neutronen als Protonen. Isotope liegen in der grafischen Darstellung jeweils auf einer horizontalen Linie.

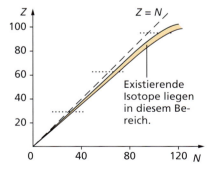

- Während z. B. ein Natriumatom 11 Protonen und 12 Neutronen besitzt, sind es bei einem Uranatom (U-238) 92 Protonen und 146 Neutronen.

6.2 Kernumwandlungen und Radioaktivität

6.2.1 Arten von Kernumwandlungen

Atomkerne können völlig spontan zerfallen, durch Beschuss mit Teilchen aufgespalten werden oder auch miteinander verschmelzen. In allen diesen Fällen verändern sich die ursprünglichen Atomkerne. Sie wandeln sich in neue Atomkerne um.

> Unter einer **Kernumwandlung** versteht man die Umwandlung von Atomkernen in neue Kerne.

▶ Die neu entstehenden Kerne sind teilweise stabil, teilweise zerfallen sie ihrerseits wieder.

Spontanzerfall

Eine Reihe von Nukliden (↗ S. 331) ist nicht stabil. Sie senden ständig radioaktive Strahlung (↗ S. 338) aus. Dabei verändern sich die betreffenden Atomkerne. Es erfolgen Kernumwandlungen.
Solche instabilen Atomkerne werden als **radioaktive Nuklide** oder **Radionuklide** bezeichnet.

> Radioaktive Nuklide wandeln sich völlig spontan unter Aussendung von radioaktiver Strahlung um.
> Die spontane Umwandlung der entsprechenden Atomkerne bezeichnet man als **natürliche Radioaktivität**.

▶ Die natürliche Radioaktivität wurde 1896 von **HENRI BECQUEREL** (1852–1908) entdeckt und von **MARIE** und **PIERRE CURIE** genauer untersucht.

■ Zu den Radionukliden gehören z. B. Uran-238, Radium-226, Polonium-214 oder Blei-210.

Radium-226 zerfällt unter Aussendung eines doppelt positiv geladenen Heliumkerns (α-Teilchen) in Radon-222.

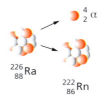

Blei-210 zerfällt unter Aussendung eines Elektrons (β-Teilchen) in Bismut-210.

▶ Von den in der Natur vorkommenden 91 Elementen sind ca. 300 natürliche Nuklide bekannt, von denen ca. 50 radioaktiv sind, also spontan zerfallen.

Die natürliche Radioaktivität in unserer Umwelt führt dazu, dass wir ständig einer schwachen radioaktiven Strahlung ausgesetzt sind. Die Intensität dieser radioaktiven Strahlung ist örtlich verschieden.

Die beim Spontanzerfall entstehenden Atomkerne sind meist wieder radioaktiv, sodass in der Natur ganze Zerfallsreihen existieren.

So zerfällt z. B. U-238 über viele Zwischenkerne in das stabile Blei-206.
Auch für andere Elemente existieren solche **Zerfallsreihen**. Insgesamt gibt es vier solche Zerfallsreihen in der Natur.

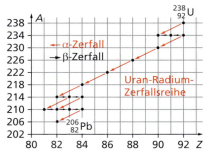

Künstliche Kernumwandlungen

▶ Der italienische Physiker ENRICO FERMI (1901–1954) beschoss in den Dreißigerjahren zahlreiche Elemente mit Neutronen und stellte fest, dass bei vielen Stoffen Kernreaktionen auftraten.

Zur Gewinnung von radioaktivem Material, z. B. für den medizinischen Bereich oder für technische Anwendungen, werden künstlich instabile Atomkerne erzeugt, die ihrerseits dann wieder zerfallen und dabei radioaktive Strahlung aussenden.

> Die spontane Umwandlung künstlich erzeugter radioaktiver Nuklide unter Aussendung radioaktiver Strahlung bezeichnet man als **künstliche Radioaktivität**.

▶ Entdeckt wurde die künstliche Radioaktivität 1934 durch die französischen Atomphysiker IRENE und FREDERIC JOLIOT-CURIE.

Wird Cobalt-59 mit Neutronen beschossen, so bildet sich das radioaktive Cobalt-60.
Cobalt-60 zerfällt in Nickel, wobei ein Elektron (β-Teilchen) abgegeben wird.

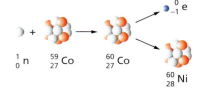

Kernspaltung

> Unter Kernspaltung versteht man die Zerlegung schwerer Atomkerne in leichtere Atomkerne. Dabei wird Energie freigesetzt.

▶ Die Kernspaltung wurde 1938/39 durch OTTO HAHN (1879–1968), FRITZ STRASSMANN (1902–1980) und LISE MEITNER (1878–1968) entdeckt.

Wird z. B. Uran-235 mit Neutronen beschossen, so bildet sich Uran-236.
Dieses U-236 zerfällt spontan in Bruchteilen einer Sekunde in Krypton und Barium. Zugleich werden bei jeder Kernspaltung drei Neutronen frei, die ihrerseits den Prozess der Kernspaltung fortsetzen können, wenn genügend U-235 vorhanden ist.
Spätere Untersuchungen haben gezeigt, dass Uran-286 nicht nur in Krypton und Barium zerfallen kann, sondern dass auch viele andere Zerfälle auftreten.

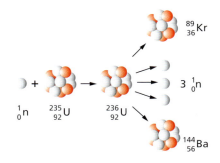

Sind genügend Uranatome vorhanden und haben die Neutronen die „richtige" Geschwindigkeit, so kann es zu einer **Kettenreaktion** kommen.

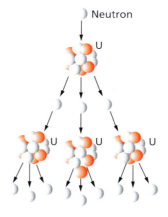

Eine **gesteuerte Kettenreaktion** wird z. B. in den Reaktoren von Kernkraftwerken genutzt, um Energie zu erzeugen (↗ S. 348).

Eine **ungesteuerte Kettenreaktion** erfolgt bei der Zündung einer Atombombe.

▶ Die erste **Atombombe** wurde 1945 auf einem Versuchsgelände in den USA gezündet.
Das erste **Kernkraftwerk** wurde 1954 in der Sowjetunion in Betrieb genommen.

Kernfusion

Kernspaltung ist die eine Möglichkeit, um Energie aus dem Atom zu gewinnen. Dabei wird jeweils ein schwerer Atomkern in zwei mittelschwere Atomkerne aufgespalten.
Die zweite Möglichkeit der Energiegewinnung aus dem Atom besteht in der Kernfusion.

> Unter Kernfusion versteht man die Verschmelzung leichter Atomkerne zu schwereren. Dabei wird Energie freigesetzt.

Kernfusionen vollziehen sich ständig im Innern der Sonne und anderer Sterne. Dabei wird viel Energie freigesetzt.
Nachfolgend sind vereinfacht die Prozesse dargestellt, die im Innern der Sonne vor sich gehen. Der Vorgang wird als **Heliumsynthese** oder als **Proton-Proton-Zyklus** bezeichnet.

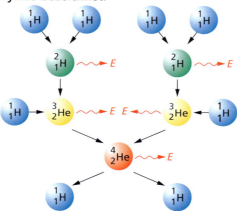

▶ Der Vorgang verläuft von oben nach unten. Erläuterungen dazu sind auf Seite 336 gegeben.

Die Sonne besteht im Wesentlichen aus Wasserstoff und Helium. Unter hohem Druck ($p \approx 10^{16}$ Pa) und bei hoher Temperatur ($T \approx 1,6 \cdot 10^7$ K) gehen im Innern der Sonne ständig folgende Prozesse vor sich (s. Schema ↗ S. 335):
- Je zwei Wasserstoffkerne (Protonen) schmelzen zu schwerem Wasserstoff (Deuterium). Dabei wird Energie freigesetzt.
- Im nächsten Schritt verschmelzen Wasserstoff und schwerer Wasserstoff zu Helium-3. Auch dabei wird wieder Energie frei.
- Im letzten Schritt verschmelzen zwei Heliumkerne dann unter Energiefreisetzung zu Helium-4.

Insgesamt entsteht bei diesem Prozess Helium, während Wasserstoff verbraucht wird.

Dabei verschmelzen in der Sonne in jeder Sekunde 567 Mio. Tonnen Wasserstoff zu 562,8 Mio. Tonnen Helium. Es tritt in jeder Sekunde ein Massendefekt von 4,2 Mio. Tonnen auf.

Diesem Massendefekt entspricht eine Energie von $3,8 \cdot 10^{26}$ J. Diese Energie wird in jeder Sekunde von der Sonne in Form von Strahlung abgegeben.

Nach heutigen Schätzungen reicht der Wasserstoffvorrat der Sonne aus, damit sie noch ca. 5 Milliarden Jahre mit der Intensität wie heute strahlen kann.

Ähnlich wie bei der Kernspaltung gibt es auch bei der Kernfusion seit Jahrzehnten Untersuchungen zu ihrer Realisierung auf der Erde.

Eine **ungesteuerte Kernfusion** erfolgt bei Wasserstoffbomben. Eine **gesteuerte Kernfusion** konnte bisher noch nicht realisiert werden.

▶ Den Zusammenhang zwischen Masse und Energie hat ALBERT EINSTEIN (1879–1955) in der berühmten Gleichung $E = m \cdot c^2$ beschrieben.

▶ Das gegenwärtige Alter der Sonne wird auf über 4 Milliarden Jahre geschätzt, ihre gesamte Lebensdauer auf mindestens 10 Milliarden Jahre.

6.2.2 Gesetz des Kernzerfalls und Kernreaktionen

Ist zu einem bestimmten Zeitpunkt eine Anzahl N von Atomen eines radioaktiven Stoffes vorhanden, so wandelt sich in einer bestimmten Zeit die Hälfte der Atomkerne um. In der gleichen Zeit zerfällt dann die Hälfte der Hälfte usw.
Diese Zeit wird als **Halbwertszeit** bezeichnet.

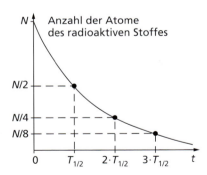

Die Halbwertszeit gibt an, in welcher Zeit jeweils die Hälfte der vorhandenen instabilen Atomkerne zerfällt.

Formelzeichen: $T_{1/2}$

Einheit: eine Sekunde   (1 s)

Die Halbwertszeit verschiedener radioaktiver Stoffe schwankt zwischen Bruchteilen von Sekunden und Milliarden Jahren.

6.2 Kernumwandlungen und Radioaktivität

Nuklid	Halbwertszeit	Art der Strahlung
Barium-137	2,55 min	γ
Caesium-137	30,17 a	β^-, γ
Cobalt-60	5,3 a	β^-, γ
Iod-131	8,04 d	β^-
Kohlenstoff-14	5730 a	β^-
Natrium-22	2,6 a	β^+, γ
Plutonium-239	24390 a	α
Radium-226	1600 a	α, γ
Radon-220	55,6 s	α
Uran-235	$700 \cdot 10^6$ a	α
Uran-238	$4,5 \cdot 10^9$ a	α

▶ Um die Strahlenbelastung gering zu halten, nutzt man für medizinische Anwendungen Nuklide mit kurzer Halbwertszeit, z. B. Iod-123 mit einer Halbwertszeit von 12,3 h oder Technetium-99 mit einer Halbwertszeit von 6 h.

Das Gesetz des Kernzerfalls lässt sich auch als Gleichung formulieren.

Für den Kernzerfall gilt das Zerfallsgesetz:

$$N = N_0 \cdot \left(\frac{1}{2}\right)^{\frac{t}{T_{1/2}}}$$

N Anzahl der nicht zerfallenen Atomkerne
N_0 Anzahl der zum Zeitpunkt $t = 0$ vorhandenen, nicht zerfallenen Atomkerne
t Zeit
$T_{1/2}$ Halbwertszeit

▶ Mithilfe des Gesetzes des Kernzerfalls ist es möglich, eine **Altersbestimmung** archäologischer Funde durchzuführen. Genutzt wird dabei vor allem die **C-14-Methode** (↗ S. 346).

■ Von 1000 g eines radioaktiven Nuklids sind nach 3 Jahren noch 250 g dieses Nuklids vorhanden. Der Rest ist in andere Nuklide zerfallen. *Wie groß ist die Halbwertszeit?*

Analyse:
Die Aufgabe kann durch inhaltliche Überlegungen gelöst werden, wenn man von der Definition der Halbwertszeit (↗ S. 336) ausgeht. Da zwischen der Anzahl der Atome und der Masse direkte Proportionalität besteht, können die Überlegungen auch anhand der Masse durchgeführt werden.
Gesucht: $T_{1/2}$
Gegeben: bei $t = 0$: $m = 1000$ g
                bei $t = 3a$: $m = 250$ g

M ↗ S. 56

Lösung:
In einer Halbwertszeit zerfällt die Hälfte der vorhandenen Atomkerne, in der nächsten Halbwertszeit die Hälfte der Hälfte. Also sind nach zwei Halbwertszeiten noch 250 g des Nuklids vorhanden. Folglich ist $T_{1/2} = 3a : 2 = 1,5a$.

Ergebnis:
Die Halbwertszeit des radioaktiven Nuklids beträgt 1,5 Jahre.

Kernreaktionen

Kernumwandlungen lassen sich ähnlich wie Reaktionen von Stoffen in der Chemie in Form von Reaktionsgleichungen schreiben. Im Unterschied zu chemischen Reaktionen werden sie als **Kernreaktionen** bezeichnet.

■ Beschießt man das Silberisotop Ag-107 mit Neutronen, so wird es unter Abgabe von γ-Strahlung in Cadmium umgewandelt.
Die Reaktionsgleichung lautet:

$$^{107}_{47}\text{Ag} + ^{1}_{0}\text{n} \longrightarrow ^{108}_{48}\text{C} + ^{0}_{-1}\text{e} + \gamma$$

▶ Massenzahlen und die Kernladungszahlen (↗ S. 330) müssen auf der linken und der rechten Seite des Pfeils gleich groß sein. Wegen der unterschiedlichen Ladungen sind die Vorzeichen zu beachten.

Dem englischen Physiker JAMES CHADWICK gelang 1932 der Nachweis von Neutronen. Er beschoss Beryllium-9 mit doppelt positiv geladenen Heliumkernen (α-Teilchen).
Die Reaktionsgleichung lautet:

$$^{9}_{4}\text{Be} + ^{4}_{2}\alpha \longrightarrow ^{12}_{6}\text{C} + ^{1}_{0}\text{n}$$

Viele Jahrhunderte lang versuchten Alchemisten Gold herzustellen. Das gelang keinem. Durch Kernumwandlung erzeugte ENRICO FERMI erstmals 1934 Gold. Er beschoss Platinatome mit Neutronen und erhielt Goldatome:

$$^{196}_{78}\text{Pt} + ^{1}_{0}\text{n} \longrightarrow ^{197}_{78}\text{Pt} \longrightarrow ^{197}_{79}\text{Au} + ^{0}_{-1}\text{e}$$

6.2.3 Radioaktive Strahlung

Arten radioaktiver Strahlung

Bei allen Kernumwandlungen tritt radioaktive Strahlung auf. Es gibt α-Strahlung, β-Strahlung und γ-Strahlung.

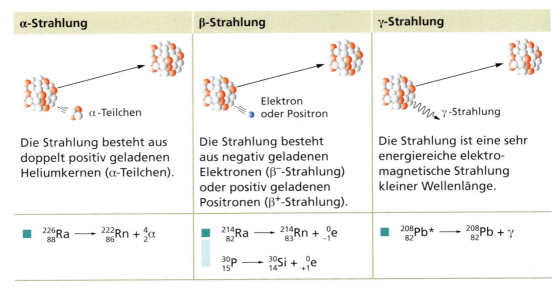

α-Strahlung	β-Strahlung	γ-Strahlung
Die Strahlung besteht aus doppelt positiv geladenen Heliumkernen (α-Teilchen).	Die Strahlung besteht aus negativ geladenen Elektronen (β⁻-Strahlung) oder positiv geladenen Positronen (β⁺-Strahlung).	Die Strahlung ist eine sehr energiereiche elektromagnetische Strahlung kleiner Wellenlänge.
■ $^{226}_{88}\text{Ra} \longrightarrow ^{222}_{86}\text{Rn} + ^{4}_{2}\alpha$	■ $^{214}_{82}\text{Ra} \longrightarrow ^{214}_{83}\text{Rn} + ^{0}_{-1}\text{e}$ $^{30}_{15}\text{P} \longrightarrow ^{30}_{14}\text{Si} + ^{0}_{+1}\text{e}$	■ $^{208}_{82}\text{Pb}^{*} \longrightarrow ^{208}_{82}\text{Pb} + \gamma$

Eigenschaften radioaktiver Strahlung

Radioaktive Strahlung hat eine Reihe von Eigenschaften, die für ihre Wirkungen, ihren Nachweis und ihre Anwendungen von Bedeutung sind.

> **Radioaktive Strahlung besitzt Energie.**

Dadurch können Gase ionisiert, Filme geschwärzt und Zellen verändert werden.

▶ Die Energie der verschiedenen Arten von Strahlung kann sehr unterschiedlich sein. Sie hängt stark von der jeweiligen Strahlungsquelle ab.

> **Radioaktive Strahlung breitet sich von einer Strahlungsquelle aus geradlinig aus.**

α- und β-Strahlung werden aber durch elektrische und magnetische Felder abgelenkt, γ-Strahlung dagegen nicht. Die Richtung der Ablenkung ergibt sich aus der Rechte-Hand-Regel (↗ S. 237).

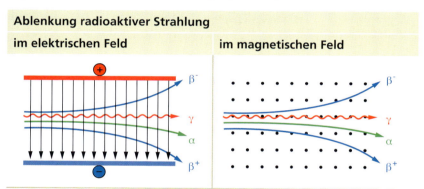

▶ γ-Strahlen sind elektromagnetische Wellen kleiner Wellenlänge. Elektromagnetische Wellen (↗ S. 255) werden durch elektrische und magnetische Felder nicht abgelenkt.

M ↗ S. 45

> **Radioaktive Strahlung kann Stoffe durchdringen.**

Das Durchdringungsvermögen radioaktiver Strahlung ist abhängig
– von der Art der Strahlung,
– von der Intensität (Energie) der Strahlung,
– von der Art des durchstrahlten Stoffs,
– von der Dicke des durchstrahlten Stoffs.
Das Durchdringungsvermögen von α-Strahlung ist am kleinsten, das von γ-Strahlung am größten.

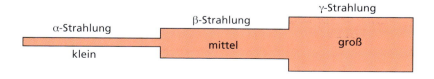

▶ α-Strahlung wird schon durch Papier abgeschirmt.

Das Verhältnis des Durchdringungsvermögens von α-, β- und γ-Strahlung beträgt etwa 1 : 100 : 10000.

> Radioaktive Strahlung wird durch Stoffe absorbiert.

Das Absorptionsvermögen eines Stoffs für radioaktive Strahlung hängt ab
- von der Art des Stoffs,
- von der Dicke des Stoffs, die durchdrungen wird,
- von der Art der radioaktiven Strahlung.

▶ Besonders geeignet zur Abschirmung radioaktiver Strahlung ist Blei.

M ↗ S. 45

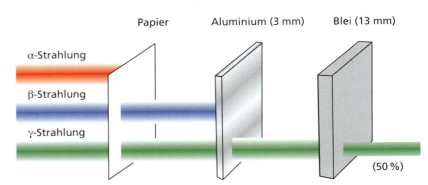

In Luft beträgt die Reichweite von α-Strahlung 4 bis 6 cm, die von β-Strahlung mehrere Meter.

Nachweis radioaktiver Strahlung

Zum Nachweis radioaktiver Strahlung nutzt man deren Eigenschaften. Nachfolgend sind in der Übersicht einige Möglichkeiten dargestellt.

Fotografische Schicht	Zählrohr	Nebelkammer

Ein Film wird an den Stellen, an denen radioaktive Strahlung auftrifft, geschwärzt. Das Bild zeigt die Fotoplatte, die zur Entdeckung der Radioaktivität durch BECQUEREL 1896 führte.	Bei einem Zählrohr wird die ionisierende Wirkung radioaktiver Strahlung genutzt (↗ S. 341).	Bei einer Nebelkammer (↗ S. 341) wird die ionisierende Wirkung radioaktiver Strahlung genutzt. Die Länge der Nebelspur ist ein Maß für die Energie der Strahlung.

Bei Personen, die beruflich mit radioaktiver Strahlung zu tun haben, erfolgt eine Kontrolle der Strahlenbelastung mithilfe von **Dosimeterplaketten**.
Die Dosimeterplakette enthält einen lichtdicht eingepackten Film, der monatlich kontrolliert wird. Fenster aus Kupfer bzw. Blei unterschiedlicher Dicke ermöglichen es, die monatliche Strahlenbelastung abzuschätzen.

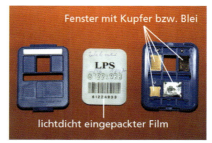

M ↗ S. 42

Radioaktive Strahlung kann auch mit einem **Geiger-Müller-Zählrohr** nachgewiesen werden.

▶ Dieses Nachweisgerät wurde 1928 von den deutschen Physikern **HANS GEIGER** (1882–1945) und **WALTHER MÜLLER** (1905–1979) entwickelt und ist nach ihnen benannt.

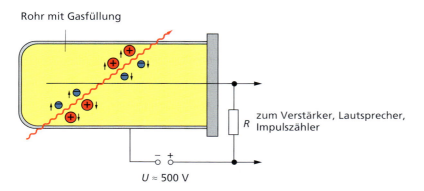

M ↗ S. 43

Durch radioaktive Strahlung wird das Gas ionisiert. Die Ionen wandern zu den beiden Elektroden. Es kommt zu einem kurzzeitigen Stromfluss und damit zu einem Spannungsstoß am Widerstand R.
Dieser Spannungsstoß wird verstärkt. Er ist im Lautsprecher als Knacken hörbar und kann mit einem Zähler registriert werden.

Die Bahnen radioaktiver Strahlung können mit einer **Nebelkammer** sichtbar gemacht werden.
Ihre Wirkungsweise beruht auf einer Erscheinung, die man häufig am Himmel beobachten kann: Hinter Flugzeugen bilden sich Kondensstreifen. Sie zeigen die Bahn des Flugzeugs, wobei das Flugzeug selbst manchmal gar nicht zu erkennen ist.

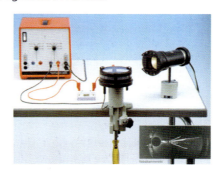

▶ Die erste Nebelkammer wurde von dem englischen Physiker **C. P. R. WILSON** (1869–1959) gebaut. Deshalb ist auch die Bezeichnung „Wilsonsche Nebelkammer" gebräuchlich.

Ähnlich ist das bei einer Nebelkammer: Im Innern befindet sich Ethanoldampf, am Rand eine Strahlungsquelle. Längs der Bahnen radioaktiver Strahlung bilden sich Ionen, an die sich Dampfmoleküle anlagern und kleine Tröpfchen bilden, die bei seitlicher Beleuchtung als Spuren sichtbar werden.

Größen zur Erfassung radioaktiver Strahlung

Radioaktivität lässt sich nicht mit unseren Sinnesorganen erfassen. Sie kann nur mithilfe spezieller Messeinrichtungen nachgewiesen werden. Dabei wird zwischen den physikalischen Größen **Aktivität, Energiedosis** und **Äquivalentdosis** unterschieden.

▶ Benannt ist die Einheit nach **HENRI BECQUEREL** (1852–1908), dem Entdecker der natürlichen Radioaktivität.

> Die Aktivität eines Körpers gibt an, wie viele Kerne in einer bestimmten Zeit zerfallen und dabei radioaktive Strahlung abgeben.
>
> Formelzeichen: A
>
> Einheiten: ein Becquerel   (1 Bq)
> $1\,\text{Bq} = 1 \cdot \text{s}^{-1}$

Ein Körper hat eine Aktivität von 1 Bq, wenn ein Kernzerfall je Sekunde auftritt. Im Unterricht genutzte Strahlenquellen haben Aktivitäten von etwa 5 kBq bis etwa 400 kBq.
1 g Radium hat eine Aktivität von etwa 37 Mrd. Becquerel.
Das bedeutet: Bei 1 g Radium zerfallen in jeder Sekunde 37 Milliarden Kerne.

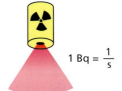

$1\,\text{Bq} = \frac{1}{\text{s}}$

> Die Aktivität kann berechnet werden mit der Gleichung:
>
> $A = \frac{\Delta N}{\Delta t}$ ΔN Anzahl der Kernzerfälle
> Δt Zeitintervall

Die Aktivität von Strahlungsquellen kann mithilfe von Zählrohren experimentell ermittelt werden.

▶ Die Einheit ist nach dem englischen Physiker **L. H. GRAY** (1905–1965) benannt.

> Die Energiedosis gibt an, wie viel Energie ein Kilogramm eines Stoffs durch Strahlung aufnimmt.
>
> Formelzeichen: D
>
> Einheiten: ein Gray   (1 Gy)
> $1\,\text{Gy} = 1\,\text{J/kg}$

Ein Körper, der je Kilogramm eine Energie von 1 Joule aufnimmt, erhält somit eine Energiedosis von 1 Gray.
Beim Menschen führt bei einer Ganzkörperbestrahlung eine Energiedosis von ca. 6 Gy zum Tode.

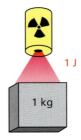

Die Energiedosis kann berechnet werden mit der Gleichung:

$D = \frac{E}{m}$ E von einem Körper aufgenommene Strahlungsenergie
    m Masse des Körpers

Die biologische Wirkung radioaktiver Strahlung auf einen Körper hängt nicht nur davon ab, wie viel Strahlung der Körper aufnimmt, sondern auch von der Art der Strahlung. Diese Wirkung wird durch die **Äquivalentdosis** erfasst.

Die Äquivalentdosis kennzeichnet die von einem Körper aufgenommene Energiedosis unter Berücksichtigung biologischer Wirkungen.

Formelzeichen: D_q

Einheiten: ein Sievert   (1 Sv)
    1 Sv = 1 J/kg

▶ Benannt ist die Einheit nach dem schwedischen Strahlenforscher **ROLF SIEVERT** (1898–1966).

Diese biologischen Wirkungen hängen im Wesentlichen von der Art der radioaktiven Strahlung ab. Sie hängen auch davon ab, welche Körperteile bestrahlt werden und über welchen Zeitraum hinweg die Strahlung erfolgt.

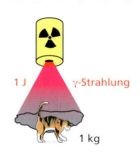

Die Äquivalentdosis kann mit der folgenden Gleichung berechnet werden:

$D_q = D \cdot q = \frac{E}{m} \cdot q$ D Energiedosis
    q Qualitätsfaktor

▶ Der Faktor q wird auch als Bewertungsfaktor bezeichnet.

Der Qualitätsfaktor ist ein Erfahrungswert und hängt von der Art der Strahlung ab.
Nach gegenwärtigen Erkenntnissen treten bei Menschen bereits bei kurzzeitiger Strahlenbelastung ab 250 mSv Schäden auf. Eine Belastung von 5 000 mSv ist tödlich.
Für Menschen, die beruflich Strahlung ausgesetzt sind (z. B. in der Medizin, in der Forschung, in Kernkraftwerken), gilt z. Z. ein Grenzwert von 20 mSv pro Jahr.
Die Strahlenbelastung solcher Personen wird ständig kontrolliert.

Strahlungsart	Qualitätsfaktor q
β-Strahlung γ-Strahlung Röntgenstrahlung	1
langsame Neutronen	2,3
schnelle Neutronen	10
α-Strahlung	20

■ Eine Person ($m = 60$ kg) nimmt durch γ-Strahlung insgesamt eine Energie von 1 Joule auf.
Wie groß ist in diesem Fall die Äquivalentdosis?

Analyse:
Die Äquivalentdosis kann mit der Gleichung $D_q = D \cdot q$ berechnet werden. Für γ-Strahlung ist der Qualitätsfaktor $q = 1$.

M ↗ S. 57 f.

Gesucht: D_q
Gegeben: $m = 60$ kg
$E = 1$ J
$q = 1$

absorbierte Energie
$E = 1$ J

Strahlungsquelle
γ-Strahlung

$m = 60$ kg

Lösung:

$$D_q = D \cdot q$$

$$D = \frac{E}{m}$$

$$D_q = \frac{E}{m} \cdot q$$

$$D_q = \frac{1 \text{ J}}{60 \text{ kg}} \cdot 1$$

$$\underline{D_q = 0{,}017 \text{ Sv}}$$

Ergebnis:
Die Äquivalentdosis beträgt für die Person 17 mSv.

▶ Der natürlichen Strahlenbelastung sind alle Lebewesen seit Jahrtausenden ausgesetzt. Sie ist Teil unserer natürlichen Umwelt.

Strahlenbelastung

Aufgrund der natürlichen Radioaktivität sowie durch technische Geräte und Anlagen sind wir alle ständig einer Strahlenbelastung ausgesetzt. Die nachfolgende Übersicht zeigt die mittlere Strahlenbelastung in der Bundesrepublik Deutschland.

Art der Strahlung	Äquivalentdosis
von der Umgebung (Erde) ausgehende Strahlung kosmische Strahlung Strahlung durch die aufgenommene Nahrung/Luft	0,4 mSv/Jahr 0,3 mSv/Jahr 1,7 mSv/Jahr
Medizinische Untersuchungen einschließlich Röntgenuntersuchungen Strahlung durch Kernkraftwerke, Kernwaffenversuche Strahlung durch Bildschirm des Fernsehapparats und des Computers	1,5 mSv/Jahr 0,01 mSv/Jahr 0,02 mSv/Jahr
Gesamtbelastung	≈ 4 mSv/Jahr

Die durchschnittliche Strahlenbelastung beträgt in Deutschland im Mittel 4 mSv/Jahr. Sie kann aber von Ort zu Ort sehr unterschiedlich sein. So beträgt z. B. die von der Umgebung ausgehende Strahlung (terrestrische Strahlung) in Norddeutschland (Mecklenburg-Vorpommern, Brandenburg, Schleswig-Holstein, Niedersachsen) ca. 0,15 mSv/Jahr, erreicht im Erzgebirge ca. 1 mSv/Jahr und im Bayerischen Wald örtlich 1,5 mSv/Jahr.

Biologische Wirkungen ionisierender Strahlung

Ionisierende Strahlung kann Veränderungen an Zellen hervorrufen und bei hoher Dosierung zu Strahlenschäden bis hin zum Tod führen.

Ob Strahlenschäden eintreten oder nicht, ist vor allem abhängig von
- der Art der Strahlung,
- der Energiedosis,
- der Dauer der Einwirkung,
- der Empfindlichkeit der bestrahlten Organe. Besonders empfindlich sind Knochenmark, Lymphknoten und Keimzellen.

Achtung!
Ionisierende Strahlung

▶ Röntgenstrahlung ist biologisch ebenso wirksam wie radioaktive Strahlung. Man fasst alle biologisch wirksamen Strahlungen unter dem Begriff **ionisierende Strahlung** zusammen.

Besonders gefährlich ist eine kurzzeitige hohe Strahlenbelastung. Über Schäden durch geringe Strahlenbelastung über einen längeren Zeitraum hinweg liegen keine eindeutigen Erkenntnisse vor.

Bei organischem Gewebe, vor allem bei hoch entwickelten Säugetieren und beim Menschen, können zwei Arten von Strahlenschäden auftreten:
Somatische Schäden wirken sich auf den Gesundheitszustand des betreffenden Lebewesens (Menschen) aus.
Genetische Schäden wirken sich erst bei den Nachkommen aus.
Mögliche Schäden sind in der Übersicht rechts dargestellt.

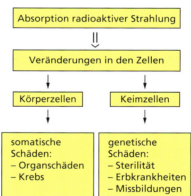

Da durch ionisierende Strahlung Schäden auftreten können, gilt als Grundsatz:

> Die Strahlung, der man sich aussetzt, sollte so gering wie möglich sein.

Die wichtigsten Maßnahmen zum Schutz vor Strahlung sind:
- Zu Quellen ionisierender Strahlung ist ein möglichst großer Abstand zu halten.
- Strahlungsquellen sind möglichst vollständig abzuschirmen, z. B. mit Blei.
- Mit Strahlungsquellen sollte nur kurzzeitig experimentiert werden.
- Radioaktive Substanzen dürfen nicht in den Körper gelangen. Beim Umgang mit solchen Substanzen sind Essen und Trinken verboten.

▶ Als Regel kann man sich merken:
Abstand halten
Abschirmen
Aufnahme verhindern

6.3 Anwendungen kernphysikalischer Erkenntnisse

Altersbestimmung (C-14-Methode)

▶ Das Alter von Gesteinen lässt sich in analoger Weise mit der Uran-Blei-Methode abschätzen.

M ↗ S. 42

Mit der C-14-Methode kann man das Alter organischer Überreste bestimmen. Die Grundlagen für diese Methode bestehen in Folgendem:
- Der radioaktive Kohlenstoff-14 entsteht in der Luft durch Kernumwandlung von Stickstoff infolge des ständigen „Beschusses" mit Neutronen der Höhenstrahlung.
Man kann davon ausgehen, dass dieser Prozess seit Jahrtausenden vor sich geht und der Anteil an C-14-Isotopen in der Atmosphäre weitgehend gleich war und ist.
- Alle Pflanzen nehmen bei der Assimilation das radioaktive C-14 und das nicht radioaktive C-12 auf. Pflanzen werden von Tieren gefressen. Menschen essen Pflanzen und Tiere. In allen Lebewesen gibt es dadurch ein festes Verhältnis von C-14 und C-12.
- Mit dem Tod eines Lebewesens oder einer Pflanze hört die Aufnahme von Kohlenstoff auf. Der Anteil von C-14 am Kohlenstoff des toten Materials nimmt mit einer Halbwertszeit von 5 730 Jahren ab. Aus dem Mengenverhältnis von C-14 und C-12 kann auf das Alter eines Funds geschlossen werden.

▶ Der durchschnittliche Fehler liegt bei dieser Art der Altersbestimmung bei ±200 Jahren.

■ Beim Fund einer Mumie beträgt der C-14-Anteil nur noch die Hälfte des heutigen Anteils. Daraus kann man folgern: Es muss einmal die Halbwertszeit vergangen sein, also:
$1 \cdot 5\,730$ Jahre $= 5\,730$ Jahre.

Markierungsverfahren

▶ Die Untersuchungsmethode wird als Szintigrafie bezeichnet, das entstehende Bild als Szintigramm.

Radioaktive Nuklide können genutzt werden, um den Weg von Stoffen im menschlichen Körper, bei Pflanzen und Tieren, in Rohrleitungen oder im Erdboden zu verfolgen.

Zur Untersuchung der Schilddrüse wird radioaktives Iod injiziert. Iod reichert sich besonders stark in der Schilddrüse an.
Die Stärke der registrierten radioaktiven Strahlung lässt Rückschlüsse auf die Iodkonzentration in der Schilddrüse und auf mögliche krankhafte Veränderungen zu.
In der Technik können mithilfe des Markierungsverfahrens Dichtheitsprüfungen und Strömungsmessungen durchgeführt werden.

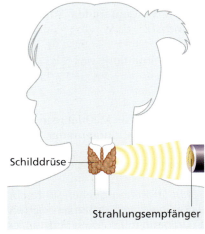

Durchstrahlungsverfahren

Werkstücke (Stahlwände, Folien, Schweißnähte) werden durchstrahlt und die hindurchgelassene Strahlenintensität gemessen.

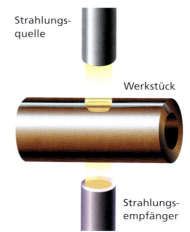

Sind Einschlüsse in einem Werkstück vorhanden oder verändert sich die Dicke von Folien, so verändert sich die absorbierte Strahlung und damit die beim Strahlungsempfänger ankommende Strahlung.

Das Durchstrahlungsverfahren wird z. B. genutzt
- zu Dickenmessungen (Folien- und Papierherstellung, s. Foto oben),
- zu Füllstandsmessungen (Bestimmung des Füllstands von Behältern),
- zur Überprüfung der Qualität von Schweißnähten und massiven Werkstücken.

Bestrahlungsverfahren

Durch radioaktive Strahlung können in Stoffen chemische, biologische oder physikalische Veränderungen hervorgerufen werden.
So wird z. B. durch die radioaktive Strahlung die Keimung von Kartoffeln und Zwiebeln verhindert und damit ihre Lagerfähigkeit verbessert.

Das Bestrahlungsverfahren wird auch bei der Tumorbehandlung angewendet, um Krebszellen abzutöten.

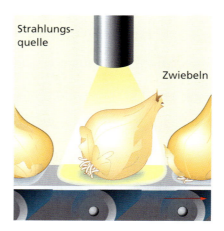

Bei allen Anwendungen radioaktiver Strahlung ist zu beachten, dass diese Strahlung Lebewesen schädigen kann und deshalb stets die notwendigen Sicherheitsvorkehrungen getroffen werden müssen.

▶ Das erste Kernkraftwerk der Welt wurde 1954 in Obninsk bei Moskau in Betrieb genommen.
In Deutschland waren 2013 insgesamt neun Kernkraftwerke in Betrieb, die ca. 11 % des Elektroenergiebedarfs erzeugten.

M ↗ S. 42

Kernkraftwerke

Kernkraftwerke dienen der Erzeugung von Elektroenergie.

Das Kernstück eines Kernkraftwerks ist ein Kernreaktor, in dem eine **gesteuerte Kernspaltung** stattfindet. Im Bild befindet sich der Kernreaktor unter einer kuppelförmigen Betonhülle in der Bildmitte vorn.
Wesentlich größer sind die Kühltürme, in denen sich das erhitzte Wasser abkühlt.

Im Kernreaktor selbst befindet sich das spaltbare Material, meist angereichertes Uran mit 3,5 % U-235 und 96,5 % U-238.
Das Foto zeigt einen Blick in das Innere eines Kernreaktors.

Die nachfolgende Übersicht zeigt den prinzipiellen Aufbau eines Kernkraftwerks und die Energieumwandlungen in ihm. Dargestellt ist ein Kraftwerk mit Druckwasserreaktor.

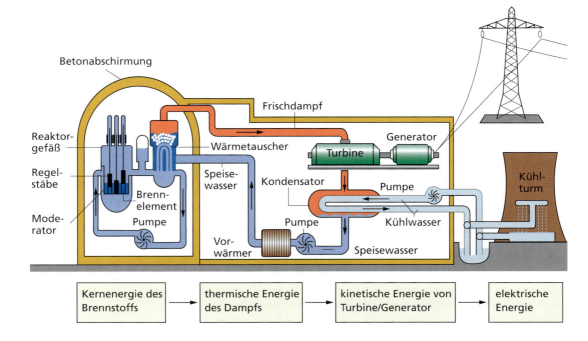

Für den Betrieb eines Kernkraftwerks muss gewährleistet sein, dass die Kernspaltung kontinuierlich und steuerbar abläuft.
Dazu ist es erforderlich, dass
– genügend spaltbares Material vorhanden ist; die mindestens notwendige Masse wird als **kritische Masse** bezeichnet;
– Neutronen existieren, welche die für eine Kernspaltung notwendige Geschwindigkeit haben;
– die Neutronenzahl reguliert und damit die Kernspaltung gesteuert werden kann.

Das spaltbare Material befindet sich in **Brennstoffstäben** (↗ Bild rechts). Es ist in der Regel ein Gemisch aus U-233, U-235, U-238 und Pu-239, meistens in Kugel- oder Tablettenform.
Die bei Kernspaltung frei werdenden schnellen Neutronen werden durch **Moderatoren** (Wasser, Grafit) abgebremst und können dann als langsame Neutronen weitere Urankerne spalten.

Durch **Regelstäbe** aus Bor oder Cadmium wird die Kettenreaktion gesteuert. Bor und Cadmium absorbieren Neutronen. Je tiefer die Regelstäbe in den Reaktor hineingefahren werden, umso mehr Neutronen werden absorbiert.

Beim Betrieb jedes Kernkraftwerkes fällt radioaktiver Abfall an. Das ist strahlendes Material mit teilweise hoher Radioaktivität. Für den Umgang mit solchem radioaktiven Abfall gibt es heute zwei Möglichkeiten:
– Ein Teil des Abfalls muss über viele Jahrhunderte oder Jahrtausende hinweg sicher in einem Endlager aufbewahrt werden. Eine solche Endlagerung soll in Schächten, z. B. in ehemaligen Salzbergwerken, erfolgen.
– Abgebrannte Brennstäbe können wieder aufbereitet werden. Solche Aufbereitungsanlagen existieren z. B. in La Hague (Frankreich) und in Sellafield (Großbritannien).

Dabei entstehen allerdings auch radioaktive Abfälle, die über Jahrhunderte oder -tausende hinweg sicher gelagert werden müssen.

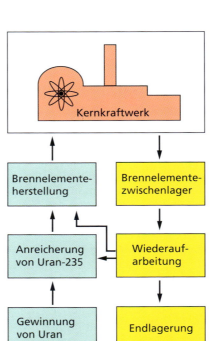

▶ Zwischenlager befinden sich in Deutschland z. B. im ehemaligen Bergwerk in Gorleben (Niedersachsen) und in Lagern bei Ahaus (Nordrhein-Westfalen).

▶ Ein **GAU** (**g**rößter **a**nzunehmender **U**nfall) ereignete sich 1986 im ukrainischen Kernkraftwerk Tschernobyl. In Fukushima kam es 2013 nach einem Tsunami zu Kernschmelzen in Reaktoren.

Das ungelöste Problem der sicheren Endlagerung von radioaktivem Abfall ist neben den Gefahren beim Betrieb von Kernkraftwerken ein gewichtiges Argument für einen Ausstieg aus der Kernenergie.

Kernwaffen

Zu den Kernwaffen gehören Atombomben, Wasserstoffbomben und Waffen, bei denen besonders eine Strahlenart wirksam ist (z. B. Neutronenbomben).

Atombomben sind Waffen, bei denen eine ungesteuerte Kernspaltung (↗ S. 335) erfolgt.

▶ Die erste Atombombe, eine Plutoniumbombe, explodierte am 16. Juli 1945 auf einem Versuchsgelände in New Mexico (USA). Der erste und letzte Einsatz von Atombomben erfolgte am 6. 8. 1945 (Hiroshima, Japan) und am 9. 8. 1945 (Nagasaki, Japan) durch die USA, die zu dieser Zeit der einzige Staat waren, der über Atomwaffen verfügte.

Das Grundprinzip besteht darin, dass zwei oder mehrere Teilmassen mit spaltbarem Material vorhanden sind. Die Massen sind so klein, dass keine Kettenreaktion zustande kommt. Werden diese Teilmassen aufeinander geschossen, so ist eine überkritische Masse (↗ S. 349) vorhanden.

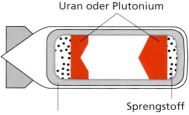

Es beginnt eine ungesteuerte Kettenreaktion, bei der in Bruchteilen von Sekunden eine riesige Energie freigesetzt wird.

Die Wirkungen einer Atombombe bestehen darin, dass
- die frei werdende Energie einen riesigen Feuerball hoher Temperatur erzeugt, in dem selbst Metalle schmelzen, und der Brände hervorruft;
- eine starke Druckwelle von großer zerstörerischer Wirkung entsteht;
- eine radioaktive Verseuchung des Gebiets mit Spätfolgen für Menschen und Tiere erfolgt.

Wasserstoffbomben sind Waffen, bei denen eine ungesteuerte Kernfusion (↗ S. 335) erfolgt.

▶ Die erste Wasserstoffbombe wurde 1952 durch die USA getestet. Seit 1953 verfügte auch die Sowjetunion über Wasserstoffbomben.

Das Grundprinzip besteht darin, dass der für eine Kernfusion erforderliche hohe Druck und die notwendige hohe Temperatur durch eine „normale" Atombombe erzeugt werden.

Eine Atombombe wirkt somit als „Zünder" für eine Wasserstoffbombe und setzt eine ungesteuerte Kernfusion in Gang. Da bei einer Wasserstoffbombe noch wesentlich mehr Energie freigesetzt wird als bei einer Atombombe, hat sie eine unvorstellbar große zerstörerische Wirkung.

Heute verfügen eine ganze Reihe von Staaten über Kernwaffen. Dazu gehören die USA, Russland, Frankreich, Großbritannien, China, Indien, Pakistan und Nordkorea sowie sehr wahrscheinlich Israel. Weitere Staaten sind in der Lage, Kernwaffen herzustellen.

Aufgrund der Gefährlichkeit dieser Waffen gibt es seit Jahrzehnten Bemühungen, ihre weitere Verbreitung zu begrenzen und das existierende Kernwaffenarsenal allmählich abzubauen.

Periodensystem der Elemente

Legend:
- Protonenzahl (Ordnungszahl)
- Atommasse in u ($u = 1{,}66 \cdot 10^{-27}$ kg)
- Elektronegativität
- Elementsymbol
- Elementname

Beispiel: **5** | 10,81 | 2,0 | **B** | Bor

Aggregatzustand:
- H¹⁾ : Gas
- Br¹⁾ : Flüssigkeit
- Mg¹⁾ : Festkörper
- : Nichtmetall
- : Halbmetall
- : Metall
- * : Alle Isotope dieses Elements sind radioaktiv.

Hauptgruppe / Nebengruppe

Periode	I	II	III	IV	V	VI	VII	VIII
1	**1** 1,008 2,1 H Wasserstoff							**2** 4,00 He Helium
2	**3** 6,94 1,0 Li Lithium	**4** 9,01 1,5 Be Beryllium	**5** 10,81 2,0 B Bor	**6** 12,01 2,5 C Kohlenstoff	**7** 14,007 3,0 N Stickstoff	**8** 15,999 3,5 O Sauerstoff	**9** 18,998 4,0 F Fluor	**10** 20,18 Ne Neon
3	**11** 22,99 0,9 Na Natrium	**12** 24,31 1,2 Mg Magnesium	**13** 26,98 1,5 Al Aluminium	**14** 28,09 1,8 Si Silicium	**15** 30,97 2,1 P Phosphor	**16** 32,06 2,5 S Schwefel	**17** 35,45 3,0 Cl Chlor	**18** 39,95 Ar Argon
4	**19** 39,10 0,8 K Kalium	**20** 40,08 1,0 Ca Calcium	**31** 69,72 1,6 Ga Gallium	**32** 72,59 1,8 Ge Germanium	**33** 74,92 2,0 As Arsen	**34** 78,96 2,4 Se Selen	**35** 79,90 2,8 Br Brom	**36** 83,80 Kr Krypton
5	**37** 85,47 0,8 Rb Rubidium	**38** 87,62 1,0 Sr Strontium	**49** 114,82 1,7 In Indium	**50** 118,69 1,8 Sn Zinn	**51** 121,75 1,9 Sb Antimon	**52** 127,60 2,1 Te Tellur	**53** 126,90 2,5 I Iod	**54** 131,30 Xe Xenon
6	**55** 132,91 0,7 Cs Caesium	**56** 137,33 0,9 Ba Barium	**81** 204,37 1,8 Tl Thallium	**82** 207,2 1,8 Pb Blei	**83** 208,98 1,9 Bi Bismut	**84** [209] 2,0 Po* Polonium	**85** [210] 2,2 At* Astat	**86** [222] Rn* Radon
7	**87** [223] 0,7 Fr* Francium	**88** [226] 0,9 Ra* Radium						

Nebengruppe

Periode	III	IV	V	VI	VII	VIII	VIII	VIII	I	II
4	**21** 44,96 1,3 Sc Scandium	**22** 47,90 1,5 Ti Titanium	**23** 50,94 1,6 V Vanadium	**24** 51,996 1,6 Cr Chrom	**25** 54,94 1,5 Mn Mangan	**26** 55,85 1,8 Fe Eisen	**27** 58,93 1,8 Co Cobalt	**28** 58,70 1,8 Ni Nickel	**29** 63,55 1,9 Cu Kupfer	**30** 65,38 1,6 Zn Zink
5	**39** 88,91 1,3 Y Yttrium	**40** 91,22 1,4 Zr Zirconium	**41** 92,91 1,6 Nb Niobium	**42** 95,94 1,8 Mo Molybdän	**43** [97] 1,9 Tc* Technetium	**44** 101,07 2,2 Ru Ruthenium	**45** 102,91 2,2 Rh Rhodium	**46** 106,4 2,2 Pd Palladium	**47** 107,87 1,9 Ag Silber	**48** 112,41 1,7 Cd Cadmium
6	**57** 138,91 1,1 La Lanthan	**72** 178,49 1,3 Hf Hafnium	**73** 180,95 1,5 Ta Tantal	**74** 183,85 1,7 W Wolfram	**75** 186,21 1,9 Re Rhenium	**76** 190,2 2,2 Os Osmium	**77** 192,22 2,2 Ir Iridium	**78** 195,09 2,2 Pt Platin	**79** 196,97 2,4 Au Gold	**80** 200,59 1,9 Hg Quecksilber
7	**89** [227] 1,1 Ac* Actinium	**104** [261] Rf* Rutherfordium	**105** [262] Db* Dubnium	**106** [262] Sg* Seaborgium	**107** [262] Bh* Bohrium	**108** [262] Hs* Hassium	**109** [266] Mt* Meitnerium	**110** [281] Ds* Darmstadtium	**111** [280] Rg* Roentgenium	

Lanthanoide (57–71)

57 1,1 138,91 La Lanthan	58 1,1 140,12 Ce Cerium	59 1,1 140,91 Pr Praseodymium	60 1,1 144,24 Nd Neodymium	61 1,1 [145] Pm* Promethium	62 1,2 150,35 Sm Samarium	63 1,2 151,96 Eu Europium	64 1,2 157,25 Gd Gadolinium	65 1,2 158,92 Tb Terbium	66 1,2 162,50 Dy Dysprosium	67 1,2 164,93 Ho Holmium	68 1,2 167,26 Er Erbium	69 1,2 168,93 Tm Thulium	70 1,2 173,04 Yb Ytterbium	71 1,2 174,97 Lu Lutetium

Actinoide (89–103)

89 1,1 [227] Ac* Actinium	90 1,3 232,04 Th* Thorium	91 1,5 231,04 Pa* Protactinium	92 1,4 238,03 U* Uranium	93 1,3 237,05 Np* Neptunium	94 1,3 [244] Pu* Plutonium	95 1,3 [243] Am* Americium	96 1,3 [247] Cm* Curium	97 1,3 [247] Bk* Berkelium	98 1,3 [251] Cf* Californium	99 1,3 [254] Es* Einsteinium	100 1,3 [257] Fm* Fermium	101 1,3 [258] Md* Mendelevium	102 1,3 [259] No* Nobelium	103 1,3 [260] Lr* Lawrencium

[ ] Die umklammerten Werte für die Atommasse geben die Massenzahl des Isotops mit der größten Halbwertszeit an.

¹⁾ Aggregatzustand bei 25 °C (298 K) und 1013 hPa

6.4 Grenzen der klassischen Physik

ALBERT EINSTEIN (1879–1955) begründete 1905 die spezielle Relativitätstheorie.

Die Physik, die bis zum Jahr 1900 betrieben wurde, nennt man klassische Physik. Mit ihr lassen sich viele Erscheinungen und Vorgänge in Natur, Technik und Alltag gut beschreiben und erklären. Gesetze der klassischen Physik sind z. B. die newtonschen Gesetze oder die Bewegungsgesetze für gleichförmige und gleichmäßig beschleunigte Bewegungen. Untersuchungen und theoretische Überlegungen führten Anfang des 20. Jahrhunderts zu zwei neuen physikalischen Theorien, die das bis dahin anerkannte physikalische Weltbild veränderten – die **Relativitätstheorie** von A. EINSTEIN und die **Quantentheorie**, begründet von M. PLANCK.

Die spezielle Relativitätstheorie

M ↗ S. 30

Die klassische Physik basiert auf der Annahme, dass sich Körper in einem absoluten Raum und in einer absoluten Zeit bewegen. Raum und Zeit beeinflussen sich nicht und sind vom Bewegungszustand eines Körpers unabhängig. Alle Versuche, einen absoluten Raum nachzuweisen, schlugen allerdings fehl.
A. EINSTEIN entwickelte mit seiner speziellen Relativitätstheorie eine völlig neue Vorstellung von Raum und Zeit: Beide sind nicht unabhängig voneinander, sondern eng miteinander verbunden. Ein entscheidendes Postulat von EINSTEIN ist das Folgende:

▶ Die Vakuumlichtgeschwindigkeit ist damit eine Grenzgeschwindigkeit.

> Licht breitet sich im Vakuum unabhängig vom Bewegungszustand der Lichtquelle und des Beobachters immer mit $c = 299\,792\,\frac{km}{s}$ aus.

Allein schon dieses Postulat widerspricht nicht nur unseren Erfahrungen, sondern auch der klassischen Mechanik (siehe Skizzen unten). Und trotzdem ist es richtig.
Die Relativitätstheorie führt bei schnell bewegten Körpern zu Gesetzen und Folgerungen, die unseren Erfahrungen widersprechen – wir haben keine Erfahrungen mit sehr großen Geschwindigkeiten.
Als Beispiele seien folgende Gesetze genannt:
– Körper, die sich relativ zu einem Beobachter schnell bewegen, erscheinen für diesen in Bewegungsrichtung verkürzt.

▶ Schnelle Bewegung bedeutet: Die Geschwindigkeit beträgt mehr als 10 % der Vakuumlichtgeschwindigkeit, also mehr als 30 000 $\frac{km}{s}$.

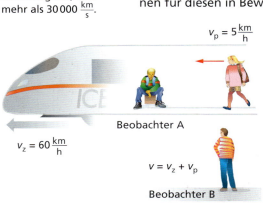

- Uhren, die sich relativ zu einem Beobachter schnell bewegen, gehen für diesen Beobachter langsamer.
- Geschwindigkeiten addieren sich stets so, dass ihre Summe kleiner oder höchstens gleich der Vakuumlichtgeschwindigkeit ist.
- Mit zunehmender Geschwindigkeit vergrößert sich die Masse eines Körpers.

Und EINSTEIN gab in seiner Relativitätstheorie auch die vielleicht bekannteste physikalische Gleichung an:

MAX PLANCK
(1858–1947) gilt als Begründer der Quantentheorie.

> Zwischen der Masse eines Körpers und seiner Energien gibt es einen engen Zusammenhang. Es gilt:
>
> $E = m \cdot c^2$

Energie E und Masse m sind nicht unabhängig voneinander, sondern eng miteinander verknüpft.
Das ist eine der physikalischen Grundlagen zur Erklärung der bei Kernspaltung und Kernfusion frei werdenden Energie.

Die Quantentheorie

Die zweite Theorie, die das physikalische Weltbild zu Beginn des letzten Jahrhunderts gravierend verändert hat, ist die Quantentheorie. Sie betrifft den Bereich der kleinsten Objekte, die wir kennen, und die man deshalb als **Quantenobjekte** bezeichnet. Zu diesen Quantenobjekten gehören Elektronen, Protonen und Neutronen, aber auch Atome und Moleküle oder Photonen.
Diese Quantenobjekte haben Eigenschaften, die sich nur noch mit komplizierten mathematischen Methoden beschreiben lassen. Es sollen deshalb hier auch nur ein paar wichtige Erkenntnisse der Quantenphysik dargestellt werden, die sich anschaulich deuten lassen:

M ↗ S. 30

- Quantenobjekte besitzen neben Teilcheneigenschaften auch Welleneigenschaften. Vom Licht ist uns das bekannt, es gilt aber für alle Quantenobjekte.
- Quantenobjekte verhalten sich oft stochastisch. Das bedeutet: Versuchsergebnisse können bei Versuchen mit einzelnen Quantenobjekten nicht vorausgesagt werden. Bei einer großen Anzahl von Quantenobjekten sind Wahrscheinlichkeitsaussagen möglich.
- Ort und Geschwindigkeit eines Quantenobjekts können nicht gleichzeitig genau angegeben werden. Eine der Größen ist stets in gewissen Grenzen unbestimmt. Das bedeutet z. B. für Elektronen in der Atomhülle: Elektronen bewegen sich nicht auf Bahnen. Sie besitzen Teilchen- und Welleneigenschaften.

▶ Man kann nur eine Wahrscheinlichkeit für den Ort angeben, an dem sich ein Elektron aufhält.

Wichtig ist: Relativitätstheorie und Quantenphysik sind wichtige Grundlagen der modernen Physik und auch vieler Technologien, die heute genutzt werden.
Beispiele dafür sind Navigationssysteme (GPS) oder Rastertunnelmikroskope.

Atom- und Kernphysik

Atome bestehen aus einer negativ geladenen Atomhülle mit Elektronen sowie einem positiv geladenen Atomkern mit Protonen und Neutronen.

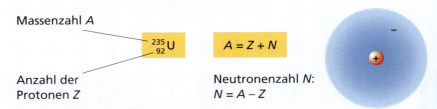

Von den in der Natur vorkommenden Nukliden und den künstlich erzeugten Nukliden sind viele radioaktiv. Sie senden bei Kernumwandlungen ionisierende Strahlung aus.

α-Strahlung	β-Strahlung	γ-Strahlung
besteht aus doppelt positiv geladenen Heliumkernen.	besteht aus Elektronen (β⁻) oder Positronen (β⁺).	ist eine energiereiche elektromagnetische Strahlung.

Radioaktive Strahlung
- besitzt Energie,
- kann Gase ionisieren, Filme schwärzen, Zellen schädigen,
- kann Stoffe in unterschiedlicher Weise durchdringen,
- wird teilweise (α-, β-Strahlung) in elektrischen und magnetischen Feldern abgelenkt.

Die Strahlung, der man sich aussetzt, sollte so gering wie möglich sein.

Bei Kernumwandlungen wird Energie freigesetzt. Das wird bei **Kernspaltung** und bei **Kernfusion** genutzt.

Kernspaltung
Ein schwerer Kern wird in zwei mittelschwere Kerne gespalten. Dabei wird Energie frei.
- Kernkraftwerk
- Atombombe

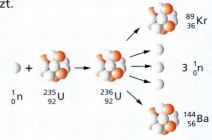

Energie in Natur und Technik

7

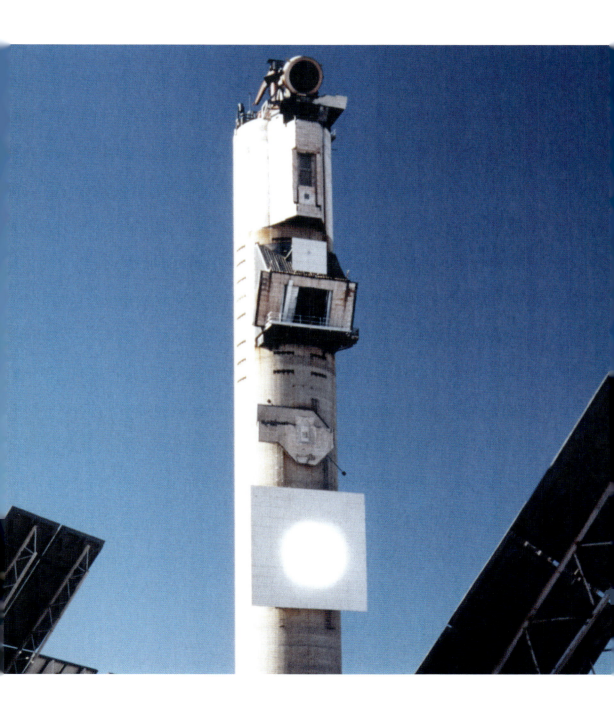

7.1 Energie, Energieträger und Energieformen

Die Energie

> ▶ Die Einheit 1 J ist nach dem englischen Physiker JAMES PRESCOTT JOULE (1818–1889) benannt.

> Energie ist die Fähigkeit eines Körpers, mechanische Arbeit zu verrichten, Wärme abzugeben oder Licht auszusenden.
>
> Formelzeichen: E
> Einheit: ein Joule (1 J)

Vielfache der Einheit 1 J (sprich: ein dschul) sind 1 Kilojoule (1 kJ), 1 Megajoule (1 MJ) und 1 Gigajoule (1 GJ):

$$1 \, kJ \ = 1\,000 \, J$$
$$1 \, MJ = 1\,000 \, kJ \ = 1\,000\,000 \, J$$
$$1 \, GJ \ = 1\,000 \, MJ = 1\,000\,000 \, kJ = 1\,000\,000\,000 \, J$$

Weitere Einheiten für die Energie sind:

1 Newtonmeter (1 Nm)	1 Nm = 1 J
1 Wattsekunde (1 Ws)	1 Ws = 1 J
1 Steinkohleneinheit (1 SKE)	1 SKE = 29,3 MJ
1 Rohöleinheit (1 RÖE)	1 RÖE = 41,9 MJ

> ▶ Die Einheiten SKE und RÖE werden in der Energiewirtschaft genutzt.

Energieformen und Energieträger

> Körper, die Energie besitzen, nennt man **Energiequellen** oder **Energieträger.**

Energie kann in unterschiedlichen Formen gespeichert und durch unterschiedliche Prozesse freigesetzt werden. Danach unterscheidet man verschiedene **Energieformen.**

Energien in Natur und Technik		
Energieform	**Energieträger** (Beispiele)	**Energiebetrag**
chemische Energie	Benzin	31 MJ je Liter
	Dieselkraftstoff	36 MJ je Liter
	Heizöl	36 MJ je Liter
	Erdgas	31 MJ je Kubikmeter
	Stadtgas	17 MJ je Kubikmeter
	Steinkohle	30 MJ je Kilogramm
potenzielle Energie	Rammbär (m = 1 000 kg) um 1 m gehoben	10 kJ
kinetische Energie	Pkw (m = 1 000 kg) bei 100 km/h	386 kJ
thermische Energie	1 Liter Wasser, das sich von 100 °C auf 30 °C abkühlt	293 kJ
elektrische Energie	elektrischer Strom Glühlampe 60 W bei einer Stunde Betrieb	216 kJ

7.1 Energie, Energieträger und Energieformen

Mechanische Energie

Potenzielle Energie (Energie der Lage)

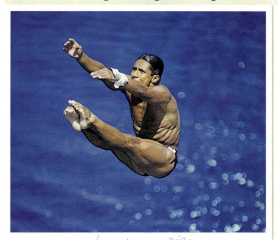

Körper, die aufgrund ihrer Lage mechanische Arbeit verrichten können, besitzen **potenzielle Energie** E_{pot}.
Ein Springer auf dem Sprungturm besitzt potenzielle Energie, die für die Bewegung (Beschleunigung) genutzt wird.

Kinetische Energie (Energie der Bewegung)

Körper, die aufgrund ihrer Bewegung mechanische Arbeit verrichten können, besitzen **kinetische Energie** E_{kin}.
Ein fahrendes Auto besitzt kinetische Energie, die bei einem Aufprall als Verformungsarbeit auftritt.

Thermische Energie

Körper, die aufgrund ihrer Temperatur Wärme abgeben oder Licht aussenden können, besitzen **thermische Energie** E_{therm}.
Ein glühender Draht besitzt thermische Energie. Er gibt Wärme ab und sendet Licht aus.

Chemische Energie

Körper, die bei chemischen Reaktionen Wärme abgeben, Arbeit verrichten oder Licht aussenden, besitzen **chemische Energie** E_{ch}.
Beim Verbrennen von Holz wird chemische Energie als Wärme und Licht freigesetzt.

Elektrische Energie

Körper, die aufgrund elektrischer Vorgänge Arbeit verrichten, Wärme abgeben oder Licht aussenden, besitzen **elektrische Energie** E_{el}.
Geladene Gewitterwolken besitzen elektrische Energie, die beim Blitz freigesetzt wird.

Magnetische Energie

Körper, die aufgrund ihrer magnetischen Eigenschaft Arbeit verrichten können, besitzen **magnetische Energie** E_{mag}.
Die magnetische Energie des Felds der Lasthebemagneten nutzt man zum Heben von Körpern.

Lichtenergie

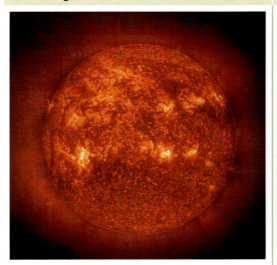

Körper, die aufgrund ihrer Helligkeit Licht aussenden, besitzen **Lichtenergie** E_{Licht}.
Die Sonne und andere Lichtquellen senden u. a. Lichtenergie aus. Die Strahlung kann auch im nicht sichtbaren Bereich liegen (Strahlungsenergie).

Kernenergie

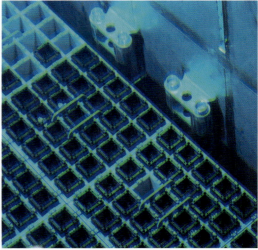

Durch Prozesse im Inneren von Atomkernen (Kernspaltung oder Kernfusion) wird **Kernenergie** E_{Kern} frei.
Im Kernkraftwerk werden die Atomkerne von Uran gespalten, wobei Kernenergie frei wird.

7.2 Umwandlung und Übertragung von Energie

Primärenergie, Sekundärenergie und Nutzenergie

Energie ist in der Natur in Energieträgern bzw. Energiequellen gespeichert. Energieträger, die in der Natur unmittelbar vorhanden sind, nennt man **Primärenergieträger.** Die in ihnen gespeicherte Energie ist die **Primärenergie.** Solche Primärenergieträger sind z.B. Holz, Braunkohle, Steinkohle, Erdöl, Erdgas, Uranerz, fließendes oder gestautes Wasser, Wind, Sonnenstrahlung und Erdwärme. Primärenergie kann vom Menschen in der Regel nicht oder nur in begrenztem Maße, z.B. zum Heizen, Beleuchten oder zum Antrieb von Maschinen und Anlagen, genutzt werden.

Primärenergie wird in vielfältigen Umwandlungsprozessen in Energieformen umgewandelt, die dem Menschen direkt von Nutzen sind. In der Regel wird Primärenergie zunächst in Sekundärenergie umgewandelt, die leichter zu transportieren, zu verteilen, zu lagern und besser in Nutzenergie für den Menschen umzuwandeln ist. **Sekundärenergie** ist eine Zwischenform zwischen Primärenergie und der nutzbringenden Energie (Nutzenergie).

▶ Im größeren Umfang kann man heute lediglich Erdgas als Primärenergieträger direkt zur Wärmeversorgung nutzen. Erdgas ist demzufolge gleichzeitig Sekundärenergieträger.

Sekundärenergieträger sind z.B. Briketts und Koks, die in Brikettfabriken und Kokereien aus Braun- und Steinkohle hergestellt werden. In Raffinerien werden aus Erdöl die Sekundärenergieträger Benzin, Heizöl und Dieselkraftstoff gewonnen. Fernwärme und elektrischen Strom kann man in verschiedenen Arten von Kraftwerken aus Steinkohle, Erdöl, Uran oder Erdgas erzeugen.

Die wichtigste Form der Sekundärenergie ist die elektrische Energie. Elektrische Energie kann sehr schnell und über große Entfernungen transportiert und verteilt werden. Man kann sie relativ leicht in Geräten, Maschinen und Anlagen in andere Formen von Nutzenergie umwandeln. Elektrische Energie ist deshalb heute die wertvollste und am häufigsten genutzte Sekundärenergie. Sie hat allerdings den Nachteil, dass sie nur in kleinen Mengen gespeichert werden kann.

> Bei physikalischen, chemischen oder biologischen Vorgängen kann Energie von einer Energieform in andere Energieformen umgewandelt werden. Energie kann auch von einem Körper auf andere Körper übertragen werden.

■ Prozesse der Energieübertragung und Energieumwandlung werden bei vielen Maschinen und Anlagen genutzt. Die Skizze zeigt die wichtigsten Energieumwandlungen bei einem Auto. Auf Seite 360 oben sind die Energieumwandlungen und -übertragungen bei einem **Wärmekraftwerk** dargestellt.

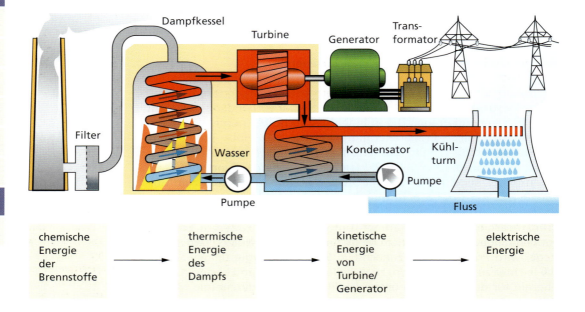

| chemische Energie der Brennstoffe | → | thermische Energie des Dampfs | → | kinetische Energie von Turbine/ Generator | → | elektrische Energie |

Die Energieerhaltung

▶ Das Gesetz von der Erhaltung der Energie wurde zuerst von dem deutschen Arzt JULIUS ROBERT MAYER (1814–1878) und von dem englischen Physiker JAMES PRESCOTT JOULE (1818–1889) entdeckt.

Bei allen Prozessen der Umwandlung und Übertragung von Energie gilt das **Gesetz von der Erhaltung der Energie** (Energieerhaltungssatz):

> In einem abgeschlossenen System ist die Summe aller Energien stets konstant.
> Die Gesamtenergie bleibt erhalten.
>
> $E_1 + E_2 + E_3 \cdots = $ konstant
>
> $E_1, E_2, E_3 \ldots$ verschiedene Energieformen

Ein Spezialfall dieses Gesetzes ist der **1. Hauptsatz der Wärmelehre** (↗ S. 187). Eine besonders klare Formulierung des Energieerhaltungssatzes stammt von HERMANN VON HELMHOLTZ (1821–1894):

▶ Ein **Perpetuum mobile** ist eine Anordnung, die „sich unaufhörlich bewegt". Eine solche Anordnung widerspricht dem Energieerhaltungssatz. Trotzdem gab es viele Versuche, ein solches Perpetuum mobile zu bauen.

> Energie kann weder erzeugt noch vernichtet werden, sondern nur von einer Form in andere Formen umgewandelt werden.

Speziell für mechanische Systeme gilt das **Gesetz von der Erhaltung der mechanischen Energie.**

> In einem abgeschlossenen mechanischen System ist die mechanische Energie stets konstant.
>
> $E = E_{pot} + E_{kin} = $ konstant E_{pot} potenzielle Energie
> $\Delta E = 0$ E_{kin} kinetische Energie

M ↗ S. 27

7.2 Umwandlung und Übertragung von Energie

- Mit einem Hubschrauber wird ein Behälter mit Beton der Masse 200 kg um 20 m gehoben.
Wie viel Energie muss durch den Hubschraubermotor insgesamt für den Hubvorgang geliefert werden, wenn der Hubschrauber selbst eine Masse von 1,4 t besitzt?

M ↗ S. 57 f.

Analyse:
Beim Heben des Behälters wird durch den Hubschraubermotor Hubarbeit W_{hub} verrichtet. Dadurch wird dem Behälter und dem Hubschrauber selbst potenzielle Energie E_{pot} zugeführt. Sieht man von allen anderen Energieumwandlungen ab, ist die zugeführte potenzielle Energie genauso groß wie die an dem Körper (Behälter, Hubschrauber) verrichtete Hubarbeit.

▶ Bei der Lösung vieler Aufgaben kann man den Zusammenhang von Arbeit und Energieänderung anwenden:
$W = \Delta E$

Gesucht: $E_{pot, gesamt}$
Gegeben: $m_{Beh.} = 200$ kg
$m_{Hubschr.} = 1,4$ t $= 1400$ kg
$h = 20$ m

Lösung:

$W_{Hub} = F_G \cdot h$ $F_{G, Beh.} = 2000$ N
$F_{G, Hubschr.} = 14000$ N

▶ Für die Einheiten gilt:
1 Nm = 1 J

Da Hubarbeit und zugeführte potenzielle Energie gleich groß sind, gilt:

$\Delta E_{pot} = F_G \cdot h$

Für den Behälter erhält man:

$\Delta E_{pot, Beh.} = 2000$ N $\cdot 20$ m
$\Delta E_{pot, Beh.} = 40000$ Nm
$\underline{\Delta E_{pot, Beh.} = 40\ kJ}$

Für den Hubschrauber erhält man:

$\Delta E_{pot, Hubschr.} = 14000$ N $\cdot 20$ m
$\Delta E_{pot, Hubschr.} = 280000$ Nm
$\underline{\Delta E_{pot, Hubschr.} = 280\ kJ}$

Die gesamte Änderung der potenziellen Energie beträgt:

$\Delta E_{pot, gesamt} = E_{pot, Beh.} + E_{pot, Hubschr.}$
$\Delta E_{pot, gesamt} = 40$ kJ $+ 280$ kJ
$\underline{\Delta E_{pot, gesamt} = 320\ kJ}$

Ergebnis:
Zum Heben des Behälters muss der Hubschrauber eine Energie von 40 kJ liefern. Zum Heben von Behälter und Hubschrauber zusammen muss der Motor des Hubschraubers eine Energie von insgesamt 320 kJ bereitstellen.

Die Energieentwertung

Die meisten Prozesse der Energieumwandlung und -übertragung, die in der Natur vorkommen, laufen von allein nur in einer Richtung ab.

- Heißer Tee gibt z. B. Wärme an die Umgebung ab. Seine Temperatur verringert sich. Von allein kann die Wärme der Umgebung nicht wieder entzogen werden, um den Tee zu erhitzen.
Bei vielen Vorgängen wird die ursprünglich vorhandene Energie in thermische Energie umgewandelt, die in Form von Wärme an die Umgebung abgegeben wird.

- Auch bei periodisch ablaufenden Vorgängen wird die vorhandene Energie allmählich in thermische Energie der Umgebung umgewandelt.
Bei einer Schaukel z. B. wird die mechanische Energie durch Reibung in thermische Energie umgewandelt und als Wärme abgegeben. Der periodische Schaukelprozess kommt zum Erliegen, wenn man nicht ständig neuen Schwung nimmt.

Die bei diesen Vorgängen entstehende thermische Energie kann nicht von selbst der Umgebung entzogen werden und ist damit nicht ohne Weiteres wieder nutzbar. Die wertvolle elektrische, mechanische oder chemische Energie wird in wertlose thermische Energie der Umgebung umgewandelt. Die ursprünglich vorhandene Energie wird **entwertet**.
Diese Erkenntnisse werden im **Gesetz über die Energieentwertung** zusammengefasst:

▶ Dieses Gesetz wurde von **RUDOLF CLAUSIUS** (1822–1888) entdeckt.

> Bei allen Vorgängen in Natur und Technik entsteht thermische Energie. Diese thermische Energie kann der Umgebung von allein weder entzogen noch nutzbar gemacht werden.
> Wärme geht niemals von selbst von einem Körper niedriger Temperatur auf einen Körper höherer Temperatur über.
> Alle Vorgänge, bei denen thermische Energie auftritt, laufen von allein nur in einer Richtung ab.

▶ Im Alltag spricht man deshalb auch von „Energieverbrauch", da die Nutzbarkeit der Energie für den Menschen bei fast jedem Umwandlungsprozess abnimmt.

Dieses Gesetz wird **2. Hauptsatz der Wärmelehre** genannt.
Energieerhaltung und Energieentwertung treten bei allen Prozessen in Natur und Technik gleichzeitig auf. Die Gesamtenergie bleibt bei einem Vorgang stets erhalten. Hochwertige Energie wird jedoch in minderwertigere Energie bis hin zur thermischen Energie der Umgebung umgewandelt. Insofern wird hochwertige Energie „verbraucht" bzw. entwertet.

7.3 Energie in der belebten und unbelebten Natur

Die Energie der Sonne

Die **Sonne** ist die natürliche Energiequelle der Erde. Fast alle Energie auf der Erde ist letztlich umgewandelte Sonnenenergie.
Im Innern der Sonne werden gewaltige Energien freigesetzt und von der Sonnenoberfläche aus in den Weltraum abgestrahlt. Die in der Sonne freigesetzte Energie ist Kernenergie. Sie entsteht durch die Verschmelzung von Wasserstoffatomen zu Helium (↗ S. 335).

Die Energie, die als Strahlung die Obergrenze der Atmosphäre erreicht, ist relativ konstant. Würde diese Sonnenstrahlung nicht durch die Atmosphäre abgeschwächt werden, so könnte man auch auf der Erdoberfläche diesen Betrag der eingestrahlten Sonnenenergie messen.

Die Sonnenenergie, die ohne Abschwächung durch die Atmosphäre in jeder Sekunde senkrecht auf einen Quadratmeter der Erdoberfläche trifft, wird als **Solarkonstante S** bezeichnet.

Die Solarkonstante beträgt:

$$S = 1{,}37 \, \frac{kJ}{s \cdot m^2}$$

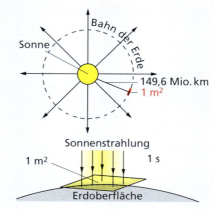

▶ Es gelangen nur ca. 50 % der auftreffenden Sonnenstrahlung durch die Atmosphäre bis zur Erdoberfläche. Die Solarkonstante ist direkt nur an der Obergrenze der Atmosphäre messbar.

Die Einstrahlung von Sonnenenergie auf die Erde und die gleichzeitig stattfindende Energieabstrahlung von der Erde in den Weltraum bilden ein kompliziertes System. Im Laufe der Zeit hat sich ein Gleichgewicht zwischen der von der Sonne eingestrahlten Energie und der von der Erde abgegebenen Energie gebildet. Dieser ausgeglichene **Energiehaushalt** sorgt für relativ gleichbleibende Bedingungen auf der Erde, die wiederum Grundlage für das Leben auf der Erde sind.

■ Aufgrund der ständigen Einstrahlung von Sonnenenergie und durch den Treibhauseffekt (↗ S. 366) herrscht auf der Erdoberfläche eine durchschnittliche Temperatur von +15 °C. Dadurch wurde die Entstehung und Entwicklung des Lebens erst möglich.
Durch Umweltbelastungen, insbesondere durch klimawirksame Gase, wird der natürliche Energiehaushalt der Erde beeinflusst (↗ S. 366).

Energie bei chemischen Reaktionen

Jede **chemische Reaktion** ist mit energetischen Prozessen verbunden. So kann z. B. ein Teil der in den Ausgangsstoffen vorhandenen chemischen Energie in andere Energieformen umgewandelt und als Wärme, Licht oder mechanische Arbeit abgegeben werden. Bei anderen chemischen Reaktionen ist Energie erforderlich.

Damit Stoffe als Reaktionspartner in eine chemische Reaktion eintreten können, müssen sie zuvor „aktiviert" werden. Dazu wird zunächst Energie, meist in Form thermischer Energie, zugeführt. Diese Energie nennt man **Aktivierungsenergie**.

Dabei kann man sich die energetischen Prozesse bei einer chemischen Reaktion so vorstellen, als ob eine Kugel über einen Berg rollen soll.

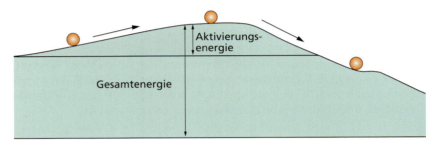

Zuerst wird sie auf den Berg gerollt, es wird ihr Energie zugeführt (Aktivierungsenergie). Dann rollt sie allein den Berg hinab. Dabei gibt sie wieder Energie ab.

Betrachtet man chemische Reaktionen unter dem Aspekt der Energie, gibt es zwei unterschiedliche Reaktionsarten.

Exotherme chemische Reaktionen	Endotherme chemische Reaktionen
Stoffumwandlungen, bei denen E_{therm} als Wärme abgegeben wird.	Stoffumwandlungen, bei denen E_{therm} als Wärme zugeführt werden muss.
Ausgangsstoffe ⟶ Reaktionsprodukte $Q = -n$ kJ	Ausgangsstoffe ⟶ Reaktionsprodukte $Q = +n$ kJ

Energie in der belebten Natur

Für die Aufrechterhaltung der Lebensprozesse nehmen alle Lebewesen Stoffe und Energie aus ihrer Umwelt auf.
In den Zellen der Organismen werden energiereiche organische körpereigene Stoffe aufgebaut **(Assimilationsvorgänge)** und diese körpereigenen Stoffe zur Nutzung der in ihnen enthaltenen chemischen Energie abgebaut **(Dissimilationsvorgänge)**.

Orte des Stoff- und Energiewechsels sind die Zellen. In pflanzlichen Zellen wird aus anorganischen Stoffen – Kohlenstoffdioxid und Wasser – Glucose und Sauerstoff gebildet. Für diesen komplizierten biochemischen Prozess wird von den Pflanzen und einigen Bakterienarten die Energie des Sonnenlichts genutzt. Der Prozess heißt **Fotosynthese**.

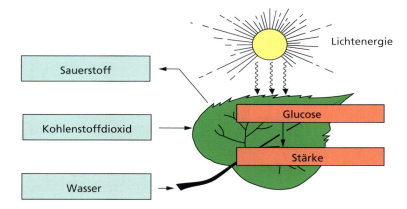

Bei der fotosynthetischen Bildung von Glucose wird die Lichtenergie in chemische Energie umgewandelt und ist als solche in den organischen Stoffen enthalten. Die entstandene Glucose wird zu Stärke oder zu anderen organischen Stoffen wie Fette und Eiweiße umgebaut. Diese organischen Stoffe bilden die Grundlage für die Ernährung und Deckung des Energiebedarfs von Tieren und Menschen.

Die in den körpereigenen organischen Stoffen gespeicherte chemische Energie kann durch **biologische Oxidation** (Zellatmung) freigesetzt werden, wobei die organischen Stoffe stufenweise unter Einwirkung von Enzymen und bei Verbrauch von Sauerstoff abgebaut werden. Reaktionsprodukte sind Kohlenstoffdioxid und Wasser.

Bei der **Atmung** wird thermische Energie in Form von Wärme abgegeben. Sie kann dann von den Zellen nicht mehr genutzt werden.

Bei der **Gärung** (z. B. bei alkoholischer Gärung oder Milchsäuregärung) wird ebenfalls die in organischen Stoffen gebundene chemische Energie umgewandelt und für den Organismus nutzbar gemacht. Im Unterschied zur Atmung laufen die Gärungen ohne Sauerstoffzufuhr ab.

▶ Bei der Gärung werden die organischen Ausgangsstoffe unvollständig abgebaut, die entstehenden Reaktionsprodukte, z. B. Ethanol oder Milchsäure, sind noch relativ energiereiche Verbindungen.

Energienutzung und Umweltbelastung

Ein großer Teil der heutigen Umweltbelastung ist unmittelbar mit der Bereitstellung und Nutzung von Energie durch den Menschen verbunden. Die Probleme der Umweltbelastung durch Energienutzung nehmen aufgrund des ständig steigenden Energieverbrauchs zu.
Eine große Rolle bei der Umweltbelastung im Zusammenhang mit der Energienutzung spielen **Verbrennungsprozesse.** Bei Verbrennungsprozessen entstehen zahlreiche gasförmige Stoffe sowie feste Rückstände wie Asche, Ruß, Staub und Schwermetalle. Nur einige dieser Reaktionsprodukte werden umweltverträglich entsorgt. Die meisten Stoffe belasten die Umwelt. Vor allem die gasförmigen Stoffe, aber auch Ruß und Staub, gelangen in die Atmosphäre und führen zu solch gefährlichen Erscheinungen wie **Smog, saurem Regen,** dem zusätzlichen **Treibhauseffekt** und dem **Ozonloch.** Eine Reihe der gasförmigen Stoffe, die bei Verbrennungen entstehen, können das Klima auf der Erde beeinflussen. Man nennt sie deshalb auch **klimawirksame Gase.**
Das bei Verbrennungen von Kohlenstoff entstehende **Kohlenstoffdioxid** ist eines der klimawirksamen Gase.

▶ Der zusätzliche Treibhauseffekt wird durch menschliche Tätigkeit hervorgerufen. Man bezeichnet ihn deshalb auch als anthropogenen Treibhauseffekt.

▶ In der nebenstehenden Abbildung sind der CO_2-Kreislauf und das gebundene CO_2 in Mrd. Tonnen angegeben.

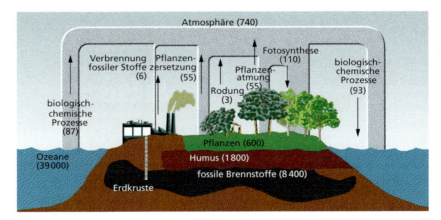

▶ Der Treibhauseffekt auf der Erde ermöglicht erst einen stabilen Energiehaushalt mit einer mittleren Temperatur von +15 °C auf der Erde.
Ohne Treibhauseffekt würde auf der Erde eine mittlere Temperatur von –18 °C herrschen. Somit ist der Treibhauseffekt Voraussetzung für ein stabiles Leben von Pflanzen, Tieren und Menschen.

Kohlenstoffdioxid gelangt in die Atmosphäre und damit in den Kohlenstoffkreislauf der Erde. Der auf der Erde vorhandene Kohlenstoff ist durch verschiedene chemische und biologische Prozesse in einen großen Kohlenstoffkreislauf eingebunden (s. Skizze).
Kohlenstoff ist in Form von CO_2 nur in einer äußerst geringen Konzentration (ca. 0,035 %) in der Atmosphäre vertreten, aber bereits eine kleine Änderung dieser Konzentration kann den **Treibhauseffekt** auf der Erde beeinflussen und zu einem **zusätzlichen Treibhauseffekt** führen.
Der Treibhauseffekt der Erde entsteht dadurch, dass ein Teil der Wärmestrahlung von der Erde durch die Atmosphäre immer wieder zur Erde reflektiert wird. Diese Reflexion erfolgt vor allem an Wolken, Wasserdampf und solchen Gasen wie Kohlenstoffdioxid, Methan, Ozon und FCKW. Insbesondere Kohlenstoffdioxid trägt zum Treibhauseffekt bei.
Der zu beobachtende Anstieg der Kohlenstoffdioxid-Konzentration in der Atmosphäre führt zu einer Verstärkung des Treibhauseffekts auf der Erde. Damit verbunden ist eine Erhöhung der Temperatur auf der Erde.

Dies kann zu gewaltigen Veränderungen unseres Klimas mit vielen Folgen führen.

Die Gase Schwefeldioxid, Kohlenstoffmonooxid und Stickstoffdioxid verursachen gemeinsam mit anderen Luftbestandteilen eine Erscheinung, die **Smog** genannt wird. Der Begriff Smog steht für Luftverschmutzung und kommt aus dem Englischen. Er beschreibt die gelbliche Mischung von Rauch („smoke") und Nebel („fog") und wurde das erste Mal um die Jahrhundertwende in London benutzt. Heute tritt Smog in verschiedenen Regionen der Welt auf. Beim Sommersmog werden durch die Ansammlung von Verbrennungsgasen, vor allem von Stickstoffoxiden und Kohlenwasserstoffen, in Bodennähe „fotochemische" Reaktionen ausgelöst. Diese Reaktionen führen zur Bildung von bodennahem Ozon, das die Gesundheit und das Wohlbefinden von Menschen negativ beeinflussen kann.

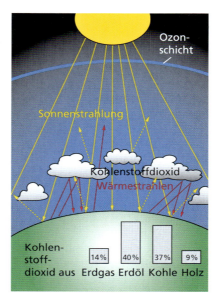

▶ Der Begriff Smog wird heute für unterschiedliche Arten der „Luftverschmutzung" genutzt.
Bei Elektrosmog meint man die elektromagnetischen Wellen, die von verschiedenen Geräten und Anlagen ausgehen. Bei Smogalarm geht es um eine erhöhte Konzentration von Ozon in der Luft.

Die gegenwärtige Entwicklung ist dadurch gekennzeichnet, dass der Energiebedarf der Menschheit immer weiter ansteigt. Auch für die nächsten Jahrzehnte wird weltweit ein Anstieg des Energiebedarfs vorausgesagt.
Eine weitere Verbesserung der Lebensbedingungen der Menschen auf der Erde ist in Zukunft aber nicht unbegrenzt durch eine ständig steigende Nutzung von Energie möglich.

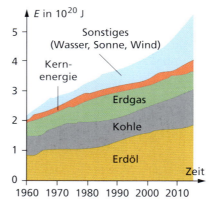

▶ Das Diagramm zeigt die Entwicklung des Energiebedarfs der Menschheit in den letzten 50 Jahren.

Eine ganze Reihe von Primärenergieträgern, die wir heute nutzen, sind nur in begrenztem Umfang auf der Erde vorhanden. Außerdem stellt die Nutzung der Energie im heutigen Ausmaß einen so gewaltigen Eingriff in die Natur dar, dass die Gefahr besteht, die natürlichen Lebensgrundlagen von Pflanzen, Tieren und Menschen zu zerstören.
Deshalb hat die Menschheit für ihre weitere Existenz zwei grundlegende Probleme zu lösen:
1. Es müssen ausreichend Energieträger erschlossen und für den Menschen nutzbar gemacht werden.
2. Die Nutzung der Energie muss so gestaltet werden, dass die natürlichen Lebensgrundlagen des Menschen langfristig erhalten bleiben.

7 Energie in Natur und Technik

Anteil der Energieträger am Primärenergieverbrauch in Deutschland (2011)	
33 %	Mineralöl
22 %	Erdgas
12 %	Steinkohle
11 %	Kernenergie
11 %	Braunkohle
9 %	Erneuerbare Energien
2 %	Sonstige

Anteil der Energieträger an der Elektroenergieerzeugung in Deutschland (2012)	
24 %	Braunkohle
22 %	Kernenergie
22 %	Steinkohle
12 %	Erdgas
14 %	Erneuerbare Energien
6 %	Sonstige

▶ Ein Problem der Nutzung von Solaranlagen besteht in dem noch geringen **Wirkungsgrad** von **Solarzellen**. Silicium-Solarzellen haben z. Z. einen Wirkungsgrad von ca. 8 %. Im Labor wurden schon Wirkungsgrade von 30 % erreicht.

Ein Beitrag zur Lösung dieser Probleme ist die immer stärkere Nutzung **erneuerbarer** oder **regenerativer** Energieträger. Diese Energieträger entstehen auf der Erde immer wieder neu oder stehen ständig zur Verfügung. Zu ihnen gehören Sonnenstrahlung, Wasser, Wind, Biowärme, Gezeiten und Erdwärme. Die Nutzung dieser Primärenergieträger ist heute z. T. noch mit erheblichem technischen Aufwand und hohen Kosten verbunden. Intensive Forschungsarbeit auf den Gebiet der regenerativen Energieträger ist deshalb notwendig.

■ Anlagen zur Nutzung der regenerativen Energieträger Sonne, Wind und Wasser sind **Sonnenkollektoren, Solarzellen, Windgeneratoren** und **Wasserkraftwerke**.

▶ Solarzellen liefern die Energie für das abgebildete Solarflugzeug.

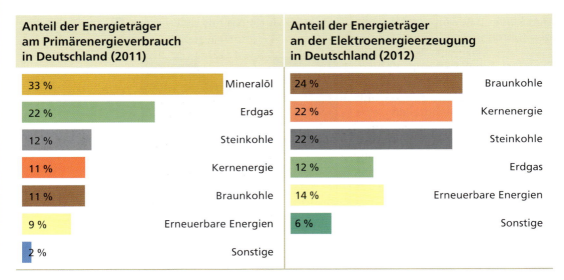

▶ Das Foto zeigt das Wasserkraftwerk Laufenberg am Rhein (Schweiz). Vor ca. 100 Jahren war es das leistungsstärkste Wasserkraftwerk Europas.

Außerdem ist es unerlässlich, dass mit der vorhandenen Energie **rationell** und **sparsam** umgegangen wird. Dabei bedeutet rationelle und sparsame Energieanwendung nicht, dass auf die Nutzung von Energie verzichtet werden muss. Es geht vielmehr darum, dass der gewünschte Nutzen mit einem möglichst geringen Aufwand an Energie erreicht wird. Ein großer Teil der erzeugten und bereitgestellten Sekundärenergie wird bei den Energieumwandlungen in nicht gewünschte thermische Energie umgewandelt. Dabei wird wertvolle elektrische oder chemische Energie in wertlose thermische Energie umgesetzt und damit entwertet. Energieumwandlungen sind deshalb mit Energieverlusten verbunden.

Neben der Vermeidung eines unnötigen Energieverbrauchs sowie der Verbesserung des Wirkungsgrads (↗S. 131) von Anlagen und Geräten ist die Nutzung der großen Energieverluste für andere Zwecke **(Energierückgewinnung)** eine wichtige Möglichkeit der rationellen Energieanwendung.

- Anlagen zur Energierückgewinnung sind z. B. **Wärmepumpen,** deren Prinzip als Umkehrung eines **Kühlschranks** angesehen werden kann (↗S. 189).

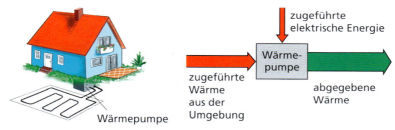

Mit solchen Wärmepumpen entzieht man dem Erdreich, dem Grundwasser oder der Luft Wärme und nutzt sie zur Heizung von Räumen.

Die Energie von Sonne, Wind und Wasser kann auch „gekoppelt" genutzt werden. Bei der abgebildeten Anlage ist das Kernstück ein Pumpspeicherkraftwerk. Die zum Hochpumpen erforderliche Energie wird z. T. aus Windkraft gewonnen und z. T. durch Solarzellen bereitgestellt.

Das Hauptproblem besteht bei Solarzellen und Windkraftanlagen darin, dass sie im Vergleich zu herkömmlichen Kraftwerken nur eine relativ geringe Menge an Energie bereitstellen können und diese Energiebereitstellung darüber hinaus von äußeren Bedingungen (Wind, Sonne) abhängig ist.

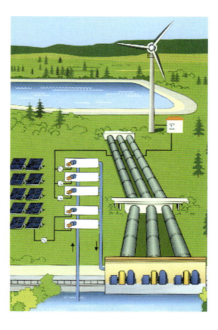

Perspektiven der Energiegewinnung

Die zu erwartende weitere Steigerung des Energiebedarfs der Menschheit (↗ S. 367) stellt die Frage nach den Vorräten fossiler Energieträger sowie nach den Möglichkeiten der Nutzung erneuerbarer Energien.

▶ Reserven sind der Teil der Ressourcen, die nach heutigen Erkenntnissen vorhanden und z. Z. wirtschaftlich gewinnbar sind.

Bei den fossilen Energieträgern muss zwischen **Reserven** und **Ressourcen** unterschieden werden.

Energieträger	Reserven	Reichweite
Erdgas	149 032 Mrd. m^3	65 Jahre
Erdöl	147 110 Mio. t	44 Jahre
Kohle	595 Mrd. t SKE	185 Jahre

Die begrenzte Nutzbarkeit nicht erneuerbarer Energieträger sowie ökologische Gesichtspunkte erfordern die verstärkte Nutzung erneuerbarer Energien.

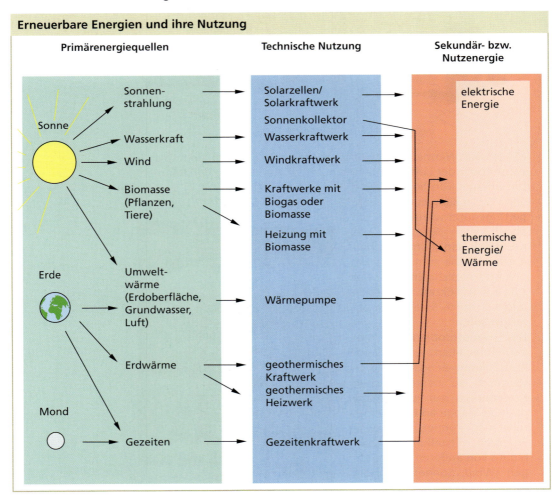

Erneuerbare Energien und ihre Nutzung

Energie in Natur und Technik

Energie E ist die Fähigkeit eines Körpers, mechanische Arbeit zu verrichten, Wärme abzugeben oder Licht auszusenden.

Die Umwandlung und Nutzung von Energie ist meist mit ihrer **Entwertung** verbunden. Entwertung von Energie heißt: Bei Umwandlung und Nutzung entstehen Energieformen, die für uns im Weiteren nicht mehr nutzbar sind. Bei allen Energieumwandlungen gilt stets der **Energieerhaltungssatz**:

> In einem abgeschlossenen System ist die Summe aller Energien konstant. Energie kann weder erzeugt noch vernichtet werden.
>
> $E_{gesamt} = E_1 + E_2 + E_3 + \ldots = \text{konstant}$ oder $\Delta E_{gesamt} = 0$

Die Vorgänge der Energieumwandlung und der Energieübertragung von einem Körper auf andere können mithilfe von **Energieflussdiagrammen** dargestellt werden.

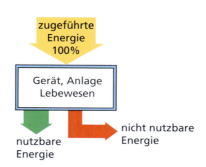

Zur langfristigen Sicherung unserer Energieversorgung ist es notwendig, in größerem Umfang als bisher **erneuerbare Energien** (Sonnenenergie, Energie von Wind und Wasser, Erdwärme, Biomasse) zu nutzen.

Beachte: Zur sinnvollen und effektiven Nutzung von Energie kann jeder Einzelne seinen Beitrag leisten. Das ist zugleich ein Beitrag zur Erhaltung unserer natürlichen Lebensbedingungen.

Referate

▶ Diesen Vortrag kannst du einleiten, indem du Seifenblasen durch den Klassenraum pustest. Alternativ kannst du auch ein Foto oder ein Video von Seifenblasen zeigen.

Warum schillern Seifenblasen farbig?

Bei diesem Referat bietet es sich an, eine Präsentation vorzubereiten oder ein Plakat zu gestalten. Für ein Plakat stelle die Folien und die Texte so zusammen, dass klar wird, was zusammengehört und was aus welchen anderen Elementen folgt. Verwende dazu kennzeichnende Farben, Pfeile und Nummerierungen.

Zuerst möchte ich euch erklären, wie eine Seifenblase aufgebaut ist. Seifenmoleküle haben eine wasserfreundliche Seite, diese nennt man **hydrophil**. Die andere Seite meidet Wasser nach Möglichkeit, diese nennt man **hydrophob**.
Da Seifenmoleküle danach streben, ihr hydrophiles Ende mit Wasser in Berührung zu bringen und das hydrophobe Ende möglichst aus dem Wasser herauszuhalten, lagern sie sich auf einer Wasseroberfläche in einer Schicht an, und zwar so, dass ihre hydrophilen Enden ins Wasser ragen und die hydrophoben Enden in die Luft.

▶ Zeige eine Folie, anhand derer du den Aufbau einer Seifenblase erläuterst.

▶ Benutze einen Zeigestock oder Laserpointer, um auf der Folie zu zeigen, über welches Detail du gerade sprichst.

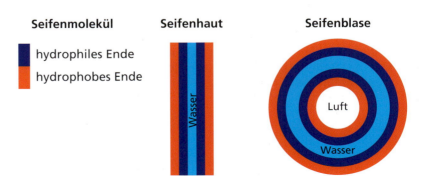

Warum schillern Seifenblasen farbig?

Seifenlauge besteht aus Seife und Wasser. Taucht man einen Ring hinein, bildet sich im Ring eine Haut, in der zwischen zwei Schichten aus Seifenmolekülen eine Schicht Wasser eingeschlossen ist. Bläst man nun in den Ring, wird die Seifenhaut gedehnt, bis sie abreißt und eine Kugelschale bildet, in deren Innern Luft eingeschlossen ist.

Woher kommen nun die Farben auf der Seifenblase?

Wenn Farben zu sehen sind, hat das immer etwas mit Licht zu tun. Als Nächstes erkläre ich daher einige Eigenschaften von Licht. Licht ist eine elektromagnetische **Welle.** Für uns ist an dieser Stelle nur wichtig, dass Licht eine Welle ist. Wellen haben Wellenberge und Wellentäler, die man auch Maxima und Minima nennt. Wenn sich zwei Wellen überlagern, addieren sich die Auslenkungen. Das bedeutet, treffen zwei Wellenberge aufeinander, verstärken sie sich zu einem höheren Wellenberg oder Maximum, ebenso ergeben zwei Wellentäler ein tieferes Wellental oder Minimum. Trifft ein Maximum auf ein Minimum, schwächt je nach Größenverhältnis das eine das andere ab. Sind beide betragsmäßig gleich groß, heben sie sich gegenseitig auf – die überlagerte Welle hat an dieser Stelle keinen Ausschlag mehr.
Eine solche Überlagerung von mehreren Lichtwellen mit Bereichen der Verstärkung und der Auslöschung nennt man **Interferenz.**

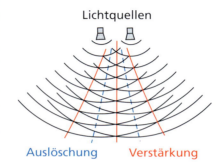

▶ Zeige eine Folie, anhand derer du die Überlagerung von Wellen erklären kannst.

▶ Benutze wieder einen Zeigestock oder Laserpointer, um auf der Folie zu zeigen, über welches Detail du gerade sprichst.

▶ Wenn du einen Pointer verwendest, achte darauf, niemanden damit anzuleuchten – dies kann zu Augenschäden führen.

Was geschieht nun, wenn Licht auf die Seifenblase fällt?

Fällt Licht auf die Haut einer Seifenblase, trifft es zunächst auf die Vorderseite der Seifenhaut. Dort wird ein Teil des Lichts **reflektiert,** der Rest tritt in die Haut ein.
Auf seinem weiteren Weg trifft es dann auf die Rückseite der Seifenhaut, hier kommt es zum zweiten Mal zu einer Reflexion. Das an der Rückseite reflektierte Licht läuft wieder nach vorn zur Vorderseite der Seifenhaut und tritt durch diese hindurch wieder in die Luft.

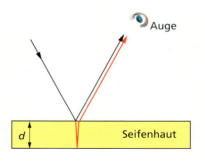

▶ Zeige auf deiner nächsten Folie, wie Licht auf eine Seifenhaut fällt und reflektiert wird.

Wenn das Licht von Luft in die Seifenhaut eintritt, wird es auch gebrochen, ebenso, wenn es von der Seifenhaut wieder in die Luft eintritt. Die Brechung spielt für das grundsätzliche Verstehen des Vorgangs aber keine Rolle.
Entscheidend für die Entstehung der Farben sind die beiden reflektierten Anteile des Lichts. Diese beiden treffen im Raum vor der Seifenhaut wieder aufeinander und überlagern sich hier.

Wie überlagern sich die beiden reflektierten Lichtwellen?

▶ Zeige an dieser Stelle noch einmal die Folie, auf der die Überlagerung der Lichtwellen skizziert ist. Diese solltest du dann auch doppelt in deinen Vortrag einbauen, damit du nicht hin und her klicken musst, sondern die Folien der Reihe nach zeigen kannst.

Das an der Rückseite reflektierte Licht musste zweimal die Seifenhaut durchqueren, hat also einen längeren Weg zurückgelegt als das an der Vorderseite reflektierte Licht. Seine Maxima und Minima werden daher gegenüber dem an der Vorderseite reflektierten Licht **verschoben** sein. Wenn sich beide Lichtwellen überlagern, kann es deshalb zu Verstärkung oder Abschwächung kommen, je nachdem, wie stark die beiden reflektierten Wellen gegeneinander verschoben sind. Beträgt die Verschiebung genau eine Wellenlänge oder ein Vielfaches davon, verstärken sich beide, da dann Maxima und Maxima aufeinandertreffen. Ist die Verschiebung um eine halbe Wellenlänger größer oder kleiner, kommt es zu einer Abschwächung, weil jetzt Maxima und Minima aufeinandertreffen. Wie groß die Verschiebung zwischen den beiden reflektierten Wellen ist, hängt ab von:

▶ Schreibe diese drei Bedingungen auf eine weitere Folie und zeige sie an dieser Stelle.

– **Wellenlänge**
– **Dicke der Seifenhaut**
– **Blickwinkel**

Welche Bedeutung hat die Wellenlänge?

▶ Zu diesem Absatz zeige eine Folie, die den Zusammenhang zwischen Wellenlänge und Farbe verdeutlicht.

Licht unterschiedlicher Wellenlängen nehmen wir als unterschiedliche **Farben** wahr – rotes Licht hat eine größere Wellenlänge als grünes, welches eine größere Wellenlänge als gelbes hat. Blaues Licht hat die kleinste Wellenlänge.
Von der Wellenlänge hängt ab, wie viele Wellenlängen in die Schicht „passen".
Wenn eine Seifenhaut gerade die passende Dicke hat, dass für blaues Licht die beiden reflektierten Wellen sich verstärken, ist die blaue Farbe im reflektierten Licht besonders stark enthalten. Für die anderen Farben kommt es

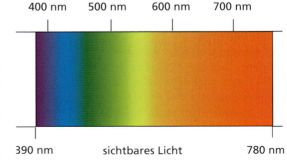

dann gerade *nicht* so hin, dass sich beide reflektierten Wellen maximal verstärken. Die anderen Farben sind im reflektierten Licht daher schwächer enthalten. Da es das reflektierte Licht ist, was uns in die Augen fällt, sehen wir die Seifenblase deshalb blau.

Welchen Einfluss hat die Dicke der Seifenhaut?

Die Dicke der Seifenhaut bestimmt die Länge des Weges, die das Licht zurücklegen muss.
Zudem ist die Seifenhaut nicht immer gleich dick: Wegen der Schwerkraft fließt das Wasser zwischen den Seifenschichten nach unten, dadurch wird die Seifenhaut im oberen Teil der Blase dünner, weshalb die Blase irgendwann platzt.
Da sich die Dicke und mit ihr die Weglänge des Lichts ändert, verstärken sich immer andere Farben – die Farben der Seifenblase wechseln.

Wieso wirkt sich der Blickwinkel aus?

Je nachdem, wie schräg man auf die Seifenhaut schaut, ist der Weg durch die Seifenhaut in Richtung Auge länger oder kürzer. Fällt bei dem einen Blickwinkel die Farbe Blau weg, ist dies bei einem anderen Blickwinkel vielleicht Gelb oder Rot. Da die Seifenblasen sich bewegen, ändert sich der Blickwinkel ständig und es geraten immer wieder andere Farben ins Blickfeld – die Seifenblase schillert in wechselnden Farben.

▶ Nutze an dieser Stelle eine Folie, die verdeutlicht, wie der Blickwinkel die Länge des Lichtweges beeinflusst.

▶ Bereite eine Folie vor, auf der du die Ergebnisse knapp zusammenfasst.

Fassen wir das alles noch einmal zusammen: Warum schillern Seifenblasen farbig?

- Zwei reflektierte Lichtwellen überlagern sich.
- Wellenlänge, Schichtdicke, Blickwinkel bestimmen, welche Farben sich verstärken.
- Schichtdicke und Blickwinkel ändern sich, damit ändern sich auch die Farben.

▶ Weitere Referate, die unter www.duden.de/Basiswissen-5-bis-10-Klasse.de angeboten werden:

- Wie entsteht eine Fata Morgana?
- Kann man mit Löschwasser die Küche in Brand setzen?
- Beschreiben Bauernregeln Gewitter richtig?
- Himmelblau und Morgenrot – warum hat der Himmel Farben?
- Warum saugt sich ein Handtuch voll?

Kann eine Kompassnadel auch nach Süden zeigen?

▶ Mache dich vor dem Vortrag damit vertraut, wie ein Kompass funktioniert, damit du im Notfall die Nordrichtung auch selbst bestimmen kannst, wenn sich niemand dazu bereit erklärt.

Bei diesem Referat bereite am besten einen Vortrag vor, um deinem Publikum das Thema zu erklären. Zeige zu Beginn deines Vortrags einen Kompass. Bitte einige Mitschüler oder Mitschülerinnen, mit dem Kompass die Nordrichtung zu finden.

Mit einem Kompass kann man sich orientieren, weil sich die Kompassnadel nach Norden ausrichtet. Das Thema meines Vortrags ist nun:

Kann eine Kompassnadel auch nach Süden zeigen?

▶ Wenn du an deiner Schule einen Stabmagneten zur Verfügung hast, kannst du dessen Magnetfeld auch mit Eisenfeilspänen zeigen. Diese richten sich entlang der magnetischen Feldlinien aus.

▶ Besprich immer mit deinem Lehrer oder deiner Lehrerin, ob deine geplanten Versuche möglich sind, und probiere alle Versuche auf jeden Fall vor dem Vortrag aus!

Um diese Frage zu beantworten, müssen wir zunächst wissen, dass eine Kompassnadel ein Magnet ist. Magnete sind Körper, die andere Magnete und Stoffe mit magnetischen Eigenschaften anziehen oder abstoßen. Ein Magnet besitzt zwei Pole, **Südpol** und **Nordpol**. Gegensätzliche Pole zweier Magneten ziehen sich an – dabei macht sich die Kraftwirkung bereits in einiger Entfernung vom Magneten bemerkbar. Dafür sorgt das **magnetische Feld,** das jeden Magneten umgibt. Man stellt ein Magnetfeld durch Feldlinien dar, wie bei dem abgebildeten Stabmagneten. Bringt man einen solchen Stabmagneten in das Magnetfeld eines anderen Magneten, richtet er sich nach diesem aus. Sein Südpol dreht sich zum Nordpol des zweiten Magneten, sein Nordpol zu dessen Südpol. Wenn eine Kompassnadel ein Magnet ist, der sich ausrichtet, muss also auch die Erde ein Magnetfeld haben.

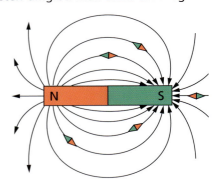

Wo liegen die magnetischen Pole der Erde?

Wenn man auf der Erde von Nordpol und Südpol spricht, meint man in der Regel die geografischen Pole. Die Erde dreht sich ja um sich selbst, als würde sie sich um eine Achse drehen, die einmal durch sie hindurchgeht. Die Punkte, an denen diese Achse die Erdoberfläche durchstoßen würde, sind die geografischen Pole – der Nordpol in der Arktis, der Südpol in der Antarktis.

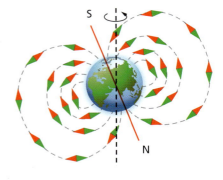

Die Erde ist aber auch ein Magnet und ihre magnetischen Pole liegen in der Nähe der geografischen Pole. **Dabei liegt jedoch der magnetische Südpol beim geografischen Nordpol** und umgekehrt.
Die Kompassnadel richtet ihren Nordpol zum magnetischen Südpol der Erde aus und zeigt so nach Norden – und zwar so lange, wie dort der magnetische Südpol der Erde liegt.
Es hat Zeiten gegeben, in denen das Erdmagnetfeld umgekehrt war und der magnetische Nordpol im Norden lag.

Woher weiß man, dass das Erdmagnetfeld sich früher mehrmals umgedreht hat?

Die Umkehr des Erdmagnetfeldes erkennt man an der Magnetisierung von Gesteinen.
Ein magnetisierbares Material wie Eisen besteht aus lauter winzigen Magneten, den **Elementarmagneten**.
Die Elementarmagnete sind völlig ungeordnet, sodass ihre Magnetfelder sich gegenseitig aufheben und das Eisen nach außen nicht magnetisch ist. Bringt man das Eisen in ein Magnetfeld, richten sich die Elementarmagnete nach dem Magnetfeld aus und weisen alle in dieselbe Richtung. Ihre Magnetfelder addieren sich und das Eisen ist als Ganzes magnetisch.

Es gibt auch Gesteine, die so magnetisiert werden können. Sollen deren Elementarmagnete ausgerichtet werden, müssen die Gesteine weich genug sein – sie müssen heiß sein. Heiße Gesteine findet man als Lava bspw. bei Vulkanausbrüchen. Zudem sind die Ozeanböden von langen Rissen durchzogen, an denen Lava austritt. Die Lava lagert sich an den Rändern des Risses an. Dabei wird sie vom Erdmagnetfeld magnetisiert. Sie verfestigt sich und bildet neuen Ozeanboden, an den sich dann wieder Lava anlagert. Wenn das Gestein abkühlt und hart wird, bleibt seine Magnetisierung erhalten.
Damit hat auch der neu gebildete Ozeanboden eine Magnetisierung. Diese Magnetisierung bildet auf beiden Seiten der Risse ein **Streifenmuster**: Streifen, deren Magnetisierung in die Richtung des Erdmagnetfeldes weist, wechseln sich ab mit Streifen, die genau verkehrt herum magnetisiert sind.

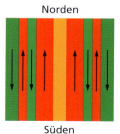

▶ Demonstriere die Magnetisierung von Eisen in einem Experiment: Streiche mit einem Magneten mehrfach über eine Büroklammer aus Eisen. Diese wird dadurch magnetisiert. Nun füllst du Wasser in eine Schale und legst die Büroklammer vorsichtig so auf das Wasser, dass sie schwimmt. Sie richtet sich wie eine Kompassnadel in Nord-Süd-Richtung aus. Du kannst an dein Publikum die Frage richten, wo sich wohl der magnetische Nordpol der Klammer befindet.

▶ In der Diskussion könnte jemand darauf kommen, dass an so einem Riss immer neuer Ozeanboden gebildet wird und dass demzufolge der Ozean immer größer wird. Die Oberfläche der Erde vergrößert sich aber nicht insgesamt – stattdessen wird an manchen Ozeanrändern auch wieder Ozeanboden im Erdinnern verschluckt.

Was bedeutet das Streifenmuster der Magnetisierung?

Wenn Gestein magnetisiert wird, indem sich die Elementarmagnete im Erdmagnetfeld ausrichten, bedeutet das Streifenmuster, dass es Zeiten gab, in denen das Erdmagnetfeld andersherum gepolt war als heute. Um zu verstehen, wie das möglich ist, müssen wir uns ansehen, wie das Erdmagnetfeld entsteht.

▶ Wenn möglich, führe deinem Publikum einen Elektromagneten vor.

Wenn dies nicht geht, suche im Internet ein Video zu Aufbau und Funktion des Elektromagneten, das du zeigen kannst. Denke daran, dass ein Video nicht zu lang sein sollte.

Die Kompassnadel oder der Stabmagnet sind **Permanentmagnete**, die aus magnetisiertem Eisen bestehen. Der Begriff „Permanentmagnet" bedeutet „Dauermagnet" und deutet darauf hin, dass sich die Magnetisierungsrichtung dieser Magnete nicht umdreht. Im Innern der Erde wird also kein Permanentmagnet stecken.

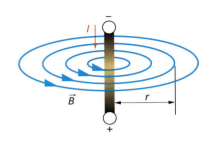

Aber auch ein elektrischer Strom hat ein Magnetfeld. Wickelt man einen stromdurchflossenen Draht zu einer Spule auf, hat diese ein Magnetfeld, das dem eines Stabmagneten ähnlich ist. Die Spule ist ein **Elektromagnet**. Da eine Spule nur dann magnetisch ist, wenn ein Strom in ihr fließt, kann man einen Elektromagneten auch abschalten. Zudem kehrt sich die Magnetisierung eines Elektromagneten um, wenn man die Stromrichtung umkehrt.

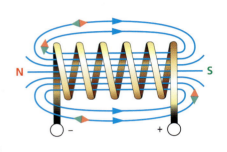

A

Wo kann im Erdinnern ein Elektromagnet versteckt sein?

▶ Du kannst eine solche Strömung vorführen, indem du mit einer Spritze Tinte unten in ein wassergefülltes hitzebeständiges Glas gibst. Das Glas stellst du dann auf ein Stövchen und zündest ein Teelicht im Stövchen an. Die Hitze der Flamme lässt die Tinte im Wasser aufsteigen. Man sieht, wie die Tinte an der Oberfläche des Wassers wieder absinkt.

Im Zentrum der Erde sitzt der **Erdkern**, der überwiegend aus Eisen besteht. Im äußeren Bereich des Erdkerns ist das Eisen geschmolzen.
Eisen ist zwar magnetisierbar, aber wenn man es stark erhitzt, geht die Magnetisierung verloren. Der Erdkern ist zu heiß, sodass das Eisen nicht magnetisiert ist. Wie genau sich im Erdkern stattdessen das Erdmagnetfeld bildet, weiß man noch nicht. Ich stelle hier die wahrscheinlichste Theorie vor:
Der innere Erdkern ist heißer als der äußere, sodass die Eisenschmelze von unten erhitzt wird und aufsteigt. An der Grenze zum kühleren Erdmantel kühlt sie ab und sinkt nach unten. Dort wird sie wieder aufgeheizt und steigt von Neuem auf. So entsteht eine kreisförmige Strömung, die zusätzlich durch die Erddrehung verdreht wird.

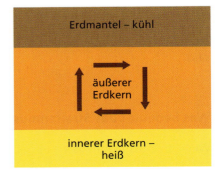

Eisen ist elektrisch leitfähig, weil es Elektronen als freie Ladungsträger enthält. Ist nun zufällig bei der Entstehung der Erde ein schwaches Magnetfeld in der Umgebung aufgetaucht, strömte die Eisenschmelze und mit ihr die freien Ladungsträger durch dieses Magnetfeld. Auf Ladungsträger wirkt in einem Magnetfeld die **Lorentzkraft.** Diese Kraft verschiebt die Elektronen und erzeugt so eine Ladungstrennung in der strömenden Eisenschmelze. Damit wird eine elektrische Spannung und mit ihr ein elektrischer Strom **induziert.** Der Strom ist von einem Magnetfeld umgeben.

Das Erdmagnetfeld ist nach dieser Theorie das Magnetfeld der elektrischen Ströme, die in der Eisenschmelze induziert wurden.

Wenn diese elektrischen Ströme in der Eisenschmelze hin und wieder ihre Richtung ändern, ändert auch das Erdmagnetfeld seine Richtung. In den letzten etwa 100 Mio. Jahren hat sich das Erdmagnetfeld im Durchschnitt alle 250 000 Jahre umgepolt, das heißt, Nord- und Südpol haben ihre Position getauscht. Die letzte Umpolung ist allerdings schon 786 000 Jahre her.

▶ Wenn du keine Möglichkeit für dieses Experiment hast, suche im Internet nach Videos dazu; nutze das Stichwort „Konvektion", so heißt diese Art Strömung.

▶ Wenn man einen Leiter im Magnetfeld hat, kann man eine Spannung induzieren, indem man entweder den Leiter bewegt oder das Magnetfeld ändert. Zur letzteren Variante gibt es etliche Videos im Internet, mit denen du die Induktion einer Spannung zeigen kannst.

Wie lautet dann die Antwort auf die Eingangsfrage?

Da die letzte Umpolung des Erdmagnetfeldes vor 786 000 Jahren war, hätte die Kompassnadel vor 800 000 Jahren nach Süden gezeigt.

▶ Weitere Referate, die unter www. duden.de/Basiswissen-5-bis-10-Klasse.de angeboten werden:

– Wie entsteht eine Fata Morgana?
– Kann man mit Löschwasser die Küche in Brand setzen?
– Beschreiben Bauernregeln Gewitter richtig?
– Himmelblau und Morgenrot – warum hat der Himmel Farben?
– Warum saugt sich ein Handtuch voll?

Register

A

Abbildungsfehler 296
Abbildungsgleichung 298
Abbildungsmaßstab 298
abgeschlossenes System 187
Abschirmung
– magnetische 234
Absorptions-Linienspektrum
321
Absorptionsspektrum 321
Abstimmkreis 253, 260
Abstoßung 238
Addition von Größen 21
additive Farbmischung 323
Adhäsion 76
Adhäsionskräfte 76
Aggregatzustände 74
Aggregatzustandsänderung
194
Akkumulator 199, 265
Aktivierungsenergie 364
Aktivität 342
Aktivität einer radioaktiven
Substanz 22
Alltagsbegriffe 19
Altersbestimmung 337, 346
Altersweitsichtigkeit 305
Aluminiumatom 328
AMONTONS, GUILLAUME 176
AMPÈRE, ANDRÉ-MARIE 206
Amperemeter 206
Amplitude 22, 140
Amplitudenmodulation 259
Anion 196, 265
Anlagen
– hydraulische 157
Anomalie des Wassers 173
Anpassung 223
Anpresskraft 106
Antenne 225
Anwenden physikalischer
Gesetze 34
Anziehung 238
Äquivalentdosis 22, 342,
343, 344
Arbeit 19, 22, 229
– Arten 125
– elektrische 22, 216
– mechanische 22, 123, 132

ARCHIMEDES 158
archimedisches Gesetz 158,
162
Art der Bewegung 79
Arten mechanischer Arbeit
125
Assimilationsvorgang 365
Astronomie 13
Atmung 365
Atom 74, 196, 328
atomare Masseeinheit 330
Atombombe 335, 350
Atomhülle 328
Atomkern 328
Atommasse 22, 330
– relative 22
Atommodell 328
Atomphysik 354
Auflagedruck 116
Auftrieb 158, 160, 162
– dynamischer 161
– statischer 158
Auftriebskraft 96, 97, 158
Auge
– menschliches 302
Augenblicksbeschleunigung
83
Augenblicksgeschwindigkeit
82
Ausbreitung von Licht 276
Ausbreitungsgeschwindig-
keit 23, 140, 141, 146,
256
Ausgleichskurve 66
Auslenkung 22, 134, 140
Außenpolmaschine 244
Auswertung von Messreihen
54

B

Bahn 79
Bahnform 79
Balkenwaage 71
ballistische Kurve 93
Bandgenerator 199
Barometer 156
Basis 272
Basiseinheiten 22
Basis-Emitter-Spannung 272

Basisstrom 272
Batterie 199, 265
Bauteil 201
BECQUEREL, HENRI 333, 342
Bedeutung einer Größe 20
Begriff 18
Begründen 47
belasteter Transformator
245
beleuchtete Körper 276
Beleuchtungsstärke 22
Belichtungsmesser 269
BENZ, CARL 190
Beobachten 49
Beobachtung 31
– direkte 50
– indirekte 50
– mittelbare 50
– unmittelbare 50
BERNOULLI, DANIEL 160
bernoullisches Gesetz 160
beschleunigte Bewegung
94
Beschleunigung 22, 83, 94
Beschleunigungsarbeit 125,
128, 132
Beschleunigungsmesser 83
Beschreiben 31, 42
Bestrahlungsverfahren 347
Beugung 142, 262, 315, 326
Beugungsspektrum 318
Bewegung 78, 80
– Arten 79, 80
– Bahnformen 79
– beschleunigte 94
– brownsche 74
– Formen 79
– geradlinige 79
– gleichförmige 80, 82, 94
– gleichförmig geradlinige
84
– gleichmäßig beschleu-
nigte 83, 87, 94
– im rechten Winkel
zueinander 91
– in beliebigem Winkel
zueinander 91
– in entgegengesetzter
Richtung 91

- in gleicher Richtung 91
- krummlinie 79
- ungleichförmige 80, 82
- ungleichmäßig beschleunigte 83
Bewegungsänderung von Körpern 96
Bewegungsart 79
Bezugssystem 78
Bild
- reelles 286, 300
- scharfes 298
- scheinbares 285, 300
- unscharfes 298
- virtuelles 285, 300
- wirkliches 286, 300
Bildentstehung 284
Bildgröße 298
Bildkonstruktion 287, 300, 301
Bimetallschalter 43
Bimetallthermometer 166
Biologie 12
biologische Oxidation 365
biologische Wirkung 345
Blitz 229
Blitzlichtgerät 231
Blitzschutzanlage 229
BOHR, NIELS 329
BOYLE, ROBERT 176
BRAUN, KARL FERDINAND 267
braunsche Röhre 267
Brechkraft 22, 305
Brechung 142, 262, 288, 292, 294, 311
Brechungsgesetz 142, 257, 288, 289
Brechwert 22, 305
Brechzahl 289
Brennpunkt 283, 295
Brennpunktstrahl 285, 286, 297, 311
Brennstoffstäbe 349
Brennweite 22, 295
Brille 305
BROWN, ROBERT 74
brownsche Bewegung 74
BUNSEN, ROBERT WILHELM 320

C

C-14-Methode 337, 346
C-Dur-Tonleiter 147
CELSIUS, ANDERS 164
Celsiusskala 164, 193
Chemie 12
chemische Energie 357
chemische Reaktion 364
- endotherme 364
- exotherme 364
chemisches Element 19
chemische Wirkung 201
CLAUSIUS, RUDOLF 362
COULOMB, CHARLES AUGUSTIN 197, 329
CURIE, MARIE 333
CURIE, PIERRE 333

D

DAIMLER, GOTTLIEB 190
Dampfmaschine 191
Dampfturbine 189, 192
Darstellen der Messwerte
- in einem Diagramm 55
- in einer Tabelle 54
Darstellung einer Kraft 122
Dauermagnet 225, 233
deduktive Methode 37
Defektelektron 268
Definieren 18, 33, 46
Definition 18
Dehnung 54
Demodulation 260
deutliche Sehweite 303
Diaprojektor 308
Dichte 22, 72, 77
Dichtemesser 73
Dielektrikum 230, 232
Dielektrizitätszahl 232
Dieselmotor 191
Differenzmethode 69
diffuse Reflexion 281
Diffusion 74
Diode 225, 270
Dipol
- elektrischer 228
direkte Beobachtung 50
Dissimilationsvorgang 365
Dissonanzen 147
Dosenbarometer 156
Dosimeterplakette 341

Dotieren 268
Drahtwiderstand 214
Drehbewegung 79
Dreheisenmessgerät 206, 209, 243
Drehkondensator 225, 231
Drehmoment 22
Drehmomentenschlüssel 108
Drehspulinstrument 238
Drehspulmessgerät 206, 209, 243
Drehzahl 22
Druck 22, 150, 160
- in Flüssigkeiten 150
- in Gasen 150
- in Natur und Technik 151
Druckkraft 97
dünne Linse 295
Durchflusszähler 69
Durchführen des Experiments 52
Durchlassrichtung 270
Durchschlagsfestigkeit 22
Durchschnittsgeschwindigkeit 82
Durchstrahlungsverfahren 347
dynamischer Auftrieb 161
Dynamobleche 243
Dynamomaschine 244

E

Ebenen
- geneigte 113
Echolot 148
EDISON, THOMAS ALVA 266
Effekt
- glühelektrischer 266
- lichtelektrischer 266
Effektivwert 250
Eigenerwärmung 264
Eigenfrequenz 137, 253
Eigenleitung 268
Eigenschwingung 253
Einheiten 26
- Vorsätze von 26
Einrichtungen
- kraftumformende 110
Einschalenwaage 71
einseitige Hebel 111

EINSTEIN, ALBERT 74, 266, 336, 352
Einweggleichrichter 271
Eisenfeilspäne 234
elastische Verformung 31, 96
elektrische Arbeit 22, 216
– berechnen 217
– messen 217
elektrische Energie 215, 229, 358
– berechnen 216
– messen 216
elektrische Feldstärke 23, 228
elektrische Haushaltsinstallation 202
elektrische Kapazität 23, 232
– berechnen 232
elektrische Klingel 236, 248
elektrische Kraft 97
elektrische Ladung 23, 197
elektrische Leistung 218
– berechnen 218
– messen 218
elektrische Leitung 201, 264
elektrische Quelle 201, 205
elektrischer Dipol 228
elektrischer Leiter 203, 263
elektrischer Leitungsvorgang 263, 274
– Verlauf 274
– Voraussetzung 274
elektrischer Strom 200
– Wirkung 201, 202
elektrischer Stromkreis 200
elektrischer Widerstand 24, 205, 211, 226
– berechnen 212
– messen 212
– spezifischer 213
elektrisches Feld 210, 227, 339
elektrisches Gerät 201
elektrische Spannung 24, 208, 210, 226, 229
– berechnen 210
elektrisches Schweißen 248
elektrisches Thermometer 166
elektrische Stromstärke 24, 206, 226, 229, 238

– berechnen 207
– messen 206
elektrisch negativ geladen 196
elektrisch neutral 196
elektrisch positiv geladen 196
Elektrizitätszähler 216, 243
Elektroenergieerzeugung 368
Elektrolyse 265
Elektrolyte 265
Elektrolytkondensator 225, 231
Elektrolytkupfer 265
Elektromagnet 235
elektromagnetische Induktion 240, 249
elektromagnetische Schwingung 251
elektromagnetisches Spektrum 261
elektromagnetische Wellen 254, 256, 262, 312
– Eigenschaften 256
Elektromagnetismus 235
Elektromotor 238, 240
Elektron 263, 268, 328, 329, 331
Elektronen
– freie 264
Elektronenleitung
– Modell 203
Elektronenmangel 196
Elektronenmikroskop 309
Elektronenröhre 267
Elektronenstrahlröhre 237, 267
Elektronenüberschuss 196
elektronische Waage 71
Elektroskop 200
Elektrotechnik
– Entwicklung 244
Element
– chemisches 19
Elementarladung 197, 329
Elementarmagnete 233
Elementarteilchen 196
Elemente
– Periodensystem 351
Elongation 134

Emission 266
Emissionsspektrum 321
Emitter 272
Empfänger
– Prinzip 260
Empfangsdipol 259, 260
endotherme chemische Reaktion 364
Energie 23, 356, 371
– chemische 357
– elektrische
– erneuerbare 370, 371
– innere 167
– kinetische 126, 127, 357
– magnetische 358
– mechanische 126, 127, 357
– potenzielle 126, 127, 357
– thermische 357
Energieänderung 229
Energiebetrag 356
Energie der Bewegung 126, 357
Energie der Lage 126, 357
Energie der Sonne 363
Energiedosis 23, 342
Energieentwertung 362, 371
– Gesetz 362
Energieerhaltung 360
Energieerhaltungssatz 371
Energieerhaltungssatz der Mechanik 129, 132
Energieflussdiagramm 371
Energieformen 356
Energiegewinnung
– Perspektiven 370
Energienutzung 366
Energiequelle 356
Energierückgewinnung 369
Energiesparlampe 242
Energieträger 356, 368, 370
– erneuerbare 368
– regenerative 368
Energiezähler 216
Entdeckung
– hertzsche Wellen 258
Entladestrom 231
Entwicklung der Elektrotechnik 244
Erhaltung der Energie
– Gesetz 251, 360

Erhaltung der mechanischen Energie
– Gesetz 360
Erkennen physikalischer Gesetze 31
Erklären 42
Erklärung 33
Erläutern 47
erneuerbare Energie 370, 371
Erregerfrequenz 137, 253
Ersatzschaltplan 222
Erstarren 177, 194
Erstarrungstemperatur 177
erzwungene Schwingung 136, 253
exotherme chemische Reaktion 364
Experiment 10, 32
– Ablauf 52
– Auswertung 52
– Durchführung 52
– Protokoll 53
experimentelle Methode 38
Experimentieren 51

F
Fachbegriffe 19
Fadenpendel 137, 138, 149
FAHRENHEIT, DANIEL 164
Fahrenheitskala 164
Fahrraddynamo 244
Fall
– freier 88
Fallbeschleunigung 23, 88, 89
Faradaykäfig 198
FARADAY, MICHAEL 198, 227, 232, 238, 240, 265
faradaysches Gesetz 265
Farbcode
– internationaler 215
Farbe 313
farbiges Sehen 304
Farbmischung
– additive 323
– subtraktive 324
Farbtafel 324
Farbzerlegung 318
Feder
– gespannte 126

Federkonstante 54
– berechnen 54
Federschwinger 137, 149
Fehlerbalken 66
Fehlerbetrachtung 62
– nach der Messung 66
– vor der Messung 66
Fehlerkästchen 66
Fehlerstromschutzschalter 204, 248
Feld 20
– elektrisches 210, 227, 339
– homogenes 227
– inhomogenes 227
– magnetisches 234, 339
Feldeffekttransistor 273
Feldlinienbild 39, 227, 228, 234, 249
Feldstärke 23
– elektrische 23, 228
– magnetische 23, 235
FERMI, ENRICO 334
Fernglas 309, 310
Fernrohr 309, 310
Fernsehbildröhre 267
Fernsehgerät 248, 267
ferromagnetischer Stoff 233
feste Rolle 114
Festwiderstand 214
FI-Schalter 204
Fixpunkt 165
FIZEAU, HIPPOLYTE 277
Fläche 23
Flächeninhalt 23
Flaschenzug 114
Fliehkraft 104, 119
Flugzeug 161
Flussdichte
– magnetische 235
Flüssigkeit 274
Flüssigkeitsthermometer 165
Formänderung von Körpern 96
Formelzeichen 20
Fotoapparat 307
Fotodiode 271
Fotoelement 225
Fotoemission 266
fotografische Schicht 340
Fotosynthese 365
Fotowiderstand 225, 269

FRAUNHOFER, JOSEPH VON 316, 321
fraunhofersche Linien 321
freie Elektronen 264
freier Fall 88
freie Schwingung 253
Fremderwärmung 264
Frequenz 23, 134, 140, 147, 250, 255, 312
Fresnel-Linse 294

G
GALILEI, GALILEO 115
galileische Methode 38
GALVANI, LUIGI 199
galvanische Spannungs- quelle 225
Galvanisieren 265
Gammastrahlung 261
Gärung 365
Gas 274
– ideales 175
– reales 175
Gase
– klimawirksame 366
Gasentladungslampe 266
Gasthermometer 165
Gate 273
GAU 349
GAY-LUSSAC, JOSEPH LOUIS 176
gedämpfte Schwingung 136, 253
gefühlte Temperatur 165
GEIGER, HANS 341
Geiger-Müller-Zählrohr 341
geladene Körper
– gleichnamig 198
– ungleichnamig 198
Genauigkeitsklasse 64
geneigte Ebene 113
Generator 225, 244
genetische Schäden 345
Geografie
– physische 14
geozentrisches Weltbild 10, 78
geradlinige Bewegung 79
Gerät
– elektrisches 201
Geräusch 144

gerichtete Größe 21, 81, 83
Geschichte der Temperaturmessung 166
geschlossene Pfeife 145
geschlossener Schwingkreis
  251
geschlossener Stromkreis 200
Geschwindigkeit 19, 23, 81,
  94
– kosmische 119
Gesetz 27, 33
– archimedisches 158, 162
– bernoullisches 160
– elektromagnetische
  Induktion 240
– Erhaltung der Ener-
  gie 251
– faradaysches 265
– hookesches 98
– keplersches 119
– lenzsches 241
– newtonsches 101
– ohmsches 220
– Spannungsübersat-
  zung 246
– Stromstärkeübersat-
  zung 246
Gesetzesaussage
– halbquantitative 28
– qualitative 28
– quantitative 28
Gesetz über die Energie-
  entwertung 362
Gesetz von der Erhaltung der
  Energie 360
Gesetz von der Erhaltung
  der mechanischen
  Energie 360
gespannte Feder 126
gesteuerte Kernfusion 336
gesteuerte Kernspaltung 348
gesteuerte Kettenreaktion
  335
Gewichtskraft 23, 96, 97, 104
Gewichtslosigkeit 104
Gewitter 229, 266
Gitter
– optisches 316, 318
glatte Strömung 160
gleichförmige Bewegung 80,
  82, 94

gleichförmige Kreis-
  bewegung 80, 85
gleichförmig geradlinige
  Bewegung 84
Gleichgewicht
– indifferentes 109
– labiles 109, 110
– stabiles 109, 110
gleichmäßig beschleunigte
  Bewegung 80, 83, 87, 94
gleichnamige Magnetpole
  234
gleichnamig geladene
  Körper 198
Gleichspannung 225, 250
Gleichstrom 201
Gleichstromgenerator 244
Gleichstrommotor 238, 239
Gleichstromstärke 250
Gleichungslehre
– Regeln 57
– Verfahren 57
Gleitreibung 105, 106
Glimmlampe 225, 242, 266
glühelektrischer Effekt 266
Glühemission 266
Glühlampe 225
GOETHE, JOHANN WOLFGANG
  VON 156
Goldene Regel der Mechanik
  115
Gravitation 117
Gravitationsgesetz 118
Gravitationskraft 97, 117, 119
GRAY, L. H. 342
Grenzschicht 270
Grenzwinkel 291
grobe Fehler 64
Größe 20, 33
– Addition 21
– Bedeutung 20
– gerichtete 21, 81, 83, 95
– skalare 21
– vektorielle 21, 81, 83, 95
– Wert 20
Grundgesetz
– newtonsches 101, 122
Grundgesetz des Wärme-
  austauschs 186
Grundgleichung der Wärme-
  lehre 168

GUERICKE, OTTO VON 11, 155
Gültigkeitsbedingungen 27
gute Wärmeleiter 182, 183

H

Haftreibung 105, 106
HAHN, OTTO 334
Halbleiter 263, 268
Halbleiterdiode 270
halbquantitative Gesetzes-
  aussage 28
Halbschatten 279
Halbwertszeit 23, 336
HALLWACHS, WILHELM 266
Halogenlampe 248
Hangabtriebskraft 100, 113
harmonische Schwingung
  136
Hauptschlussmotor 239
Haushaltsinstallation
– elektrische 202
Hebel 19, 111
– einseitige 111
– zweiseitige 111
Hebelgesetz 111
Heißleiter 225, 269
Heißluftmotor 191
Heizwert 23, 170
heliozentrisches Weltbild 10,
  78
Heliumsynthese 335
HERTZ, HEINRICH 134, 258
hertzsche Wellen 259, 261
– Entdeckung 258
heuristische Methoden 39
HF-Schwingung 259
Hochfrequenzerwärmung
– induktive 254
– kapazitive 254
Hochfrequenz-Schwingung
  259
Höhe 23
Hohlspiegel 282
– kugelförmiger 282, 285
– parabolischer 282
homogenes Feld 227
HOOKE, ROBERT 98
hookesches Gesetz 98
Hörbereich 143
Hubarbeit 125, 128, 132
Hubkraft 96

HUYGENS, CHRISTIAAN 142
huygenssches Prinzip 142
hydraulische Anlagen 157
hydrostatisches Paradoxon 154
Hypothese 38

I

idealer Transformator 245
ideales Gas 175
ideelles Modell 29
Impuls 120
Impulserhaltungssatz 121
indifferentes Gleichgewicht 109
indirekte Beobachtung 50
Induktion
 – elektromagnetische 240, 249
Induktionsgesetz 28, 240, 249
Induktionsschleife 241
Induktionsspannung 240
Induktionsstrom 241
Induktionszähler 243
induktive Hochfrequenz-erwärmung 254
induktive Methode 36
induktiver Widerstand 25
Induktivität 23, 242
Influenz 199
Informationsübertragung 292
infrarotes Licht 261, 313
Infraschall 143
inhomogenes Feld 227
inkompressibel 152
Innenpolmaschine 244
Innenwiderstand 223
innere Energie 167
Interferenz 141, 142, 257, 262, 315, 326
Internationaler Farbcode 215
Internationales Einheiten-system 70
Interpretieren von Gleichun-gen und Diagrammen 48
Intervall
 – musikalisches 147
Ion 196, 263, 264
ionisierende Strahlung 345

Isolation 203
Isolator 203, 263
Isotop 331, 332
I-*U*-Kennlinie 263, 269
I-ϑ-Diagramm 269

J

JOLIOT-CURIE, FREDERIC 334
JOLIOT-CURIE, IRENE 334
JOULE, JAMES PRESCOTT 123, 129, 167, 215, 356, 360

K

Kaltleiter 225, 269
Kapazität 23
 – elektrische 23, 232
kapazitive Hochfrequenz-erwärmung 254
kapazitiver Widerstand 25
Kapillarität 76
Kation 196, 265
KELVIN, LORD 164
Kelvinskala 164, 193
Kennlinie 214
KEPLER, JOHANNES 310
keplersche Gesetze 119
Keramikkondensator 230
Kernenergie 358
Kernfusion 335, 354
 – gesteuerte 336
 – ungesteuerte 336
Kernkraftwerk 335, 348
Kernphysik 354
Kernreaktion 338
Kernschatten 279
Kernspaltung 334, 354
 – gesteuerte 348
Kernumwandlung 333
 – künstliche 334
Kernwaffen 350
Kettenreaktion 335
 – gesteuerte 335
 – ungesteuerte 335
Kilowattstundenzähler 216
kinetische Energie 126, 127, 357
KIRCHHOFF, GUSTAV ROBERT 320
Klang 144
Klassifizieren 46
Klemmenspannung 209, 223

klimawirksame Gase 366
Klingel 225
 – elektrische 236, 248
Knall 144
Kohäsion 76
Kohäsionskräfte 76
Kohlenstoffdioxid 366
Kolbendruck 152
Kollektor 272
Kollektorstrom 272
Kompass 235
Komplementärfarben 322
kompressibel 152
Kondensationstemperatur 179
Kondensationswärme 179, 180
Kondensator 225, 230
Kondensieren 179, 194
Konkavlinse 294
Konsonanzen 147
Konstantan 214, 263
Konstantspannungsquellen 270
Kontaktlinse 305
kontinuierliches Spektrum 318, 320
Konvektion 182, 184
Konvexlinse 294
Körper
 – beleuchtete 276
 – Bewegungsänderung 96
 – Formänderung 96
 – sich bewegende 126
Körperfarben 325
körperliche Tätigkeit 131
kosmische Geschwindigkeit 119
kosmische Strahlung 261
Kraft 23, 54
 – Arten 95, 97
 – Darstellung 122
 – elektrische 97
 – Kennzeichnung 95
 – magnetische 97
 – Wirkung 95, 96, 122
 – Zerlegung 100, 122
 – Zusammensetzung 99
Kraftmoment 22
kraftumformende Einrichtungen 110

Kraftwirkung
- entgegengesetzte Richtung 99
- gleiche Richtung 99
- im rechten Winkel zueinander 99
- in beliebiger Richtung zueinander 99
Kreisbewegung 79
- gleichförmige 80, 85
Kreisfrequenz 135
kritische Masse 349
krummlinige Bewegung 79
Küchenwaage 71
kugelförmiger Hohlspiegel 285
Kugelspiegel 282
Kühlschrank 189, 369
künstliche Kernumwandlung 334
Kurve
- ballistische 93
Kurzschluss 204, 223, 245, 246
Kurzschlussschaltung 204
kurzsichtig 305
Kurzwelle 254

L

labiles Gleichgewicht 109, 110
Ladestrom 231
Ladung 23
- elektrische 23, 197
Ladungsausgleich 198
Ladungsteilung 198
Ladungstrennung 198, 199
laminare Strömung 160
Länge 23
Längenausdehnungs-koeffizient 24, 175
Längswellen 139, 140
Lärm 146
Laserlicht 314
Lasthebemagnet 236
Lautsprecher 225, 238
Lautstärke 24, 145
Lautstärkepegel 24
LAVAL, GUSTAV DE 192
LED 225
Leerlauf 204, 209, 223, 246
Leerlaufschaltung 204

Leerlaufspannung 209
Leistung 19, 24
- elektrische 218
- maximale 223
- mechanische 130
- thermische 171
Leistungsmesser 218, 225
Leiter
- elektrischer 203, 263
- stromdurchflossener 237
Leitung
- elektrische 201, 264
Leitungsvorgang
- elektrischer 263, 274
Leitungsvorgänge 268
LENZ, HEINRICH FRIEDRICH EMIL 241
lenzsches Gesetz 241
Leuchtdiode 271
Leuchtstofflampe 242, 266
Licht 279
- Ausbreitung 276
- infrarotes 261, 313
- sichtbares 261
- ultraviolettes 261, 313
Lichtbündel 277
Lichtdurchlässigkeit 278
lichtelektrischer Effekt 266
Lichtemitterdiode 271
Lichtenergie 358
Lichtgeschwindigkeit 256, 277, 312
Lichtquelle 276
- ausgedehnte 279
- Entwicklung 276
- punktförmige 279
Lichtstrahl 277, 317
Lichtwelle 314, 317
Lichtwirkung 201
Linien
- fraunhofersche 321
Linienspektrum 320
Linse 295
- dünne 295
Linsensystem 295
Löcher 268
Lochkamera 302
Longitudinalwellen 140
LORENTZ, HENDRIK 237
Lorentzkraft 240

Lösen physikalischer Aufgaben
- durch geometrische Konstruktionen 61
- durch inhaltlich-logisches Schließen 56
- durch Nutzung von Verfahren und Regeln der Gleichungslehre 57
- mit experimentellen Mitteln 62
- mithilfe grafischer Mittel 59
lose Rolle 114
Luftdruck 153, 155, 162
Luftspiegelung 289
Luftwiderstand 161
Luftwiderstandskraft 96
Lupe 306

M

MACH, ERNST 81
Magnet 233
Magnetfeld 235, 237, 249
magnetische Abschirmung 234
magnetische Energie 358
magnetische Feldstärke 23, 235
magnetische Flussdichte 235
magnetische Kraft 97
magnetisches Feld 234, 339
magnetische Wirkung 201
magnetisch hart 233
magnetisch weich 233
Magnetpole
- gleichnamige 234
- ungleichnamige 234
Manometer 156
Manteltransformator 247
MARIOTTE, EDME 176
Markierungsverfahren 346
Masse 20, 24, 77, 104
- kritische 349
- messen 70, 71
- molare 24
Masseeinheit
- atomare 330
Massenmittelpunkt 109
Massenzahl 329, 330, 354
Massepunkt 78

materielles Modell 29
maximale Leistung 223
Maximalwert 250
MAYER, JULIUS ROBERT 129, 360
mechanische Arbeit 22, 123
– Arten 125
mechanische Energie 126, 127, 357
mechanische Leistung 130
mechanische Schwingung 133
mechanische Wellen 139, 140
MEISSNER, ALEXANDER 254
meißnersche Rückkopplungs-schaltung 254
MEITNER, LISE 334
Membranmanometer 156
menschliches Auge 302
Messabweichung 63
Messbereich 51
Messbereichserweiterung 223
Messen 50
– mit einem Messzylinder 69
Messfehler 51, 63
– grafische Darstellung 66
Messfühler 264
Messgenauigkeit 51
Messschaltung
– spannungsrichtige 212, 224
– stromrichtige 212, 224
Messwert 63
Messwertereihe 51
Messzylinder 69, 77
Metall 274
Metallbindung 264
Methode
– deduktive 37
– experimentelle 38
– galileische 38
– heuristische 39
– induktive 36
Metronom 138
Mikrofon 225, 241
Mikroskop 308
Mikrowellen 261
Mikrowellenherd 254

Mischfarbe 322
Mischungsregel
– richmannsche 186
mittelbare Beobachtung 50
Mittelpunktstrahl 285, 286, 297, 311
Mittelwert 64
mittlere Dichte 73
Modell 29, 33, 175, 277
– ideelles 29
– Lichtwelle 326
– materielles 29
Modellbildung mit einem Computer 40
Modellbildungssysteme 40
Modell der Elektronen-leitung 203
Modellmethode 39
Moderator 349
Modulation 259
molare Masse 24
molares Volumen 24
Molekül 74
Momentangeschwindigkeit 82
Mondfinsternis 279, 280
Monozelle 265
Motor 225
MS Excel 54
MÜLLER, WALTHER 341
Musik 147
musikalisches Intervall 147

N
Nahpunkt 303
Natur
– belebte 365
Naturkonstanten 26, 118, 277
Nebelkammer 340, 341
Nebenschlussmotor 239
negativ geladenes Elektros-kop 200
Netzadapter 248
Netzgeräte 248
Neutron 328, 329
NEWTON, ISAAC 95, 101
newtonsche Gesetze 101
newtonsches Grundgesetz 101, 122

NF-Schwingung 259
n-Halbleiter 268
nicht harmonische Schwingung 136
Nichtleiter 203, 263
nicht sinusförmige Schwingung 136
Niederfrequenz-Schwingung 259
Nordpol 233
Normalkraft 100, 106, 113
normalsichtig 305
npn-Transistor 225, 272
NTC-Widerstand 225
Nukleon 329
Nuklid 331
– radioaktives 333
Nuklidkarte 331
Nutzbremsung 244
Nutzenergie 359

O
Oberflächenveredlung 265
Objektiv 307, 308, 310
OERSTED, HANS CHRISTIAN 235
offene Pfeife 145
offener Schwingkreis 254
OHM, GEORG SIMON 211, 220
ohmscher Widerstand 25
ohmsches Gesetz 220
Okular 310
optisch dicht 277
optisch dünn 277
optisches Gitter 316
Ordnungszahl 329
Ortsfaktor 23, 88, 89
Oszillograf 267
Oszillografenbildröhre 267
Oszilloskop 225
Ottomotor 190
Oxidation
– biologische 365
Ozonloch 366

P
Parabolspiegel 282
Paradoxon
– hydrostatisches 154

Parallelschaltung 205
Parallelschaltung von
    Spannungsquellen 221
Parallelschaltung von
    Widerständen 221
Parallelstrahl 285, 286, 297,
    311
PASCAL, BLAISE 116, 150
Pendel 133
Periodendauer 24, 134
Periodensystem der
    Elemente 351
Permanentmagnet 233
Perpetuum mobile 360
Perspektiven der Energie-
    gewinnung 370
Pfeife
  – geschlossene 145
  – offene 145
p-Halbleiter 268
Phasen des Monds 280
Physik 11
  – Begriffe 18
  – Größen 20
physikalische Gesetze
  – anwenden 34
  – erkennen 31
physikalische Theorie 30
physische Geografie 14
PIXII, HIPPOLYTE 244
Planartechnik 273
PLANCK, MAX 353
planparallele Platte 292
plastische Verformung 31,
    96
Platte
  – planparallele 292
Plattenkondensator 228,
    230, 232
pnp-Transistor 225
pn-Übergang 270
Pole 233
positiv geladenes Elektros-
    kop 200
positiv geladenes Proton
    328
potenzielle Energie 126,
    127, 357
Potenziometerschaltung 221
Primärenergie 359
Primärenergieträger 359

Primärenergieverbrauch 368
Primärspule 245
Prinzip
  – huygenssches 142
Prisma 318
Proton 329
  – positiv geladenes 328
Proton-Proton-Zyklus 335
Prozessgröße 167
PTC-Widerstand 225
punktförmige Lichtquelle
    279
Punktladung 228
Punktmasse 78

Q

qualitative Gesetzesaussage
    28
Qualitätsfaktor 343
Quantenobjekt 353
Quantentheorie 352, 353
quantitative Gesetzes-
    aussage 28
Quarks 331
Quecksilberbarometer 156
Quelle
  – elektrische 201, 205
Querwellen 139, 140, 255

R

Radar 258
Radialkraft 104
radioaktives Nuklid 333
radioaktive Strahlung 338
  – Ablenkung 339
  – Arten 338
  – Eigenschaften 339
  – Erfassung 342
  – Nachweis 340
Radioaktivität 333, 334
Radionuklide 333
Radius 24
Randstrahlen 279
Reaktion
  – chemische 364
realer Transformator 245
reales Gas 175
RÉAUMUR, RÉNE-ANTOINE
    164
Reaumurskala 164
Rechte-Hand-Regel 237, 240

reelles Bild 286, 300
Reflektor 257
Reflexion 142, 262, 282, 311
  – diffuse 281
  – reguläre 281
Reflexionsgesetz 142, 257,
    281
Reflexionsgitter 316
regelbarer elektrischer
    Widerstand 214, 215
Regeln der Gleichungslehre
    57
Regelstäbe 349
Regen
  – saurer 366
Regenbogen 319
regenerativer Energieträger
    368
reguläre Reflexion 281
Reibung 105
Reibungsarbeit 125
Reibungselektrizität 199
Reibungskraft 23, 97, 105
  – vergrößert 107
  – verkleinert 107
Reibungszahl 24, 107
Reichweite 370
Reihenschaltung 205
Reihenschaltung von
    Spannungsquellen 221
Reihenschaltung von
    Widerständen 221
Rekombination 268
Relais 236
Relativbewegung 249
relative Atommasse 22
Relativitätstheorie 352
  – spezielle 352
Reserve 370
Resonanz 137, 254
Ressource 370
RICHMANN, GEORG WILHELM
    186
richmannsche Mischungs-
    regel 186
Röhre
  – braunsche 267
Rolle 114
  – feste 114
  – lose 114
Rollreibung 105, 106

RÖMER, OLAF 277
Röntgenröhre 267
Röntgenstrahlung 261
Rückkopplung 253
Rückkopplungsschaltung
 – meißnersche 254
Rückwirkung 246
Ruhe 78
RUTHERFORD, ERNEST 328

S

Sammellinse 294
Satellit 86
Sauerstoffatom 328
saurer Regen 366
Schäden
 – genetische 345
 – somatische 345
Schall 146, 147
 – Erzeugung 144
Schalldämpfer 147
Schallpegelmesser 146
Schallwelle 149, 314
Schalter 201, 205, 225, 273
Schaltnetzgerät 246, 248
Schaltnetzteil 246, 248
Schaltplan 202
Schaltung mit Innenwider-
 stand 223
Schaltzeichen 202, 225
scharfes Bild 298
Schatten 18, 279
scheinbare Bilder 285, 300
Schicht
 – fotografische 340
Schichtwiderstand 214
Schlauchwaage 154
schlechte Wärmeleiter 182,
 183
Schmelzen 177, 194
Schmelztemperatur 177, 178
Schmelzwärme
 – spezifische 178
Schnellkochtopf 181
schräger Wurf 92, 93
Schubkraft 96, 97
Schutzerdung 225
Schutzisolierung 225
Schutzkontaktstecker 202
Schweben 159, 162
schweißen

– elektrisch 248
Schwellenspannung 270
Schweredruck 153, 155, 162
Schwerelosigkeit 104
Schwerpunkt 109
Schwimmen 159, 162
Schwingkreis 251, 262
 – geschlossener 251
 – offen 254
Schwingung 79, 149
 – elektromagnetische 251
 – erzwungene 136, 253
 – freie 253
 – gedämpfte 136, 253
 – harmonische 136
 – mechanische 133
 – nicht harmonische 136
 – nicht sinusförmige 136
 – sinusförmige 136
 – ungedämpfte 136, 253
Schwingungsdauer 24, 134,
 140, 262
Schwingungsgleichung
 – thomsonsche 252, 262
Sehen
 – farbiges 304
Sehfehler 304, 305
Sehhilfe 305
Sehschärfe 305
Sehweite
 – deutliche 303
Sekundärenergie 359
Sekundärenergieträger 359
Sekundärspule 245
Selbstinduktion 241
Sendedipol 259
Sender
 – Prinzip 260
senkrechter Wurf 92
Sicherung 201, 204, 225
Sicherungsautomat 238
sichtbares Licht 261
Sieden 179, 194
Siedetemperatur 179, 180
SIEMENS, WERNER VON 244
SIEVERT, ROLF 343
Silicium 268
Sinken 159, 162
sinusförmig 250
sinusförmiger Wechselstrom
 250

sinusförmige Schwingung
 136
skalare Größe 21
Smog 366, 367
Solarkonstante 184, 363
Solarzelle 271
Solarzellen 184, 368
somatische Schäden 345
Sonne
 – Energie 363
Sonnenfinsternis 279, 280
Sonnenkollektor 184, 185
Sonnenofen 283
Source 273
Spannung 220, 226
 – elektrische 24, 208, 210,
 226, 229
Spannungsmesser 209, 225
 – Messbereichserweiterung
 223
Spannungsquelle 225
 – Parallelschaltung 221
 – Reihenschaltung 221
spannungsrichtige Mess-
 schaltung 212, 224
Spannungsteilerschaltung
 221
Spannungsübersetzung
 – Gesetz 246
Spartransformator 247
Spektralanalyse 320
Spektralfarben 318, 322, 326
Spektrum 322
 – elektromagnetisches 261
 – kontinuierliches 318, 320
Sperrrichtung 270
spezielle Relativitätstheorie
 352
spezifischer elektrischer
 Widerstand 24, 213
spezifische Schmelzwärme
 178
spezifische Verdampfungs-
 wärme 180
spezifische Wärmekapazität
 24, 168
Spiegel 284
Spontanzerfall 333
Spraydose 188
Spule 225
 – stromdurchflossene 236

stabiles Gleichgewicht 109, 110
Stabmagnet 234, 235, 236
Standfestigkeit 110
Stecker 225
Steigen 159, 162
Stempeldruck 152
Stimmgabel 133
Stirlingmotor 191
Stoff
 – ferromagnetischer 233
Stoffmenge 24
Stoffmengenkonzentration 24
Störstelle 268
Störstellenleitung 268
Stoßionisation 266
Strahlenbelastung 344
Strahlenoptik 311, 317
Strahltriebwerk 189
Strahlung
 – ionisierende 345
 – kosmische 261
 – radioaktive 338, 354
Strahlungsart 343
STRASSMANN, FRITZ 334
Strom
 – elektrischer 200
stromdurchflossene Leiter 237
stromdurchflossene Spule 236
Stromkreis
 – Arten 204
 – elektrischer 200
 – geschlossener 200
 – unverzweigter 204, 220, 226
 – verzweigter 204, 220, 226
Stromlinienbilder 159
stromrichtige Messschaltung 212, 224
Stromrichtung 238
Stromstärke 220, 223, 226, 249
 – elektrische 24, 206, 226, 229, 238
Stromstärkemesser 206, 225
 – Messbereichserweiterung 223

Stromstärkeübersetzung
 – Gesetz 246
Strömung 159
 – glatte 160
 – laminare 160
 – turbulente 160
 – verwirbelte 160
Strömungswiderstand 161
Strömungswiderstandskraft 161
Stromverbundnetz 248
Sublimieren 181
subtraktive Farbmischung 324
Südpol 233
Superposition 90
Supraleitung 214
Symbolschreibweise 330
System
 – abgeschlossenes 187
systematische Fehler 64

T

Tabellenkalkulationspro-gramm 54
Tageslichtprojektor 308
Taster 225
technischer Wechselstrom 261
technischer Widerstand 214
Teilchen 19
Teilchenbewegung 166
Teilchenmodell 74, 77, 151
Telefonhörer 238
Temperatur 24, 164, 166, 193
 – gefühlte 165
 – messen 165
Temperaturmessung
 – Geschichte der 166
Theorie
 – physikalische 30
thermische Energie 357
thermische Leistung 171
Thermistor 269
Thermografie 185
Thermometer 165, 264
 – elektrisches 166
thomsonsche Schwingungs-gleichung 252, 262
THOMSON, WILLIAM 252
Ton 144, 147

Tonbandgerät 241
tonfrequenter Wechselstrom 261
Tongenerator 254
Tonhöhe 145
Totalreflexion 290, 291
 – Grenzwinkel 291
Trägheitsgesetz 101
Transformator 225, 245
 – belasteter 245
 – idealer 245
 – realer 245
 – unbelasteter 245
Transistor 272
 – npn 225
 – pnp 225
Transistoreffekt 272
Transmissionsgitter 316
Transversalwellen 140
Treibhauseffekt 366
 – zusätzlicher 366
turbulente Strömung 160
Türgong 236

U

Überlagerung zweier gleich-förmiger Bewegungen 91
Überlaufmethode 69
Übersetzungsverhältnis 25
übersichtig 305
Ultraschall 143, 148
Ultraschalldiagnose 148
ultraviolettes Licht 261, 313
Umkehrprisma 293
Umlenkprisma 293
Umweltbelastung 366
Unabhängigkeitsprinzip 90
unbelasteter Transformator 245
ungedämpfte Schwingung 136, 253
ungesteuerte Kernfusion 336
ungesteuerte Kettenreaktion 335
ungleichförmige Bewegung 80, 82
ungleichmäßig beschleunigte Bewegung 83
ungleichnamige Magnetpole 234

Unipolartransistor 273
Universalmotor 238
Universalnetzgerät 246
unmittelbare Beobachtung 50
unscharfes Bild 298
unverzweigter Stromkreis 204, 220, 226
U-Rohr-Manometer 156
Urspannung 210

V

Vakuum 274
vektorielle Größe 21, 81, 83
Verbrennungsmotor 189
Verbrennungsprozess 366
Verbrennungswärme 169
Verdampfungswärme 180
– spezifische 180
Verdunsten 181
Verdunstungskälte 181
Verformung
– elastische 31, 96
– plastische 31, 96
Verformungsarbeit 125, 128
Vergleichen 31, 45
Vergrößerung 309, 310
Verstärker 273
verwirbelte Strömung 160
verzweigter Stromkreis 204, 220, 226
Videokamera 307
Vielfachmessgerät 207
Vierfarbendruck 325
virtuelle Bilder 285, 300
VOLTA, ALESSANDRO 199, 208
Volta-Element 199
Voltmeter 209
Volumen 20, 25, 77
– berechnen 69
– messen 69
– molares 24
Volumenänderungsarbeit 176, 188
Volumenarbeit 176, 188
Volumenausdehnungs-koeffizient 173
Voraussagen 44
Vorbereiten des Experiments 52

W

Waage 70, 77
waagerechter Wurf 92
WANKEL, FELIX 190
Wärme 25, 167, 194
Wärmeaustausch 186
– Grundgesetz 186
Wärmedämmung 185, 193
Wärmedurchgang 183, 184
Wärmekapazität
– spezifische 24, 168
Wärmekraftmaschine 189
– Wirkungsgrad 192
Wärmekraftwerk 359
Wärmelehre
– 0. Hauptsatz 187
– 1. Hauptsatz 187, 360
– 2. Hauptsatz 188, 362
– Grundgleichung 168
Wärmeleiter
– gute 182, 183
– schlechte 182, 183
Wärmeleitfähigkeit 183
Wärmeleitung 182
Wärmepumpe 189, 369
Wärmequelle 169
Wärmestrahlung 182, 184
Wärmeströmung 182, 184
Wärmeübergang 183, 184
Wärmeübertragung 182, 193
Wärmewirkung 201
Wasser
– Anomalie 173
Wasserkraftwerk 368
Wassermodell 203
Wasserstoffatom 328
Wasserstoffbombe 350
WATT, JAMES 215, 216, 218
Wechselspannung 225, 250
Wechselstrom 201
– sinusförmiger 250
– technischer 261
– tonfrequenter 261
Wechselstromgenerator 244
Wechselstrommotor 225, 238
Wechselstromstärke 250
Wechselwirkungsgesetz 101
Wechselwirkungsgröße 95
Weg 25
WEHNELT, ARTHUR 267

Weicheisen 234
weitsichtig 305
Welle 20, 149
Wellen
– Eigenschaften 141 f.
– elektromagnetische 254, 256, 262, 312
– hertzsche 258, 259, 261
– mechanische 139, 140
Welleneigenschaften 141 f., 326
Wellenlänge 25, 140, 141, 255, 312
Wellenmodell 312
Wellenoptik 317
Weltbild
– geozentrisches 10, 78
– heliozentrisches 78
Wert einer Größe 20
Wickelkondensator 230
Widerstand 25, 214, 220, 225, 226
– elektrischer 24, 205, 211, 226
– induktiver 25
– kapazitiver 25
– ohmscher 25
– Parallelschaltung 221
– regelbarer 215
– Reihenschaltung 221
– spezifischer elektrischer 24
– technischer 214
Widerstandsgesetz 213
Widerstandsmesser 212
WILHELM MAYBACH 190
WILSON, C. P. R. 341
Windgenerator 368
Winkel 25
Wirbelstrombremse 243
Wirbelströme 243
wirkliches Bild 286, 300
Wirkung
– biologische 345
– chemische 201
– magnetische 201
Wirkung des elektrischen Stroms 202
Wirkung einer Kraft 122
Wirkungsgrad 25, 131, 171, 368

Wirkungsweise technischer Geräte
– Beschreiben des Aufbaus 43
– Erklären 43
Wölbspiegel 282
– kugelförmiger 282
Wurf
– schräger 92, 93
– senkrechter 92
– Überlagerung 92
– waagerechter 92
Wurfparabel 93

Y

YOUNG, THOMAS 315

Z

Zählrohr 340
Zeit 25
Zentralkraft 104
Zentrifugalkraft 104, 119
Zentripetalkraft 104
Zerfallsrate 22
Zerlegung einer Kraft 100, 122
Zerstreuungslinse 294

Zufällige Fehler 64
Zugkraft 96, 97
Zündanlage 248
Zusammenhang
– Masse und Volumen 28
Zusammensetzung zweier Kräfte 99, 122
zusätzlicher Treibhauseffekt 366
Zustandsgleichung 176
Zustandsgröße 167
zweiseitige Hebel 111
Zweitaktmotor 190
Zweiweggleichrichter 271

Bildquellenverzeichnis

AGCO, Marktoberdorf 144; ABB Kabel und Draht GmbH 213; ADAC 276; © candy1812/Adobe Stock 365; AEG Elotherm, Remscheid 243; Bibliographisches Institut, Berlin 10, 17, 31, 73, 319, 340, 346, 353; Bibliographisches Institut, Berlin/Bildarchiv Paturi 184, 191; A. Biedermann, Berlin 56, 148; BMWi 185; Hubert Bossek, Hoppegarten 280; Burkhard Pehl 84; Canon Deutschland GmbH 295, 307; Carl Braun Camerawerk GmbH 308; Carl Zeiss Jena, Oberkochen 309, 310; Claudia Kilian 79; T. Köhler, Bützow 69; Corel Photos Inc. 12, 97, 163, 357, 363; Cornelsen Experimenta 32, 62, 71, 133, 166, 200, 201, 205, 207, 231, 233, 235, 271, 290; Cornelsen Schulverlage GmbH 11, 193, 248, 283, 340; Daniel Rüd 82; Deutscher Teeverband e.V. 362; DLR, Deutsches Zentrum für Luft- und Raumfahrt e.V. 355; EFS Hausgeräte GmbH, Seppelfricke 169; Gerhard von der Emde, Bonn 227; ESA 97, 121; Floramedia 364; © linous/Fotolia.com 15; © Monkey Business/Fotolia.com 305; © Oliver Flörke/Fotolia.com 241; © Pixelot/Fotolia.com 168; © sandra zuerlein/Fotolia.com 185; © seen/Fotolia.com 169; Hamburgische Electricitätswerke 369; Dr. V. Janicke, München 9; John Foxx Images 15; Hans-Joachim Kübsch, Gutow 193; LD Systeme AG & Co. KG 139, 209, 230, 237, 288, 320, 341; G. Liesenberg 71, 98, 179, 203; Lufthansa AG 90; B. Mahler, Fotograf, Berlin 15, 96, 182, 199, 324; H. Mahler, Fotograf, Berlin 19, 30, 42, 43, 50, 97, 182, 198, 284, 285, 292; Mannesmann Dematic AG, Wetter 97, 236, 358; MEV Verlag, Augsburg 9, 17, 70, 71, 77, 78, 79, 80, 96, 97, 182, 201, 216, 219, 278, 314, 327, 357, 358; Prof. Dr. L. Meyer, Potsdam 15, 34, 39, 71, 75, 80, 97, 110, 129, 144, 166, 172, 174, 192, 193, 201, 214, 230, 231, 243, 246, 251, 269, 270, 271, 272, 276, 279, 281, 282, 293, 294, 296, 300, 301, 325, 341; NASA, Washington D. C. 13, 358; NASA/Nick Galante/PMRF 368; NaturEnergie AG 368; NTL Austria 18, 69, 71, 122, 154, 234, 243; ÖAMTC 120, 157, 357; Osram GmbH 242, 248; Photo Disc, Inc. 7, 8, 13, 79, 97, 144, 172, 256, 276, 292, 306, 310, 357, 362; Phywe Systeme GmbH & Co. KG, Göttingen 29, 141, 215, 245, 323, 340; Prof. Dr. E. Zabel, Güstrow 308; Scharffenberg, B., Birkenstein 67; SCHOTT, Mainz 222; SciencePhotoLibrary/Phil Degginger/Science Source 97; Science Photo Library/EUROPEAN SOUTHERN OBSERVATORY 275; Kerasote, Ted/Science Photo Library 361; MARTIN BOND/Science Photo Library 347; Broc McCune/Shutterstock.com 49; Science Photo Library/US NATIONAL ARCHIVES AND RECORDS ADMINISTRATION/SCIENCE PHOTO LIBRARY 350; Ilia Baksheev/Shutterstock.com 10; Lumppini/Shutterstock.com 372; photowind/Shutterstock.com 319; phoelixDE/Shutterstock.com 258; Tim R/Shutterstock.com 144; Siemens AG/München 14, 15, 16, 148, 192, 195, 229, 271, 276, 292, 358, 348, 349; Christiane von Solodkoff, Dr. Michael von Solodkoff, Neckargemünd 14; Volkswagen AG 41, 157, 160, 172, 265; Wikipedia/Rainer Lippert 348